21 世纪高职高专财经类专业规划教材

人力资源管理实用教程

周贺来　主编

机　械　工　业　出　版　社

本书是面向财经类和管理类专业编写的、旨在介绍人力资源管理基础知识的实务性教材。全书内容丰富、具体，力求详尽、透彻地介绍人力资源管理的相关概念、基本方法和整体流程。

本书体系结构合理，编排条理清晰，文字通俗易懂，内容详略得当，并特别突出其实用性。为便于教学，本书每章均以“引例”开头，据此引出本章的主题内容，并给出本章学习目标；在每章的最后，给出与本章内容相关的案例讨论题、本章小结、思考与实践。

本书可作为高职高专院校以及应用型本科院校的财经类和管理类专业的人力资源管理课程的教材，同时也可以作为企业、事业单位及行政机关中的人力资源管理人员的自修、培训参考书。

图书在版编目(CIP)数据

人力资源管理实用教程/周贺来主编. —北京：机械工业出版社，2009.2
(2017.1 重印)
(21世纪高职高专财经类专业规划教材)
ISBN 978-7-111-26152-0

Ⅰ.人… Ⅱ.周… Ⅲ.劳动力资源-资源管理-高等学校：技术学校-教材 Ⅳ.F241

中国版本图书馆 CIP 数据核字（2009）第 011568 号

机械工业出版社（北京市百万庄大街 22 号 邮政编码 100037）
责任编辑：鹿 征
责任印制：常天培
北京圣夫亚美印刷有限公司印刷
2017 年 1 月第 1 版 · 第 7 次印刷
184mm×260mm · 19.25 印张 · 476 千字
16801—18300 册
标准书号：ISBN 978-7-111-26152-0
定价：30.00 元

凡购本书，如有缺页、倒页、脱页，由本社发行部调换

电话服务	网络服务
服务咨询热线：010-88379833	机 工 官 网：www.cmpbook.com
读者购书热线：010-88379649	机 工 官 博：weibo.com/cmp1952
	教育服务网：www.cmpedu.com
封面无防伪标均为盗版	金 书 网：www.golden-book.com

前　言

早在1954年，著名管理学家彼得·德鲁克就提出了“人力资源”的概念。现在，“人力资源是经济和社会发展的重要而稀缺的资源”这一理念已经得到了普遍的认同，人力资源管理也已经成为企业管理的重要内容，人力资源管理部门的职能正在由传统的人事行政管理职能转变为战略性的管理职能。“人力资源是企业的第一资源”已经被广大企业管理人员所认同和接受，人们逐渐认识到人力资源对组织的巨大贡献，认识到人力资源才是企业的核心竞争力。

本书正是依据以上思想，针对财经类和管理类专业编写的讲述人力资源管理基础的实务性教材。本书作者在编写过程中，遵循了“体系结构合理，编排条理清晰，文字通俗易懂，内容详略得当，案例丰富实用，版面设计新颖”的基本原则。为了便于教学，本书每章均以“引例”开头，据此引出本章主题内容，然后给出本章“学习目标”；在每章的各节中间，对于一些注意事项和需要强调的内容，以及补充的一些相关阅读材料，均设置了特殊的字体和格式，以便醒目地显示；在每章最后一节，都给出1~3个与本章内容相关的“案例与讨论”题目，供教师和学生利用本章所学的理论知识去分析相关的实际问题；另外，每章最后还都给出了“本章小结”、“思考与实践”等内容，便于学生及时复习巩固所学的知识。

本书共12章，可分为四部分：第1章为基本概述部分，概括地介绍了人力资源的含义、构成、特征，以及人力资源管理的含义、职能、主要活动及其实现方式；第2~6、11章为管理流程部分，按照人力资源管理活动的流程，分别介绍了工作分析、招聘管理、培训管理、绩效考评管理、薪酬管理、劳动关系管理六项内容；第7~10章为内容扩展部分，介绍了在目前人力资源管理中非常重要的人力资源流动管理、职业生涯管理、人才团队管理、跨文化人力资源管理四项内容；第12章为信息化管理部分，介绍了人力资源管理信息系统的基本知识，以及电子化人力资源管理（e-HR）的现状、问题和发展趋势。

本书由周贺来制定编写大纲，并负责本书的整体策划和最后的统稿、定稿工作。各章执笔情况如下：李国英编写第1章，严贝妮编写第2章，胡伟编写第3章，杨利红编写第4章，周贺来编写第5、6章，杨安杰编写第7章，崔静编写第8章，赵建华编写第9章，贾琳琳编写第10章，周溢辉编写第11章，刘卫伟编写第12章。

感谢李智伟老师、于晓胜老师、陈文春老师、谢学军老师，他们为木书编写提纲的拟订、审核和最终确定提出了宝贵的建议；感谢郭立峰先生，他为本教材的编写提供了许多宝贵的案例和参考资料。本书在编写过程中，还参考了许多前人的资料，大多数在参考文献中进行了罗列。因有些资料来源不详，故难免有所遗漏，在此对各位为本书的出版提供相关参考资料的同仁们表示衷心的感谢！由于编者水平有限，书中难免有错误或不妥之处，敬请读者批评指正。

编　者

目　录

前言

第1章　人力资源管理概述 …………………… 1

1.1　人力资源 …………………… 3

1.1.1　人力资源的含义 …………………… 3

1.1.2　人力资源的构成 …………………… 3

1.1.3　人力资源的特征 …………………… 5

1.2　人力资源管理的含义与职能 …………………… 6

1.2.1　人力资源管理的含义 …………………… 6

1.2.2　人力资源管理的职能 …………………… 7

1.2.3　人力资源管理与传统人事管理的区别 …………………… 7

1.3　人力资源管理活动及其实现 …………………… 8

1.3.1　人力资源管理的主要活动 …………………… 8

1.3.2　人力资源管理各活动间的关系 …………………… 9

1.3.3　人力资源管理活动的实现方式 …………………… 9

1.4　案例与讨论——HL集团的人力资源开发 …………………… 10

1.5　本章小结 …………………… 12

1.6　思考与实践 …………………… 12

第2章　工作分析 …………………… 13

2.1　工作分析概述 …………………… 14

2.1.1　工作分析的含义 …………………… 14

2.1.2　工作分析相关术语 …………………… 14

2.1.3　工作分析的基本问题 …………………… 14

2.2　工作分析的作用及其流程 …………………… 16

2.2.1　工作分析的重要作用 …………………… 16

2.2.2　工作分析的基本流程 …………………… 17

2.3　工作分析的方法 …………………… 19

2.3.1　直接观察法 …………………… 19

2.3.2　工作实践法 …………………… 20

2.3.3　调查问卷法 …………………… 20

2.3.4　人员访谈法 …………………… 27

2.3.5　工作日志法 …………………… 31

2.4　工作分析文件的编写 …………………… 31

2.4.1　工作分析文件的含义 …………………… 31

2.4.2　工作分析文件包括的项目 …………………… 32

2.4.3　工作分析文件的编写要点 …………………… 33

2.4.4　工作分析文件的编写范例 …………………… 34

2.5　案例与讨论 …………………… 37

2.5.1　某连锁企业校园招聘的窘境 …………………… 37

2.5.2　阳光餐饮连锁店的岗位分析 …………………… 37

2.6　本章小结 …………………… 38

2.7　思考与实践 …………………… 38

第3章　招聘管理 …………………… 41

3.1　招聘管理概述 …………………… 42

3.1.1　招聘的含义与作用 …………………… 42

3.1.2　招聘的注意事项 …………………… 42

3.1.3　招聘的流程 …………………… 43

3.1.4　招聘的影响因素 …………………… 44

3.2　人员招募 …………………… 44

3.2.1　编制招聘计划 …………………… 45

3.2.2　选择招聘渠道 …………………… 46

3.2.3　撰写招聘简章 …………………… 52

3.2.4　设计求职申请表 …………………… 53

3.3　人员选拔 …………………… 55

3.3.1　简历筛选 …………………… 55

3.3.2　笔试组织 …………………… 56

3.3.3　面试组织 …………………… 56

3.3.4　背景调查 …………………… 65

3.3.5　心理测验 …………………… 66

3.3.6　素质测评 …………………… 70

3.4　人员录用 …………………… 72

3.4.1　录用决策的参考要素 …………………… 73

3.4.2　录用决策的参与主体 …………………… 74

3.4.3　录用决策的程序 …………………… 74

3.4.4　录用决策中的常见问题 …………………… 75

3.5 人员招聘评估 …… 78
3.5.1 招聘成本评估 …… 78
3.5.2 录用人员评估 …… 79
3.6 案例与讨论 …… 79
3.6.1 大华公司的招聘 …… 79
3.6.2 技术部经理匆忙的面试 …… 80
3.6.3 某公司一次失败的录用决策 …… 80
3.7 本章小结 …… 81
3.8 思考与实践 …… 81
第4章 培训管理 …… 84
4.1 培训管理概述 …… 85
4.1.1 培训的含义与作用 …… 85
4.1.2 优秀企业培训活动的特点 …… 86
4.1.3 企业培训管理的整体流程 …… 86
4.2 培训需求分析 …… 87
4.2.1 培训需求分析的含义与作用 …… 87
4.2.2 培训需求分析的内容 …… 88
4.2.3 培训需求分析的方法与程序 …… 88
4.2.4 培训发生点的分析 …… 90
4.3 培训规划设计 …… 91
4.3.1 培训目标的确定 …… 91
4.3.2 培训计划书的拟订 …… 91
4.3.3 培训内容的选取 …… 92
4.4 培训活动实施 …… 93
4.4.1 明确培训学习的原则 …… 93
4.4.2 合理选择培训的方法 …… 95
4.4.3 加强培训过程的管理 …… 99
4.5 培训效果评价 …… 100
4.5.1 培训效果评价的作用 …… 100
4.5.2 培训效果评价的内容 …… 100
4.5.3 培训效果的定性评价 …… 101
4.5.4 培训效果的定量评价 …… 101
4.6 案例与讨论 …… 102
4.6.1 TH公司的员工培训计划 …… 102
4.6.2 海尔集团的员工培训工作介绍 …… 105
4.6.3 销售经费紧张时能否减少销售员培训计划 …… 108
4.7 本章小结 …… 109
4.8 思考与实践 …… 109
第5章 绩效考评管理 …… 111
5.1 绩效考评概述 …… 112
5.1.1 绩效考评的含义 …… 112
5.1.2 绩效考评的功能 …… 113
5.1.3 绩效考评的工作流程 …… 113
5.2 绩效考评的原则与方法 …… 114
5.2.1 绩效考评的原则 …… 114
5.2.2 绩效考评方法的类型划分 …… 115
5.2.3 常用客观绩效考评方法介绍 …… 117
5.2.4 常用主观绩效考评方法介绍 …… 123
5.2.5 360度绩效考评法及其实施要点 …… 124
5.3 考评结果的分析与反馈 …… 128
5.3.1 考评结果的表示方法 …… 128
5.3.2 考评结果的模型分析 …… 129
5.3.3 考评结果的反馈过程 …… 129
5.3.4 绩效考评结果的面谈 …… 130
5.3.5 确定绩效改进计划 …… 132
5.4 绩效考评的偏差与修正 …… 132
5.4.1 影响绩效考评的主要因素 …… 133
5.4.2 绩效考评中存在的主要偏差 …… 133
5.4.3 修正考评偏差应采取的对策 …… 134
5.5 案例与讨论 …… 135
5.5.1 麦考德购物中心的绩效考评改革措施 …… 135
5.5.2 IBM公司的绩效管理 …… 136
5.5.3 张正琨为何“不称职”走人 …… 137
5.6 本章小结 …… 137
5.7 思考与实践 …… 138
第6章 薪酬管理 …… 140
6.1 薪酬管理的基本知识 …… 141
6.1.1 薪酬的含义、组成与功能 …… 141
6.1.2 影响薪酬体系的主要因素 …… 142
6.1.3 薪酬管理的重要作用 …… 142
6.1.4 薪酬管理的原则与内容 …… 143
6.2 薪酬体系的设计与管理 …… 144
6.2.1 常见薪酬制度的类型 …… 144
6.2.2 薪酬体系设计的原则 …… 146

6.2.3 薪酬体系设计的内容 …………… 147
6.2.4 薪酬体系设计的程序 …………… 148
6.2.5 某集团公司工资管理制度实例 …………… 150
6.3 福利体系的设计与管理 …………… 158
6.3.1 福利的主要形式 …………… 158
6.3.2 弹性福利及其设计方法 …………… 158
6.3.3 特殊福利政策的制定与管理 …… 160
6.4 案例与讨论 …………… 161
6.4.1 阳光快餐店的薪酬问题 …………… 161
6.4.2 IBM公司的薪金和福利体系 …… 162
6.5 本章小结 …………… 164
6.6 思考与实践 …………… 164
第7章 人力资源流动管理 …………… 166
7.1 人力资源流动概述 …………… 168
7.1.1 人力资源流动的含义 …………… 168
7.1.2 人力资源流动的类型 …………… 168
7.1.3 人力资源流动的特点 …………… 169
7.1.4 人力资源流动的模式 …………… 169
7.2 人力资源流动的过程管理 …………… 170
7.2.1 人力资源流入管理 …………… 170
7.2.2 人力资源内部流动管理 …………… 170
7.2.3 人力资源流出管理 …………… 171
7.3 人力资源流动的效果分析 …………… 173
7.3.1 影响人力资源流动的因素 …………… 173
7.3.2 人力资源流动的结果 …………… 173
7.3.3 人力资源的流动比率分析 …………… 175
7.4 员工流失的正确认识与合理控制 …………… 176
7.4.1 全面认识员工流失的综合成本 …………… 176
7.4.2 加强人力资源流动中的沟通管理 …………… 177
7.4.3 挽留核心员工的原则和技巧 …… 179
7.4.4 加强预防员工流动的法规制定 …………… 181
7.5 案例与讨论 …………… 182
7.5.1 张志刚是不是个好科长 …………… 182
7.5.2 一起人才流动引起的“官司” …… 182
7.5.3 为什么单位人员集体跳槽 …………… 183
7.6 本章小结 …………… 184
7.7 思考与实践 …………… 184
第8章 职业生涯管理 …………… 185
8.1 职业生涯管理概述 …………… 187
8.1.1 职业生涯管理相关概念 …………… 188
8.1.2 职业生涯管理的意义 …………… 188
8.1.3 职业生涯管理的责任主体 …………… 188
8.2 影响员工职业生涯规划的因素 …………… 188
8.2.1 个人职业发展阶段 …………… 189
8.2.2 个人的职业倾向 …………… 189
8.2.3 个人职业锚 …………… 190
8.2.4 与职业相关的个体特征 …………… 191
8.2.5 影响员工职业生涯的环境因素 …………… 192
8.3 个人职业生涯规划 …………… 193
8.3.1 制定个人职业生涯规划的原则 …………… 193
8.3.2 个人职业生涯规划的流程及其内容 …………… 193
8.3.3 管理者的自我职业生涯管理策略 …………… 198
8.4 组织职业生涯管理 …………… 200
8.4.1 选择合适的员工职业管理模式 …………… 200
8.4.2 了解员工职业生涯的阶段性特征 …………… 201
8.4.3 协调组织发展目标与个人发展目标 …………… 201
8.4.4 建立和完善有助于职业生涯管理的制度体系 …………… 202
8.4.5 帮助员工制定职业生涯规划 …… 204
8.4.6 协助员工实现职业生涯规划 …… 206
8.5 案例与讨论 …………… 207
8.5.1 职业生涯规划为何导致员工离职 …………… 207
8.5.2 美国电话电报公司的职业生涯管理 …………… 208
8.6 本章小结 …………… 208

8.7 思考与实践 …… 209
第9章 人才团队管理 …… 210
9.1 团队基本知识概述 …… 212
9.1.1 团队的含义与类型 …… 212
9.1.2 团队周期与阶段特点 …… 213
9.1.3 团队文化及其塑造 …… 214
9.2 选择与协调:创建优秀团队的基础 …… 214
9.2.1 优秀人才团队的特征 …… 214
9.2.2 团队创建中的常见问题 …… 216
9.2.3 优秀团队的创建过程 …… 217
9.2.4 团队创建中的选择与协调 …… 218
9.3 沟通与倾听:维持优秀团队的法宝 …… 219
9.3.1 团队沟通的含义与类型 …… 219
9.3.2 团队沟通的对象与方式 …… 220
9.3.3 有效团队沟通的实现 …… 221
9.3.4 团队中倾听的重要性 …… 221
9.3.5 倾听的相关技巧与禁忌 …… 222
9.3.6 倾听中有关障碍的克服 …… 223
9.4 团队学习——增强优秀团队能力的关键 …… 224
9.4.1 学习型组织的含义与特点 …… 224
9.4.2 加强团队学习的重要性 …… 226
9.4.3 团队学习的方式和过程 …… 227
9.4.4 团队学习的层次措施 …… 228
9.5 案例与讨论 …… 230
9.5.1 广州几家民营企业建立企业学习型组织案例 …… 230
9.5.2 T公司财务部经理与下属员工一次失败的沟通 …… 232
9.6 本章小结 …… 232
9.7 思考与实践 …… 232
第10章 跨文化人力资源管理 …… 235
10.1 文化差异及其冲突处理 …… 238
10.1.1 企业文化的概念与层次 …… 238
10.1.2 文化差异及其主要表现 …… 241
10.1.3 跨文化冲突及其处理模式 …… 243
10.2 跨文化人力资源管理及其表现 …… 244
10.2.1 跨文化人力资源管理的含义 …… 244
10.2.2 跨文化人力资源管理的构成要素 …… 244
10.2.3 跨国公司的跨文化人力资源管理问题 …… 245
10.3 跨文化人力资源管理的协调对策 …… 247
10.3.1 加强各种价值观的协调 …… 247
10.3.2 加大员工本土化建设 …… 248
10.3.3 识别和理解文化差异 …… 249
10.3.4 强化驻外人员跨文化培训 …… 250
10.3.5 加强自身的文化适应和变革 …… 250
10.3.6 提高跨文化沟通的技能 …… 251
10.4 案例与讨论 …… 252
10.4.1 员工为什么要辞职 …… 252
10.4.2 海尔的跨文化人力资源管理 …… 253
10.5 本章小结 …… 256
10.6 思考与实践 …… 256
第11章 劳动关系管理 …… 259
11.1 劳动关系概述 …… 260
11.1.1 劳动关系的含义 …… 260
11.1.2 劳动关系的内容 …… 260
11.1.3 劳动关系双方的权利和义务 …… 260
11.2 劳动合同管理 …… 261
11.2.1 劳动合同的含义与特点 …… 261
11.2.2 劳动合同的内容与格式 …… 262
11.2.3 劳动合同的订立与变更 …… 264
11.2.4 劳动合同的终止与续订 …… 265
11.2.5 劳动合同的解除与经济补偿 …… 265
11.2.6 集体劳动合同及其管理 …… 267
11.3 职工民主管理 …… 268
11.3.1 职工民主管理的形式 …… 268
11.3.2 职工代表大会 …… 269
11.3.3 企业工会 …… 269
11.4 劳动争议处理 …… 271
11.4.1 劳动争议的含义 …… 271
11.4.2 劳动争议的处理原则 …… 271
11.4.3 劳动争议的解决方法 …… 272

11.5 案例与讨论 …………………… 273
11.5.1 这样的劳动合同是否合法 …… 273
11.5.2 张玲与食品公司的劳动纠纷 … 274
11.6 本章小结 …………………… 274
11.7 思考与实践 …………………… 275
第12章 人力资源管理信息系统 …… 276
12.1 人力资源管理信息系统概述 … 278
12.1.1 人力资源管理信息系统的含义 …………………… 278
12.1.2 人力资源管理信息系统的演变 …………………… 279
12.1.3 人力资源管理信息系统的作用 …………………… 279
12.2 人力资源管理系统的主要内容 …………………… 281
12.2.1 人力资源管理信息系统的结构图 …………………… 281
12.2.2 人力资源管理系统中的应用程序 …………………… 281
12.2.3 典型 HRMIS 产品的模块组成及其主要功能 …………………… 283
12.3 人力资源管理信息系统的实施 …………………… 286
12.3.1 HRMIS 实施的基本条件 ……… 286
12.3.2 HRMIS 实施的常见误区 ……… 286
12.3.3 HRMIS 实施中的注意事项 …… 287
12.4 信息化人力资源管理（e－HR） …………………… 288
12.4.1 信息化人力资源管理的含义 … 288
12.4.2 信息化人力资源管理的内容 … 289
12.4.3 信息化人力资源管理的优势 … 290
12.5 案例与讨论 …………………… 291
12.5.1 微软的人力资源管理 E 化 …… 291
12.5.2 e-HR 为南孚电池“充电” …… 292
12.6 本章小结 …………………… 296
12.7 思考与实践 …………………… 296
附录 …………………… 298
附录 A 引例索引 …………………… 298
附录 B 阅读材料索引 …………………… 298
参考文献 …………………… 300

第1章 人力资源管理概述

引例

宝安集团的人才引进、培养和使用

宝安集团从一个县属企业起家，经过数年发展，目前已经逐步形成了一个拥有几十亿资产、多元化和跨国经营的大型企业集团。目前，整个集团经营架构是以房地产和生物医药为主导，以高新技术为支撑。

面对如此丰硕的成就，大家向他们取经“这主要靠的是什么”时，宝安集团董事局主席陈政立说，原因可以归结为千百条，但最重要的是公司非常重视人才的引进、培养和使用。创业的时候如此，大发展以后也是如此；困难的时候如此，顺利的时候也是如此。

下面是宝安集团人才引进、培养和使用方面的几个经典实例，一直为大家津津乐道。

1. 跑步汇报，大街上抢来一个总会计师。王某是一个搞了几十年财务工作的老会计，是个颇为精细的理财能手。此前她一直在另一个县的粮食局工作，1984年调往宝安县粮食局工作。报到那天，来到粮食局的时候，正赶上粮食局中午休息，于是她就在楼下等。在等候时，恰好遇上了一个有过一面之交的宝安集团出纳员，这个出纳员了解了王某要调到宝安县粮食局当会计的情况后，忽然想起眼下集团急需有经验的会计，于是就请王某站住别动，跑步回到集团汇报，集团领导迅速将王某请到集团经理室，并向她讲了集团的艰苦创业史和目前急需高级财务管理人员的现状。当王某坐在宝安集团经理室，听完这个集团艰苦创业的历史和目前急需高级财会人员的现状后，立刻被这个集团蒸蒸日上的事业所激动，被集团求才若渴的精神所感动，于是便同意离开政府机关到宝安集团来。当然这中间经过与粮食局的反复协商才办成。王某来集团后工作非常出色，为公司的财务管理和会计业务工作作出了很大的贡献，最终升任为集团总会计师。在其任职期间，某年全国财务系统评选表彰活动中，她被被评为“全国先进会计师”，这个称号在深圳市只有一个。现在工作之余，有时她还在想：如果当时人家粮食局中午不休息，结果不知道会怎么样？

2. 绞尽脑汁，从别的单位调来一个总工程师。林某20世纪60年代毕业于广东某大学土木工程系，毕业后分配到广东省G县水电局工作。1985年宝安集团开展房地产开发工作时，急需专业人才，于是辗转把他借调过来。两年过去了，林某干得很出色，并被任命为房地产公司经理，可他的关系还在G县水电局，原单位不放。为此，宝安集团人事部长刘伟雄三次来到G县水电局，好话说尽，嘴皮磨破。原来的单位的某负责人指责林某无组织无纪律，说“林某是干部，别忘了组织约束。”刘伟雄争辩道：“干部是国家所有制，不是地区所有制。放在哪里最能发挥作用，就放在哪里。”对方又说：“我们要处分他。”刘伟雄又争辩说：“林孟新现在在深圳，在为党工作，而且工作得很好，并没有犯什么错误。”刘伟雄代表宝安集团情真意切地向人家表示：“我们感谢你们多年来对林孟新的培养。林孟新到深圳也不会忘了你们，他那里可以作为你们一个落脚点，我们整个公司都是你们的落脚点……”几经磨难，才把关系调了过来。后来林某担任了宝安集团总工程师兼房地产部部长。

3. 求才若渴,临走之际追回一个博士生。为了发展高科技产品,宝安集团想创办生物工程企业,叶季雄毛遂自荐当了领头人(叶季雄在湖南一个制药厂作过副厂长,后来到深圳一家公司当总经济师,但他还一直关注着国内外医药界最新动态),谈了自己对生物工程的想法。宝安第二天就定了,请他来负责生物工程企业的具体筹备。时任集团副主席兼总经理陈政立对他说:这一摊子交给你,搞什么你定;该买的厂房要买,而且高科技企业最好办在市区;关键的设备可以进口;至于人才,也由你自己去挖。这以后,叶季雄四处打听生物工程方面的人才。几天后,叶季雄听说上海复旦大学的博士生刘某在读博士期间研制的PCR系列试剂盒已基本成功,正寻求合作开发。据说刘某书生气十足,不太好合作。而且他已联系好了一家上海单位,住房都安排好了,正准备从深圳回上海,行李都托运走了。叶季雄马上向陈政立汇报,倾向于把刘某留下来。但叶季雄心里也有点发毛,自己刚来四五天,又要推荐一个有争议的人,这能行吗?谁想陈政立听后当即拍板:“要!”并说:“哪有一丁点毛病都没有的人才呢?”叶季雄代表公司恳切挽留,赶紧把刘某追了回来,并亲自飞到上海帮助他办理了相关手续。现在这种国内领先的PCR试剂盒已投入批量生产,并在广东一家大医院推广应用,取得了良好的社会效益和经济效益。

4. 引人有方,外贸经理率部跳槽来宝安。李某是海南宝安进出口公司副总经理,他说:“来‘宝安’以前,我是内地某省一个进出口公司驻海南分公司的经理,分公司成立3年,我已经向上边交了2000多万元利润。原先签了合同,完成承包基数后,每超过100万元奖励2万元。大家拼着命地干,年底一算下来,要奖励我们海南分公司100多万。上边这可犯了难,总经理、党委书记都来海南做工作,说是如果真按照合同奖,那就与内地总公司的人悬殊太大了。最后,只奖了我们几千元。顺便说一句,原先那合同还是经过公证了的。这还算小事,最气人的是,我们创造了那么多利润,但却频频受到各种调查、审计,最多的时候一年接待过五花八门的17个调查组。有一次开车陪调查人员去玩,因为太困,迎面撞上一辆大卡车,在医院里昏迷了好几天,竟有人说这是畏罪自杀。宝安集团知道我们的处境后,表示愿意把我们收到麾下。这样,我们连公司带骨干便转到‘宝安’,整个手续一个星期就办完了。来‘宝安’后,没有那么多乱七八糟的事干扰你,可以放开手脚,完完全全地扑到工作上。我们是做进出口贸易的,而且主要是远洋贸易。公司转到‘宝安’一年,已创汇1000多万美元,这在海南各进出口公司里是名列前茅的。之后,每年我们都按时甚至提前完成集团的创汇指标,还多次被评为海南省信得过企业。”

点评:从本例可以看出,宝安集团通过抢挖人才、关心人才、千方百计为人才创造干事创业的良好环境,从而激发人才的潜力,使组织得以日益壮大。因此,掌握科学技术和管理知识的人才是企业的重要资源,是构成企业核心竞争力的重要因素,必须高度重视人力资源的管理,充分发挥人力资源的作用,使其不断地迸发出竞争力,保持组织持续增长。

学习目标

通过本章的学习,读者应该能够:

□ 了解人力资源的含义以及与相关概念的辨析

□ 从数量和质量两个方面分析人力资源的构成

□ 了解人力资源管理的含义以及与人事管理的区别
□ 掌握人力资源管理包括的五项主要工作职能
□ 熟悉人力资源管理包括的主要活动及其关系
□ 了解不同规模企业人力资源管理机构的设置

1.1 人力资源

本节介绍人力资源的基本知识，包括其含义、构成（包括数量和质量）及其特征。

1.1.1 人力资源的含义

1. 人力资源的定义

资源是一个经济概念，是指用来进行价值增值的财富，包括自然资源和人工资源。其中人力资源是生产活动中最活跃的因素，是一切资源中最重要的资源，由于该资源的特殊重要性而成为第一资源。那么，究竟什么是人力资源呢？从广义上来说，人力资源是指智力正常的人；从狭义上理解，人力资源是指具有智力或者体力劳动能力的人的总和。

一般认为，人力资源是指能够推动社会发展和经济运转的、与当前和未来发展相适应的、具有智力劳动能力和体力劳动能力、能为社会创造物质财富和精神财富的人的总和。

2. 与人力资源相关的几个概念

与人力资源相关，还有以下几个容易与其混淆的相关概念，下面进行辨析和说明。

（1）人口资源。人口资源是指一个国家或地区在一定时期内的人口的总和，它主要表达数量概念，其基本形态是一个个具体的活的人。在人口范围内，人分为具备劳动能力者、暂时不具备劳动能力而将来会具备劳动能力者，以及丧失劳动能力者。

（2）劳动力资源。劳动力资源是指达到法定的劳动年龄（16 周岁）、具有现实的劳动能力，并且参加社会就业的人的总和。劳动力是劳动力市场的主体，代表着劳动力的总体供给量。劳动力不包括尚未进入就业领域的学生、失业者，以及丧失劳动能力者。

（3）人才资源。人才资源是指一个国家或地区具有较强的管理能力、研究能力、创造能力和专门技术能力的人的总和。人才资源重点强调人的质量方面，是人力资源中层次较高的复杂劳动力。人才资源具有层次性和地区性。

人口资源、劳动力资源、人才资源与人力资源的关系如图 1－1 所示。

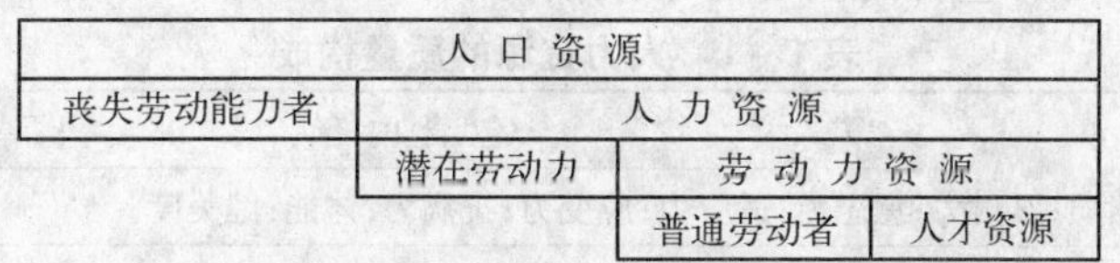

图 1－1　人口资源、劳动力资源、人才资源与人力资源的关系

1.1.2 人力资源的构成

人力资源由数量和质量两个方面构成。下面分别从这两个方面介绍其构成内容。

1. 数量构成

人力资源数量分为绝对数量和相对数量两种。人力资源的绝对数量，从宏观上看，指的是一个国家或地区具有劳动能力并从事社会劳动的人口总数，它是一个国家或地区劳动适龄人口减去其中丧失劳动能力的人口，加上劳动适龄人口之外具有劳动能力的人口。

从绝对数量来说，人力资源包括以下几个部分：

(1) 处于劳动年龄之内，正在从事劳动的人口，称为“适龄就业人口”；

(2) 尚未达到劳动年龄，但已经从事社会劳动的人口，即“未成年就业人口”；

(3) 已经超过劳动年龄，仍继续从事社会劳动的人口，即“老年就业人口”；

(4) 处于劳动年龄之内、具有劳动能力、没有参加而要求参加社会劳动的人口。这部分可以称作为“待业人口”或“失业人口”，它与前三部分一起构成经济活动人口；

(5) 处于劳动年龄之内，但正在从事学习的人口，即“就学人口”；

(6) 处于劳动年龄之内，但正在从事家务劳动的人口，即“家务劳动人口”；

(7) 处于劳动年龄之内，但正在军队服役的人口，即“服役人口”；

(8) 处于劳动年龄之内未就业的其他人口。

前四部分是现实的社会劳动力供给，是直接的、已经开发的人力资源；后四部分是间接的、尚未开发的、处于潜在形态的人力资源，他们尚未构成现实的社会劳动力供给。

根据以上的分析，人力资源的绝对数量构成情况如图 1－2 所示。

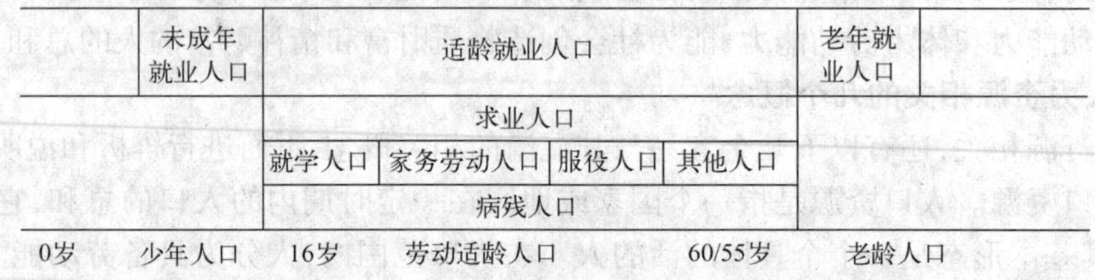

图 1－2　人力资源的数量构成情况

人力资源的相对数量，也就是人力资源率，它是指人力资源的绝对量占总人口的比例。一个国家或地区的人力资源率越高，表明该国家或地区可投入生产过程中的劳动数量越多，从而创造的国民收人也就越多。影响人力资源数量的因素有三个方面，分别是：人口总量及其再生产状况，人口的年龄构成，以及人口迁移情况。

2. 质量构成

人力资源的质量构成内容，主要包括体质、智质、心理素质、道德品质、能力素养和情商六大方面。其中，它们各自所包含的内容简单概括为表 1－1 所示。

表 1－1　人力资源的质量构成

项　目	包含内容
体质	身体素质；忍耐力；意志力；适应力；应变力；抗病力；体能；健美度
智质	记忆力；理解力；思维能力；应变能力；接受能力；感知能力；幽默感；条理性
心理素质	情绪稳定性；平常心；正确进行角色地位；心理的应变力与适应力；爱他人和被人爱
道德品质	热爱祖国和人民；有事业心和责任心；信任帮助他人；心胸坦荡，热情，忠诚，正直
能力素养	可以概括为以下 18 种能力：战略能力、知识总量、规划能力、理解能力、决策能力、研究能力、组织能力、判断能力、创新能力、人际沟通能力、推理能力、感知能力、分析能力、工作条理性、应变能力、文字写作能力、演讲能力、再学习能力。
情商	认识、管理、激励自己，认识和处理好与他人的关系，认识和处理好与环境的关系

关于现代人力资源的质量构成，有人还提出了“五商”的说法，分别是心商、智商、情商、逆商、财商（各自含义如表1-2所示），并且还将它们之间的关系比喻为参天大树——心商是根，智商是干，情商是叶，逆商是枝，财商是果。心商是基础，是母体，是成功之本。对于作为人力资源个体的人来说，一切成功都源于健康的体魄和良好的心态。

表1-2 人力资源质量构成的“五商”

项目	含义
心商	又称心理商数，指一个人维持心理健康，调适心理压力，保持良好心理状态的能力。心商指数高的人，心理和社会适应能力较强，能长期保持稳定的最佳状态（包括和谐的人际关系、正确的自我评价和情绪体验，以及热爱生活、正视现实、人格完整、自强不息等）
智商	也称智力商数，指一个人的智力水平或聪明程度。计算公式为：智商 = 智龄 ÷ 实龄 ×100
情商	也称情感商数，包括控制自己和协调他人情感的能力，以及对这种能力进行鉴别并指导自己思想和行动的能力。高的情商表现为：能与他人成功交往并进行有效的合作，人际关系比较和谐，经常保持稳定的乐观情绪，具有团队精神，具有较好的公关能力和亲和力等
逆商	也称逆境商数，指一个人应付逆境的能力。逆商表征了一个人在面对困难、坎坷、挫折、厄运、失败时，表现出刚毅不拔的承受力和忍耐力，更能体现人生价值，昭示人格魅力
财商	指一个人的理财能力，包括财富智商和理财智商两个方面。在当今商品经济社会中，“财商”概念的提出，适应了时代潮流，符合社会心理需求

1.1.3 人力资源的特征

人力资源作为经济资源的一种，具有与一般经济资源共同的特征，主要包括：第一，物质性，一定的人力资源必然表现为一定数量的人口；第二，可用性，通过人力资源的使用可带来价值的增值；第三，有限性，人力资源在一定的条件下形成，其载体具有生物的有限性。但是，人力资源作为一种特殊的经济资源，也有着不同于其他经济资源的特征。

1. 依附性

从其概念知道，人力资源是凝结于人体之中的质量因素的总和，必须依附于一定数量的人口之上，虽然人力资源不等同于人口本身，但却不可脱离人这一载体。这就决定了人力资源所有权的天然私有特性，人力资源的开发与使用必须通过对人的激励才能实现。

2. 能动性

人力资源的能动性是指人在生产过程中居于主导地位，在生产关系中人是最活跃的因素，具有主观能动性，同时具有不断开发的潜力。人力资源的能动性包括以下几个方面：

（1）人知道活动的目的，可以有效地对自身活动做出选择，调整自身与环境的关系。

（2）人在生产活动中处于主体地位，是支配其他资源的主导因素。

（3）人力资源具有自我开发性，在生产过程中，人一方面是对自身的损耗和利用，而更重要的一面是通过合理的行为（例如培训、学习），从而得到补偿、更新和发展。

（4）人力资源是可被激励的，即通过提高人的工作能力和动机，从而提高工作效率。

（5）作为人力资源载体的人可选择职业，这是人力资源主动与物质资源结合的过程。

3. 社会性

社会性是人力资源不同于其他经济资源的一个显著特征。对于其他资源来讲，具有纯粹的自然属性，并不需要精神激励的手段，而人是社会的人，人力资源效能的发挥受其载体的个人偏好影响,除了追求经济利益之外,还要追求包括社会地位、声誉、精神享受以及自我价值实现等多重目标,在追求这些目标的过程中,其效能的发挥不仅会带来生产力的提高和社会经济的发展,而且会产生许多社会性的外部效应,如人的素质的提高会增进社会文明程度,保护并改善自然环境等。

4. 时效性

人力资源的时效性来自内外两个方面的因素。内因是指作为人力资源的载体,人的生命所具有的周期性,只有当人处于成年时期并投入社会生产活动中,才能对其开发利用,发挥人力资源的作用,当人未成年或老年时,或其他原因退出劳动领域时,就不能称其为人力资源了。外因是指人力资源所表现出的知识、技能等要素相对于环境和时间来讲是有时效性的,如果不及时更新就难以满足外部条件变化的要求。另外,人的知识技能如果得不到使用和发挥,就可能会过时,或者导致人的积极性消退,造成心理压力;人力资源如果长期闲置不用,就可能会荒废和退化,甚至失去效用。

5. 再生性

不同于经济资源中的矿藏、石油等物质资源,人力资源具有再生性,这是基于人类的再生产和劳动力的再生产,通过不断更替和“劳动力耗费→劳动力生产→劳动力再次耗费→劳动力再次生产”的过程得以实现。人力资源的可再生性主要表现在以下三个方面:

(1) 通过人口的繁衍,人力资源本身可以不断地再生产。

(2) 通过休息和补充能量,人在生产过程中消耗的体能可以恢复。

(3) 通过培训和学习,人的知识技能可以更新。

由于人的本身、人的体能、人的知识是可以再生的,因此在人力资源管理过程中,应注意保持人力资源再生过程的顺利进行。

6. 双重性

人力资源既具有生产性,又有消费性。人力资源的生产性是指,人力资源是物质财富的创造者,而且人力资源的利用需要一定条件,必须与自然资源相结合,有相应的活动条件和足够的空间、时间,才能加以利用。人力资源的消费性是指,人力资源的保持与维持需要消耗一定的物质财富。生产性和消费性是相辅相成的,生产性能够创造物质财富,为人类或组织的生存和发展提供条件;消费性则能够保障人力资源的维持和发展。同时消费性也是人力资源本身的生产和再生产的条件。消费性能够维持人的生计,满足需要,提供教育与培训。相比而言,生产性必须大于消费性,这样组织和社会才能获益。

1.2 人力资源管理的含义与职能

本节介绍人力资源管理的含义、内容以及人力资源管理与传统人事管理的区别。

1.2.1 人力资源管理的含义

所谓人力资源管理,是指组织为了实现战略目标,利用现代科学技术和管理理论,通过不断地获得和培训人力资源,对组织内的人力资源进行整合、调控及开发,并给予他们物质报酬和精神激励,从而有效地开发和利用人力资源的一系列管理过程。

通过正确、高效的人力资源管理,可以使组织内的人力、物力经常保持最佳配置,同时各种激励手段的应用和工作报酬的给予,能对人的思想、心理和行为进行恰当的引导、控制和协调,充分发挥人的主观能动性,做到人尽其才、事得其人、人事相宜。

1.2.2 人力资源管理的职能

人力资源管理在整个企业管理体系中具有自己的特殊职能。从发展趋势来看,人力资源管理的职能正从一种单纯的基础信息管理转变为企业的重要战略决策支持,从一项专门化的、独立的职能向范围更广阔的职能转化。目前,人力资源管理的职能具体如下:

1. 人力资源获取职能

人力资源获取职能主要包括人力资源规划、招聘与录用。为了实现组织的战略目标,人力资源管理部门要根据组织结构确定职务说明书和员工素质要求,制订与组织目标相适应的人力资源需求与供给计划,并根据人力资源的供需计划开展招募、考核、选拔、录用与配置等工作。企业只有首先获取了所需的人力资源,才能对之进行管理。

2. 人力资源整合职能

人力资源整合职能是使员工之间和睦相处、协调共事、取得群体认同的过程,是员工个人认知与组织理念、个人行为与组织规范的同化过程,是人际协调职能与组织同化的职能。现代人力资源管理强调个人在组织中的发展,个人的发展势必引发个人与个人、个人与群体、个人与组织之间的冲突,产生一系列问题。这就需要引导员工逐步接受和认同组织的理念和规范,还要及时地协调群体中的人际关系、化解各种矛盾和冲突。

3. 保持和激励职能

在人力资源管理过程中,保持和激励职能具有重要的意义。根据人力资源能动性的特点,组织要有一套科学的激励机制,运用各种管理技巧,充分调动员工的积极性和主动性;采取各种方法使员工心理平衡、心情舒畅、努力上进;作好双向沟通,在相互交流中提高认识、理顺情绪、相互理解、相互支持;营造并保持公平的环境,创造发展的条件,对成绩及时肯定,对不足及时批评,公平处理问题。

4. 控制和调整职能

控制和调整职能,就是对员工实施合理、公平的动态管理,使员工严格按照各项规章制度进行工作,把内部矛盾与冲突保持在合理的限度以内,不使其激化。其内容包括:一方面要适时进行科学、合理的员工绩效考评与素质评估;另一方面要以考绩与评估结果为依据,对员工进行动态管理,如晋升、调动、奖惩、离退、解雇等。

5. 培训与开发职能

培训与开发对于提高人力资源的质量具有重要意义,它是人力资源管理的一个非常重要的职能。企业对员工进行培训和开发,主要是为了提高员工的知识和技能水平、端正员工的态度、发挥员工的潜能、提高员工的工作效用,最大限度地实现员工的价值。

1.2.3 人力资源管理与传统人事管理的区别

人力资源管理是从传统人事管理中演变而来的,因而两者有着一定的相同点,例如:

(1) 管理的对象相同——都是人。

(2) 某些管理内容相同,如薪酬、编制、调配、劳动安全等。

(3) 某些管理方法相同,如制度、纪律、奖惩、培训等。

但是传统的人事管理与现代人力资源管理还是有着很大的区别的，特别是在20世纪末，我国的许多企业纷纷把“人事部”改名为“人力资源管理部”，但其管理职能的实质变化绝不是简单的改名所能实现的，二者之间的区别可以概括为表1-3所示的九个方面。

表1-3 人力资源管理与传统人事管理的区别

比较项目	人力资源管理	传统人事管理
管理视角	视员工为第一资源、资产	视员工为负担、成本
管理目的	组织和员工利益的共同实现	组织短期目标的实现
管理活动	重视培训开发	重使用、轻开发
管理内容	非常丰富	简单的事务管理
管理地位	战略层	执行层
部门性质	生产效益部门	单纯的成本中心
管理模式	以人为中心	以事为中心
管理方式	强调民主、参与	命令式、控制式
管理性质	战略性、整体性	战术性、分散性

1.3 人力资源管理活动及其实现

人力资源管理由多种基本管理活动组成，这些活动之间相互联系，相互影响，构成了一个有机的系统。这些具体管理活动，要由专门的管理机构和工作人员来实现。

1.3.1 人力资源管理的主要活动

人力资源管理的主要活动，就是指人力资源管理人员为了实现人力资源管理的各项职能所从事的具体工作环节。从总体来看，人力资源管理的主要活动有以下几个方面：

(1) 人力资源规划。企业进行人力资源规划，一方面可以保证人力资源管理活动与企业战略目标相一致；另一方面，还可保证人力资源管理活动的各个环节能够互相协调。

(2) 工作分析和评价。为明确工作特点、要求，以及对所从事工作的人的要求，并为其他人力资源管理活动提供依据，企业需要进行工作分析。

(3) 计划招聘。当企业人力资源计划表明企业有新的需求时，企业就要招聘合适的劳动者。为此，要对某一岗位的员工职责作仔细分析，作出岗位描述，并根据对应聘人员的吸引程度选择最合适的招聘方式，如报纸广告、职业介绍所、人才交流会等。

(4) 录用甄选。有多种方法，如求职申请表、面试、测试和评价中心等，可用于从应聘人员中选择最佳候选人。通常是第一步筛选后保留条件较合适者，应聘者较少时，这一步骤就不必要了。作选择决定时需要一些辅助手段，如理想候选人标准。

(5) 培训开发。企业要通过培训活动，能够进一步挖掘员工的潜力，这样可以进一步提高员工个人、群体和整个企业的知识水平、能力和工作绩效。

(6) 绩效管理。绩效管理是一种根据设定目标评价员工业绩的方法。它能使企业及时进行信息反馈,奖优罚劣,不断改善工作效率和工作质量。

(7) 薪酬管理。企业要根据员工工作绩效的大小和优劣,给予不同的报酬和奖励。另外,企业还要采取各种激励措施,发挥员工的积极性和主动性,实现企业的目标。

(8) 员工关系管理。包括与员工签订劳动合同,处理员工与公司或员工之间可能出现的纠纷,制定员工的权利和义务,按照劳动法处理各类员工问题,制定员工投诉制度。还要针对与雇用立法有关的事项提供意见,并应熟知与法律条款适用性有关的实际问题。

除了以上活动外,员工的人事档案记录由人事部门集中管理,这些记录中包括最初的应聘材料,和后续工作中添加的反映员工资历、成绩和潜力的资料。员工档案是人事决策的重要依据。随着计算机的普及,许多公司采用了基于计算机的人力资源管理信息系统。

1.3.2 人力资源管理各活动间的关系

人力资源管理的各项活动之间不是彼此割裂、孤立存在的,而是相互联系、相互影响,共同形成了一个有机的系统,如图 1-3 所示。可以看出,这个系统具有三个特点,即以工作分析与评价为基础,以绩效管理为核心,其他各个活动相互联系。

说明:考虑到本教材的性质和读者定位,上面各个活动中,除了人力资源规划没有详细展开介绍外,其余各项活动,将在后续的章节中进行详细介绍,具体参见目录。

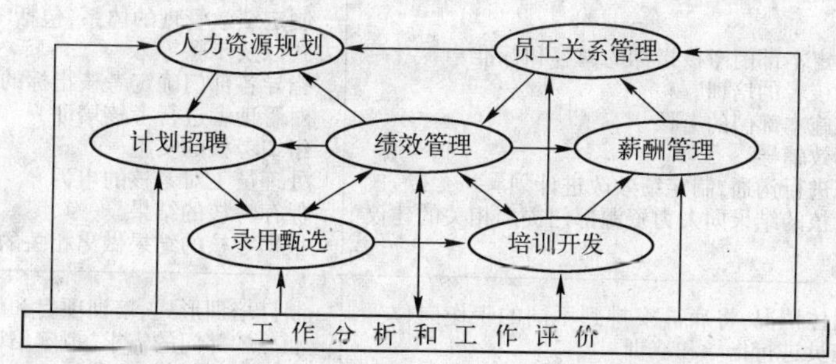

图 1-3　人力资源管理各活动之间的关系图

1.3.3 人力资源管理活动的实现方式

一个组织的人力资源管理活动是由人力资源管理专业人员(包括人事经理或主管)和各业务主管(直线部门经理)同时完成的。实际情况下,特别是对大机构而言,人事活动经常包含以上所列的多种形式。例如,生产部门经理需要招聘一位工人,他首先要确定需要什么样的人,提出具体要求,然后各班组长或车间主任协商,看是否可以从本部门解决,若能解决,则将人员变动报人力资源部门;如果不能解决,就需要与人力资源经理或负责人进行协商,看公司其他部门是否有合适人选,或者从公司外部招聘,这就需要综合考虑该职位的实际需要、内部人员补充情况、填补空缺所需成本等。若最终决定从外部招聘,人事主管将在以下方面为生产经理提供支持,如起草岗位职责说明,广告招聘信息,对面试过程提出建议;最终的聘用合同一般应由人事主管签发。

人力资源管理部门与直线管理部门在人力资源管理活动方面的分工如表 1-4 所示。

表1-4 人力资源管理部门与直线部门的分工

活动内容	直线部门的活动	人力管理部门的活动
人力资源规划	向人力资源部门提交人员需求计划 配合内部人力资源供给情况调查	汇总各部门计划，平衡和预测公司需求 预测公司的人员供给 拟订平衡供需的计划
工作分析	向人力资源部门提供工作分析信息 配合人力资源部门修订岗位说明书	组织实施工作分析 根据调查的信息，编制职位说明书 与其他部门沟通，修订岗位说明书
招聘、甄选与录用	列出特定工作岗位的职责要求，以便协助进行工作分析（若无岗位说明书） 向人力资源管理人员解释对未来雇员的要求以及所要雇用的人员类型 描述出工作对“人员素质”的要求，以便人力资源管理人员能够设计出适当的甄选方案 同候选人进行面谈，做出最后的甄选决策	根据规划确定招聘的时间、范围 发布招聘信息；对候选人进行初步面试、筛选，然后将可用者推荐给部门主管，配合其他部门对应聘者进行测试，确定最终人选 给新员工办理各种手续 制订出员工晋升计划
薪酬管理	向人力资源管理人员提供每项工作的性质和相对价值方面的信息，帮助他们确定工资水平 评价员工的工作绩效，以便人力资源管理部门根据员工的工作绩效适当地调整他们的报酬 根据奖励的性质决定支付给员工的奖金数量 制订组织福利计划和由组织提供的服务项目的总体方案	设计工作评价体系 执行工作评价程序 进行薪资调查，审查报酬的公平性 制定薪酬体系，包括结构、方式和标准 核算员工的具体薪酬数额 办理各种社会保险 审核各部门的奖惩建议
绩效管理	具体确定本部门考核指标的内容和标准 参加考核者的培训 具体实施本部门的考核 执行绩效辅导 与员工进行沟通，制定绩效改进计划 根据考核的结果向人力资源部门提出相关的建议	制定绩效管理的体系，包括考核内容的类别、周期、方式以及步骤等 指导各部门确定考核指标的内容和标准 对管理者进行考核培训 组织考核的实施 处理员工对考核的申诉 保存考核的结果 根据考核的结果做出相关的决策
培训开发	根据具体情况，将雇员安排到不同的工作岗位上，并对新雇员进行指导和培训 向人力资源部门提出培训的需求 参加有关的培训项目，并 进行培训反馈 对下属的职业进步情况进行评估，然后就他们个人的职业发展可能性向他们提出建议	制订培训形式、培训项目和培训责任等 汇总各部门的需求，拟定培训文件，制订培训计划，准备培训用材料 组织实施培训计划 收集反馈意见，并培训评估 制订职业发展计划和晋升制度
劳动关系管理	根据维护健康劳资关系的需要，建立一种互相尊重、互相信任的日常工作环境 具体实施企业文化建设方案 在就集体合同进行集体谈判的时候，同人力资源管理人员共同工作 直接处理员工的有关意见	密切注意员工情绪，对可能导致劳动者不满的问题的根本原因进行研究和诊断 制订企业文化建设的方案并组织实施 建立沟通渠道，受理员工的各种意见 就如何处理雇员申诉对管理人员进行培训，协助有关各方就申诉事件达成协议

1.4 案例与讨论——HL 集团的人力资源开发

HL 集团公司是上海市一家大型洗化产品生产企业，现有员工 1500 多名，下设 12 个分厂、1 个研究所、6 个中外合资公司、3 个运输公司、4 个专业工程公司以及在全国各地的 300 个专卖店，年总产值 80 亿元。HL 集团已被上海市定为高新技术企业和上海现代企业制度创新试点单位之一。

早在1984年,公司领导就意识到企业的竞争归根结底是人的竞争,人是企业发展之源泉。公司领导认为:“引进的10人中,只要有一人可派用场,就是值得的”。自1983年公司引进第一个大学生后,公司就体会到人的作用。从1984年开始,公司每年都要引进大批高层次的人力资源——人才,且每年都在递增。到2006年为止,共引进专业技术人员600多名,科技人员的比例从原来的0.8%跃升到35%。与此同时,企业的产值和利润与引进的人力资源成正比例递增,人才的利润聚集效应逐步显现。

公司领导坚信,要事业,先要家,安居才能乐业。高层次人才被吸引到企业后,公司在生活上给他们更多的关怀。对引进人员进入企业后的一系列事务,如户口、档案关系、子女转学、家属就业等,企业负责“一揽子”解决。特别是在住房非常困难的情况下,企业挤出资金,专门建造技术人才公寓楼,并花高价买商品房给引进人员和科技人员特殊优待。2004年企业又以优惠的房价引进了3位博士。仅从2000年开始的短短几年中,公司已经为工程技术人员解决了230多套住房。

公司不但为科技人员解决生活上的困难,在工作上更给予支持。公司千方百计为科技人员提供科研条件,鼓励他们大胆进行科研活动。公司领导还定期召开座谈会,倾听技术人员对公司的意见,给具有高、中级职称的人员分别予以享受部级、科级的待遇,每年评选出最佳技术人员,对有特殊贡献的人员给予重奖。公司规定,科技人员开发出新产品,享受三年内不少于销售额0.5%的奖励,并每年给予半个月带薪休假。

政策对头,员工就有了积极性。公司下属一家洗面奶生产企业中,有一位工程师为降低一款高档化妆品的生产成本,节约外汇,经反复实验,成功地研制出了替代进口的原料,仅四个月就为企业增加效益300万元。该厂设备科的一位高级工程师为增加产品的产量,带领本组科技人员成功地自行研制了两套生产高档化妆品的流水线,节约资金60多万元,使公司该产品的日产800盒猛增到2000盒,并荣获上海市技术改造优秀项目,他本人还获得国家级特殊贡献的科技人员的称号。

公司十分重视现有高层员工的培训,重视他们的业务进修和视野的拓宽。公司派他们到各类培训班学习,派他们到成功的大企业参观学习,让他们参加项目引进、技术引进的谈判与论证。

公司领导还有一条信念:“HL使用的干部,不讲资格,不讲年龄,不分进企业的先后”,“能者上,平者让,庸者下”;“部门经理,任职期间无功便是过”,只注重能力的发挥,以及能力发挥与企业形象、企业文化和企业效益间的关系。公司总质监师是2003年引进的一名硕士研究生,他进公司不久,公司就根据其实际能力,吸收他为董事会成员,并任命为公司副总经理,主要分管产品生产和质量检测。他制定的部门管理标准,明确质检、监测中心的职责,并着重对所属分厂的产品质量和质量管理进行不定期的抽查,控制有可能损害HL形象的产品;他还制定了“用户信息反馈处理程序”,把HL产品的质量抓到实处,公司因此多次被评为“上海市用户满意企业”。

案例讨论

1. 通过本案例,你对人力资源在组织的生存与发展过程中的作用有何认识?
2. HL集团在人力资源管理方面的每一项措施具有什么样的意义?请给予分析和评论。

1.5 本章小结

人力资源是指能够推动社会发展和经济运转的、与当前和未来发展相适应的、具有智力劳动能力和体力劳动能力、能为社会创造物质财富和精神财富的人的总和。人力资源管理是指组织为了实现战略目标，利用现代科学技术和管理理论，通过不断地获得和培训人力资源，对组织内的人力资源进行整合、调控及开发，并给予他们物质报酬和精神激励，从而有效地开发和利用人力资源的一系列管理过程。本章首先介绍了人力资源的含义、构成和特征；然后介绍了人力资源管理的含义、职能以及与传统人事管理的区别；最后概括介绍了人力资源管理活动及其人力资源管理部门的设置情况。

通过本章学习，读者应掌握人力资源的含义、构成；熟悉人力资源管理的职能、主要管理活动以及各个活动之间的相互关系；了解不同规模企业人力资源管理机构的设置。

1.6 思考与实践

一、思考题

1. 人力资源的含义是什么？人力资源具有什么特征？
2. 请从数量和质量两个方面阐述人力资源的构成情况。
3. 什么是人力资源管理？它与传统的人事管理有什么不同？
4. 人力资源管理具有什么主要职能？
5. 人力资源管理主要包括哪些活动？它们之间有什么关系？
6. 对于不同规模的企业，人力资源管理机构应该如何设置？

二、实践环节

1. 社会调研题

利用自己的社会关系进行实际调研，或者通过其他渠道（查阅图书、网络检索等）间接获取，了解当前企业中人力资源管理部门的机构设置情况，画出其组织结构图，最好包括大、中、小等不同规模的企业。

2. 情形分析与即席演讲

根据以下文字描述，对给出的问题进行分析，并给出自己的观点看法，演讲2分钟。

有趣的议论

某企业为中高级主管做企业人力资源管理的内训，培训师在没有开讲之前，学员们就在自己的座位上议论开了，销售部员工小王和小朱说：“怎么让我们来参加人力资源管理的培训呀？只要跟人事部门的人讲讲就行了。”坐在小王和小朱旁边的财务部徐经理和信息部罗经理也在议论着：“这门课总经理听一下就够了，我们部门经理听这些有什么用啊，还不如给我们一些主管部门专门技能的培训呢？”

问题：(1) 产生这些议论的原因是什么？(2) 你怎样看待他们的议论？

3. 论文写作题

请查阅相关文献，写一篇“人力资源管理的重要性”的小论文，字数3000左右。

第2章 工作分析

引例

职责描述不清引发的"工作真空"

某机械制造企业的一名机床操作工将大量液体洒在他工作机床周围的地板上，车间主任叫他将这些洒掉的液体清扫干净，而操作工拒绝执行，理由是工作分析文件中没有包括清扫的条文。车间主任顾不上查看工作分析文件原文，便找来一名服务工来做清扫工作，但服务工同样拒绝，理由也和操作工一样。车间主任威胁说要将其解雇，因为服务工是分配到车间来做杂务的临时工。服务工勉强同意，但是当他将洒掉的液体清扫干净之后，立即向公司有关领导进行了投诉。

企业有关领导看了投诉之后，审阅了三类人员的工作分析文件：机床操作工、服务工、勤杂工。操作工的工作分析文件上明确规定："操作工有责任保持车床的清洁，使之处于可操作状态"，但并未提及清扫地板。服务工的工作分析文件上规定："服务工有责任以各种方式协助操作工，如领取原料和工具，随叫随到，即时服务"，但也没有包括清扫工作。勤杂工的工作说明书中包含了各种类型的清扫内容，但他的工作时间是从正常工作下班后才开始。看到这些，这位领导也迷糊了。清扫工作究竟应该由谁来做呢？

点评：从上面的文字描述可以看出，该企业因对相关岗位的工作职责描述不清，而导致工作中出现了"真空"地点，但是工作时间清扫地面液体的工作必须是有人来做的，到底应该谁来做呢？其实，如果该企业某类岗位详细的工作分析文件将该任务落实到具体人员，就不会出现几类人员之间的相互扯皮的现象了。由此可见工作分析的重要性。

学习目标

通过本章的学习，读者应该能够：

□ 理解工作分析含义与相关术语

□ 熟悉工作分析的五个基本问题

□ 了解工作分析的重要基础作用

□ 了解工作分析流程包含的阶段

□ 掌握工作分析的五种常用方法

□ 掌握工作分析文件的编写格式

□ 熟练阅读和理解工作分析文件

□ 全面分析工作分析的相关案例

2.1 工作分析概述

工作分析是企业人力资源管理体系中的一项基础性工作。一个企业是否进行了工作分析,以及工作分析质量的好坏,都将会对人力资源管理的各环节产生重要的影响。

2.1.1 工作分析的含义

所谓工作分析,是一种全面了解工作岗位的管理活动,也就是对岗位的工作内容、任职资格及相关工作关系进行研究的过程,它主要是为制定岗位说明和岗位规范服务。

人事心理学家从人力资源管理的角度出发,提出了一个非常容易记忆的6W1H工作分析公式,从七个方面对岗位进行工作分析:① WHO:谁来完成这项工作。② WHAT:这项工作具体干什么。③ WHEN:工作时间的安排。④ WHERE:工作地点在哪里。⑤ WHY:他为什么做这项工作(工作的意义是什么)。⑥ FOR WHO:他在为谁服务。⑦ HOW:他是如何服务的。

2.1.2 工作分析相关术语

工作分析是一种专业性较强的人力资源管理工作,其中涉及许多专业术语,清晰地界定并准确地把握这些术语十分重要,它可以避免许多在执行工作分析时由于不理解术语而出现错误。表2-1对与工作分析相关的专业术语进行了专门的对比介绍。

表2-1　岗位分析的相关术语

术　语	含　义	示　例
工作要素	工作活动中不能再继续分解的最小单位	打开计算机、签字、打电话、发传真等
工作任务	为了达到某种目的所从事的一系列工作活动,通常表现为相关工作要素的组合	打字员打印一份文件;销售员拜访一个客户;程序员编写一个软件
工作职责	一个个体担负的一项或多项任务组成的活动,即由一个个体操作的任务的总和	打字员的工作职责就包括打字、校对、简单维修机器等一系列任务
职位	一定时期内,组织中满足一个个体满负荷工作量要求的一项或多项相互联系的职责集合	办公室主任就是个职位,其职责有三项:文书管理、日常行政事务、对外接待
岗位	一个组织内完全相同的职位构成岗位。有两种可能:一是一个职位就是一个岗位,二是多个职位形成一个岗位,一个岗位上可能是一人或多人	某公司人力资源部经理下属三个岗位:人员招聘与培训员、薪酬与保险员、员工关系与考核员,职责不同,一人一岗
工作序列	一个组织内工作性质相关的一系列岗位	生产企业内通常分为四种工作序列:生产序列、研发序列、管理序列、营销序列
职务	一组重要责任相似的职位。根据组织规模的大小和工作性质,一种职位可以有一个或多个职务	一个工厂设三个副厂长职务,一个分管生产,一个分管供销,一个分管研发
职业	职业是一个跨组织的概念,是指在不同组织、不同时间、从事相似活动的系列工作的总称	如教师是一个职业,但又存在于不同的大学、中学、小学及幼儿园等组织之中

2.1.3 工作分析的基本问题

根据上面的6W1H工作分析公式,工作分析需要解决的主要是下面的五个问题。

1. 工作分析要回答的第一个问题——工作是什么?

通过该问题的回答,主要为了获取如下几个信息:

（1）岗位（职位）的名称、级别；
（2）岗位的设置目的；
（3）岗位的工作内容；
（4）岗位的工作职责；
（5）该岗位与其他岗位的关系；
（6）该岗位需要的工作条件；
（7）该岗位在企业组织结构中的位置（必要时需要附企业全部或部分组织结构图）。

2. 工作分析要回答的第二个问题——谁适合这个工作？

通过该问题的回答，主要为了获取如下几个信息：
（1）基本学历和专业要求；
（2）在某一领域的工作经验；
（3）必须接受的培训项目和培训时间；
（4）年龄和性别要求（某些岗位有特殊需要时）；
（5）必须具备的基本能力；
（6）性格和形象要求。

3. 工作分析要回答的第三个问题——谁最适合这个工作？

通过该问题的回答，主要为了获取如下几个信息：
（1）具备怎样的经历可以优先；
（2）具备怎样的专业才可以优先；
（3）具备怎样的资格（如某些职称、国际通用的某些证书等）可以优先；
（4）曾经有过怎样的培训可以优先（如国家培训、行业培训、企业培训等）。

4. 工作分析要回答的第四个问题——谁来做工作分析？

一般来讲，在工作分析过程中，需要多个方面的人员参与，他们各有不同职责：
（1）人力资源管理专家负责总体策划和审定；
（2）企业的部门主管人员结合企业实践，参与或组织人员编写工作分析文件；
（3）在岗员工结合个人实践提供先验性资料；
（4）专门的人力资源研究机构（具有专业水平）做出规范、完整、系统的工作分析。

需要说明的是，实际工作的任职人员、岗位直接主管和人力资源管理专家这三种主体在进行工作分析时各有优缺点，应综合利用，以岗位主管为主。这三者的优缺点见表2－2。

表2－2　工作分析的主体及其各自优缺点

分析主体	优　点	缺　点
实际任职人员	对工作最熟悉；信息收集的速度快；能提高他们对岗位分析结果带来的任何工作改变的接受程度	收集信息的标准化程度和工作职责的完整性都比较差；如果负担不平均，会引起那些被要求收集工作分析信息的员工的抵触；倾向于夸大他们工作的责任和重要性
岗位直接主管	对所要分析的工作包括它的无形方面具有全面而深入的了解；收集信息速度较快；能较公正地表达意见	需要首先对主管人员进行如何开展工作分析的培训；对主管人员来说，在时间上是一个沉重的负担，进而可能影响信息的客观性
人力资源专家	客观公正，能保持信息一致性；所收集信息的专业性和规范性有保证	成本太高；可能会因对组织的情况缺乏了解而忽略工作中某些无形的方面

5. **工作分析要回答的第五个问题——何时做工作分析?**

一般来讲,在以下情况下,是企业迫切需要进行工作分析的最佳时刻:

(1) 一个新组织投入运行时;

(2) 一个组织在进行战略调整、业务发展、工作内容与性质发生变化时;

(3) 一个组织在兼并、扩充、增加生产线时;

(4) 劳动生产率提高,企业必须改变编制、重新定岗定员时;

(5) 一个组织引进新的设备、新的工艺和新的技术时;

(6) 需要以工作分析为基础建立相关制度,如绩效考核、晋升、培训机制。

2.2 工作分析的作用及其流程

工作分析是现代人力资源管理所有职能(包括获取、整合、保持与激励、控制与调整、开发等)的基础。企业为了做好工作分析,必须严格按照一定的流程进行操作。

2.2.1 工作分析的重要作用

从图2-1可以看出,工作分析有助于人力资源管理中两个基本制度的建设,那就是工作分析制度和任职资格制度;同时,这两项制度也是其他各项人力资源管理工作的基础。

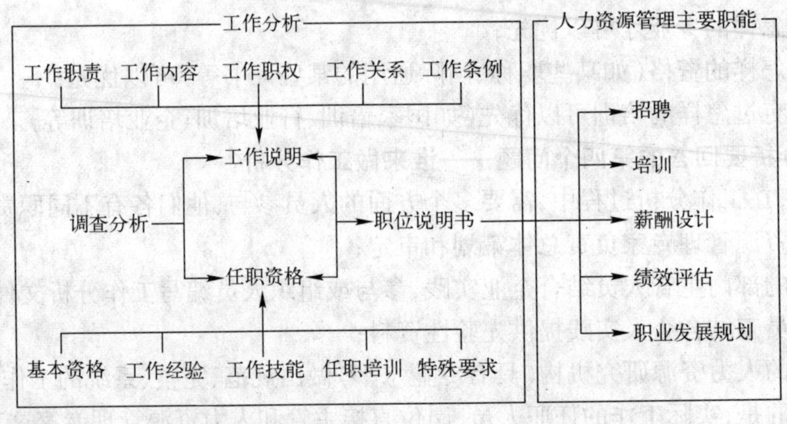

图2-1 工作分析内容及其核心基础作用

工作分析对于人力资源管理各职能的具体支持作用,主要体现在以下几个方面:

1. **有利于合理使用员工**

通过工作分析,可以明确一项工作的具体内容,以及该工作与其他工作的关系,从而能制定出从事这项工作的人员所需具备的任职资格,以便用来决定招聘与任用合适人才。

2. **有利于员工的培训**

通过工作分析,明确了员工从事某项工作的相关条件及素质要求;而这些条件和要求并非人人都能达到。此时,组织可根据工作分析制订培训计划,开展相关培训工作。

3. 为制定合理的薪酬政策提供依据

通过工作分析可以明确各个工作岗位在组织中所处的地位，该职务的员工所承担的责任、工作数量和质量要求，任职者的能力和知识等，从而为制定合理的报酬提供依据。

4. 有利于科学评价员工的工作实绩

通过工作分析，每一种职位的内容都有明确的界定，可以为考核提供合理的标准和依据。员工应该做什么，不应该做什么，应该达到什么要求，都十分清楚，为考核工作实绩提供了客观的标准，减少了绩效考评中的主观因素，为考核提供尺度，为晋升提供依据。

5. 有利于理顺管理关系

工作分析对工作有明确的规范，这就迫使员工的个人价值必须服从组织理念；个人行为必须服从组织规范，下级服从上级，并且明确了工作流程，为提高效率提供了保障。

6. 有利于预测组织未来的人力需求

通过工作分析可预测和分析组织未来的人力需求，检查应增加或减少员工的编制。

2.2.2 工作分析的基本流程

工作分析要有计划、有步骤地按照一定的流程进行，如图2-2所示，这个流程包括六个阶段，分别是准备阶段、计划阶段、调查阶段、分析阶段、描述阶段和运用阶段。在实际工作中，这些阶段必须按照指定的顺序进行，当然它们之间也有一定的信息反馈活动。

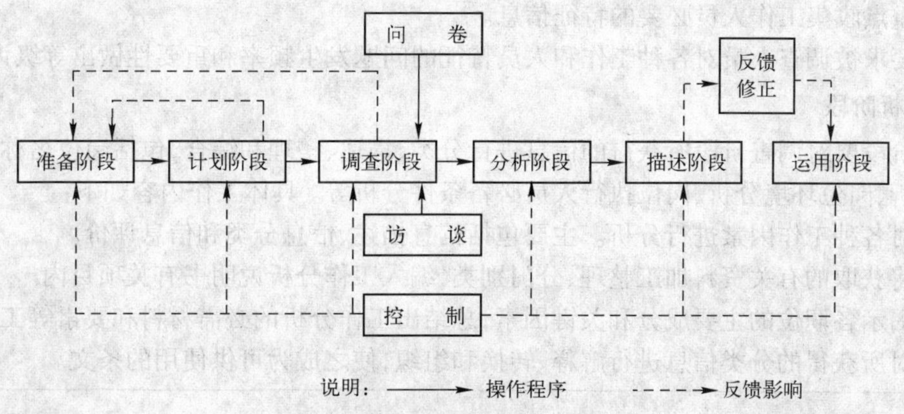

图2-2　工作分析的流程图

1. 准备阶段

准备阶段的任务是了解有关情况，建立与各种信息渠道的联系，设计全盘的调查方案，确定调查的范围、对象与方法。具体工作如下：

(1) 确认工作分析的意义、目的、方法和步骤。

(2) 限定所要收集的信息类型和收集方法，以节约时间、精力和费用。

(3) 选择被分析的岗位，即选择有代表性、典型性的岗位，还是对全部岗位进行分析。

(4) 建立工作分析小组，分配进行分析活动的责任和权限，以保证分析活动的协调。

(5) 制定工作分析规范，内容包括规范用语、活动进度、活动层次、活动经费等。

(6) 做好必要的准备,通过宣讲工作分析活动的目的,求得岗位信息提供者的合作,使有关人员对分析人员消除不必要的误解和恐惧心理,以便获得真实、可靠的信息。

2. 计划阶段

这一阶段主要是考虑如何进行下一步的具体工作分析活动,包括下列几项内容:

(1) 选择信息来源。信息的来源包括工作执行者、管理监督者、顾客、工作分析人员、相关的工作分析资料、职业分类辞典信息文件等。

> 选择信息来源应注意:不同层次的信息提供者提供的信息存在不同程度的差别;工作分析人员应站在公正的角度听取不同信息,不要事先存有偏见;使用各种职业信息文件要结合实际,不可照抄照搬。

(2) 选择工作分析人员。他们应具有一定的经验和学历,同时应保持活动的独立性。

(3) 选择收集信息的方法。根据实际情况以及各种方法的优劣选择合适的方法。

3. 调查阶段

调查阶段要对工作过程、工作环境、工作内容和工作人员等做全面调查。内容如下:

(1) 编制各种调查问卷和提纲。

(2) 在调查中,灵活运用面谈法、问卷法、观察法、参与法、实验法、关键事件法等不同的调查方法。关于这些调查方法的相关知识,在下一节将进行详细的介绍。

(3) 根据工作分析的目的,有针对性地搜集有关工作的特征及所需要的各种数据。

(4) 重点收集工作人员必要的特征信息。

(5) 要求被调查人员对各种工作和人员特征的问题发生频率和重要性做出等级评定。

4. 分析阶段

分析阶段要对调查阶段所获得的信息进行分类、描述、整理和综合,包括岗位名称分析、岗位内容分析、岗位环境分析、岗位执行人员必备条件分析等。具体工作内容如下:

(1) 对各种工作因素进行分析。主要包括信息描述、信息分类和信息评价。

(2) 将获取的有关资料加工整理、分门别类,编入工作分析说明书有关项目内。

(3) 揭示各职位的主要成分和关键因素,总结出工作分析的必需材料和要素等工作。

(4) 对所获得的分类信息进行解释、转换和组织,使之成为可供使用的条文。

> **阅读材料**
>
> **亨利·福特一世对T型轿车制造的工序分派**
>
> 工作分析的始祖亨利·福特一世对T型轿车的8000多道工序进行了如下的分派:949道工序需要强壮、灵活、身体各方面都非常好的成年男子;3338道工序需要普通身体的男子;剩下的工序由女工或年纪稍大的儿童承担;其中,50道工序由没有腿的人来完成;2637道工序由只有一条腿的人来完成;715道工序由只有一只手的人完成;10道工序由失明的人完成。有人把福特的这种分析称为"补丁摞补丁拼接的长衫",该企业的成功在于整合"鸡肋"也盈利。

5. 描述阶段

本阶段主要解决如何用书面形式表达工作分析的结果。分析结果的表达形式可以分为两类:一类是工作分析文件,也叫岗位说明书,它综合了岗位描述和任职者说明两部分内容,顾及工作性质和人员特性两个方面,关于其详细编写方法和实例参见2.4节;另一类是心理图示法,内容侧重于分析任职者的具体特性,这种方式适用范围窄,不经常使用。

6. 运用阶段

在此阶段,核心问题在于如何促进工作分析结果的使用。它包括两个方面的具体活动:一是制作各种具体应用文件,如提供录用文件、考核标准、培训内容等;二是培训工作分析结果的使用者,增强管理活动的科学性和规范性。

2.3 工作分析的方法

工作分析的方法有多种,可以分为两大类:以工作为中心的方法和以人为中心的方法。对于不同规模、不同类型的组织,应选用不同的方法或者方法组合。

2.3.1 直接观察法

1. 直接观察法的含义

直接观察法是一种典型的以工作为中心的方法,是指有关工作分析人员直接到现场,亲自对一个或多个工作人员的工作行为进行观察、收集、记录,包括有关工作的内容、工作时间的相互关系、人与工作的作用、工作环境、工作条件等信息。

2. 直接观察法的要点

采用直接观察法时要注意以下几个方面:

(1) 被观察的工作应在一定时间内,相对静止、稳定,不会发生明显的变化。

(2) 这种方法只适用于大量标准化的、周期较短的、以体力活动为主的工作。

(3) 要注意工作行为样本的代表性,有时有些行为在观察过程中可能未表现出来。

(4) 观察人员尽可能不要引起被观察者的注意,不应干扰被观察者的工作。

(5) 观察前要有详细的观察提纲和行为标准,如表2-3所示。

表2-3 某企业生产车间的工作分析观察提纲(部分)

被观察者姓名:______工作类型:______工作部门:______ 观察者姓名:______观察日期:______观察时间:______
观察内容: 1. 什么时间开始正式工作?______ 2. 上午工作多少时间?______ 3. 上午休息多少时间?______ 4. 第一次休息时间从______到______ 5. 第二次休息时间从______到______ 6. 上午完成产品多少件?______搬了多少原材料?______ 7. 平均多少时间完成一件产品?______出了多少次品?______ 8. 与同事交谈______次;每次交谈约______分钟。 9. 室内温度______度,噪音是______分贝。 10. 抽了几次烟?______喝了几次水?______什么时候开始午休?______

3. 直接观察法的优缺点

直接观察法有很多优点，主要包括：

(1) 操作较灵活、简单易行；

(2) 直观、真实，能给岗位分析人员直接的感受，因而所获得的信息资料也较准确；

(3) 可以了解广泛的信息，如工作活动内容、工作中的正式行为和非正式行为等。

但此方法的运用受到很大的局限，主要缺点有：

(1) 时间成本很高，效率低下；

(2) 观察周期不易确定，对于生产操作岗位较适合，对于管理和技术型岗位不适合；

(3) 由于专业所限，工作分析人员不能准确地对所观察的信息做出正确的判断；

(4) 关于任职人员的任职资格条件不能由观察得出；

(5) 在观察中，被观察者的行为可能与平时不一致，从而影响观察结果的可信度。

2.3.2 工作实践法

1. 工作实践法的含义

工作实践法也是一种以工作为中心的工作分析方法。顾名思义，它是指工作分析人员到被分析的岗位中实际体验岗位工作特点，获得工作岗位信息的一种方法。

2. 工作实践法的操作要点

采用工作实践法时要注意以下几个方面：

(1) 参加亲身工作体验的工作岗位必须是工作分析人员所能够理解和从事的；

(2) 工作分析人员在进行工作实践时，不能给实际工作造成障碍；

(3) 较危险的工作岗位或者具有一定安全性、保密性的岗位不适合工作实践法；

(4) 对工作岗位的工作实践要保证一定的周期，以对岗位的相关信息有完整的认识。

3. 工作实践法的优缺点

工作实践法有很多优点，主要包括：

(1) 准确了解工作的实际任务和在体力、环境、社会方面的要求；

(2) 直接、直观，信息的可靠性高；

(3) 可以弥补不善表达的员工对岗位信息提供的不足；

(4) 可以收集到观察法所不能体会到的内容。

但这种方法的运用也有很大的局限性，主要表现为：

(1) 时间成本很高，效率低下；

(2) 对于岗位分析人员的专业性要求太高，许多岗位根本无法亲验；

(3) 体验周期和时间都不易确定。

2.3.3 调查问卷法

1. 调查问卷法的含义

调查问卷法是工作分析中最常用的一种以人为中心的方法，就是采用调查问卷的形式来获取工作分析中的信息，从而实现工作分析的目的。这种方法适用于脑力劳动者、管理工作者或者工作不确定性因素很大的工作，如软件设计人员、行政部经理等。

2. 调查问卷的形式及其范例

国外在进行工作分析时，常用的调查问卷主要有以下三种：

（1）职位分析问卷

这种问卷本身要交由比较熟悉需要进行工作分析工作的工作分析员来填写。其中比较典型的是美国普度大学的研究员研究出的一套量化工作问卷，虽然它的格式已定，但仍可用于分析许多不同类型的工作分析。它有194个问题，包括六个部分：① 资料投入（指职工在进行工作时，获取资料的来源及方法）；② 用脑过程（指如何去推理，做出决策、计划及处理资料）；③ 工作产出（指职工该完成哪些身体活动，及其使用的工具器材如何）；④ 与他人之关系（与本身工作有关人员的关系如何）；⑤ 工作范畴（包括实体工作与社交性工作）；⑥ 其他工作特征（其他有关职务的活动、条件与特征）。

职位分析问卷回收后，还要从具有决策、沟通与社交能力，执行技术性工作的能耐，身体灵活度，操作设备与器具的技能，处理资料的能力五个方面来衡量。

> 注意：职位分析问卷并非岗位说明书的替代品，而是说前者有助于后者的编拟。职位分析问卷的优点有两个：第一，由于大多数工作皆可用五个基本尺度（例如非常适合、适合、比较适合、不适合、很不适合）加以描绘，因而可以用职位分析问卷将工作分为五类（如秘书二处、秘书三处等）；第二，由它可得每一个/类工作的数值与等级，因此职位分析问卷可用来建立每一个或每一类工作的薪资水准。

（2）管理岗位描述问卷

管理岗位描述问卷是专门针对管理类型的岗位，这类岗位有两个特点：一是管理者经常试图让本职工作去适应自己的管理风格，而不是让自己去适应工作的需要，因此易模糊真正的客观标准；二是管理类型的岗位工作具有非规范化和非程序性的特点，对于规律性的工作内容的总结比较困难。针对这两个特点，托纳和平托在1976年设计了管理岗位描述问卷，该问卷包括208个问题，由管理人员自己填写，分6个标准评分，这些问题总体上可以被划分为战略规划、部门间协调、内部业务控制、产品和服务责任、公共与客户关系、高层次的咨询指导、行动的自主性、财务审批权、雇员服务、监督、复杂性和压力、重要财务责任、广泛的人事责任、组织图、评论和反应共15个方面。

（3）功能性工作分析问卷

功能性工作分析问卷考虑了三个方面：第一，它是依据信息、人、物三个方面来对工作进行分类；第二，它对工作的分类还考虑了其他四个因素，分别是：在执行工作时需要得到多大程度的指导；执行工作时需要运用的推理和判断能力应达到什么程度；完成工作所要求具备的数学能力有多高；执行工作时所要求的口头及语言表达能力如何）；第三，功能性工作分析问卷还确定了工作的绩效标准以及工作对任职者的培训要求。

另外，从题目类型来看，问卷可以分为结构化问卷和开放式问卷两种。前者由工作分析人员事先设计好选项，调查对象选择即可，问卷简单、清晰，便于快速获取信息，但是回答方式呆板，不利于个人发挥；而后者让回答人员用一段话来表达自己的意见，能发挥各自不同看法，例如“请叙述你的工作职责”。当然，最好的问卷应该介于二者之间，既有结构化问题，又包括开放式问题；并且他们的选择要与想获取的信息类型相一致。

表2－4为一个详细的工作岗位调查问卷，共包括6个部分，分成了6页。

表2-4　一个详细的工作岗位调查问卷

(1)基本情况调查

姓名		性别		出生年月		籍贯		照片
参加工作时间				工作地点				
岗位编号		工作职务			技术职称			
教育背景	类别	学位		毕业时间		主修专业		

工作目标	主要工作目标	其他工作目标
	1.	1.
	2.	2.
	3.	3.
	4.	4.
	5.	5.
工作基本情况	工作概要描述	
	备注	

(2)工作程序与时间安排调查

	活动名称	活动内容	活动依据
工作活动程序	1.		
	2.		
	3.		
	4.		
	5.		
	6.		
工作时间安排	1. 正常工作时间为每日　　时开始至　　时结束。		
	2. 每周加班时间大约为　　小时。		
	3. 每日午休时间大约为　　小时，　　%的情况下可以保证。		
	4. 每周外出时间大约为　　小时，占正常工作时间的　　%。		
	5. 每月出差大约为　　次，每次出差大约为　　天。		
	6. 你所从事的工作是否比较繁忙？(是/否)		
	7. 你在哪个工作时间段比较繁忙？		

（续）

工作时间安排	8. 对你出差时使用的交通工具按照使用频率排序为：	
	9. 你是否在业余时间看书？（是/否）	
	10. 你通常都看些什么书？	
	11. 你用在学习上的时间每周大约为　　小时。	
	12. 其他需要补充说明的问题：	
	备注	

(3)活动内容与工作特征调查

	名称	结果	占全部工作时间百分比(%)	权限		
				承办	需报审	全权负责
活动内容						
工作基本特征(根据实际情况,选择相应的选项,并在后面打“√”即可)						
工作责任心	1. 对自己的工作结果基本不负责任。					
	2. 只对自己的工作结果负责。					
	3. 对整个部门的工作结果负责。					
	4 对自己的部门和相关部门负责。					
	5. 对整个公司负责。					
权限	1. 在工作中时常做些小的决定,一般不会影响其他人。					
	2. 在工作中时常做一些决定,对部分人员有影响。					
	3. 在工作中时常做一些决定,对整个部门有影响,但不影响其他部门。					
	4. 在工作中时常做一些比较重大的决定,对自己的部门相关部门都产生影响。					
	5. 在工作中时常做重大的决定,对整个公司都有重大影响。					
自由度	1. 工作程序和方法均由上级规定,遇到问题时需要请示上级,工作结果需要上报上级审核。					
	2. 分配工作时上级指示要点,而不随时指导,遇困难时可请示上级,工作结果要报上级审核。					
	3. 分配任务时上级只说明目标,具体方法和程序由自己决定,工作结果仅接受上级审核。					
工作难易度	1. 完成本职工作的方法和步骤完全不相同。					
	2. 完成本职工作的方法和步骤基本相同。					
	3. 完成本职工作的方法和步骤有一半相同。					
	4. 完成本职工作的方法和步骤大部分相同。					
	5. 完成本职工作的方法和步骤完全相同。					
工作信息	1. 在工作中所接触到的信息为原始的、未经加工处理的信息。					
	2. 在工作中所接触到的信息为经过初步加工的信息。					
	3. 在工作中所接触到的信息为经过高度综合的信息。					
	备注	如出现多种情况,可以简单进行说明。				

（续）

工作资料	1. 在工作中经常用事实资料进行判断。
	2. 在工作中经常用事实资料和背景资料进行判断。
	3. 在工作中经常用事实资料、背景资料和模糊相关资料进行判断。
	4. 在工作中经常用事实资料、背景资料、模糊相关资料和难以确定的相关资料进行判断。
工作计划	1. 在工作中没有计划。
	2. 在工作中需要做一定的计划。
	3. 在工作中需要做部门计划。
	4. 在工作中需要做公司整体计划。

个人计划	1. 日计划。	5. 年度计划。
	2. 周计划。	6. 长期计划。
	3. 月计划。	7. 个人短期计划。
	4. 季度计划。	8. 个人长期计划。

资料机密度	1. 在工作中所接触的资料属于公开性资料。	
	2. 在工作中所接触的资料属于不可公开性资料。	
	3. 在工作中所接触的资料属于机密资料，仅对中层以上领导公开。	
	4. 在工作中所接触的资料属于公司高度机密，仅对少数高层领导公开。	
	备注	如出现多种情况，可以简单进行说明。

（4）工作失误与工作压力调查

工作失误及其将造成的影响	经济损失	1.	
		2.	
		3.	
		4.	
	形象损失	1.	
		2.	
		3.	
		4.	
	管理损失	1.	
		2.	
		3.	
		4.	
	其他损失	1.	
		2.	
		3.	
		4.	
	备注	对损失按照轻、较轻、一般、较重和重分别具体标明。	

（续）

	损失影响程度	1. 损失不影响其他人的正常工作。
		2. 损失只影响本部门内少数人。
		3. 损失影响整个部门。
		4. 损失影响到其他部门。
		5. 损失影响整个公司。
		备注
工作压力	1. 工作中你是否要经常迅速做出决定？ 没有 很少 一般 较多 非常多	
	2. 你手头的工作是否经常被打断？ 从来没有 很少 偶尔 经常	
	3. 你的工作是否经常需要注意细节？ 没有 很少 偶尔 经常	
	4. 你所处理的各项业务彼此是否相关？ 完全不相关 很少 一般 较多 完全相关	
	5. 你的工作是否需要精力高度集中，如果是，约占你工作总时间的 %	
	6. 你的工作是否需要专业知识？ 不需要 很少 有一些 很多 非常多	
	7. 你的工作中是否存在不舒服的感觉？ 没有 很少 偶尔 经常	
	8. 你的工作是否具有创造性？ 没有 很少 有一些 很多 非常多	
	9. 你的工作是否有压力？ 没有 很少 有一些 压力很大	
	备注	

(5)工作岗位任职资格调查

任职资格	需准备的文字资料	1.	等级	频率
		2.		
		3.		
	学历要求			
	相关培训	培训科目	培训内容	培训时间

任职资格	工作经历	所在单位	时间
		工作中遇到的困难	解决困难的方式

（续）

其他能力要求	名称	等级	需求程度	名称	等级	需求程度
	1. 领导能力			12. 公关能力		
	2. 指挥能力			13. 宣传能力		
	3. 协调能力			14. 写作能力		
	4. 沟通能力			15. 判断能力		
	5. 创新能力			16. 谈判能力		
	6. 授权能力			17. 信息管理能力		
	7. 计划能力			18. 实施能力		
	8. 管理能力			19. 资源分配能力		
	9. 组织能力			20. 说服能力		
	10. 激励能力			21. 其他		
	11. 表达能力					
	备注					

任职资格要求	知识内容	等级	需求程度

（6）考核方式及其他内容调查

考核	考核的角度	考核的标准
	1	
	2	
	3	
	4	
建议	认为你从事的工作哪些不合理，哪些需要改进，应如何改进？	
	1	
	2	
	3	
	4	
备注	你还有哪些问题需要进一步说明？	
	直接上级确认符合事实后签字： 签章： 年　月　日	
	如不符合事实，请说明。	

3. 调查问卷法的操作要点

调查问卷法的操作要点可以归结以下几项：

（1）针对不同的组织应设计不同的问卷，切忌照搬某个所谓成功问卷。

（2）问卷设计应以组织中最低阅读能力的人能够理解为限，以保证问卷的可操作性。

（3）问卷中的问题应语义明确，不能有歧义，不能有诱导倾向。

（4）对于任职条件及沟通关系类的问题应尽量使用封闭式的提法，以便于对比统计。

（5）对于职责类的问题则可以使用开放式的提法，以避免有用信息的遗漏。

（6）问卷的填写者应要求独立完成。

（7）在使用问卷法时应注意本着与企业实际情况相结合的原则，有针对性地进行特定问卷的设计，从而避免直接引入别的企业使用过的问卷造成与企业实际脱节的局面。

（8）为了全面系统地进行岗位描述，避免遗漏每一项工作任务，最好将各项任务一一列举，越全越好，然后再归类整理、分析评估。

（9）在做工作分析时，也可训练部门的负责人，由他们分别分析本部门的工作，再加以汇总评估，这样做有两个优点：其一，本部门的负责人对其部门内岗位有着最直接和全面的认识，描述的内容参考性最强；其二，可以调动这些部门负责人的积极性和责任感。

4. 调查问卷法的优缺点

问卷法是进行岗位分析所运用最广泛的一种方法，主要是基于以下优点：

（1）收集信息量大且速度较快，可以实现在短时期获取大量岗位信息的目的；

（2）标准统一，便于统计分析，针对性强，易于发现普遍规律性问题。

当然，问卷也存在着一些不足之处：

（1）问卷设计难度较大，要想了解不同岗位与人员的特点，对设计者的要求非常高；

（2）有些问卷的阅读能力要求较高，限制了问卷的使用范围，也影响了使用效果；

（3）没有互动反馈，对于开放性问题的反映并不好，不能够深入，且易遗漏信息。

2.3.4 人员访谈法

1. 人员访谈法的含义

人员访谈法也是工作分析中一种以人为中心的方法，它是指以个别谈话或小组访谈方式开展面谈，获取信息资料的一种工作分析方法。按照参与访谈人员的数量和等级，还可以将人员访谈法划分为个人访谈、群体访谈以及主管人员访谈三种方式。

> 在进行人员访谈前，要先准备好详细的结构化提纲，先由工作者本人对所从事工作的内容、目的、方法加以描述，然后再由其上级加以纠正和补充，整个面谈过程要做好详细记录。需要指出的是，事先必须要向面谈对象说明面谈的目的，争取他们的理解与支持。人员访谈法作为调查问卷法的必要的补充，是进行工作分析的重要手段，一般运用普遍问卷结合重点访谈的方法即可基本收集到所需要的信息。

2. 人员访谈常用问题及访谈实例

（1）人员访谈中经常问到的问题

人员访谈中经常问到的问题如表 2－5 所示。

表2－5 岗位分析访谈常用问题

类　型	常用问题
基本信息类	1. 您所在的岗位名称是什么？ 2. 本岗位属于哪个部门？部门主管是谁？ 3. 您从事本岗位多长时间？您在本单位工作多长时间？ 4. 在本部门内与本岗位平级的岗位还有哪些？ 5. 您本人参加工作多长时间？是否一直从事本岗位？
岗位职责类	1. 您所负责的日常工作有几大方面？ 2. 这几块工作中最核心的工作是什么？ 3. 这几块工作难度的最大限度是什么？ 4. 您所在的岗位还管辖哪些岗位？ 5. 除了对本岗位工作负责外，哪些工作出了问题也需您负责？ 6. 您的工作是定时的还是不定时的？是否存在负荷不均？
任职条件类	1. 您认为从事本岗位工作需要什么样的学历水平？ 2. 您认为从事本岗位工作需要什么样的经验水平？ 3. 您认为从事本岗位工作需要什么样的专业技术水平？ 4. 您认为从事本岗位工作还需要什么样的能力特点？ 5. 您本人在学历、经验、专业技术水平及能力方面的现状是什么？
沟通关系类	1. 您对谁直接负责，对谁间接负责？ 2. 您管理的人员和岗位有哪些？ 3. 在本部门内部，与您合作密切的岗位是什么？ 4. 在本单位内，与您合作密切的跨部门岗位是什么？ 5. 您否需要与本单位以外的单位发生直接联系，双方关系是什么？
工作条件类	1. 您从事本岗位工作在室内外工作时间的比例如何？ 2. 您在工作中能否采用比较舒适的工作姿态？ 3. 您主要使用脑力还是体力劳动？ 4. 本岗位工作使用什么样的设备？ 5. 本岗位工作环境中存在什么样的不良因素？ 6. 从事本岗位工作是否会患职业病？

（2）人员访谈实例

为了更好地掌握以上人员访谈的问题，下面来看一个人员访谈实例。

阅读材料

天津XX网络服务公司人力资源部对网络维护员王中飞的访谈记录

1. 基本信息

本次访谈主持：人力资源部薪酬与招聘主管　刘高登

接受访谈对象：天津XX公司网络维护管理员　王中飞

访谈时间：2008年8月3日上午8:30～9:30

访谈地点：天津XX网络服务公司第二会议室

2. 访谈主要内容：

刘高登（以下简称刘）：请您简单介绍一下自己。

王中飞（以下简称王）：我是公司一名网络维护管理员，名字叫王中飞。

刘：您知道本次我们谈话的目的吗？

王：知道一些，好像是为了薪酬调整和人员招聘。

刘:是的,为了调整工资结构和招聘新的同岗位员工,以便使用公司发展需要,我们需要进行工作分析,与您的谈话是收集岗位信息的工作之一,希望您能配合我们的工作。您在本岗位工作多长时间了?

王:三年。

刘:之前在什么岗位工作?

王:我中专毕业后就进入本公司,开始从事网页制作,定岗后一直从事公司网络维护员岗位工作。

刘:您的部门主管是谁?

王:系统维护部经理张××。

刘:那您所负责的日常工作有哪些?

王:主要有这样几块:一是负责公司网络系统日常维护,以及简单故障维修;二是根据需要,对网站中相关栏目版面适时地给以调整;三是给有关人员的网络应用进行培训;另外还负责一些其他临时性工作。

刘:这些工作中最主要的是什么?

王:最主要的是前两项工作,这些工作都是对系统维护部负责。

刘:在公司中,与你相同的岗位共有几个人?

王:总共三个。

刘:你们三个的工作内容有什么不同吗?

王:基本一样,是同一个岗位工作,只是工作时间有所不同,为保障24小时无故障,我们三班倒。

刘:还有什么岗位归您管辖吗?

王:没有了,我本身做的就是最基层的基础工作,是为别人服务的。在咱们公司,网络的正常运转非常重要,我们必须保证能够保证我们的网络实现"7*24小时"稳定工作。

刘:那和您日常工作联系最多的岗位是什么?

王:公司内部几乎各个部门网络出了问题都会跟我们联系,但是跟我们联系最多的还是网站编辑部,他们经常根据需要,提出一些修改网站的要求;另外,在外面,我们有时候需要到供应商那里选购相关计算机和网络配件,所以有时候我们还需要将配件采购清单交财务部和设备部审核。

刘:您的工作负荷均衡吗?

王:不太均衡。在有一些大型活动需要在网上展出时,我们的信息维护工作就很忙;还有系统硬件升级改造时,我们也是非常忙。活动不多时,主要做一些日常的维护,工作量就相对小些。在今年上半年公司网络系统大规模改造时,工作量就非常大,几乎天天吃住在办公室,连续两个星期都没有回家。

刘:那么一年中的忙闲有规律吗?

王:没有什么规律。

刘:你们有时间自己到市场上承揽一些对外业务吗?

王:没有,我们只为公司服务,就这样还非常忙碌。

刘:从您刚才说的来看,您与办公室人员的工作环境一样,是吗?

王：不完全一样。虽然都是在公司里面，但是我们的工作时间却不是一般工作时间安排，经常需要值夜班，另外虽然工作的劳累程度和体力支出比网站编辑要小一些，但比起办公室人员环境还差许多。

刘：您本人是中专学历，对吧，有三年工作经验，您的专业技术水平是什么？

王：我目前是员级。

刘：从您的条件来看，您觉得够用吗？

王：我觉得足够了，中专都有些高了，有两年经验积累也就够了。

刘：其他两个维护员和你条件一样吗？

王：有一个比我晚一年参加工作，计算机网络工程大专学历，其他条件一样，另一个工龄长一些，技校毕业，以前在科技市场做电脑组装和计算机联网工作。

刘：您认为这个岗位还需要一些什么特殊的要求？

王：要有高度的责任心，要有很强的服务意识；要善于学习，并不断提高自己的动手能力；另外还应该有很强的人际关系协调能力，因为使用网络的部门很多，人员比较复杂，需要和各种各样的人打交道。

刘：对您的工作还有什么要补充的吗？

王：暂时没有了，有什么问题可以随时找我。

刘：好的，谢谢您的合作。

3. 访谈法的操作要点

运用访谈法时要注意以下几个方面：

(1) 合理选取访谈对象。由于在工作分析的实践中，采用全员访谈的可能性很小，所以要认真地选取访谈对象，并对重点访谈对象的访谈活动要有计划、分层次地进行。

(2) 访谈要取得访谈对象的积极配合，事先要向对方说明访谈的目的和程序，保持访谈气氛的轻松、融洽、顺利和高效。

(3) 最好是结构化的访谈，因此要提前制订访谈提纲，以便于统计整理。

(4) 访谈的时间点选择，以及访谈的时间长度要合理。在访谈时间点的选取上，尽量选择访谈对象相对轻松的时间，不要干扰其正常工作；在访谈时间上，每次访谈以 1 小时为宜，如果访谈问题确实过多，或者开始进展不太顺利，也最好不要超过 2 小时。

(5) 访谈者的提问与表达要保持中立，不要介入和引导被访者的观点。

4. 访谈法的优缺点

访谈法有很明显的优点：

(1) 互动性强。一种面对面的交流，增加了反馈，使被了解的问题能够更深入。

(2) 可以唤起工作者的职责意识，规范其行为，从而有利于以后岗位描述的推行。

访谈法也存在着一些缺点：

(1) 首先，这种方法比较占用时间，因而效率不高，如果谈话对象很多就很难操作。

(2) 在不熟悉描述岗位的情况下，可能被访谈对象误导，从而出现信息收集的偏差。

(3) 访谈法对操作者的要求较高，而且结果不易统计对比。

(4) 访谈法经常会影响被访者的正常工作。

访谈法与问卷法有很强的互补性，因而两种手段的综合运用会收到较理想的效果。

2.3.5 工作日志法

1. 工作日志法的含义

由工作者本人记录每日工作的内容、程序、方法、权限、时间等，同时还记录相关的责任、权利、人际关系、工作负荷及感受等。

工作日志一般有两种类型：对于生产型的岗位叫生产日志；对于管理和技术型的岗位叫工作日记。采用工作日志法，可在一定时间内获取第一手资料。

2. 工作日志的记录内容及其表格范例

填写工作日志需要工作日志表，表 2－6 就是典型的工作日志表。

表 2－6 工作日志表

<table>
<tr><td colspan="7">姓名　　年龄　　性别　　所在部门　　职务　　上级负责人　　编号　　日期</td></tr>
<tr><td>起始时间</td><td>工作内容</td><td>所用工具</td><td>工作地点</td><td>合作人</td><td>完成情况
（完成总任务的比率）</td><td>未完成的原因</td></tr>
<tr><td></td><td></td><td></td><td></td><td></td><td></td><td></td></tr>
<tr><td></td><td></td><td></td><td></td><td></td><td></td><td></td></tr>
<tr><td></td><td></td><td></td><td></td><td></td><td></td><td></td></tr>
<tr><td colspan="3">说明</td><td colspan="4">签名</td></tr>
</table>

3. 工作日志法的操作要点

工作日志法的操作要点主要有：

(1) 日志记录必须是在岗位分析前就已完成的，这样才会避免选择性信息的出现；

(2) 工作日志必须是有关岗位工作的一切信息，包括有利和不利的信息；

(3) 为保证所取信息的可信度与完整性，要求工作日志的记录必须持续一段时间；

(4) 工作日志表的填写应每日一份，以免雷同；同时，应根据各岗位的实际情况规定填写的时间段，如规定每 10 分钟填写一次或每 20 分钟填写一次。

4. 工作日志法的优缺点

工作日志法是进行岗位分析所依据资料的重要来源，它具有几个优点：

(1) 由于工作日志应是在工作不知觉状态下的忠实记录，因而资料来源比较可靠；

(2) 工作记录本身非常翔实，提供的信息充分。

同样，此方法也有局限性：

(1) 需要积累的周期较长，时间成本高；

(2) 资料口径可能与岗位分析的要求有出入，因而整理的工作量较大；

(3) 工作日志往往有夸大的倾向，不利于信息的收集。

2.4 工作分析文件的编写

工作分析的结果是形成工作分析文件，或者称为职务说明书。本节介绍其编写方法。

2.4.1 工作分析文件的含义

工作分析文件是工作分析的结果，就是通过工作分析过程，用规范的文件形式对组织中各类工作岗位的工作性质、任务、责任、权限、工作内容和方法、工作条件,以及工作名称、编码、层级、工作任职资格条件、考核项目等做出统一的规定。

工作分析文件一般包括工作描述和工作规范两部分。其中,工作描述一般用来表达工作内容、任务职责、环境等,主要以"事"为中心,而工作规范是对员工完成某项工作必备的基本素质和条件的规定,表达任职者所需的资格要求,主要以"人"为中心。

2.4.2 工作分析文件包括的项目

工作分析文件的内容十分广泛,既包括工作岗位性质、特征、程序、方法和要求的说明,也包括对承担本岗位工作人员的资格条件的说明。一般来讲,应包括如下项目:

1. 工作基本信息

包括工作名称、直接上级工作名称、所属部门、工作编码、工资等级、定员人数、工作性质。同时也可选择性地列出工作分析人员姓名、人数和工作分析结果的批准人等。

2. 工作职责概述

一般用最简练的一句话来说明工作的性质、中心任务和责任。例如:

- 公司总裁:受公司董事会委托,执行董事会的决策、决议,对公司的生产经营实施全面的监控和最高行政管理。
- 战略规划部部长:拟订公司中长期发展战略及年度经营计划,组织考核,对公司经营活动进行分析;组织部门职责范围内的其他工作。
- 人力资源部经理:组织向各部门提供人力资源管理专业性服务,激发公司员工工作的积极性,使其工作绩效不断提高。
- 生产运营部经理:负责公司年度生产业务计划的编制、审核、综合、平衡工作。
- 数据处理主管:指导所有的数据处理的操作,对数据进行控制,以及满足数据准备方面的要求。

3. 工作职责与任务

这是工作说明的重点之一,要逐项列出本工作所应负有的职责。一般从两个方面入手:一是通过行为分析,描述这一职位做什么;二是通过任务分析,确定组织设立这一职位的原因及具体要求,是一种规范性的界定。工作职责与任务描述较为理想的格式是首先把工作内容归为几个大类,然后再分点说明,必要时还需要说出各职责的权限。

4. 考核指标

该内容指明各项工作内容所应产生的结果或所应达到的标准,以定量化为最好。常见的考核指标有三种:一是效益类指标,如资产盈利效率、盈利水平等;二是营运类指标,如部门管理费用控制、市场份额等;三是组织类指标,如满意度水平、服务效率等。

5. 工作关系

包括此工作受谁监督;此工作监督谁;此工作可晋升的工作;可转换的工作;可升迁至此的工作;与哪些工作发生联系及联系的密切程度;有时还应包括与企业外部的联系。

6. 工作环境

主要包括五个方面:①工作场所,在室内、室外,还是其他的特殊场所;②工作环境的危险性,说明危险性存在的可能性,对人员伤害的具体部位、发生的频率及危险性原因等;③工作时间特征,如正常工作时间、加班时间等;④工作的均衡性,即工作是否存在忙闲不均的现象及经常性程度；⑤工作环境中的不良因素，即是否在高温、高湿、寒冷、粉尘、有异味、噪声等工作环境中工作，工作环境是否使人愉快。

7. 任职资格

常见的任职资格条件有：①学历及专业要求；②所需资格证书；③经验，包括一般经验、专业经验、管理经验；④知识，包括基础知识、业务知识、政策知识、相关知识；⑤技能要求，即完成本工作所需要的专业技术水平；⑥一般能力要求，如计划、协调、实施、组织、控制、领导、冲突管理、公共关系、信息管理等能力及需求强度；⑦个性要求，如情绪稳定性、责任心、外向、内向、支配性、主动性等性向特点。需要注意的是，任职资格条件是指完成工作所需要的最低要求，而不应人为地提高。为了体现导向性，可以分为两栏，一栏是必备条件，即最低要求，另一栏是期望条件，即适度偏高的要求。

2.4.3 工作分析文件的编写要点

1. 工作分析文件的格式

工作分析文件的格式没有统一要求，可以用表格式，也可用文字式，但以表格式更为常见，如表2－7所示。不管哪种方式，工作分析文件要体现统一、协调、美观的原则。

表2－7 工作分析文件表格

<table>
<tr><td colspan="2">工作名称：</td><td>所在部门：</td></tr>
<tr><td colspan="2">工作代号：</td><td>编制日期：</td></tr>
<tr><td colspan="3">工作概要：</td></tr>
<tr><td colspan="3">工作职责</td></tr>
<tr><td colspan="3">【详细说明（采用列表式）工作职责中各个工作任务的名称、含义及其权限】</td></tr>
<tr><td colspan="3">考核指标</td></tr>
<tr><td colspan="3">【详细说明（采用列表式）各个考核指标的名称、含义及其考核方法】</td></tr>
<tr><td colspan="3">任职资格</td></tr>
<tr><td>项目</td><td>必备要求</td><td>期望要求</td></tr>
<tr><td>学历及专业要求：</td><td></td><td></td></tr>
<tr><td>所需资格证书：</td><td></td><td></td></tr>
<tr><td>工作经验：</td><td></td><td></td></tr>
<tr><td>知识要求：</td><td></td><td></td></tr>
<tr><td>技能要求：</td><td></td><td></td></tr>
<tr><td>素质要求：</td><td></td><td></td></tr>
<tr><td>个性要求：</td><td></td><td></td></tr>
<tr><td colspan="3">工作关系</td></tr>
<tr><td>关系性质</td><td colspan="2">关系对象</td></tr>
<tr><td>直接上级</td><td colspan="2"></td></tr>
<tr><td>直接下级</td><td colspan="2"></td></tr>
<tr><td>内部沟通</td><td colspan="2"></td></tr>
<tr><td>外部沟通</td><td colspan="2"></td></tr>
<tr><td colspan="3">岗位环境和条件</td></tr>
<tr><td colspan="3">经常性工作场所、工作设备、工作时间、工作条件：</td></tr>
</table>

2. 工作分析文件的编写要求

工作分析文件在企业管理中非常重要，它不但可以帮助任职人员了解其工作，明确其责任，还可为管理者的某些重要决策提供参考。一份好的工作分析文件具备以下特点：

（1）清晰。整个工作分析文件中，对工作的描述清晰透彻，任职人员读过以后，可以明白其工作内容，无需再询问他人或查看其他说明材料。

（2）具体。在措词上，应尽量选用一些具体的动词，如“安装”、“加工”、“传递”、“设计”等。由于基层工人的工作更为具体，其工作分析文件中的描述要更详细。

（3）内容可根据岗位分析目的进行调整，可简可繁。

（4）建立工作分析文件，须由企业高层领导、典型职务代表、人力资源管理部门代表、外聘的岗位分析专家与顾问共同组成工作小组或委员会，协同工作，完成此任务。

（5）工作名称应准确、美化、标准，以求通过名称就能使人了解工作的性质和内容。

2.4.4 工作分析文件的编写范例

表2-8、2-9给出了两个不同格式、不同岗位的工作分析文件范例，供读者参考。

表2-8 某电脑主板制造公司销售主管的工作分析文件

一、岗位标识信息			
岗位名称：销售主管	隶属部门：市场部	岗位编码：S201	工资等级：6级
直接上级：销售副总经理	直接下级：销售专管	可轮换岗位：无	分析日期：2008-01-05
二、岗位工作概述			
负责与客户信息沟通，维护和服务客户，处理客户反馈，开发市场，监控货款，指导和考核下属工作。			
三、工作职责与任务			
（一）市场开发 1. 收集不同领域对电脑主板需求信息；2. 根据市场信息制订开发计划；3. 执行被批准的或上级下达的开发计划，定期做出开发报告；4. 了解电脑主板行业动态和竞争对手发展变化，不断改善销售策略，成为具有竞争力的供应商；5. 走访客户，展示公司形象和能力，拉近与客户距离。 （二）信息沟通 1. 负责把客户要求传递到公司相关部门；2. 负责与客户合作中出现的问题，寻找最佳解决方案；3. 负责价格沟通；4. 负责交货期沟通；5. 负责工程问题、工艺技术问题及其他问题的沟通。 （三）维护和服务 1. 访问客户，听取客户意见；2. 向客户提供电脑主板的技术服务；3. 审查客户资料，提供报价、合同评审，签订合同，监控生产进度，制订发货计划；4. 提供送货服务；5. 订单交付能力评价；6. 跟踪客户对电脑主板要求的变化，提供最及时的服务；7. 客户满意度调查和评价。 （四）处理客户反馈 1. 负责客户反馈的内部传递；2. 跟踪问题的解决过程；3. 评价问题解决的满意程度；4. 将问题的解决结果回复客户；5. 客户反馈处理评价。 （五）监控货款 1. 按规定开发票；2. 在规定账期内收回货款；3. 对超账期货款，应采取有效措施催收，催收无效，应升级处理；4. 要掌握客户的资信状况，防止出现呆账和死账；5. 对任何原因产生的超期或呆账、死账都承担责任。 （六）指导和考核下属工作 1. 负责对下属工作指导，并进行绩效考核；2. 负责对新上岗销售专管业务培训。 （七）完成上级委派的其他任务			
四、工作绩效标准			
（一）信息沟通及时准确，失误率为零； （二）客户（包括公司内部）没有对所提供服务投诉； （三）客户反馈在2小时内传递到品质部，并对问题处理全过程有监控，没有客户再次投诉； （四）完成年度个人销售指标，没有人为因素造成客户丢失，并有新的客户领域被开发；			

（续）

（五）没有呆账或死账发生；
（六）下属能达到公司考核标准，没有突发事件产生，没有长期得不到解决的问题。

五、岗位工作关系

（一）内部关系

1. 监督：在基本的销售工作方面，接受销售副总经理的指示和监督；

2. 所施监督：在负责生产监督工作方面，向销售专管发布指示；

3. 合作关系：在处理客户问题方面，与质量保证部发生协作关系，在确认客户提出的产品技术标准方面，与制造部生产工程发生协作关系。

（二）外部关系

1. 在有关销售事宜方面，直接与客户的采购部发生联系，在有关质量处理问题方面，与客户质量部发生联系，在公司货款回收方面，与客户财务部发生联系；

2. 在产品出口方面，与海关、货代、船代发生联系。

六、岗位工作权限

（一）对下属人员的临时工作调动权；
（二）对下属人员的工作指导权、工作监督权和绩效考核权；
（三）对客户标准交货期、重复订单的确认权；
（四）对订单交货期改变的申请权；
（五）依据客户要求对在线订单暂停的决定权；
（六）对客户资信评价的建议权。

七、岗位工作时间

在公司制度规定的时间内工作，因工作需要，有时需要加班。

八、岗位工作环境

在公司内工作，温度、湿度适宜；无噪声、无粉尘等污染；照明条件良好；但需经常外出接触客户。

九、知识及教育水平要求

（一）市场营销知识和经济合同知识；
（二）产品动态及行业知识；
（三）公司产品及主板生产工艺技术应用方面的知识；
（四）英语知识；
（五）计算机基础知识及常用软件知识。

十、岗位技能要求

（一）熟悉公司工艺工序和公司产品；
（二）具备良好的人际交往能力、沟通能力；
（三）较强的口语表达能力；
（四）对市场有敏锐的观察力；
（五）良好的英文阅读与理解能力，英文听说能力强者更佳。

十一、工作经验要求

大学本科，计算机、信息管理、电子或市场营销专业毕业，成绩优秀者，至少1年以上相关工作经验。

十二、其他素质要求

任职者需具有健康体魄，充沛精力，良好人际关系；强烈责任心和创新精神；无特殊性别与年龄要求。

表2－9　某医药销售出纳员的工作分析文件

一、基本资料

资料编号：财004

1. 职务名称：出纳员	2. 直接上级：财务经理	3. 所属部门：财务中心
4. 工资等级：C系列四等	5. 工资水平：	6. 分析日期：2005－08－01
7. 辖员人数：	8. 定员人数：1人	9. 工作性质：服务人员
10. 分析人员：	11. 批准人：	12. 目前执行人：

二、工作内容

1. 工作概要

主要负责公司日常的现金收支管理、现金日记账管理、公司工资及福利核算，费用的统计及分析 。

2. 职务说明

编号	工作内容及职责	权限	耗时(%)
1	认真执行现金管理制度。	执行	
2	严格执行库存现金限额，本公司现金限额为 RMB5000 元，超过部分必须及时送存银行，不得坐支现金，不得以白条抵冲现金。	负责	
3	建立、健全现金的记账、银行存款日记账，严格审核现金收付凭证，现金必须做到日清月结，银行存款必须每日编制调节表。	负责	
4	严格支票管理制度，对支票收、领建立支票收领登记簿，责任落实到具体经办人员，使用支票必须按规定填写支票领取单，经业务部门主管、总会计师、总经理签字后方可到财务中心办理手续。	负责	
5	协助总会计师编制每日资金流量表，银行存款调节表。	协助	
6	总会计师交办的其他各项工作。	执行	
7	公司工资及福利核算，费用统计分析。	执行	

3. 工作关系

<table>
<tr><td>所施监督</td><td colspan="2">在规定的权限内，自行处理有关工作。遇重要的事情，须请示主管。</td></tr>
<tr><td>所受监督</td><td colspan="2">受部门主管的监督</td></tr>
<tr><td rowspan="3">职位关系</td><td>可直接升迁的职位</td><td>财务部部门经理</td></tr>
<tr><td>可相互转换的职位</td><td>财务会计员、信用管理员、比价员、核算员、收银员</td></tr>
<tr><td>可升迁至此的职位</td><td></td></tr>
</table>

三、任职资格

<table>
<tr><td colspan="2" rowspan="2">所需学历及专业</td><td colspan="6">最低学历</td><td colspan="3">专业</td><td colspan="5">其他说明</td></tr>
<tr><td colspan="6">大专或同等学历</td><td colspan="3">会计</td><td colspan="5">其他专业同等学历也可</td></tr>
<tr><td colspan="2" rowspan="2">所需技能培训
（方可上岗）</td><td colspan="4">培训时间</td><td colspan="10">培训科目</td></tr>
<tr><td colspan="4">三个月</td><td colspan="10">出纳知识、会计、企业文化</td></tr>
<tr><td colspan="2">所需经验</td><td colspan="14">一年以上相关工作经验，有会计或经济管理初级以上专业职称。</td></tr>
<tr><td rowspan="2">一般能力</td><td>项目</td><td>激励能力</td><td>计划能力</td><td>人际关系</td><td>协调能力</td><td>实施能力</td><td>信息能力</td><td>公共关系</td><td>冲突管理</td><td>组织人事</td><td>指导能力</td><td>领导能力</td><td>沟通能力</td><td></td><td></td></tr>
<tr><td>需求程度（满分为 5）</td><td>3</td><td>3</td><td>3</td><td>3</td><td>3</td><td>3</td><td>3</td><td></td><td></td><td></td><td></td><td>3</td><td></td><td></td></tr>
<tr><td>基本素质</td><td colspan="6">1. 认同公司的企业文化和经营理念
2. 为人正直，作风正派，自律能力强
3. 有很强的团队合作精神
4. 严格遵守公司各项规章制度</td><td>个性特征</td><td colspan="8">1. 有责任心
2. 性格沉稳、办事老练
3. 善于协调、善于沟通
4. 细致、耐心
5. 心胸开阔</td></tr>
<tr><td>体能要求</td><td colspan="15">身体健康，能承受快节奏、满负荷的工作，能保证随时加班。</td></tr>
</table>

四、工作场所

工作时间	工作环境、条件和设备	工作均衡性
早9:00－晚5:30,常加班	室内,配备个人专用电脑、打印机、办公桌	不均衡,月末和月初较忙

五、考核标准

从以下十个方面来进行绩效考核 1. 工作绩效(工作质量和工作数量);2. 工作态度;3. 工作能力;4. 专业知识; 5. 责任心;6. 发展潜力;7. 企业文化;8. 协调合作;9. 品德言行;10. 成本意识。

六、备注

2.5 案例与讨论

2.5.1 某连锁企业校园招聘的窘境

某连锁商业企业因为不断高速扩张的需要,决定开展校园招聘活动。在A大学,经过一系列认真严格的招聘测试后。公司人力资源部门基本确定了准备录用的几位佼佼者。在最后一轮面谈中,人力资源管理部请出了总经理亲自出马考核审定,并与应聘者商定基本的薪酬待遇。然而,就在这一切顺利进行的最后面谈中,当总经理对某位大学生按惯例问起"你对本公司服务的薪酬待遇有什么要求与打算"时,这位招聘对象的回答是"我还不是很了解我将从事的该项工作的具体职责任务与要求,我不知道是不是能看 下贵公司有关该项职务的工作分析文件,这样我就可以比较清楚自己该拿多少报酬了。"

令人力资源部经理十分尴尬,心中暗暗叫苦的是,当总经理转头向他索要工作分析文件时,他十分清楚公司从来就没有做过工作分析,当然就更谈不上工作分析文件了。

案例讨论

1. 请分别对本例中应聘者、人力资源部经理和公司总经理的做法进行评论。
2. 请分析造成招聘中出现这种尴尬局面的原因何在。
3. 根据本例,请说明工作分析在人员招聘中具有什么作用。

2.5.2 阳光餐饮连锁店的岗位分析

学习餐饮管理专业的刘小枚大专毕业一年后,开始先在省城一家三星级饭店工作。由于与饭店经理关系不合,干的并不理想,于是她想到了回她的老家——一个地级城市,帮助其父亲管理一家已经经营多年的阳光餐饮连锁店。到了之后,她父亲决定让其主管整个饭店的运营，并封其为“总经理”，而他父亲由“总经理”升任为“董事长”。刘小枚上任后，对连锁店的状况进行了认真的了解，认为她所要做的第一件事就是为连锁饭店的主要管理人员编写职务说明书。

正像刘小枚所说，她在学校所学的一般管理课程和人力资源管理课程都强调了工作分析的重要性，但在学习时，她一直不相信它在一家企业的顺利运行中会有如此重要的作用。在她上班的最初几周内，她多次发现每当她问及饭店的管理人员为什么违反既定的公司政策和办事程序时，这些人总是回答：“因为我不知道这是我的工作内容”或“因为我不知道应该怎么做。”刘小枚这时才发现，必须花大力气编写职务说明书，并制定一整套标准和程序来告诉大家应该做些什么以及如何去做，才能使这一问题得到缓解。

当前，阳光餐饮连锁店在本市共有 8 家分店，它们地位平等，规模大小接近，每个店均设店长 1 名、财务收款员 1 人、服务员领班 1 人、主厨 1 人，整个连锁店原料集中采购，共设采购员 3 人，其中 1 人为采购主管，各个分店有服务员 5 ~ 8 人，厨房工作人员 3 ~ 5 人，勤杂工 2 人。从总体上说，每个店由店长负责指挥店里的所有活动，其内容包括：服务质量的监督、客户关系的维护、营业额的增长，以及通过有效地控制劳动力、物资、能源等方面的成本实现利润的最大化等。

案例讨论

1. 本例中，刘小枚应怎样开展餐饮连锁店人员的工作分析？主要应对哪些人做分析？
2. 本例中，是应当将工作标准写进职务说明书，还是应当将它们单独分列出来？
3. 刘小枚应怎样收集编写工作标准以及职务说明书所需要的各种信息？

2.6　本章小结

工作分析就是对工作岗位的内容、任职资格及工作关系进行研究的过程，它是人力资源管理的基础，能为人力资源规划、招聘、培训、考评等方面的工作提供科学依据。本章首先介绍了工作分析的含义、相关术语、解决的主要问题；工作分析的支撑性作用，以及工作分析的基本工作流程；然后介绍了工作分析的各种常用方法，包括它们各自的含义、注意问题、优点和缺点；最后，作为工作分析的最终描述成果，本章介绍了工作分析文件的主要项目、编写格式、注意事项，并给出了两个完整的工作分析文件范例。

通过本章学习，读者应能够充分认识到工作分析活动的主要作用；了解常用的工作分析方法；并能看懂甚至编写不同工作岗位的工作分析文件。

2.7　思考与实践

一、思考题

1. 什么是工作分析？它在人力资源管理中具有什么作用？
2. 工作分析主要解决哪些主要问题？
3. 请说明工作分析活动包括的整体流程。

4. 管理者为什么必须能够进行工作分析？当管理者不了解向自己汇报的下级人员的工作内容、工作标准和工作程序时，可能会产生哪些消极后果。

5. 各种不同工作分析方法的优势与不足是什么？你认为进行工作分析时哪一种方法应该得到优先考虑，为什么？

6. 什么是工作分析文件？它主要包括哪些主要内容？

7. 在编写工作分析文件时，需要注意哪些主要问题？

二、实践环节

1. 社会调查题

自己通过各种关系，联系两三家企业，对其人力资源部门的工作分析活动的开展情况进行调研。根据实际调研的结果，进行如下问题的分析：

(1) 如果你认为某一个/几个企业的工作分析开展的很好，请总结其主要做法。

(2) 如果你调查的某一个/几个企业根本没有开展培训活动，请分析主要原因。

(3) 如果你认为某一个/几个企业培训活动已经开展，但是效果很差，请分析其中的原因，并根据本章所讲的知识，给出一些合理化建议。

2. 文献搜索题

请通过相关信息源，查找如下工作岗位的一些工作分析文件：

(1) 超市收银员；(2)酒店前厅经理；(3)高校科研处长；(4)经济研究所所长。

3. 角色模拟题

请同学们分组实践，角色模拟，撰写公司总经理的工作分析文件。

题目具体要求说明：

(1) 实训要求

在这个练习中，参与者要根据对公司总经理的访谈，结合公司总经理填写的职务调查问卷，详细描述一下公司总经理的主要职责、应该享有的权力、必须承担的责任，一位合格的总经理应该具备哪些基本素质和资格，以及为了保证对总经理这一职务的胜任，在职者应该接受何种培训。

(2) 人员组成

参与者可分组行动，一般以每组三四个人为宜。

(3) 实训流程

首先，各小组通过小组成员的社会资源，与某一家公司的总经理建立联系，凭借良好的沟通，赢得他对本小组的信任与支持，以获得本练习所需的充分信息。如果可能的话，小组应花费一个工作周的时间实地观察公司总经理每天的工作情况，选择一个比较封闭的场所进行一对一的访谈，填写本小组设计的职务调查问卷，获得第一手资料。如果无法当面沟通，也可以利用电话、网络、QQ、E-mail 等进行访谈，收集调查问卷和工作记录等资料，获得所需的信息。课下进行时，时间控制在本章内容学习结束后的 2 周之内。

然后，各小组就小组成员获得的有关公司总经理职务方面的信息进行汇总和分析，找出小组共同认可的公司总经理的主要职责、权力、责任、所要求的素质和资格、所需要的培训，制作公司总经理的职务说明书。时间控制在 30 分钟以内。再后，各小组派出组长构成职务分析委员会，同时还派出 1 名代表(不担任组长的其他组员)向所有参与者简要报告本小组的工作成果，并在报告后将本小组的公司总经理职务说明书提交给职务分析委员会。接着，职务分析委员会综合各组提交的公司总经理职务说明书，分析所有类型公司总经理的职务职责、权力和责任、素质和资格要求、培训等方面的共性，按照公司总经理职务职责的重要性程度列出最重要的10项职责、最重要的15项素质与能力要求；再形成公司总经理继任者的职务说明书，以便公司据此选拔、培养其总经理的接班人。时间控制在45分钟以内。

最后，所有的参与者自由陈述自己对职务分析委员会有关公司总经理及其继任者职务说明书的意见或建议，委员会据此修正，形成比较完整的两份有关公司总经理及其继任者的职务说明书的书面材料，并呈交给指导者。时间控制在2分钟/陈述人。

(4) 实训意义

通过本练习，参与者可以了解公司总经理的职责、权力、责任、综合素质要求等。在形成公司总经理职务说明过程中，不仅可以锻炼人际交往能力、组织协调能力、归纳总结能力、分析和解决问题的能力，还可以提高自身的口头表达能力、书面表达能力等。

第3章 招聘管理

引例

上海通用汽车(SGM)招聘录用的“九大门坎”

上海通用汽车有限公司(SGM)是上海汽车工业(集团)总公司和美国通用汽车公司合资建立的轿车生产企业。SGM的目标是成为国内领先、国际上具有竞争力的汽车公司。同时,SGM的发展远景和目标定位也注定其对员工素质的高要求:不仅具备优良的技能和管理能力,而且还要具备自我激励、自我学习、自我适应能力;沟通能力和团队合作精神。

为招到合适员工,SGM严格制定录用程序,为应聘者设立九大关口,如图3-1所示。

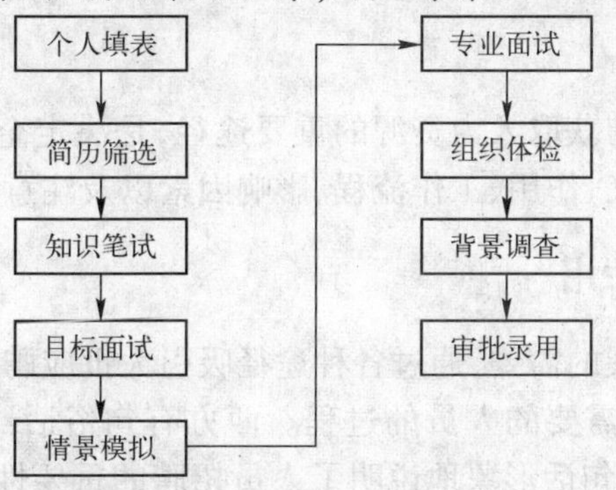

图3-1 SGM的人员录用程序

SGM的整个评估活动完全按标准化、程序化的模式和科学化的选拔方法进行。凡被录用者,须经图3-1中每一个程序,其中,应聘者首先要通过网络录入,或者直接填写内容设计非常详尽的招聘人员登记表;然后,人力资源部人员对人员简历表进行仔细审核,对于符合条件者再进行专业笔试;知识笔试主要测试应聘者的专业知识、相关知识、特殊能力和倾向;目标面试则由受过国际专业咨询机构培训的评估人员与应聘者进行面对面的问答式讨论,验证其登记表中已有的信息,并进一步获取信息;情景模拟是根据应聘者可能担任的职务,编制一套与该职务实际情况相仿的测试项目,将被测试者安排在模拟的、逼真的工作环境中,要求被试者处理可能出现的各种问题,用多种方法来测试其心理素质、潜在能力的一系列方法。如通过无领导小组合作完成练习,观察应聘管理岗位人员的领导能力、领导欲望、组织能力、主动性、说服能力、口头表达能力、自信程度、沟通能力、人际交往能力等。专业面试则由用人部门完成;另外,对最终欲录用人员还要进行全面的身体体检和认真的背景调查;以上所有程序完成后,才进行审批录用。

点评:从上面SGM人员录用流程的描述可以看出,招聘管理工作在人力资源管理中的重要性已经得到了企业的高度重视;企业只有通过组织严格的简历筛选、面试笔试、素质测评、情景模拟等招聘管理活动,才能吸收与获取有助于企业发展战略实现的人力资源。

学习目标

通过本章的学习，读者应该能够：

□ 了解招聘的含义、作用与流程

□ 熟悉人员招聘前的主要准备活动

□ 熟练招聘计划与招聘简章的编制

□ 熟练地进行求职申请表的设计

□ 掌握人员选拔的六种主要手段

□ 掌握面试筛选过程的主要技巧

□ 了解录用决策过程中常见的问题

□ 了解人员招聘成本的核算与评估

3.1 招聘管理概述

人员招聘是企业吸收与获取人力资源的重要途径，是决定企业成败的一个关键问题。本节主要介绍招聘管理的含义、作用、工作流程、影响因素以及注意事项等基本知识。

3.1.1 招聘的含义与作用

招聘是指根据企业发展的需要，通过各种途径吸引大批应聘者，并从中挑选一定数量和质量的，能够适合本企业发展需要的人员的过程。西方有句俗话："你可以训练火鸡爬树，但不如直接雇佣一只松鼠"。这句话形象地说明了人员招聘的重要性。招聘管理包括两个主要方面：一是向应聘人员说明"工作是什么"；二是选择"什么人适合这工作"。

招聘能为企业挑选合适的人员，而且还具有如下重要作用：第一，补充人员，保证企业正常运营；第二，吸引人才，创造人才竞争优势；第三，宣传企业，树立良好形象；另外，招聘在人力资源管理活动中起着十分重要的基础作用，如果没有人员的补充，其他管理活动也就无从谈起；同时，从宏观上看，招聘工作也有利于人力资源的合理流动。

3.1.2 招聘的注意事项

招聘是关系到企业生存和发展的大事。为了把招聘工作做好，需要注意以下问题。

1. 节约成本，提高效率

招聘的成本包括广告费、场地费、交通费、电话费、宣传材料费等。如果因招聘不慎而使招聘的新员工难以胜任工作岗位或马上流失，使机会成本增加，必须再重新招聘，这就又增加了重置费用。所以，应严格把握招聘的各个关口，充分了解应聘者的求职心理，把握应聘者的求职动机，运用先进科学的方法，节省人力和物力，节约挑选时间，提高招聘效率，为企业降低招聘成本，在众多的求职者中挑选出可靠的人选。

2. 符合国家的法律法规

招聘中应遵守劳动法的有关规定，坚持平等就业、双向选择、公平竞争、择优录取的原则，树立企业的诚信，取信于求职者。同时，在与应聘者签订劳动合同时，应对求职者与原用人单位所签订的劳动合同的情况进行核实，以防订立无效的劳动合同。

3. 为企业找到合适的人

招聘者要能够把握本企业的发展方向和目前人员的总体水平，找到真正适合于企业的人，也就是“不求最好，只求适合”。因为，如果招聘到过于优秀的员工，远远高于本企业职务说明书中对人员的要求，有可能不仅会加大企业的开支，而且也不能充分发挥其能力而造成人才流失，反而增加招聘成本；如果招聘到素质较差的员工，则其难以胜任工作，不仅会增加培训成本，而且有可能影响劳动生产率，甚至贻误工作。

3.1.3 招聘的流程

招聘的流程是指从识别空缺岗位、制定招聘计划开始，通过初步人员筛选、组织笔试面试、进行心理测试、开展素质测评等层层选拔活动，一直到确定录用决策、进行招聘评估的整个过程，其中包括了招募、选拔、录用、评估等一系列环节，如图3-2所示。

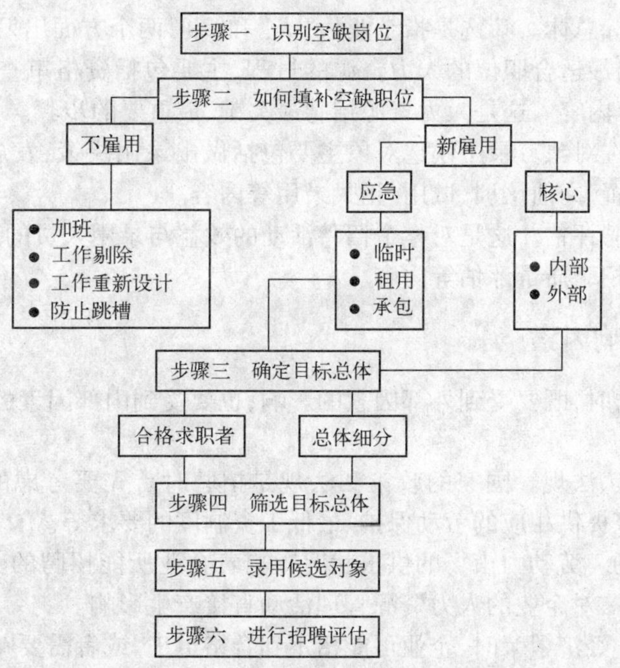

图3-2 人力资源招聘的工作流程

根据上述流程，可以看出招聘管理活动能够划分为六个步骤，各步骤的含义如下。

步骤一：识别空缺岗位。由各部门提出所缺岗位的信息，包括人数、层次、岗位要求等，并写入表3-1所示的人员补充申请表，然后正式向人力资源管理部门提出申请；人力资源管理部门会同有关人员识别、认定空缺岗位，确定招聘工作的内容，并报上级批准。

步骤二：制定招聘计划。在企业决定招聘后，由人力资源管理部门制定招聘计划，决定如何填补空缺岗位，是新雇用还是不雇用，确定人员招聘的途径、时间、方法和预算。

步骤三：确定目标总体。企业为了吸引足够多的合格应聘者就必须进行一系列的活动，包括了解合格应聘者的来源，吸引合格应聘者的方法，确定招聘信息的发布渠道，接受应聘者的个人申请等内容。在本步骤，还要对应聘者的学历、能力、知识、技能和经验等情况进行初步的筛选，辨认合格的候选人。

表 3-1 人员补充申请表

申请部门： 填表日期：

用人岗位	编制人数	现有人数	增补人数	申请日期	需要日期	选聘日期	选聘方式	基本要求			工作内容	增补理由
								性别	年龄	资历		
部门经理审核								主管领导意见				
人力资源部意见								总经理审批意见				

步骤四：筛选目标总体。筛选是指企业从"人"和"事"两个方面出发，根据应聘者的情况，利用各种手段挑选出最适合职位的人力资源的过程，主要包括资格审查、初选、笔试、面试、情景模拟和心理测评等内容。这是人力资源招聘最关键、最重要的步骤。

步骤五：录用候选对象。录用候选对象主要包括做出录用决策，发放录用通知，办理录用手续，员工的初始安置、岗前培训、试用、正式录用等内容。

步骤六：进行招聘评估。这是对整个招聘活动的效益与录用人员的质量进行评定的活动，包括招聘成本评估、招聘质量评估等内容。

3.1.4 招聘的影响因素

企业在进行招聘时，既要受到外部因素的影响，也要受到内部因素的影响。

1. 外部因素

(1) 国家的政策、法规。国家的政策和法规是招聘时首先要考虑的因素，如不准使用童工、不能有歧视、应该提供相应的劳动保护、最低工资制度的要求等。

(2) 劳动力市场。劳动力市场的供求状况影响着企业所能招聘的劳动力的数量和质量，以及相关的招聘成本，对企业的人力资源管理活动直接产生影响。

(3) 经济状况。经济繁荣时，企业可能招不到合格员工，或者需要花费更高代价才能招聘到；而经济萧条时，企业往往只需付出较低的代价就能获得同样质量的劳动力资源。

2. 内部因素

(1) 企业的形象及号召力。企业的形象好、品牌佳、号召力强，应聘者数量就多。

(2) 企业的发展前景。企业发展前景广阔，就能吸引到更多的高素质人才来应聘。

(3) 福利待遇。福利待遇是影响招聘的重要因素，待遇好的企业对人才更有吸引力。

(4) 招聘的资金和时间约束。资金充足，招聘范围就可以更广，招聘渠道可以更丰富，筛选手段可以更多样化，就有利于保证人力资源的质量；招聘的时间则关系着招聘工作的安排、吸引人员的数量、挑选工作的从容性和精细化程度等。

3.2 人员招募

招聘管理活动包括招募、选拔和录用三个阶段。其中，招募是录用的基础与前提，录用是招募的目的与结果；而选拔是对大量的招募对象进行筛选，并最终确定最合适人员。

为了内容讲解方便，本章将招聘管理活动分为招募、选拔和录用三节进行讲解。本节人员招募的主要内容包括编制招聘计划、选择招聘渠道、撰写招聘简章、设计求职申请表等内容。

3.2.1 编制招聘计划

编制一个科学、合理、高效、可行的招聘计划，对招聘工作具有十分重要的意义。虽然招聘计划形式各异，但一般来说，一个完整的招聘计划都要包括以下项目：

1. 招聘的指导思想

招聘计划应简要介绍招聘工作指导原则、总体目标及意义，以统一思想、协调行动。

2. 列出人员需求清单

如表3－2所示，人员需求清单包括职位名称、任职资格、招聘方式、人数、日期等。

表3－2 招聘人员需求清单

类 别	工作内容	任职资格	招聘方式	需求人数	要求到岗日期
高层主管					
中层领导					
技术人员					
基层员工					
一般工人					
其他人员					

3. 确定招聘时间与地点

招聘时，要根据招聘对象的特点和资金的约束，合理选择发布信息的渠道和时间。

（1）招聘时间的确定

招聘时间的确定要考虑两个因素：一是人力资源需求因素，二是人力资源供给因素。

从人力资源需求因素考虑，其方法是：

招聘日期＝用人日期－准备周期＝用人日期－培训周期－招聘周期

例如：某商业连锁企业因店面扩展，需要招聘部分财务会计、信息管理和采购管理人员，用人日期为2009年2月1日，假设培训周期为2个月，招聘周期为1个月，则按上述公式计算，应从2008年12月1日开始招聘。

从人力资源供给因素考虑，招聘时间主要是大中专学生毕业分配前的三、四个月。

（2）招聘地点的选择

招聘的地域范围要根据人才分布规律、求职者活动范围、人力资源供求状况及招聘成本大小等确定。一般的招聘地域选择规则是：高级管理人员和专家是全国（甚至跨国）招聘，专业人员跨地区招聘，一般办事员及蓝领工人常在企业所在地招聘。

4. 确定招聘小组人选

招聘不仅是人力资源管理部门的工作，用人部门以及相关其他部门都应积极参与。

一般来讲，在招聘过程中，人力资源部门和用人部门的职责具体分工如表3－3所示。

表3-3　各部门招聘职责划分

阶段划分	人力资源部门的职责	用人部门的职责
招聘前期	拟订招聘计划，确定招聘方式，与相关机构联系（如人才市场、劳动力市场、招聘会等），收集整理应聘资料	提供所需人员的岗位和数量及质量要求
招聘中期	根据应聘者的资料对应聘者进行初步筛选，组织笔试，组织面试及面试前培训，并参加面试	部门负责人参加面试
招聘后期	进行背景调查，确定录取名单，通知录用人员，确定报到时间，进行岗前培训，总结招聘工作	确定录取者名单

5. 提出考核方案

这个项目是招聘计划中的核心要素，因为考核方案直接关系着招聘到人员的质量。考核方案的内容包括考核的场所布置、考核题目的设计以及考核的时间和人员安排等。

6. 明确费用预算

招聘工作需要投入一定的费用，包括资料费、广告费、招聘测试费、体检费、人才交流会费等。在招聘计划中，应明确列出招聘工作的主要项目以及与之相应的招聘费用，在保证质量的前提下，力争以较小的代价获得同样质量的人力资源。

7. 确定工作进度安排表

工作进度安排表是对整个招聘工作如何有效进行的一种安排，要尽可能详细到每一个环节的具体开始日期、结束日期，并给出一些阶段性目标，以便于相关人员的配合。

3.2.2　选择招聘渠道

按照招聘人员的来源划分，招聘可以分成内部招聘和外部招聘两种类型，前者就是从企业内部提升（“内升制”）；后者是从企业外部招聘（“外求制”）。招聘渠道的选择主要考虑三个因素，即空缺职位性质、招聘活动资金和外部劳动力市场状况。

1. 内部招聘与外部招聘的比较

内部招聘与外部招聘两种方法各有优劣，如表3-4所示。

表3-4　内部招聘与外部招聘的比较

	内部招聘	外部招聘
优点	● 可以提高被提升员工的士气 ● 可以激发员工的献身精神 ● 对员工能力可以更准确地判断 ● 定位过程更短，在某些方面可节省费用 ● 更有认同感，更不容易辞职	● 能够带来新知识、新经验和新思维 ● 更了解外部情况，带来新的工作方法 ● 一般招之即用，不需要专门培训 ● 有时候比培训企业内部员工费用低 ● 可以避免引起企业内部的派系纷争
缺点	● 容易引起同事的不正当竞争 ● 可能造成“近亲繁殖”的现象 ● 可能产生抵制改革的倾向 ● 必须制订后备管理和人员培训计划	● 新员工需要较长的“适应期” ● 可能会影响内部未被选拔员工的士气 ● 选择起来很困难，招聘成本过高 ● 可能会引来其他企业的窥察者

2. 常见内部招聘方式介绍

内部招聘就是在企业内部寻找候选人，对员工进行再配置。理想的内部招聘是人力资源规划的外延，而不理想的内部招聘仅仅是简单的人员转移。内部招聘的方法主要有：

（1）推荐法。推荐法是由本企业员工根据企业的需要推荐其熟悉的、合适的人力资源，供用人部门和人力资源部门进行选择和考核。其实，这种方法既可用于内部招聘，也可用于外部招聘。例如：美国微软公司30%的开发人员是通过员工推荐招聘的。

由于推荐人对用人部门与被推荐者都比较了解，使得被推荐者更容易获得有关企业及职位的信息，因而这种方法较为有效，成功的概率较大。但推荐法比较容易受个人主观因素的影响，同样的对象，不同的评价者可能会得出完全不同的结论。主管们提拔的可能是自己的亲信而不是一个胜任的人选。更糟糕的是，主管们有时并不愿意自己手下很得力的下属被调到其他部门，影响本部门的工作实力，从而造成整个企业人力资源的配置低效。

(2) 布告法。布告法是在确定了空缺职位的性质、职责及其所需条件后，将这些信息以布告的形式公布在企业中的墙报、布告栏、内部刊物或公司内部网站上，尽可能使全体员工都能获得信息，所有对此岗位感兴趣并具有任职能力的员工均可申请此岗位。

布告法的优点在于，它能使员工感觉到企业招聘工作的透明度，能让企业更多的员工了解到招聘信息，有利于保证招聘的公平性，吸引更多的应聘者参与，提高员工的士气，为员工职业生涯的发展提供更多的机会。缺点在于花费的时间较长，可能导致岗位较长时期的空缺，影响企业的正常运营；而员工也可能由于盲目的变换工作而丧失原有的工作机会。如果企业内部不具有合适的人力资源，则可能导致招聘目标无法顺利地实现。

(3) 档案法。档案法是通过对员工档案的系统分析，全面了解员工在教育、培训、经验、技能、绩效等方面的信息，帮助用人部门与人力资源部门寻找合适的人员补充职位空缺。员工档案对员工晋升、培训、发展有着重要的作用，应力求准确、完备。

值得注意的是，现代人力资源管理强调的“档案”，应是建立在新的人力资源管理观念指导下的人力资源信息系统。该系统中对每一位员工的特长、工作方式、职业生涯规划有所记录，将过去重“死材料”的防范型档案，转变到重“活材料”的开发型档案上来。

阅读材料

索尼公司的“内部招聘制”

日本索尼公司每周会出版一份内部小报，刊登各部门的“求人广告”，职员可以自由而且秘密地前去应征，他们的上司无权阻止。另外，公司原则上每隔两年便让职员调换一次工作，特别是对于精力旺盛、干劲十足的职员，不是让他们被动地等待工作变动，而是主动给他们施展才能的机会。这种发掘才智的新颖人事管理制度为索尼公司年轻职员提供了宽广的发展空间。

索尼公司“内部招聘制”的产生，说来还有一个故事。一天晚上，董事长盛田昭夫按惯例走进职员餐厅与职员们一起吃饭、聊天，这是他多年来的习惯，以此培养职员的合作意识，并与他们建立良好关系。这天，盛田昭夫发现一位年轻职员郁郁寡欢的样子，便与他攀谈，几杯酒下肚，那年轻人终于开了口：“进入公司前，我对索尼崇拜得发狂，认为这是我的最佳选择。但是，现在我才发现我并不是为索尼，而是为我的科长在干活！坦率地说，管我的科长是个无能之辈，而可悲的是，我的所有行动和建议都必须经过他的批准。对于我来讲，这个平庸的科长就等于索尼！我感到非常泄气”。年轻职员借着酒兴越说越激动，这番话对盛田昭夫颇有启发。他想，有类似问题的职员在公司里恐怕为数不少，公司应该关心他们的苦恼，了解他们的处境，不要堵塞了他们的上进之路。

于是他萌生了改革人事管理制度的想法。

索尼公司的"内部招聘制"取得了双重好处:凡有能力的职员能找到自己比较中意的岗位;人事部门又可以发现"外流"职员的上司所存在的问题,并由此对他们采取适当的措施。

3. 常见外部招聘方式介绍

外部招聘的方式很多,它们各有特点,应该根据企业的实际需要进行正确的选择。

(1) 广告法。广告法是最常见的一条途径,通常的做法是在一些大众媒体上刊登出单位职位空缺的消息,吸引对空缺职位感兴趣的潜在人选应聘。采用广告的形式进行招聘,由于工作空缺的信息发布迅速,同时有广泛的宣传效果,可以展示单位实力。

广告招聘效果的大小,一方面取决于选择的媒体,另一方面取决于招聘广告的设计。

一般来说,可选择的媒体很多,传统的媒体有报纸、杂志、广播、电视等,现代媒体如计算机网站等。表3-5列出了常见几种广告媒体的优缺点及其各自的应用范围。

表3-5 常见广告媒体优缺点及其适用范围

类型	优点	缺点	适用范围
报纸	● 发行广泛,成本低 ● 常集中于某一区域 ● 分类广告清晰易辨	● 受众具有不确定性 ● 容易被忽视 ● 制作效果差	潜在的候选人集中于某一区域并通常阅读报纸找工作,几乎适用于各类职位
杂志	● 印刷质量好 ● 保存时间长,可重读 ● 信息容量较大,且弹性可变	● 传播周期较长 ● 地域传播较广 ● 难以在较短时间达到效果	适于招聘各类专业人员
广播电视	● 易引起注意,灵活性强 ● 提供更为主动的信息 ● 自我形象宣传	● 成本高 ● 传递信息不能持久 ● 无法选择特定候选人群	印刷广告效果不佳时使用;可用于扩大企业形象;可用于迅速引起注意
计算机网络	● 费用低 ● 覆盖面广 ● 速度快 ● 联系快捷方便	● 地域传播广 ● 信息过多,容易被忽略 ● 有些人不具备上网条件或没有计算机使用能力	各种类型的人员 跨国企业的全球招聘

在设计招聘广告时,不仅应明确告诉应聘者单位能够提供什么职位、对应聘者的要求是什么,而且要有吸引力,能够激起应聘者对单位的兴趣。另外,广告还应告诉应聘者申请的方式,这些内容都应在确定广告内容时予以充分的注意。在决定广告内容时,人力资源部门应仔细斟酌广告内容,将条件界定清楚,尤其要注意维护和提升单位的对外形象。

总之,广告法的优点是信息量大、覆盖面广、速度快、应聘人员数量大、层次丰富、单位的选择余地大。缺点是费用比较高、筛选的工作量大。

(2) 中介法。随着人才流动的日益普遍,各种人才就业中介机构应运而生。这些机构承担着双重角色:既帮助单位择人,也帮助求职者择业。借助这些机构,单位与求职者均可获得大量的信息,同时也可传播各自的信息。这些机构通过定期或不定期地举行交流会,让供需双方面对面地进行商谈,缩短了招聘与应聘的时间。这些机构具体介绍如下:

1) 人才交流中心。在全国的各大中城市,一般都有人才交流服务机构。这些机构常年为供需双方服务。一般建有人力资源信息库,用人单位可以很方便地在资料库中查询条件基本相符的人员资料。通过人才交流中心选择人员,有针对性强、费用低廉等优点,但对于如计算机、通信等专业的热门人才或高级人才的招聘效果不太理想。

2）招聘洽谈会。人才交流中心或其他人才机构每年都要举办多场招聘洽谈会。在洽谈会中，单位和应聘者可以直接进行接洽和交流，节省了单位和应聘者的时间。随着人才交流市场的日益完善，洽谈会呈现出向专业化方向发展的趋势，比如有中高级人才洽谈会、营销人才专场招聘会、计算机人才专场招聘会、残疾人专场招聘会、应届生双向选择会、信息技术人才交流会等。由于招聘洽谈会中的应聘者比较集中，单位的选择余地较大，但招聘高级人才还是较为困难。作为招聘人员，在决定是否参加招聘会时应注意的问题主要有：了解招聘会的档次；了解招聘会面对的对象；注意招聘会的信息宣传。

3）猎头公司。猎头公司是英文 Head Hunter 直译的名称，世界上第一家猎头公司是由迅迪克·迪兰于 1926 年在美国创立的。半个世纪以来，猎头业发展迅猛，营业额已达 250 亿美元以上，并以每年 10% 的速度递增。在国外，猎头服务早已成为单位获取高级人才和高级人才流动的主要渠道之一。据不完全统计，世界上 70% 以上的高级人才通过猎头调整工作，90% 以上的大企业利用猎头选取人才。在我国，猎头公司是近年来为适应单位对高层次人才的需求与高级人才的求职需求而发展起来的。我国猎头服务发展迅速，越来越多的单位使用这种方式来获取高质量的人才。

猎头服务的一大特点是被推荐的人才素质高，主要是高级人才和尖端人才，这类人才用传统的渠道往往很难获取。优质高效的人才是猎头公司最重要的资源之一，对人才库的管理和更新也是他们日常的工作之一。而搜寻手段和渠道则是猎头服务专业性最直接的体现。不过，与高素质候选人才相伴的，是昂贵的服务费，猎头公司的收费通常能达到所推荐人才年薪的 25% ~35%。此外，猎头公司往往对单位及其人力资源需求有较详细的了解，对求职者的信息掌握较为全面，在供需匹配上较为慎重，其成功率比较高。

（3）校园招聘。校园招聘是由单位的招聘人员通过到学校招聘、参加毕业生交流会等形式直接招募人员。对学校毕业生最常用的招募方法是面向毕业生的人才供需洽谈会，供需双方直接见面，双向选择。除此之外，有的单位则自己在学校召开招聘会或在学校中散发招聘广告等。有的则通过定向培养、委托培养等方式直接从学校获得所需要的人才。

校园招聘通常适合用来选拔工程、财务、会计、计算机、法律以及管理等专业领域初级水平人员。与其他招聘方法相比，上门招聘成本较低。

校园招聘需要注意的问题主要有：了解学生就业方面的一些政策和规定；一部分学生在就业过程中有“脚踩两只船”甚至“脚踩几只船”的现象；学生往往会做出不切实际的估计，对自己的能力也缺乏准确的评价；对学生的提问应做好充分准备。

阅读材料

宝洁公司的校园招聘

宝洁公司从1989 年就开始校园招聘，近20 年间已在全国100 多所高校进行招聘，并且与这些高校建立了良好的合作关系。宝洁公司良好的薪金制度和巨大的发展空间，让“宝洁”成为大学生心目中向往的公司。而同时宝洁公司完善的选拔制度也得到商界人士的首肯。宝洁的校园招聘流程如下：

1. 前期的广告宣传
2. 邀请大学生参加介绍会

3. 现场申请

4. 笔试（包括三部分：解难能力测试、英文测试、专业技能测试）

5. 面试

面试过程主要可以分为以下四大部分：

第一，相互介绍并创造轻松交流气氛，为面试的实质阶段进行铺垫。

第二，交流信息。这是面试中的核心部分。一般面试人会按照既定8个问题提问，要求每一位应试者能够对他们所提出的问题做出一个实例的分析，而实例必须是在过去亲自经历过的。

第三，讨论的问题逐步减少或合适的时间一到，面试就引向结尾。这时面试官会给应聘者一定时间，由应聘者向主考人员提几个自己关心的问题。

第四，面试评价。面试结束后，面试人整理记录，根据求职者回答问题的情况及总体印象作评定。

宝洁的面试一般由八个核心问题组成：

第一，请你举一个具体的例子，说明你是如何设定一个目标然后达到它。

第二，请举例说明你在一项团队活动中如何主动起到领导者的作用，最终获得你所希望的结果。

第三，请你描述一种情形，在这种情形中你必须去寻找相关的信息，发现关键的问题并且自己决定依照一些步骤来获得期望的结果。

第四，请你举一个例子说明你是怎样通过事实来履行你对他人的承诺的。

第五，请你举一个例子，说明在完成一项重要任务时，你是怎样和他人进行有效合作的。

第六，请你举一个例子，说明你的一个有创意的建议曾经对一项计划的成功起到了重要的作用。

第七，请你举一个具体的例子，说明你是怎样对你所处的环境进行评估，并且能将注意力集中于最重要的事情上以便获得你所期望的结果。

第八，请你举一个具体的例子，说明你是怎样学习一门技术，并且怎样将它用于实际工作中。

(4) 推荐法。通过单位的客户、合作伙伴等熟人推荐人选，也是单位招募人员的重要方法。这种方式的长处是对候选人的了解比较准确；候选人一旦被录用，顾及介绍人的关系，工作也会更加努力；招募成本也很低。为了鼓励员工积极推荐，单位可以设立一些奖金，用来奖励那些为单位推荐优秀人才的员工。熟人推荐对招聘专业人才比较有效，不仅招聘成本小，而且应聘人员素质较高、可靠性强。这一方式的缺点是：易造成各方心理负担，推荐者怕丢面子，应聘者也怕丢面子，从事部门害怕影响未来的发展，这样有可能妨碍招聘中“公平竞争、择优录用”原则的实现；推荐录用者过多，易形成“帮派”小团体或裙带关系网。一旦雇员所推荐的人被拒绝，他或她本人就有可能会产生不满。

(5) 申请人自荐。个别求职者常常毛遂自荐，以信函、电话或上门的形式谋求工作。这些人当中不乏优秀者。这种可以减少广告费和招募代理费，从而削减企业的招募成本。

(6) 临时性招聘。临时招聘是在企业突然出现某些岗位的人员短缺，或由于生产的季节性特点而定期或不定期雇用临时工,如满足某些短期项目的售货员的需要。在让临时性机构招聘人员时,企业人力资源部门应向该部门提供所需人员岗位的职务说明书和所需人员数量、工作时间表、由临时工转为正式的政策、临时就业人员的招募与福利等信息。

(7)网上招聘。在网络技术高度发达的今天,在网上进行招聘是一种成本低、时间短、信息量大的有效招聘手段。尤其是有自己网站的公司,长期设置招聘栏目吸引求职者浏览自己企业的网站,不仅为企业招聘服务,而且增加了企业的产品广告效应和企业的知名度。网上招聘还可将本企业的招聘广告放在其他网站上,或从专门的人才和招聘网站上的求职者中挑选出符合本企业相关岗位的人员,进行进一步的筛选。不管以哪种方式进行招聘,发部信息的时间性非常重要。有的企业在网上发出招聘信息并且已经招到了合适的人以后,就应将信息删除,以免引起应聘者的误会,不利于企业形象。

网上招聘的缺点是会失去一些不能上网的求职者。所以这种方法适合于大型企业、外资和合资公司、高新技术企业和计算机、通信行业的人才及中高级人才。

实践证明,基于计算机和网络技术的自动化招聘管理系统可以把人力资源部门从烦琐的招聘工作操作中解放出来,招聘管理的网络自动化将是未来发展的趋势。

阅读材料

方正集团借助"网才"软件进行招聘工作管理

方正集团公司目前已使用中国著名招聘服务供应商"前程无忧"(www.51job.com)提供的"网才"软件,这是一种面向HR经理、专用于高效处理求职者简历的系统;它如同一个虚拟的招聘员,提供了包括求职者信息登记、初步筛选、来信回复和信息分档存储等一揽子解决方案,可以使简历处理速度比原来提高十倍。这一新品的问世不仅使"前程无忧"既定的"全方位提供人事招聘服务"策略更趋完整,即"前程无忧"的服务模式发展为"报纸+网络+猎头+软件"。通过"网才"软件,方正集团公司实现了真正意义上的招聘工作网络化,除了在线发布招聘信息外,"网才"软件这个电子招聘助手,能够出色地完成求职者身份验证、简历的初步筛选、来信回复、信息分档存储等一系列工作。通过"网才"软件,方正集团公司90%的招聘程序可以在互联网上完成,同时招聘周期也缩短了90%。

像方正集团公司一样,目前开始借助"网才"软件进行招聘工作管理的公司有惠普、英特尔、汉高、西门子、松下、四通等国内外著名企业。目前国际上招聘工作网络化的应用已非常流行,而国内的自动招聘技术还处于起步阶段,市场上的一些相关产品的质量还不是很完善,比较而言,"网才"软件更加适用,因为"网才"以易于处理的标准化的数据方式出现的,它能很方便地和企业现有的系统结合起来,建立符合企业需要的筛选机制。比如,HR经理可根据特定职位的要求定制查询方式,找出自己认为是最好的候选人,并设置几种回信格式,让系统自动地给申请人回信,告诉他们目前的情况,同时让公司了解一个人处于招聘过程中的哪个阶段,从而防止申请由于中间过失而中断。而所得到的求职者信息也可以根据事先的设置,进入不同的分类地址……

另外,"网才"不同其他产品的一个明显特点是通过互联网运行,客户端没有硬件设施需要维护,也不需要专人监管网络系统。这样在无须企业HR经理和IT部门做任何人手和资金投入的情况下,就可以设置成与用人企业组织结构完全吻合的职位库。无论分公司还是部门需要用人,都可以直接在"网才"上发送,改变了过去用人申请在企业内须层层递交的麻烦,使各个用人企业对本公司即时招聘需求得到体现并管理。同时,51job.com 提供的专业队伍,包括站务维护、数据库管理员和软件工程师保证系统一天 24 小时、一周 7 天运转正常,使 HR 经理们能够更大程度地享用网络招聘带来的便利。

3.2.3 撰写招聘简章

招聘简章是企业招聘员工的重要工具之一,招聘简章传递给潜在应聘者的信息将影响到应聘者的数量和未来的留用比率。招聘简章必须简明、吸引人,主要内容包括:

(1) 企业基本情况。简要介绍单位的基本情况,让应聘者有一个大致的了解。

(2) 交代有关方面批准情况。发布招聘简章需要首先经过人事部门或相关机构审批。

(3) 招聘岗位职责情况介绍。按照岗位说明书的核心要求介绍招聘岗位的主要职责。

(4) 应聘岗位的基本条件。这是招聘简章中最重要的要素,条件界定应非常清楚,要能让应聘者很容易确认自己是否符合基本要求。另外,应聘条件应非常合理,条件太高会导致脱离企业的实际,条件太低会增加筛选的工作量和招聘的成本。

(5) 录用后的相关待遇。包括录用以后的薪酬、福利、培训、健康保障、休假等内容。待遇的介绍必须真实、客观,否则即使招聘到合格的人才,也无法稳定地留住人才。

(6) 应聘注意事项。主要包括报名方式、需携带证件和相关材料、报名时间、地点、联系人以及联系方式,必要时还需要交代一下应聘流程。

招聘简章实例

WXP 管理咨询(天津)有限公司招聘简章

WXP 管理咨询有限公司于 2000 年在天津注册成立,8 年以来公司一直专注于领导力咨询,已经为各种组织提供战略管理咨询、组织结构与流程咨询、企业文化咨询、人力资本提升咨询、领导力开发等咨询服务。公司凭借深厚的理论功底、丰富的实践经验、资深的专家队伍、强大的团队协作能力、系统的解决方案、专业的服务流程,以及对中国市场的深刻理解,已经成为众多外资公司和国有大中型企业的合作伙伴,取得了骄人的业绩并赢得了良好的口碑。随着公司的高速发展,公司有大量的人才需求,经天津市劳动局批准,本公司组织了如下的人才招聘。我们欢迎有志之士投身到我们的事业中,让我们共同成长!

一、招聘职位:助理咨询顾问 5 人

二、工作地点:天津市 · 滨海新区

三、岗位职责

1. 收集客户信息,开拓和维护客户关系;
2. 为客户提供关于公司和培训课程的咨询;
3. 通过团队的工作方式赢取客户的订单;
4. 传递公司价值,协助品牌宣传与推广;
5. 承担培训实施及其他活动的组织工作。

四、任职要求

1. 学士学位，营销、管理及相关专业；
2. 诚实守信，上进但不浮躁、自信而有毅力；
3. 性格开朗，具有较强的书面和口头沟通能力；
4. 对人力资源、培训和咨询行业有浓厚的兴趣；
5. 熟练使用 Word、PowerPoint 等常用办公软件；
6. CET-6 得分 425 以上，英语良好者优先。

五、相关待遇

1. 试用期三个月：基本工资（2000 元）+提成
2. 转正后：基本工资（3000 元）+提成+年终奖
3. 福利待遇：有双休日、国家法定节假日，上“五险”，每年一次体检。

六、应聘流程

简历筛选——电话沟通——第一次面试——第二次面试——录用。

七、注意事项

1. 请把个人简历情况发送到 wxp-hr@yahoo.cn，没有约定，谢绝来电、来信、来访。
2. 简历投递截止日期：2008 年 8 月 10 日。
3. 个人材料、证件和 2 张两寸彩色照片，于第一次面试时上交。

WXP 管理咨询（天津）有限公司 人力资源部

2008 年 8 月 1 日

3.2.4 设计求职申请表

求职申请表是人力资源部门在招聘中经过精心设计的，由应聘者填写，用来反映应聘者情况的表格。它具有以下优点：有利于提高初步筛选效率；有利于快速、准确地了解应聘者；有利于提供后续选择的参考。在进行求职申请表的设计时，需要注意以下问题：

（1）内容应根据工作说明书来确定，要按不同职位要求、不同人员层次进行设计。

（2）设计时应注意法律和政策的规定，不要将违反国家规定的内容列入表格内。

（3）设计时应考虑申请表的存储、检索等问题，表格大小要与常用打印纸大小一致。

（4）设计时不要照搬照抄，即使已经有了一个现成的表格，也不要简单地出于节省时间考虑拿来就用，要进行适当的审查，在确认项目设计和格式要求都符合的情况下再用。

（5）不同单位使用的求职申请表，其包含的项目是不同的，而且不同职位因为工作说明书的差别，申请表内容的设计也有差别，应根据工作分析来确定。

求职申请表常见项目内容主要包括：①个人基本情况，包括年龄、性别、通信方式、婚姻状况、兴趣、个性与态度等；②个人应聘情况，包括应聘岗位、收入期望、培训期望，工作地点、时间要求等；③工作履历，包括以前的工作单位、职务、时间、工资、离职原因、证明人等；④教育与培训情况，包括受教育情况、最高学历、最终学位、接受过的培训等；⑤生活和家庭情况，包括家庭成员姓名、关系等；⑥其他情况，包括获奖情况、能力证明（语言和计算机能力等）、未来的目标等。

（6）在求职申请表的最前面或者最后面的适当位置，目前还通常需要设置类似“本人保证所填内容都是真实的，如有虚假，愿意接受开除处分”字样的诚信声明栏目，以便警告应聘人不得填写虚假信息，并为以后的离职处理提供宝贵的证据。

如表 3－6 所示，就是某公司招聘员工时应用非常典型的一个求职申请表。

表 3－6　××公司求职申请表

应聘岗位：＿＿＿＿＿＿　　　　　　　　填表日期：20＿＿年＿＿月＿＿日

个人基本情况							
姓名		性别		年龄		出生日期	
身高		婚否		民族		政治面貌	
现在住址				户口所在地		籍贯	
联系方式	（电话）			E-mail			
	（手机）			身份证号码			
电脑技能				英语能力			

受教育情况（由高往低写）				
年　月～　年　月	毕业院校	专　业	学　历	证　明　人
最高学历学校学生处联系人及电话				

工作履历（自最近的工作写起）					
公司 1 名称			工作时长合计		
工作内容					
入职日期		入职职位		入职薪酬	
离职日期		离职职位		离职薪酬	
离职原因					
人力资源部负责人			联系电话		
公司 2 名称			工作时长合计		
工作内容					
入职日期		入职职位		入职薪酬	
离职日期		离职职位		离职薪酬	
离职原因					
人力资源部负责人			联系电话		
若还有其他工作经历，请简单介绍					
若您已超 2 个月没工作，请简单说明					

（续）

<table>
<tr><td colspan="6">接受培训情况</td></tr>
<tr><td>受训时间</td><td colspan="2">受训内容</td><td>受训地点</td><td colspan="2">所获证书</td></tr>
<tr><td></td><td colspan="2"></td><td></td><td colspan="2"></td></tr>
<tr><td></td><td colspan="2"></td><td></td><td colspan="2"></td></tr>
<tr><td></td><td colspan="2"></td><td></td><td colspan="2"></td></tr>
<tr><td colspan="6">家庭关系情况</td></tr>
<tr><td>姓名</td><td>关系</td><td colspan="2">工作单位</td><td>职位</td><td>联系电话</td></tr>
<tr><td></td><td></td><td colspan="2"></td><td></td><td></td></tr>
<tr><td></td><td></td><td colspan="2"></td><td></td><td></td></tr>
<tr><td></td><td></td><td colspan="2"></td><td></td><td></td></tr>
<tr><td colspan="6">工作期望与其他内容</td></tr>
<tr><td>期望薪酬</td><td></td><td>其他工作要求</td><td></td><td>能够到岗时间</td><td></td></tr>
<tr><td>备注</td><td colspan="5"></td></tr>
<tr><td colspan="6">诚信保证：本人保证所填内容都是真实的，如有虚假，愿意接受开除处分。
申请人签名：　　　　日期：</td></tr>
</table>

3.3 人员选拔

人员选拔是企业获取高质量人力资源的关键关口。人员选拔阶段，开始要对所有应聘人员进行初步的资格筛选（必要时也可进行相关笔试），然后需要做的是对剩下的重点对象进行专业面试、素质测评，最后再进行背景调查和身体体检，为录用决策作好准备。

3.3.1 简历筛选

简历就是指应聘者个人应聘时自带（或者是事先邮寄或者 E-mail 过来）的个人介绍材料。一般来讲，在招聘时投寄简历的人员都很多，为此必须先对应聘简历进行初步筛选。

简历筛选并没有统一标准。但是，在进行招聘管理时，以下五点还是需要引起注意的。

（1）分析简历结构。简历的结构在很大程度上反映了应聘者的组织能力和沟通能力。结构合理的简历都比较简练，一般不超过两页。应聘者为了强调自己近期的工作，介绍教育背景和工作经历时，通常采取从现在到过去的时间排列方式，相关经历常被突出表述。

（2）重点看客观内容。简历的内容大体上可以分为两部分，即主观内容和客观内容。客观内容主要分为个人信息、受教育经历、工作经历和个人成绩四个方面。主观内容主要包括应聘者对自己的描述，如本人开朗乐观、勤学好问等对自己的评价性与描述性的内容。在筛选简历时，注意力应放在客观内容的描述上，而对主观内容只是粗略浏览。

（3）判断是否符合职位技术和经验要求。在客观内容中，要注意个人信息和受教育经历，判断应聘者的专业资格和经历是否与空缺岗位相关并符合要求。如果不符合要求，就没有必要再浏览其他内容，可以直接筛选掉。在受教育经历中，要特别注意应聘者是否用了一些含糊的字眼，比如没有注明大学教育的起止时间和类别，这样做很有可能是在混淆专科和本科的区别，或者是故意想隐瞒统分、委培、成教等的差别。

（4）审查简历的逻辑性。在工作经历和个人成绩方面，要注意简历的描述是否符合逻辑。比如，一份简历在描述自己的工作经历时，列举了一些著名的单位和一些高级职位，而他所应聘的却是一个普通职位；再比如，简历中称自己在某一领域获得了很多的证书，但是从他的工作经历中分析，很难有这种机会。类似上面两种简历要引起注意。

（5）简历的整体印象。通过阅读简历，招聘人员可以问问自己是否留下了好的印象。另外，要标出简历中感觉不可信的地方，以及感兴趣的地方，面试时可询问应聘者。

需要说明的是，由于个人简历所反映的信息不够全面，决策人员往往仅凭个人经验与主观臆断来决定参加复试的人选，带有一定的盲目性，经常产生漏选的现象。因此，简历筛选在费用和时间允许的情况下，应坚持“面广”的原则，尽量让更多人员参加复试。

3.3.2 笔试组织

笔试是一种历史悠久又最为基础性的人员选拔方法。它是让应聘者在试卷上回答事先拟好的试题，然后根据应聘者解答的正确程度评定成绩的一种选拔方法。

1. 笔试的分类

按内容来分，笔试可以分为一般性文化考试、专业考试和综合能力考试。一般性文化考试主要考察应聘者的基础知识，如计算机基础知识、语言表达与写作能力等等，适用于一般岗位的招聘；专业知识考试主要是考察应聘者的专业知识，适用于专业性较强的岗位的招聘；综合能力考试主要考察应聘者的综合素质，适用于招聘中、高层次的管理人员。

按出题类型来分，笔试可以分为主观题和客观题。主观题要求应聘者充分运用自己的知识和能力全面地分析和解决问题，如写作题、论述题、案例分析题等等，应聘者可以自由发挥，但结果缺乏统一的评价标准；客观题要求应聘者简要回答即可，比如选择题、是非题、匹配题、填空题等等，应聘者不需要更多发挥，结果可以比较，易于衡量和评价。

2. 笔试的内容

笔试主要是对基础知识和素质能力的测试。笔试的内容一般包括两个层次，即一般知识和能力与专业知识和能力。一般知识和能力包括一个人的社会文化知识、智商、语言理解能力、数字才能、推理能力、理解速度和记忆能力等。专业知识和能力即与应聘岗位相关的知识和能力，如财务会计知识、管理知识、人际关系能力、观察能力等。现在有些单位也通过笔试来测试应聘者的性格和兴趣。但性格与兴趣需要运用专门心理测验，仅靠笔试中的一部分题目是很难得出准确的结论的。一般来说，在人员招聘中，笔试往往作为对应聘者的初次筛选，成绩合格者才能继续参加面试或下轮的选择。

3. 笔试的优缺点

笔试的优点主要有：费时少，效率高；应试者的心理压力小，较易发挥正常水平；成绩评定较为客观，且易于保存笔试试卷；题目较为全面，对知识、技能和能力的考察的信度和效度较高。笔试的缺点主要是不能全面考察应聘者的工作态度、品德修养以及企业管理能力、口头表达能力和操作能力等。因此，还需要采用其他选择方法进行补充。

3.3.3 面试组织

面试是一种经过精心设计，在特定场景下，以面对面的交谈与观察为主要手段，由表及里地测评应聘者的知识、业务水平、心理素质和多方面能力的人员选拔方法。

1. 面试的优点

(1) 内容的灵活性。面谈的内容主要包括仪表与风度、工作动机与愿望、工作经验、经营意识、知识水平、专业特长、精力、活力、兴趣、爱好、思维能力、分析能力、语言表达能力、反应能力、应变能力、工作态度、诚实性、纪律性、自知力、自控力等。

根据岗位的不同,面试人员可以选择有针对性的问题作为提问的重点,进行深入的调查,充分把握应聘者的总体素质。可以毫不夸张地说,面谈可以测评个体的任何素质。

(2) 信息的复合性。面试是通过问答的形式进行交流的。在面谈中,面试人员除了根据应试者的回答内容做出判断之外,还可以根据应试者的体态语言做出判断。面试中的体态语言包括手势、身势、面部表情、眼色、人际空间位置等一系列能够揭示内在意义的动作。这样,面试人员就可以通过问、听、观等多种信息的综合对应聘者做出比较准确的判断。研究表明,在所有测评方式中,面试方法获取的信息量最大、利用率最高。

(3) 交流的直接互动性。面试中应聘者的回答及行为表现,与面试人员的评判是相连接的,中间没有任何转换形式;面试中面试人员与应聘者的接触、交谈、观察是相互的,是面对面进行的,应聘者没有时间充分思考后再作答,所以在一定程度上避免了回答的非真实性,使面试的效度较高。面试可以有效地避免高分低能者或冒名顶替者入选。

综上分析,面试对应聘者的考察更直观、灵活、深入,能很好地弥补笔试的失误。但是它也有缺点,如主观性强,考官容易产生偏见,难于防范和识别应聘者的表演行为等。

2. 面试的过程

在整个招聘管理流程中,面试是一个重要阶段,其具体活动内容包括以下五个阶段。

(1) 准备阶段。这一阶段包括确定面试的目的,科学设计面试的问题,选择合适的面试类型,确定面试的时间和地点等。面试考官要事先确定需要面试的事项和范围,写下提纲,并且在面试前要详细了解应聘者的资料,了解应聘者的个性特点、社会背景及对工作的态度、有无发展潜力等。与此同时,面试考官自己也应做好充分的工作准备。

(2) 开始阶段。面试的开始阶段主要是消除应聘者的紧张情绪,创造和谐的面谈气氛。面试时,应从应聘者可以预料到的如下问题开始发问,然后再过渡到其他问题。

> 面试开始常见问题:我们这里不难找吧?你是哪里人啊?你是哪个学校毕业的?学的什么专业呀?你带简历表了吗?你理想的工作是怎样的?你是不是很想来我们公司?你是怎么知道这份工作和我们公司的?

(3) 正式面试阶段。面试考官应采用灵活的提问和多样化的形式交流信息,进一步观察和了解应聘者。此外,还应该察言观色,密切注意应聘者的行为与反应,对所问的问题、问题间的变换、问话时机以及对方的答复都要多加注意。所提问题可根据简历或应聘申请表中发现的疑点,先易后难逐一提出,尽量创造和谐自然的环境。

(4) 结束阶段。在面试结束前,面试考官确定问完了所有预计的问题后,应该给应聘者一个机会,询问应聘者是否有问题要问,是否有要加以补充或修正错误之处。不管录用还是不录用,均应在友好的气氛中结束面试。如果面试考官之间对某一应聘者是否录用有分歧,则不必急于下结论,还可安排第二次面试。同时,工作人员要整理好面试记录表。

面试结束常见问题:根据我们讨论的问题,你现在觉得这项工作怎么样?你还有什么问题吗?你还希望了解其他什么问题?你还想告诉我们其他问题吗?你觉得在今天的面试中自己的表现如何?你自己是否满意?你觉得你今天的表现哪些方面并不理想?你希望什么时候开始工作?用一句话告诉我们,为什么要录取你?

(5) 评估阶段。面试结束后,应根据面试记录表对应聘人员进行评估。评估可采用评语式评估,也可采用评分式评估。评语式评估的优点是可对应聘者的不同侧面进行深入的评估,能反映出每个应聘者的特征,其缺点是应聘者之间不能进行横向比较。评分式评估则是对每个应聘者相同的方面进行比较,其特点正好与评语式评估相反。

3. 面试的方式

(1) 结构化面试。结构化面试是根据预先准备好的许多有一定结构体系的题目,从中抽取部分问题进行提问,这种方式不易遗漏重要问题,可以减少面试者的偏见。由于向所有应聘者提出的是结构基本相同的问题,因此彼此间就有一个统一的比较标准。

阅读材料

某公司市场营销人员结构化面试题目

一、导入性问题

1. 您住的远吗?来我们这儿得多长时间?我们这儿好找吗?

2. 我们今天主要想请您到公司随便聊一聊,听听您的想法,那我们开始好吗?

二、动机与岗位匹配性问题

1. 您对自己今后的发展有什么打算?您感觉自己有哪些地方需要完善?您有什么具体的计划?

2. 您希望在什么样的环境中工作?对直接领导有什么期望?对同事有什么期望?

三、言语表达能力

1. 在您的工作经历中您感觉自己最深的体会是什么?您最值得告诉我的经验是什么?

2. 请您描述一件最近您与他人发生争执或冲突的事情经过。

四、综合分析能力

1. 您对市场(marketing)与销售(sell)两种工作的关系有什么看法?您喜欢市场还是销售?

2. 您对目前我们从事的这项环保事业的前景有什么看法?能给我们提出一些建议吗?

五、应变能力

1. 假定您的领导交给您一份艰巨的工作要您在一天内完成,可这件工作根本就不可能在规定时间内完成,您会如何处理这件事情?

2. 如果您作为一家快速食品公司某一分公司的经理,一天,上级打电话告诉您今天总经理要来跟您谈一件很重要的事情,请您务必在公司等候;同时秘书告诉您有一个顾客在商场食用了公司的产品以后突然晕倒,顾客家属要求巨额赔偿,并威胁如果处理不满意的话就向媒体曝光,现场已经有人通知电视台了,这件事情您如何处理?

六、情绪稳定性

1. 假定您的间接上级对您的看法一直不好,还经常向别人说您如何如何,使您在公司的处境比较尴尬，今天您按照公司的规定报销交通费，他却说“改天再说”，请问您如何处理这件事情？

2. 您在工作中最不愿意跟哪些人打交道？如果您的上级经常向您提出苛刻的要求，您怎样处理？

七、人际协调能力

1. 请问您对团队精神的理解是什么？团队成员应该保持一种什么关系？

2. 假定您作为一家公司的销售经理，您的一位客户向您提出了收取“好处费”的要求，否则他就不再考虑买您的产品，您会如何协调这件事情？

八、组织管理能力

1. 您的领导需要您提交一份销售部门的工作计划，您会着重汇报那些事情？

2. 请您分析一下，作为初创企业，技术力量非常雄厚，此时市场开发工作应该从哪些方面入手？

九、计划能力

1. 如果您作为本公司的市场推广部经理，能谈一谈您的工作思路吗？

2. 您觉得本公司的市场开发工作应该从哪些方面入手？

3. 一般您经历的企业市场推广工作是如何进行的？您觉得有什么欠缺吗？

十、工作经验与能力

1. 通过您几年的工作经历，您觉得作为市场人员应该具有哪些能力？

2. 您觉得本公司采用市场与营销分开的策略有什么问题？

十一、学习态度

1. 您对国外的销售理念有哪些了解？

2. 您的业余爱好有哪些？

3. 您经常上网吗？您上网主要做什么？

(2) 非结构化面试。非结构化面试是在面试过程中，随机提问，不遵循特别形式，谈话可以向各个方向展开。

(3) 非引导性面试。非引导性面试是面试考官与应聘者随意交谈，无固定题目，无限定范围，无拘无束，让应聘者自由地发表议论。

(4) 系列式面试。系列式面试是由几个面试者分别一对一地对应聘者进行面试，每位面试者从自己的角度观察应聘者，提出不同的问题，并形成独立的评价意见。在系列面试中，每位面试者依据标准评价表对应聘者进行评定，然后对每位面试者的评定结果进行综合比较分析，最后共同做出录用决定。

(5) 小组面试。小组面试是由一组面试者对应聘者进行面试。应聘者可以是一个，也可以是几个人同时进行。小组面试允许每位面试者从不同侧面提出问题，类似记者在新闻发布会上的提问。

(6) 压力式面试。压力式面试是面试考官在谈话的过程中，有意识地对应聘者施加压力，多半是给应聘者一种失败的压力，面试者带有攻击性。使应聘者产生防御行为，并激怒起来，再观察应聘者受压力时的应变能力。其目的是确定应聘者将如何对工作上的压力做出反应，观察应聘者受压力时的应变能力、心理素质和人际关系能力。

阅读材料

一个压力式面试的实例

一家公司准备招聘一名公关部经理，经初选后，剩下八名应聘者参加面试，考官限定每位应聘者在两分钟内，必须对提出的问题做出回答。时值寒冬，每一个应聘者都穿着棉大衣，但是当每一名应聘者进入考场后，考官都会说："请你把大衣放好，在我面前坐下。"而此时房间内，只有考官使用的一桌一椅。

八名应聘者在巨大的压力下，表现各异：两名应聘者不知所措，两名应聘者急得掉眼泪，一名应聘者脱下大衣放在主考官的桌上。一名应聘者脱下大衣，往右手上一搭，轻声回答："这里没有椅子，我可以站在您面前，等待回答下一个问题吗？"一名应聘者回答："既然没有椅子，就不用坐了，谢谢关心，我愿听候下一个问题。"还有一名应聘者，却是走出室外，把自己刚才在外面等候时候坐的椅子搬了进来，放在离考官一米远处，脱下大衣，折好后放在椅背上，然后坐在椅子上，开始静候主考官的继续提问。

4. 面试问题的设计

面试大约30分钟，所提问题一般10个左右。如何设计好这些问题是非常重要的。

在面试之前，面试考官需要准备一些基本的问题，其来源主要是招聘岗位的工作分析文件和应聘者的个人基本情况。面试人员通过回顾工作分析，就会对岗位的职责和任职资格有所了解，并且会考虑到该工作岗位所需的主要能力，由此可以准备一些用来判断应聘者是否具备岗位所要求的能力的问题。另外，通过筛选应聘者的简历或申请表，面试人员会发现某些矛盾或对某些问题感兴趣，也可以准备一些有关应聘者过去经历的问题。

例如，某人力资源部经理助理的职责之一是：对应聘者进行面试，并将合适的候选人推荐给合适的部门。根据这项职责，可以设计以下问题：

(1) 请举一个例子说明你是怎样对应聘者进行面试的。面试之前你要进行哪些准备活动？面试的过程是怎样的，你是怎样做出判断的？

(2) 你是否经常向用人部门的负责人推荐人选？请讲述某一次你所推荐的人选被用人部门拒绝的经历。你是怎样处理这件事情的？

(3) 你是否遇到过与用人部门的负责人在对一个候选人的判断上产生分歧的时候，你是怎样处理的？

(4) 能不能告诉我你所遇到的最难得出结论的候选人，具体的情况是怎样的？你是怎样做的？

基本的面试问题不宜过多，而且这些问题最好是开放式的，能够让面试考官从应聘者的回答中引发出更多的问题。下面的表3-7列出了常见的面试基本问题及其考察目标。

表3-7 常见的面试基本问题与目标

问　题	目　标
你为何要申请这项工作？	了解应聘者的求职动机
如果你负责这项工作你将怎么办？	了解对应聘岗位的了解程度及其态度
你认为最理想的领导是怎样的？请举例说明。	据此可了解应聘者的管理风格行为倾向

（续）

问　　题	目　　标
对你来应聘该工作，你家庭的态度怎样？	了解其家庭是否支持
你的同事当众批评、辱骂你时，你怎么办？	了解其现场处理棘手问题的经验及处理冲突的能力
你的上级要求你完成某项工作，你的想法与上级不同，而你又确信你的想法更好，此时你怎么办？	困境中是否冷静处理问题

阅读材料

某公司总经理招聘面试的20个真实题目

1. 你新到这家公司，公司上下都讲人事部主管是“老板的人”；人事部主管的权利很大，也很有号召力，你调动不了的人和事他都可以调动得了，你很明显地感觉到这位主管对你在这家企业的发展是个“绊脚石”。某天，人事部主管向你报告，人事部的公章在他的抽屉里不翼而飞，丢了。你将会如何处理公章事件和人事部主管这个难题？

2. 你向老板递交了一份新的公司管理方案，老板很欣赏并让你推行新的管理方案。公司个别高层老职员对你的这套方案的推行进行软抵抗。你将如何工作？

3. 公司有名女工偷了同事10块钱，按厂规应予开除。人事主管找你，向你汇报了调查经过：这个女工没有父母，是她哥哥把她养大，他哥哥要结婚了，她手里只有40块钱，她想凑够50块钱寄给她的哥哥表示心意。人事主管请求不要开除这个女工，给这个女工一次改过的机会。你所了解的情况与人事部掌握的情况根本不符，这个女工的父母都还健在。你是否会批准人事主管的请示？

4. 老板已把公司的食堂承包了出去。员工们一直对公司食堂的伙食有意见，这些意见已形成员工对公司不满的焦点。你将此事汇报给老板，老板说一切交给你处理。你打算怎样处理食堂之事？

5. 业务部小赵和司机小钱出去送货，到目的地客户工厂刚好是下班时间，要等下午上班后才能卸货。客户工厂收货员小孙对小赵开玩笑说要小赵请他吃饭；小赵是个直爽大方的人，热情的拉着小孙非得请小孙吃饭不可，三人共花了68块钱；第二天小赵来找你签字报销招待费。公司规定业务人员未经公司批准不得对客户请客送礼。老板告诉过你，3000元以下的费用审批由你全权处理，不用请示老板。你是否会给小赵签字报销？

6. 老板出国考察要4月10回国，临走前安排你处理公司的一切事务。供应商李总和老板是好朋友，两家公司一直合作很好。3月9日李总来找你，说他最近资金周转较困难，请求将我公司本应4月15日付他公司的货款十五万多元提前付给他，李总3月11日前着急用钱。你询问了财务部，李总公司的对账单已核对无误，我公司账户资金充裕，近一个星期内没有计划外应付账款。你批示财务部，付给李总此项货款。财务部主管提出了异议，说不可以破坏规定，不同意提前支付。你是否会坚持并落实你的决定？

7. 某种生产用原材料，用月结结算方式和用现款结算方式购买到的价格相差近2元钱；采购部向你请示要求用现款购买此原材料，以降低产品成本。公司制度规定常用原材料结算方式一律为月结，不得用现款采购。你不想改变公司规定，又想为公司省下2元钱，真是难坏了你，于是你打算立即……？

8. 你在这个公司的努力工作终于得到了老板的嘉奖,老板说公司要给你5%的股份或者是十几万的奖金,任你选择。你会选择哪一样?说出你的理由?

9. 一家供应商在你的认可下终于攻进了我们公司。供应商为了答谢你,要给你一笔佣金,这件事除了供应商和你并无别人知晓,你会接受供应商的佣金吗?

10. 新加坡一客商来我公司签署代理协议,协议书中有一项"商品到岸后三个月内产品包换,一年内产品保修,退换货物的一切费用由我公司承担";此条款对我公司有较大的难度,你提出一建议,对方很满意。协议书此条款修改,协议书顺利签署。透露一下你提出的是什么建议?

11. 我公司产品价格定位走的是同行业中等路线,注重产品质量和新产品研发。某家同行公司将和我公司相同等的产品降价销售,各地经销商纷纷要求对此款产品进行降价。你怎么解决此次问题?面对市场经常会出现的这类价格竞争问题,你有哪些创意?

12. 我公司华北办事处已将产品成功推进各大超市,山东经销商提出了异议,担心超市的销售会影响他的业绩。对主流渠道和非主流渠道,你会采用哪些办法来避免它们的冲突?

13. 某国外连锁超市在深圳设有采购机构,并开始采购招标;我公司中标,取得了每月金额为20多万美元的份额。请介绍你取得此份额的经过。

14. 本公司的货物全部由深圳货运站承运,成都客户指定他的货物在广州某物流公司发货。本公司付深圳货运站每件4元的短途运费。某日,成都客户来电说发给他的37件货他只收到20件,物流公司承认货物在路途丢失了17件,并同意赔偿损失。成都客户没有时间去跟踪此事,请我公司解决。你认为此事该由谁去解决?物流公司应按产品的什么价格赔偿?

15. 我公司的货物与另外两家公司的货物拼一货柜车发往西安。我公司的货物是45立方的影碟机,另外两家公司的货物分别是6300公斤的手表和48立方的化妆品。三家公司争执不下,纷纷要求自己公司的货物应该装在上面。你认为应该怎样装车?

16. 深圳发往长沙的货物走汽运需要一天半,走铁路快运需要一天,走空运需要一天;长沙客户因要参加展销会急订15立方的货物,今天下的订单明天就要收到货物,后天须参展。我公司今天下午立即组织发货。你认为走哪种运输方式最理想?

17. 本公司外销客户已稳定。某日,有两家本市的贸易公司前来洽谈业务,有一家贸易公司请我工厂OEM两个40柜的产品;有一家贸易公司想让我公司长期为其OEM产品;是否接洽这两笔业务?

18. 2002年底,本公司接到日本一长期客户数量为六万台(分多次交货)的订单。日本从2003年1月1日起执行新的电源方案认证,中国尚无一家电源生产厂家具有此项认证;日本客人为此订单愿意帮助电源厂家取得此项认证,请我公司把电源厂家的资料寄交日本客户。但是,为我公司供应电源的电源厂家不愿意承担此项认证费用。怎样解决这个问题?

19. 成都原经销商销售业绩总是不能达标,国内销售部经理向你报告更换一经销商,并推荐了新的经销商人选。你同意销售经理的提议,但公司与原经销商的合同尚未到期,怎样处理可以两全齐美?

20. 国内各大网站均有我公司产品的广告和网店，大部分地方报刊和地方电视媒体也有我公司产品的宣传，各大地区销售渠道已基本建成。对于网络营销和渠道营销，如何避免市场营销中的重复行为？网络营销和渠道营销会有哪些冲突？如何避免这些冲突？

5. 面试提问的技巧

面试考官作为面试的召集者，也是面试的主持者，其提问的方式以及问题决定了可以得到什么资料、得到多少资料。一般来说，面试考官运用的提问技巧主要有：

（1）开放式提问。开放式提问可以让应聘者自由地发表意见或看法，以获取信息，避免被动。一般在面试开始的时候运用，以缓解面试的紧张气氛，消除应聘者的心理压力。

（2）封闭式提问。封闭式提问即让应聘者对某一问题做出明确的答复，如"你曾干过销售工作吗？"一般用"是"或"否"回答。封闭式提问比开放式提问更加直接。封闭式提问可以表示两种不同的意思：一是表示面试考官对应聘者答复的关注；二是表示面试考官不想让应聘者就某一问题继续谈论下去，不想让对方多发表意见。

（3）清单式提问。清单式提问即鼓励应聘者陈述优先选择，以获取应聘者决策方面的能力，如"你认为产品质量下降的主要原因是什么？"

（4）假设式提问。假设式提问即鼓励应聘者从不同角度思考问题，发挥应聘者的想象能力，以探求应聘者的态度或观点，如"如果你处于这种状况，你会怎样处理？"

（5）重复式提问。重复式提问即让应聘者知道面试考官接收到了应聘者的信息，检验获得信息的准确性，如"你是说……"或"如果我理解正确的话，你说的意思是……"。

（6）确认式提问。确认式提问即鼓励应聘者继续与面试考官交流，表达出对信息的关心和理解，如"我明白你的意思！这种想法很好！"

（7）连串式提问。这种提问一般一次提 3 ~ 5 个问题，让应试者一起回答。往往用于考查被试的注意力、瞬时记忆力、情绪稳定性、分析判断力、综合概括能力等。

（8）引导式提问。这类提问主要征询应试者的某些个人需求，如涉及薪资、福利、待遇、工作安排等问题，宜采取此类提问方式。问题安排要先易后难循序渐进。

（9）举例式提问。这是面试的一项核心技巧，在考察应聘者的工作能力、工作经验时，可针对应聘者过去工作行为中特定的例子加以询问。所提的问题并不集中在某一点上，而是一个连贯的工作行为。例如，"过去半年中你所建立的最困难的客户关系是什么？当时你面临的主要问题是什么？你是怎样分析的？采取什么措施？效果怎样？"等。

阅读材料

STAR 式提问法

在招聘面试中，仅仅通过应聘者的简历无法全面了解应聘者的知识、经验、技能的掌握程度及其工作风格、性格特点等方面的情况，而使用 STAR 技巧则可以对应聘者的"过去"做出全面而客观的评价。

STAR 俗称"星星"面试法，它是 Situation（背景）、Target（目标）、Action（行动）和 Result（结果）四个单词的首字母组合。用这个面试法能很快挖掘出应聘者过去所做过的事情。使用方法如下：

首先,了解应聘者工作业绩取得的背景(Situation)。典型问题是:"你以前是在什么情况下做这件事的"。通过不断提问与工作业绩有关的背景问题,可以全面了解该应聘者取得优秀业绩的前提,从而可以获知其所取得的业绩有多少是与应聘者个人有关,多少是和市场的状况、行业的特点有关。

其次,要详细了解应聘者过去的工作目标(Target)。典型问题是:"能不能告诉我你做这件事的目的是什么"。为了完成业务目标,都有哪些工作任务,每项任务的具体内容是什么。通过这些可以了解应聘者的工作经历和经验,以确定他所从事的工作与获得的经验是否适合现在所空缺的职位。

再次,继续了解该应聘者为了完成这些任务所采取的行动(Action)。典型问题是:"你为了做这件事情采取了哪些行动"。即了解他是如何完成工作的,都采取了哪些行动,所采取的行动是如何帮助他完成工作的。通过这些,可以进一步了解他的工作方式、思维方式和行为方式。

最后,再问采取了以上行动之后的工作结果(Result)。典型问题是:"每项任务在采取了行动之后的结果是什么,是好还是不好,好是因为什么,不好又是因为什么"。以此来了解应聘者的工作效果。

这样,通过STAR式发问的四个步骤,一步步将应聘者的陈述引向深入,一步步挖掘出应聘者潜在的信息,为企业更好地决策提供正确和全面的参考,既是对企业负责(招聘到合适的人才),也是对应聘者负责(帮助他尽可能地展现自我,推销自我),获得一个双赢的局面。

下面看一下STAR式提问法的一个具体应用。例如,在应聘销售部经理助理岗位时,有的应聘者会说:"我在原来的公司是销售冠军,销售量排名几乎一直是第一位。"很多招聘经理、部门经理会听了很满意:"不错,这个人是销售冠军呀!"但对人力资源专家而言,这个回答没有任何意义,用人单位从中得不到任何信息。应聘者说:"我一直销售很好。"面试官就要追问:"你以前是在什么情景下销售做得好呢?公司的氛围怎么样?产品怎么样?销售的区域需求量怎么样?"然后再问:"你采取了什么行动来保证销售额?是经常拜访客户、组织专家演讲?还是运气好、产品好?"最后要问结果,如果他说"我是公司最好的销售员之一",就要问他:"你们公司有几个销售人员?有什么指标来判断你是最好的销售之一?你的销售到底是第一,还是第二,具体的销售额是多少?"不断地追问过去所发生的事情,才能把应聘者过去的行为完整、全面并且真实地表现问出来。

6. 面试工作的其他技巧

在面试过程中,"问"、"听"、"观"、"评"是几项重要而关键的基本功。前面已经详细介绍了提问的技巧,下面再对其他几项技巧进行介绍。

(1)倾听的技巧。在倾听应聘者回答时,面试考官的目光大体要在应聘者的嘴、头顶和脸颊两侧这个范围活动,给对方一种你对他感兴趣、在很认真地听他回答的感觉,同时伴以和蔼的表情与柔和的目光与微笑。要正确应用目光和点头的作用。不要在应聘者回答的开始时随意点头、摇头、皱眉等,以免对应聘者有暗示的作用,泄露答案。要注意从言辞、音色、音质、音量、音调等方面区别应聘者的内在素质,要善于调解应聘者的情绪。

另外,在倾听应聘者回答问题时,面试考官应善于恰到好处地转换、收缩、结束与扩展。所谓收缩与结束,指的是当应聘者滔滔不绝而且离题很远时,加以制止的一种方式。直接打断当然是一种方式,然而采取下列方式进行收缩与结束,效果会更好些:先可以假装无意之中掉下一枚硬币、钥匙、烟卷、打火机、笔记本、钢笔等物品,利用声音打断应聘者的思考及话题,然后再抓住机会说:“说得不错,让我们谈下个题目。

(2) 观察的技巧。观察时防止以貌取人,先入为主。要坚持目的性、客观性、全面性与典型性原则。① 所谓目的性原则就是面试考官事先要明确面试的目的、面试的项目以及观察的标志与评价的标准,面试中要使自己的面试活动紧紧围绕面试目的进行。② 所谓客观性,就是面试考官在面试中不要带着任何主观意志,一切本着实事求是,从应聘者实际表现出发进行测评。③ 所谓全面性原则,就是面试考官应该从多方面去把握应聘者的内在素质,而不能仅凭某一个行为反应就下断言。④ 典型性原则,就是要求面试考官中要抓准那些带有典型意义的行为反应。面试中应聘者对面试考官的提问会做出许许多多的行为反应,实际上其中真正能够从本质上揭示素质的行为反应非常少,我们把这部分行为反应叫做典型行为反应。另外,应充分发挥感官综合效应与直觉效应。

(3) 评价的技巧。对应聘者的评价,要坚持定性和定量相结合的方法。定性方法是指评价时要注意应聘者行为反应中具有典型意义与客观识别的行为,如“出汗”、“回答拖泥带水”、“眼睛不敢正视面试考官”等。定量的方法是将面试的内容进行量化处理,设计一个如表3-8所示的记分表,给每一个应聘者每一项回答打分,最后记下总分。

表3-8 面试评判表

面试日期		应聘者姓名		考官姓名			
评定项目		着眼点	评定分数(相应分数栏打“√”)				
			1	2	3	4	5
协调性		合作意识/自我本位感					
积极性		进取心/朝气/活力					
诚实性		责任感/忍耐力/坚强					
表现性		正确性/逻辑性					
态度		认真/自然/沉着					
创造性		新方法/新思维					
回答问题的评价		对于事实的陈述					
求职动机及价值观		动机/目的					
外观总体评价		仪表、风度、谈吐、气质等					
对面试对象的总体判定:		□优秀	□很好	□普通	□较差	□差	
对于拟任职务适合性:		□非常适合	□适合	□比较适合	□不适合		

3.3.4 背景调查

在面试工作结束之后,需要抽出专门时间,对剩下为数不多的佼佼者进行背景调查。

背景调查内容应以简明、实用为原则。其中,内容简明是为了控制背景调查的工作量,降低调查成本,缩短调查时间,以免延误上岗时间,而使用人部门人力吃紧,影响业务开展,再者,优秀人才往往几家公司互相争夺,长时间的调查就是给竞争对手制造机会;内容实用是指调查的项目必须与工作岗位需求高度相关,避免查非所用,用者未查。

调查的内容可以分为两类,一是通用项目,如毕业学位的真实性、任职资格证书的有效性;二是与职位说明书要求相关的工作经验、技能和业绩,不必面面俱到。

背景调查可以委托中介机构进行,选择一家具有良好声誉的咨询公司,提出需要调查的项目和时限要求即可。如果工作量较小,也可以由人力资源部自行操作。建议根据调查内容把目标部门分为三类,分头调查。一是学校学籍管理部门。在该部门查阅应聘者的教育情况,能够得到最真实可靠的信息,真假李逵即可分辨,持假文凭者此时就现原形。当然,最近教育部组织的学历网上查询系统为该项工作提供了很大的方便。二是历任雇佣公司。从雇主那里原则上可以了解到应聘者的工作业绩和表现。有的雇主为防止优秀员工被挖走,而故意低调评价手下干将,以打消竞争对手的意图,所以应加以识别。第三是档案管理部门。一般而言,从原始档案里可以得到比较系统、原始的资料。目前档案的保管部门是国有单位的人事部门和人才交流中心,按照规定他们对档案的传递有一套严格保密手续。因此,档案的真实性比较可靠,而员工手中自带的档案参考价值大打折扣。

3.3.5 心理测验

1. 心理测验的含义

心理测验是现代人力资源选择的一种非常重要的技术,它是指通过一系列的科学方法测量被试者的智力水平和个性差异的方法。心理测验不同于一般的人员选择技术,而是经过科学研究精心设计的产物,可用于对能力、个性、工作动机、价值取向、工作态度等素质的测评。心理测验的目的在于从人的素质方面来把握求职者的能力结构是否符合所招聘岗位的要求,并能预测到应聘者在今后的工作中的发展趋势,从而提高招聘的准确度。

2. 心理测验的类型

根据测验的具体对象,可以将心理测验划分为认知测验与人格测验。认知测验测评的是认知行为,而人格测验测评的是社会行为。

认知测验又可以按其具体的测验对象,分为成就测验、智力测验与能力倾向测验。成就测验主要测评人的技能,这是对认知活动结果的测评;智力测验主要测评认知活动中较为稳定的行为特征,是对认知过程或认知潜在能力的测评,是对认知活动的深层测评;能力倾向测验通过一些相关手段,测验测评人在哪些方法更有能力,更容易取得成功。

人格测验,按其具体的对象,可以分成态度、兴趣与品德(包括性格)测验。

3. 常见心理测验的量表

常用的量表测验或已转化成测评软件的量表很多,主要可以分为以下几类:

(1) 基本个性测验类量表:个性品质测验、DISC 个性测验、卡特尔 16 因素人格测验、管理人员人格测验、艾森克个性问卷、明尼苏达多相个性问卷、气质测验。

(2) 职业能力测验类量表:职业适应性测验、职业兴趣测验、多项能力与职业意向咨询、普通能力倾向成套测验(GATB)。

(3) 一般能力测验类量表:能力测验、数量分析能力测验、创造性思维测验。

(4) 智力测验类量表:瑞文标准推理测验、团体智力测验。

(5) 人际关系测验类量表:敏感性沟通能力测验、人际敏感能力测验、人际关系管理测验、沟通技能测验。

（6）管理能力测验类量表：管理人员逻辑推理测验、面向高绩效管理的测验、团队指导技能测验、XYZ 管理方式测验、基本管理风格测验、管理情境技巧测验、管理变革测验。

（7）其他测验类量表：生活特性问卷、需求测试、个体行为评估、领导行为评估、团体行为评估、基于情境的测验、自我实现测验、组织绩效测验、成功商数分析测试等。

在面试中常用心理测验往往是以上几种量表的组合，招聘中常用于企业中较高职位。

阅读材料

成功商数分析测试

【测试目的】

这个测试可以帮助测试者了解自己与成功者的共性，它可以：

- 指导测试者的思想进入所希望的渠道。
- 指明测试者在成功的路上现在所在的位置。
- 帮助测试者确定该向何处去。
- 估量测试者所向往的目的地的可能性。
- 指明测试者现在应有的心态和其他特点。
- 激励测试者用积极的心态去行动。

【答题要求】

测试者应立即尽力回答下面的“成功商数测试量表”上的问题，尽量做到准确和真实，而不要愚弄自己。只有真实回答每一个问题，这个测试才能有效。回答以“是”或“否”。

【成功商数测试量表】

1. 确定的目的

（1）你已确定了一生的主要目标吗？

（2）你已定下了达到那个目标的时限吗？

（3）你制订了达到那个目标的具体计划吗？

（4）你规定了那个目标将给你带来什么一定的利益吗？

2. 积极的心态

（5）你知道积极心态的意义是什么吗？

（6）你能控制你的心态吗？

（7）你知道任何人都能用充分的力量去控制的唯一的东西是什么吗？

（8）你知道怎样去发现你自己的和别人的消极心态吗？

（9）你知道怎样使积极的心态作为一种习惯吗？

3. “多走些路”

（10）你是否养成了一种习惯，使你所付出的劳动比你所得的报酬更多更好？

（11）你知道职工何时才有资格多得报酬吗？

（12）你是否听说过有人在某种职业中成功，而他做的事并不比他得到的报酬所要求他做的事更多？

(13) 你是否认为任何人都有权要求增加工资，只要他付出的劳动超过他所得的工资？

(14) 如果你是你自己的雇主，你会对你现在作为一个雇工所做的服务感到满意吗？

4. 正确的思想

(15) 你是否把不断学习有关你的职业的更多知识作为你的职责？

(16) 你是否有一种习惯，对你所不熟悉的问题发表“意见”？

(17) 当你需要知识时，你知道如何寻找吗？

5. 自我控制

(18) 当你生气时，你能沉默不语吗？

(19) 你习惯于三思而行吗？

(20) 你易于丧失耐心吗？

(21) 你的性情一般是平和的吗？

(22) 你习惯于让你的情绪控制你的理智吗？

6. 集体心理

(23) 你总是通过影响别人来使自己达到目的吗？

(24) 你相信一个人没有别人的帮助也能成功吗？

(25) 你相信一个人如果受到他的妻子或他家庭成员的反对，他工作中也能很容易地取得成功吗？

(26) 雇主和雇工融洽地在一起工作有好处吗？

(27) 当你所属的团体受到赞扬时，你感到自豪吗？

7. 应用信心

(28) 你相信你有无穷的智能吗？

(29) 你是一个正直的人吗？

(30) 你相信你有能力去做你决定要做的事吗？

(31) 你是否合理地摆脱了下列七种基本恐惧：

①恐惧贫穷？②恐惧失去爱？③恐惧批评？④恐惧失去自由？

⑤恐惧健康不佳？⑥恐惧年老？⑦恐惧死亡？

8. 令人愉快的性格

(32) 你有令人讨厌的习惯吗？

(33) 你有应用“金科玉律”的习惯吗？

(34) 同你一起工作的人喜欢你吗？

(35) 你常打扰别人吗？

9. 个人的首创精神

(36) 你能按计划工作吗？

(37) 你的工作有计划性吗？

(38) 你的工作方面具有别人所没有的卓越才能吗？

(39) 你有拖延的习惯吗？

(40) 你有力图将计划制订得更完备，以提高工效的习惯吗？

10. 热情

(41) 你是富有热情的人吗?

(42) 你能倾注你的热情去执行你的计划吗?

(43) 你的热情会干扰你的判断吗?

11. 控制注意力

(44) 你习惯于把你的思想集中到你所做的工作上吗?

(45) 你易于受外界的影响而改变你的计划或决定吗?

(46) 当你遇到反对时,你就倾向于放弃你的目标和计划吗?

(47) 你能排除不可避免的烦恼而不断地工作吗?

12. 协作精神

(48) 你能同别人和谐相处吗?

(49) 你能像你随便要别人给予帮助那样,给予别人帮助吗?

(50) 你经常同别人发生争论吗?

(51) 你认为同事间友好合作有巨大的好处吗?

(52) 你知道一个人不和他的同事合作会造成损失吗?

13. 从失败中学习

(53) 你遇到失败就停止努力吗?

(54) 如果你在某次尝试中失败了,你能继续努力吗?

(55) 你认为暂时的失败就是永久的失败吗?

(56) 你从失败中学到了什么教训吗?

(57) 你知道如何将失败转变为成功吗?

14. 创造性的想象力

(58) 你能运用你的建设性的想象力吗?

(59) 你具有决断力吗?

(60) 你认为只能照章遵命办事的人比能提出新主意的人更有价值吗?

(61) 你是创造发明型的人吗?

(62) 你能就你的工作提出行之有效的主意吗?

(63) 当情况令人满意的时候,你能听从合理的忠告吗?

15. 安排好时间和金钱

(64) 你能按固定的比例节省你的收入吗?

(65) 你花钱不考虑将来吗?

(66) 你每夜都睡得很充足吗?

(67) 你是否养成了利用业余时间研读自我修养书籍的习惯?

16. 保持身心健康

(68) 你知道保持健康的五要素吗?

(69) 你知道良好健康的起点吗?

(70) 你知道休息与健康的关系吗?

(71) 你知道调节健康所必需的四要素吗?

(72) 你知道“忧郁症”和“心理病”的意义吗?

17. 个人习惯

(73) 你养成了你所不能控制的习惯吗?

(74) 你已戒除了不良的习惯吗?

(75) 近来你培养了良好的新习惯吗?

【评分标准】

1. 下面的21题都应答“否”:

12、20、32、43、53、73、13、22、35、45、55、16、24、37、46、60、19、25、39、50、65。

2. 其余54题都应答“是”。

3. 答对了的题,每题得4分。反之,不得分。

【分析结论】

计算得分数,并从下表查出你的成功商数等级。

成功商数等级表:

0~99分 极差(下等)

100~199分 较差(中下)

200~274分 一般(中等)

275~299分 优良(中上)

300分 极优(上等)

4. 心理测验的优缺点

心理测验的优点主要是速度快,比较科学和公平,可以进行数据比较。缺点主要是可能被滥用、被曲解,并且其成本较高,尤其是请外部专家来做心理测验,费用更高。

3.3.6 素质测评

素质测评是人才选拔中的一种筛选手段,一般在面试后对最终留下的候选人员进行。采用这种方法时,一般都是创造一些与应聘者职位相关的、模拟的、逼真工作环境,要求应聘者处理可能出现的各种问题,以便测试应聘者的心理素质、实际工作能力、潜在工作能力等。这种方法非常适合于服务人员、事务性工作人员、管理人员、销售人员的选拔。常用方法有模拟公文处理、无领导小组讨论、即席发言、管理游戏以及角色扮演。

1. 模拟公文处理

模拟公文处理是用得最多的一种测评形式,其使用频率据机构调查高达81%。应聘人员假定为接替或顶替某个管理人员的工作,在其办公室的桌上堆积着一大堆亟待处理的文件,包括信函、电话记录、电报、报告和备忘录。它们分别来自上级和下级、组织内部和外部的各种典型问题和指示。所有这一切信函、记录与急件都要求在2~3个小时内完成(美国电话电报公司要求3小时内处理25件公文)。处理完后,还要求应聘人员填写行为理由问卷,说明自己为什么这样处理。对于不清楚的地方或想深入了解应聘人员,评价者还将与应聘人员交谈,以澄清模糊之处。然后考评人员把有关行为逐一分类,再予评分。

通过以上一系列测评活动,考评人员观察应聘人员对文件的处理是否有轻重缓急之分;是否有条不紊地处理,并适当地请示上级或授权下属;是否仅仅拘泥于细节、杂乱无章地处理。由此测评应聘人员的组织、计划、分析、判断、决策、分派任务的能力和对于工作环境的理解与敏感程度。

3. 无领导小组讨论

所谓“无领导”，是指不指定谁充任主持讨论的组长，不布置议题与议程，不提要求；只发给一个简短案例，其中隐含着一个或数个待决策的问题，以引导小组展开讨论。所谓“小组”，是指对一组人同时进行测试，一般小组由4~6人组成。具体方法为：将小组成员引人一间只有一套桌椅的小空房中。通常没有人告诉小组成员应该坐在哪个位置上，一般使用圆形桌，而不用长方形的桌子，以使每个坐席具有同等的重要性。在讨论过程中，即使出现冷场、僵局，甚至发生争吵，测评者也不出面、不干预，令其自发进行。

无领导小组讨论时，测评人员一般是坐在讨论室隔壁的暗室中，通过特定的电视屏观察整个讨论的情形，通过扩音器倾听着组员们的讨论内容，看谁善于驾驭会议，善于集中正确意见并说服他人。此时，测评人员观察维度（其实也是测评人员评分的依据标准），通常包括主动性、宣传鼓励与说服力，口头沟通能力、管理能力、人际协调能力、自信、创新能力、心理压力耐受力等。这些素质和能力是通过被测者在讨论中的行为来表现的。

4. 即席发言

即席发言是给被测评者一个题目（作动员报告、开一次新闻发布会、联欢会的祝词等），然后让被测者稍做准备（一般3~5分钟），然后按题目要求进行发言。

5. 管理游戏

管理游戏也是评价中心常用的方法之一。在这种活动中，小组成员各被分配一定的任务，必须合作才能较好地解决它。比如购买、供应、装配或搬运。有时引入一些竞争因素，如让四个小组同时进行销售或进行市场占领，以分出优劣。

管理游戏的优点是：首先它能够突破实际工作情景时间与限制，许多行为实际工作情形中也许要几个月甚至几年才会发生一次，这里几小时内就可以发生；其次，具有趣味性，由于它的模拟内容真实感强，富有竞争性，又能使参与者马上获得客观的反馈信息，故能引起应聘人员们的浓厚兴趣；再次，具有认知社会关系的功能，它能帮助参加者对错综复杂的组织内部各单位之间的相互关系有一个更加深刻的了解。

但是，管理游戏本身也存在某些缺点。首先，应聘人员专心于战胜对方从而会忽略对所应掌握的一些管理原理的学习；其次，压抑了应聘人员的开创性，因为富有开创性精神的经理，会在游戏中遭受经济上的惩罚、亏本；再次，操作不便，难于观察。

6. 角色扮演

角色扮演主要是用以测评人际关系处理能力的情景模拟活动。这种方法让应聘者扮演其应聘的角色，处理该岗位的一些日常工作和常见问题。面试者可以故意设置一些“特别事件”让应聘者临场发挥加以解决，以观察应聘者的个性特点、应变能力和心理素质。

在角色扮演活动中，考评人员设置了一系列尖锐的人际矛盾与人际冲突，要求应聘人员扮演某一角色的情景，去处理各种问题和矛盾，考评人员通过对应聘人员在不同人员角色的情景中表现出来的行为进行观察和记录，确定应聘者的素质潜能。

阅读材料

角色扮演法的一个操作案例

下面是一个10分钟的角色扮演实例。招聘中，要求应聘人员从测评角度进行角色扮演法操作。

1. 指导语

你将与其他两个人共同合作,而且你们三个角色的行为是相互影响的。请快速阅读关于你所扮演角色的描述,然后认真考虑你怎样扮演那个角色。进入角色前,请不要和其他两个被试者讨论即席表演的事情。请运用想象使表演持续10分钟。

2. 角色描述

◆ 角色一:图书直销员

你是个大三的学生,你想多赚点钱自己养活自己,一直不让家里寄钱,这个月内你要尽可能多地卖出手头的图书,否则你将发生经济危机。你刚在党委办公室推销。办公室主任任凭你怎样介绍书的内容,他都不肯买。现在你恰好走进了人事科。

◆ 角色二:人事科主管

你是人事科的主管,刚才你已注意到一位年轻人似乎正在隔壁的党委办公室推销书,你现在正急于拟定一个人事考核计划,需要参考有关资料。你想买一些参考资料,但又怕上当受骗,你知道党办主任会过来的。你一直非常忌讳别人觉得你没有主见。

◆ 角色三:党办主任

你认为这个大学生不安心读书,想利用推销书的办法多赚一点钱,以使自己的生活过得好一点。推销书的人总是想说服别人买他的书,而根本不考虑买书人的意愿与用途。因此你对大学生的推销行为感到恼火。你现在注意到这位大学生马上会利用你的同事想买书的心理。你决定去人事科阻挠那个推销员,但你又意识到你的行为过于明显会使人事科长不高兴,认为你的好意是多余的,并产生他无能的感觉。

3. 要点参考(供评分人参考):

◆ 角色一在活动中应该做到:

(1) 避免党委办公室情形的再度发生,注意强求意识不要太浓;

(2) 对人事科主管尽量诚恳有礼貌;

(3) 防止党办主任的不良干扰。

◆ 角色二在活动中应该做到:

(1) 尽量检查鉴别书的内容与适合性;

(2) 尽量在党办主任说话劝阻前作出决定。

(3) 党办主任一旦开口,而你又想买,则应表明你的观点:该书也许不适合党办,但对你有用。

◆ 角色三在活动中应该做到:

(1) 装着不是故意来搞乱为难大学生的;

(2) 委婉表明你的意见;

(3) 注意不要恼怒大学生与人事科主管。

3.4 人员录用

经过层层的人员选拔之后,最终要进行招聘管理的最后一个环节——录用决策。本节介绍人员录用的相关内容,包括录用决策的要素与程序,录用决策中常见问题的处理等。

3.4.1 录用决策的参考要素

招聘管理要遵循一个黄金法则,那就是“最适合的才是最好的,而最好的并不是最合适的”。这个法则直接关系到人员的录用决策。在录用决策中,需要注意如下参考要素。

1. 相关信息的准确可靠

这里的信息包括应聘人员的全部原始信息和全部招聘过程中的现实信息。例如:

- 应聘人员的年龄、性别、毕业学校、专业、学校的学习成绩。
- 应聘人员的工作经历、原工作岗位的业绩、背景资料的收集、工作经历中领导和群众的评价、信誉度、美誉度等。
- 应聘过程中的各种测试成绩和评语,包括笔试、情景模拟、心理测试、人－机对话测试、面试成绩和面试评语等所有这些准确、可靠、真实的信息。

2. 资料分析的方法正确

(1) 注意对个人能力的分析。信息和资料有可能相当繁杂,在这众多资料中,要注意对应聘者个人能力的分析,包括沟通能力、应变能力、组织能力、协调能力等。

(2) 注意对职业道德的分析。在做录用决策时,要注意品德兼优,要注意他以往工作过程所表现出的职业道德和个人品格,要注意防止录用到“有才无德”之人。

(3) 注意对特长和潜力的分析。某些人员的特长可能对企业发展至关重要;同样,潜力也会对企业发展产生重大贡献。因此,要对具备某些特长和潜力的人给予特别关注。

(4) 注意对个人社会资源的分析。个人社会资源是指应聘者的家庭、朋友、老师和个人长期积累起来的良好社会关系,对某些特殊的企业来说,这无疑是一笔巨大的财富,在进行录用决策时,应给予一定重视。

(5) 注意对学历背景和成长背景的分析。学历背景包括毕业的学校、专业、攻读的学位以及学习的连续性等资料;成长背景包括对其成长环境、成长过程、家庭影响和对其成长有重要影响的人和事。人的一生必然要积累四种教育,一是学校教育,二是家庭教育,三是自我教育,四是社会教育。其中,学历背景和成长背景能加强其个性特点、知识总量、专业能力和心理健康等多方面的影响,对后两种教育的积极开展也有重要意义。

(6) 注意对面试中现场表现的分析。面试是一个人综合能力和综合素质的体现,应重视应聘者在面试现场中表现出的语言表达能力,形体表达能力,综合素质表现,风度、礼貌、教养,心理健康状况,控制情绪能力,分析问题能力,以及问题判断能力,处理突发事件能力等。

3. 招聘流程的科学严谨

招聘流程的科学严谨,说的是招聘中各个步骤一定要“逐级进行,不能颠倒,不得跨越”,并且各种方法也必须规范准确,同时还要注意节约招聘成本。例如:外资企业的面试一般都有三轮,其中,第一轮是人力资源部的初步筛选,方法有结构化和非结构化面试两种,主要针对专业技术和行政管理人员;第二轮由相关业务部门进行业务考察和测评,此时提问均集中在相关的业务知识上;第三轮由最高层经理和人事招聘专员参与,进行匹配度分析,也就是在最后几个侯选人中选出一位个人需求与公司需求最匹配的人。

如果招聘一开始就由最高层领导谈话,后面的许多工作就十分难做了。例如某企业集团的董事长未经任何程序步骤,自己直接进行面谈选择了三位准备担任该集团子公司总经理的人才，结果在使用中发现了许多问题，其中有一个连毕业文凭都是假的。如果能够有背景资料的收集，有由主考官组成的考官小组面试，那么这样的错误是可以避免的。

4. 主考官的能力与素质

主考官的公正公平是必备的第一要素，但主考官的能力和素质也至关重要。如果在录用决策时，主考官是一位优秀的人力资源专家，那么录用决策就可充分地利用主考官的知识、智慧、经验、信息、判断力和分析力，主考官素质越高，招聘录用的成功率就越高。

5. 能力与岗位的匹配

匹配度分析是招聘中一个重要"关口"，必须通过情景模拟、素质测评、心理测试等手段进行把关。把一个人放在一个不适合他的岗位，对企业和个人都会造成巨大损失。

3.4.2 录用决策的参与主体

在许多企业中，录用决策主体通常包括人力资源招聘主管和用人部门经理两个方面。一般程序是先由人力资源招聘主管为部门经理提供经过筛选的候选人名单，由用人部门经理最终做出决策，当然在招聘高层职位时，公司最高层领导也必须要参与。但是，对于一些小型企业，由于没有独立的人力资源管理部门，往往是把录用决策都直接交给用人部门经理，由他们自己进行录用决策。这里有个争议：在企业中，究竟谁对录用负最终责任？

随着企业中职位越来越复杂和企业规模的不断扩大，在部门主管人员受到充分训练的情况下，他们承担的责任越来越大。但是，企业的录用工作是由人力资源管理部门从头到尾具体进行的。人力资源管理部门在整个过程都在扮演着不可替代的参谋和信息收集者角色。在工作团队越来越普及的今天，有的企业已经在尝试由工作团队来共同筛选，并做出最终的录用决策。为了工作的协调，有的企业领导在录用决策中也让员工有一定的发言权。例如，在公开竞聘中，民主评议在总体评价中占有重要的决定权。让员工与求职者进行面谈，员工可以表达他们愿意选择谁。这些尝试无疑给招聘工作带来新的挑战。

如何充分发挥多个决策主体在录用决策中的作用，已经成为许多企业关心的问题。

3.4.3 录用决策的程序

在招聘过程中，人员选拔的目的就是为了有效地对申请者做出判断，正确做出对申请者的接受或拒绝的决定。为了保证评价应聘者过程中信息的完整性，还需要一系列的信息整理和分析的过程，这个过程就是录用决策。录用决策的具体程序如图3-3所示。

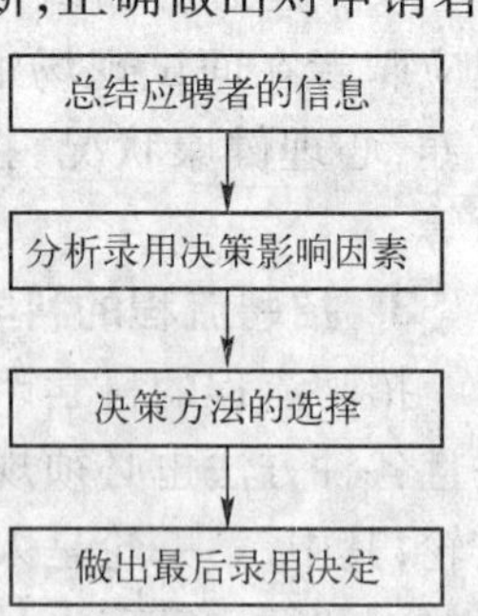

总结应聘者的信息
↓
分析录用决策影响因素
↓
决策方法的选择
↓
做出最后录用决定

图3-3 录用决策程序图

1. 总结有关应聘者的信息

评价小组或专家委员对应聘者的兴趣在于每位应聘者"现在能做什么"、"愿意做什么"、"将来可能做什么"、"志向是什么"等方面的信息。根据企业发展和职位需要，专家最终把注意力集中在"能做"与"愿做"两个方面。其中，"能做"指的是知识和技能以及获得新的知识和技能的能力（或潜力）。"愿做"则指工作动机、兴趣和其他个人特性。这两个因素是良好的工作表现所不可缺少的，用简单的式子表示如下：

工作表现 = "能做什么" × "愿做什么"

这里，"能做"的因素可以从测试得分和经核实的信息中获得；"愿做"的因素的判断则较为困难，可以从面试的回答和申请表的相关信息中推测应聘者“愿做”的信息。

2. 分析录用决策的影响因素

影响录用决策的因素很多。在实际操作中，根据能级对应原理，要为不同的权级职位配置不同能级的人员，则相应的录用决策也一定出现差异。例如，对高级管理人员的决策方法就不同于一般的文职人员和技术人员。在做出录用决策时，一般要考虑以下因素：

（1）要以申请者自身最高潜能发挥为主，还是根据组织的现有需要？

（2）企业现有的薪酬水平与应聘者的要求的差距。

（3）以目前对工作的适应度为准，还是以将来发展潜力为准？

（4）合格与不合格是否存在特殊要求？

（4）超出合格标准的人员是否在考虑范围之列？

3. 决策方法的选择

常用的录用决策方法有两种，分别是诊断法和统计法。其中，诊断法主要根据决策者对某项工作和承担者资格的理解，在分析候选人所有的资料的基础上，凭主观印象做出决策。每个评价者会对候选人做出不同的评价，不同的人可能对同一应聘者做出不同的决策。这样，“谁是最终的决定者”就显得非常重要。诊断法操作简单，成本较低，应用广泛；但是由于主观性强，评价者的素质和经验在科学合理的判断中起着重要的作用。统计法比诊断法所做的决定显得更客观一些。这种方法首先要区分评价指标的重要性，赋予权重，然后根据评分的结果，用统计方法进行加权运算，分数高者即获得录用。

4. 做出最后录用决定

让最有潜力的应聘者与用人部门主管进入岗位匹配度面谈，最后由用人主管（或专家小组）做出决定，并反馈给人力资源管理部门。然后，由人力资源管理部门通知应聘者有关的录用决定，办理各种录用手续。

3.4.4 录用决策中的常见问题

1. 注意对优秀人员的吸引

招聘中必须注意对优秀人员的吸引。在招聘过程中，要注意两个环节对优秀人员的吸引。一是建立“申请池”时，要吸引尽量多的优秀人员加入应聘队伍。二是录用阶段，应该吸引筛选出的合格人员决定加盟企业，而这是企业经常忽略的一个环节。许多企业常常认为，只要发出录用通知，应聘者就会来企业就任，事实并非如此。由于当今对于具有高技能优秀人才的竞争已变得越来越激烈，某些类型人才的供需状况不是供大于求，而是极为匮乏。决策阶段消极对待应聘者，可能就把企业所需要的人员拱手让给竞争对手。

为了加强对优秀人员的吸引，企业在录用决策中应该采取以下积极措施：

（1）让优秀的应聘者尽可能多地了解企业现状。

（2）提前拟定企业给应聘者的薪酬待遇。对于重要的职位，要事前考虑好该职位的薪酬。同时除了薪酬因素外，还要更多地强调非薪酬性的报酬（比如提升机会、培训等）。

（3）如果在录用阶段判定某候选人较为优秀，但又在一些方面还存有疑惑时，要在决策之前对疑惑点进行调查研究，排除可能有的疑问。不要在问题待定的情况下做出决策。

（4）要吸引优秀的应聘者必须行动迅速，不能让应聘者等待过久。大多数的优秀应聘者也在挑选企业，如果企业的录用决策时间过长，则可能使他们转移注意力。

（5）录用之后要让应聘者感觉到对他的尊重。在工作安排方面，可以事先征求他们的意见，与应聘者讨论他所要承担的工作，使他们充分感受到对他们的尊重与重视。

2. 要将录用与否的结果及时通知应聘者

对于进入最后阶段的候选人，不管最终录用与否，都要将结果及时通知应聘者。

（1）录用通知。为了不失去合格的录用者，录用通知要及时送出。在现实中，有许多工作不够严谨的企业，因通知不及时而损失了企业的人力资源，并影响企业的外部形象。

图3－4就是公司人员录用通知书的一个样式范例。

录用通知书

__________先生/女士：

在上周四与您的会面令我们非常满意。现在，我们很高兴地通知您，我们企业将向您提供________职位。

接受该职位的工作意味着您应该完成下列的工作职责：____________________。

您的工资按照我们商谈的结果决定。

我们很希望您能够接受该职位的工作。

我们会为您提供难得的发展机会、良好的工作环境。

我们很希望在______年____月____日之前获得您是否接受该职位的消息。

如果您有什么问题，请尽快与我联系。

我们的联系电话是________。

期望尽快得到您的回答。

此致

人力资源经理：__________

20××年×月××日

图3－4　人员录用通知书样式

（2）辞谢通知

许多企业都忽视了辞谢的程序。周到的辞谢方式除了树立良好的企业形象外，还可能对今后的招聘产生有利的影响。因此，应该用同样礼貌的方式通知未被录用人员。一种方法，通过电话用委婉的语言通知对方；另一种方法，用正式信函的方法告知对方（切忌用明信片），图3－5就是公司人员辞谢通知书的一个样式范例。

辞谢通知书

尊敬的__________先生/女士：

十分感谢您对我们企业的________职位的兴趣。您对我们企业的支持，我们不胜感激。您在应聘该岗位时的良好表现，给我们留下深刻的印象。

但是由于我们名额有限，这次只能割爱。我们已经将您的有关资料备案，并会保留半年，如果有了新的空缺，我们会优先考虑您。

感谢您能够理解我们的决定。祝您早日找到理想的职业。

对您热诚应聘我们的企业，再次表示感谢！

此致

人力资源经理：__________

20××年×月××日

图3－5　人员辞谢通知书样式

3. 作好新录用员工的面谈工作

按照录用人员的来源渠道，新录用员工可分为两个部分，一部分是外部招聘所获的新员工，一部分是内部竞争上岗所录用到新岗位的老员工，为便于论述，下面把前面一部分人称为新员工，把后一部分人称为新升迁的员工。

（1）录用面谈的重要性

第一，加强企业对新员工的进一步了解。新员工虽然经过企业的层层筛选，但由于筛选过程中的人数较多，需要考察的内容也较多，对员工更深一层次的信息获取的较少，通过录用面谈，可以了解到新员工的家庭、婚姻、兴趣、爱好、思想上有无负担、生活上有无困难等更多的在招聘过程中面试无法涉及的信息。另外，录用面谈由于通常是在两个人间进行，话题可以较深入，某些即使涉及隐私的问题，只要对方没有意见双方也可一起探讨，如对爱情的看法，对纪律和自由的看法，对父母给自己约束和干预的看法等。

第二，加强新员工对企业的了解。新录用的员工虽然在应聘时已对企业作了一些了解，但这些了解仍然是十分表面的。录用面谈时，通常气氛比较融洽，两个人间可以互相问一些自己关心的问题，如薪酬、福利、发薪日、各级领导的姓名、性格、为人、自己所录用部门的概况等。这些与自己切身利益相关的问题，由于应聘阶段心情的紧张，并且当时以能被录用为主要目的，通常都不好直接询问，通过录用面谈，新员工对自己即将工作的环境会更深入了解，形成一个更清晰的认识。

第三，为新升迁的老员工排除由于岗位变动带来的新矛盾。通过竞聘获取升迁机会的老员工，虽然自己的才华和智慧得到了认可，但工作变迁依然会带来一系列的思想问题和小环境改变带来的新问题。例如：如何与新部门领导进行合作？如何快速融入新的工作环境？如何与新同事快速建立良好关系？与落选的竞争对手的关系如何处理？等等。

（2）录用面谈的执行者

录用面谈执行者的确定，根据录用岗位的权级高低的不同而不一样。通常录用经营管理层的高级管理人员，由董事长、总经理或人力资源专家顾问来执行；如果是中层管理人员，由分管的公司领导（副职）来执行；如果是基层管理人员，由部门主管或分管领导来执行；普通员工的录用则由人力资源部主管来执行。

录用面谈的执行者一定要心胸宽阔，关心爱护录用的人员，具有换位思考的能力和良好的沟通能力，能理解他人的困难并努力去帮助他们克服困难。

（3）录用面谈的场所

通常可在执行面谈的主动方的办公室进行，但根据录用者的层次，也可以选择其他更加休闲的地点进行，如到咖啡馆一起喝咖啡，到茶社一块饮茶，也可到公园一起散步交谈，还可以有许多更丰富的选择，如一道划船、登山、打高尔夫球等等。

（4）录用面谈的内容和方法

录用面谈一定要在相当轻松的氛围中进行，通常负责面谈的主动者要表现出大度和风范来，要同时作为师长、领导、同事等多元角色坦率地说出自己的想法，耐心地解答录用者提出的问题。如果没有特别的问题要互相提问，可以就今后的工作职责、工作思维和工作方法、企业目标、企业文化、价值观等展开讨论，也可以谈一些轻松的家庭琐事。总之，尽量让彼此互相了解，为今后协同工作打下一个良好的基础。

3.5 人员招聘评估

人员招聘工作结束后,需要进行人员招聘评估,包括招聘成本评估和录用人员评估。

3.5.1 招聘成本评估

1. 招聘成本的含义

招聘成本是指招聘工作中的各项支出,是评价企业人力资源招聘工作业绩的重要指标。如果成本低,录用人员素质高,则意味着招聘工作效率高;反之,则意味着招聘工作效率低。目前,招聘成本尚未得到足够的重视,也很少有企业核算招聘成本,即使核算,方法也过于简单,计算结果很难说明问题。

2. 招聘总成本的构成

一般来说,招聘总成本可以分为直接成本和间接成本,如图 3-6 所示。

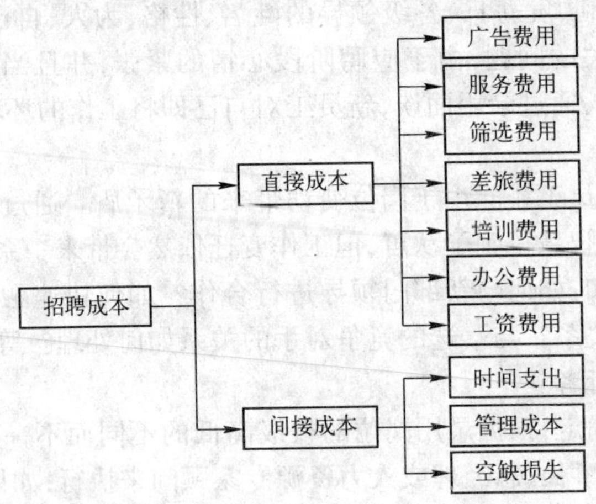

图 3-6 人力资源招聘总成本的构成

3. 单位招聘成本及其影响因素

单位招聘成本,就是指平均招收一名员工所需的成本,其计算公式为:

人力资源招聘单位成本 = 招聘总成本 ÷ 录用人数

影响单位招聘成本的因素很多,下面主要谈谈候选人的样本空间、招聘对象的多元化以及招聘渠道的多元化三个因素对单位招聘成本的影响。

(1) 候选人样本空间对单位招聘成本的影响

为了保证招聘的质量,应从足够的候选人中选拔员工,候选人的样本空间越大,所选出的人质量越高,但是,候选人越多,挑选的工作量越大,则单位招聘成本也就会越大。

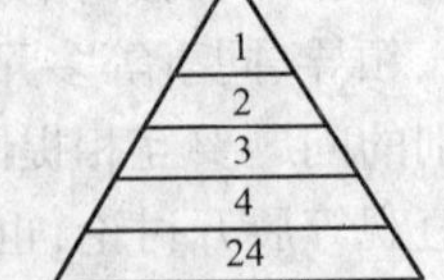

图 3-7 招聘金字塔

根据国外的一些统计资料显示,招聘中从报名人数到正式录用人数呈如图 3-7 所示金字塔的形状,称之为“招聘金字塔”。它可以确定为了雇用一定数量的新员工需要吸引多少人来申请工作,在逐步筛选过程中相应的人数和比例，供我国企业参考。

（2）招聘对象的多元化对单位招聘成本的影响

由于招聘对象的多样性，使得单位招聘成本也呈现多元化特征。企业对人才的需求是多种多样的，主要表现在：职务类别的不同、职位级别的不同、地理分布的不同和填补空缺的紧迫性不同。单位招聘成本不能在不同级别间比较，高级经理的单位招聘成本不可能与普通员工同一水平；即使级别相同，因招聘的地理位置或工作类型不同，以及人力资源供求状况不同，其成本自然不同。

（3）招聘渠道多元化对单位招聘成本的影响

企业人力资源招聘的渠道也具有多样性，招聘渠道的多元化也同样影响到单位招聘成本的高低。不同的招聘渠道的招聘成本不同，招聘单位应该根据实际需要进行选择。以2007年人力资源招聘市场报价为例，省会城市级国际展览中心招聘会费用（4展位及广告公司布展费用）为2万元/次；省会级一般都市报1/4通栏广告为3万元/次；猎头公司推荐成功一名候选人为该职位年薪的30%；名牌大学校园招聘会为3千元/校/次。

3.5.2 录用人员评估

录用人员评估，就是根据企业招聘计划和招聘岗位的工作分析，对所录用人员进行的数量、质量和结构方面的评价过程。录用人员评估有以下几个指标。

1. 招聘完成比率

招聘完成比率 = 录用员工数 ÷ 计划招聘数 × 100%

该比率说明招聘员工数量的完成情况，招聘完成比率可以等于、大于或小于100%。

2. 录用比率

员工录用比率 = 实际录用数 ÷ 应聘者总数 × 100%

该比率越小，说明可供筛选者越多，实际录用的员工的质量可能比较高；反之，说明可供筛选者越少，实际录用员工的质量可能较低。

3. 应聘者比率

应聘者比率 = 应聘者总数 ÷ 计划招聘数 × 100%

该比率说明员工招聘的挑选余地和信息分布状况。该比率越大，说明企业的招聘信息发布得越广越有效，企业的挑选余地就越大。

3.6 案例与讨论

3.6.1 大华公司的招聘

大华公司是一家浙江省的民营服装加工企业，主要经营男式西裤，近几年公司发展很快，几个月前刚将一家位于西部某省份颇具实力的服装加工企业L公司收购，准备作为公司在中西部的服装加工基地。为了今后企业在当地的稳步发展，总经理刘步飞决定启用原公司的人员，以便逐步取代原L公司的管理人员。他先将本公司原来负责原料采购的供应部采购主管张彤提升为人力资源部经理，而原人力资源部的经理提升为副总经理。他认为张彤在公司工作了5年,虽然没有人力资源管理工作经验,但至少他的人品自己是了解的,在多年的原料采购中,从来没有出现过什么问题,至于经验,可以在实践中慢慢学习。张彤一上任,便写报告要求给总经理招聘专职秘书一名。刘总经理在张彤上任的第5天便看到了人力资源部新任经理张彤亲自起草,并加班打印出来的招聘启事:

大华公司现诚聘总经理办公室秘书一名,要求:正直、诚实、勤奋、肯干。年龄30岁以下,女,名牌大学毕业,本地户口,有三年以上工作经验,符合条件者,请将简历寄到公司。合则约见,勿电勿访。

招聘启事很快在当地一家报纸进行了刊发,之后应聘人员很多,三天之内收到35份简历。然后经过筛选,最后确定了三名候选人,又通过文化课考试,录用了其中的一个。

案例讨论

1. 请评价大华公司的招聘存在哪些方面的问题。
2. 如果让你进行以上招聘工作,你将怎么做?

3.6.2 技术部经理匆忙的面试

一天早上,技术部经理王山正在专注于自己的工作,人事部的电话匆匆打来,让他赶快去公司办公楼小会议室,参与技术人员招聘面试工作。由于事先王经理对此事一无所知,所以在面试过程中,他总是在不断翻阅应聘人员的资料,低头专注于阅读简历,然后提出相应的问题,之后又忙于下一名应聘者的情况,就这样一上午过去了,6名应聘者的面试结束了。技术部经理王山的面试任务也完成了。

案例讨论

1. 请你对上述的面试过程进行评价。
2. 在一个有效的面试中,怎样才能避免这样的事件发生?

3.6.3 某公司一次失败的录用决策

普顿斯化学有限公司是一家跨国公司,以研制、生产、销售药品和农药等为主。露秋公司是普顿斯化学有限公司在中国的子公司,主要生产、销售医疗药品。随着生产业务的扩大,为了对生产部门的人力资源进行更为有效的管理、开发,他们希望在生产部设立一个处理人事事务的职务,其工作主要是负责人力资源部与生产部的协调。人力资源部经理王量对应聘者进行了初步的筛选,留下5人交由生产部经理李初再次进行筛选。经李初选择留下两人,决定由生产部经理与人力资源部经理两人协商确定人选。

两位候选人的简历及基本情况如下:

赵安:男,32岁,有企业管理硕士学位,有8年一般人事管理及生产经验,在此之前的两份工作均有良好的表现。面谈结果:可录用。

钱力:男,32 岁,有企业管理学士学位,有 7 年的人事管理和生产经验,以前曾在两个单位工作过,第一位主管评价很好,没有第二位主管的评价资料。面谈结果:可录用。

看过上述的资料和进行面谈后,生产部经理李初来到人力资源部经理室,与王量商谈何人可录用。王量说:"两位候选人,看来似乎都不错,你认为哪一位更合适呢?"

李初说:"两位候选人的资格审查都合格了,唯一存在的问题是,钱力的第二位主管给的资料太少,但是虽然如此,我也看不出他有什么不好的背景,你的意见呢?"

王量说:"很好,李经理,显然你我对钱力的面谈表现都有很好的印象,人吗,有点圆滑,但我想我会很容易与他共事,相信在以后的工作中不会出现大的问题。"

李初说:"既然他将与你共事,当然由你作出决定更好,明天就可以通知他来工作。"

于是钱力被公司录用了,进入公司工作 6 个月以后,他的工作不如期望的好,指定的工作经常不能按时完成,有时甚至表现出不胜任其工作的行为,所以引起了管理层的抱怨。显然,钱力对此职位不合适。

案例讨论

1. 为什么会造成错选钱力?运用什么样的方法可以发现钱力的缺点?
2. 从此案例中,你发现了哪些问题?在实际工作中,应如何避免?
3. 此案例对你有何启示?

3.7 本章小结

人员招聘是企业吸收与获取人力资源的重要途径，是决定企业成败的一个关键问题。

本章首先介绍了招聘的含义、作用、目标与人员招聘管理流程，以及人员招聘之前需要做的一些主要准备活动；然后按照人员招募、人员选拔、人员录用的工作环节进行内容划分，分三节详细介绍了招聘管理中各项工作的具体内容，包括人员招聘计划的编制，招聘渠道的选择，招聘简章的制定，个人求职申请表的设计，人员选拔的六种主要手段（尤其是面试筛选过程中“问、听、观、评”的主要技巧），录用决策的流程、标准、方法以及常见注意事项的问题；最后介绍了人员招聘成本的核算方法与评估指标。

总之，通过本章内容的学习，读者应该充分理解招聘管理工作的重要性，熟悉招聘工作的整体工作流程，熟练掌握其中一些操作性的管理技能（例如人员需求申请表的编写，人员招聘计划的编制，公司招聘简章的制定，求职申请表的设计等等）。

3.8 思考与实践

一、思考题

1. 什么是招聘?它在企业发展中具有什么重要作用?
2. 请描绘招聘管理工作的整体管理流程。
3. 人员招聘前都需要做哪些主要准备活动?
4. 什么是招聘计划?它一般都包括哪些主要内容?

5. 编制招聘简章需要注意哪些问题？

6. 人员选拔的主要手段有哪些？请挑选一种你自己最熟悉的进行说明。

7. 在进行简历筛选时都需要注意哪些事项？

8. 与笔试相比，面试具有哪些优点？有哪些缺陷？。

9. 面试筛选过程中需要注意哪些主要的工作技巧？

10. 录用决策过程中需要注意哪几个方面的问题？

11. 如何进行人员招聘成本的核算？主要的评估指标有哪些？

二、实践环节

1. 资料搜索

通过多种渠道，自己搜集国内外各大公司的面试试题，并在同学之间进行交流讨论。

2. 模拟招聘

请同学们分组，按照如下目的和流程进行一项模拟招聘活动练习。

● 活动目的

通过运用情景模拟、角色扮演等体验性教学方法及应聘实战训练，帮助学生全面灵活地掌握招聘管理实务以及相关知识和技术，培养策划与组织协调能力、角色认知能力、表达能力、沟通能力、应变能力、分析和解决问题的能力，提高在人才市场上的竞争力。

● 活动流程

模拟招聘活动练习的整个过程分为7个步骤：

(1) 分组分工。全体学生分成若干个实力相当的小组，确定组长，合理分工。

(2) 资料准备。学习完本章招聘管理的理论与方法之后，老师开始布置模拟招聘任务，并要求各组准备企业简介、招聘广告、招聘计划、拟聘岗位的工作说明书、招聘表格等；要求各"应聘学生"准备中英文简历等应聘资料，并通过有关渠道熟悉招聘企业。

(3) 发布信息。各组代表进行招聘宣传，介绍企业，发布招聘信息，准备拉开现场招聘的序幕。

(4) 现场招聘。包括两个阶段，第一阶段，各组分为两部分，一部分扮演招聘人员，搭台进行招聘，另一部分同学出去应聘；第二阶段，角色互换，原先出去应聘的同学回来扮演招聘人员，而原先负责招聘的同学出去应聘。在以上两个阶段中。要求各组主考官都要精心组织，做好招聘记录；并要求应聘同学认真填写招聘表格，沉着应战。

(5) 宣布结果。各招聘组综合两个阶段的现场招聘情况，进行充分讨论，确定录用人员名单，并当场宣布招聘结果。

(6) 总结分析。各组同学分别总结分析模拟招聘工作，各组组长组织完成"模拟招聘总结"报告文件，并上交企业简介、招聘广告、招聘计划、拟聘岗位的工作说明书、招聘表格等材料。全体同学分别完成"模拟应聘小结"，并上交中英文简历等应聘资料。

(7) 奖励讲评。对各组现场招聘效果、上交招聘材料质量及应聘者评价等进行综合评判，最后算出总成绩，计入学生平时成绩；按总成绩排名次，评出一、二、三等奖，给予一定的奖励；对反映出的共性问题进行讲评，如人员测评方法、英文简历定位和格式、面试应对技巧等。

3. 角色模拟

根据如下的问题情形，按照下面的提示和模拟流程，进行角色模拟练习。

● 问题描述

你在组织中获得了一个提升机会，已被提名为这一职位，但是还有一些其他候选人。

今天，你看到一份备忘录放在你的桌上，它来自于人事经理。内容如下：

> 鉴于有多名候选人，我们决定通过采取竞争方式来产生一名最佳候选人，评选小组由三至四名公司高管组成，要求每一个候选人发表一次10分钟的演讲，以证明自己的资格，时间定在明日。

你发现备忘录的日期是昨天，正巧电话铃也响起来了，是人事经理打来的。他通知你，评审将于15分钟后开始。你现在只有15分钟来准备你的讲话提纲。

- 演讲内容提示

对于本次演讲内容，你一定要记住，必须认真考虑好四个方面的问题，分别是：

你为什么要演讲？你演讲给谁听？你准备演讲些什么？你准备如何演讲？

- 角色扮演安排及程序

（1）按照6个人一组的标准，进行学生分组；每一个小组排定一个讲演顺序。

（2）每组中，第一个候选人（第一个讲演者）的评审小组共4人，由组内的其他成员构成，但不包括第二个准备讲演者。第二个讲演者离开房间，直到轮到他发言为止。

（3）第一个候选人可以作为评价第二个候选人的评委，而第三个候选人离开房间，如此轮流讲演和评价，直到每个人全部完成讲演。

（4）注意，每个人的演讲时间只有10分钟。

（5）作为评委，你要完成对每个演讲者的评价，评价内容写在下面的评价表中。

（6）讲演和评价全部结束以后，在小组内讨论评价结果，从中吸取有益的东西。

- 评价表样式，如表3－9所示

表3－9　评价表

评价内容	候选人顺序				
讲演有否有开头、展开和结束？ 是否符合时间要求？ 候选人的表现是否自然放松？ 候选人扮演案例中的角色是否有效？	1	2	3	4	5

对讲演的评语	
1	
2	
3	
4	
5	

第4章 培训管理

引例

培训,为何老是"吃力不讨好"?

讯通信息技术有限公司(以下简称为讯通公司)是一家成立于1995年的专门提供移动通信网络全面解决方案的高科技公司。十几年来,该公司在移动通信领域凭借其领先的科技实力和完善的服务和营销能力,取得了良好的效益,得到了广大客户的好评,目前在国内移动通信行业中居于领航地位。

公司现有员工4600余名,专业技术人员超过75%,其中35岁以下的年轻人才占85%。由于公司属新兴高科技信息产业,知识更新非常快,公司高层管理者充分认识到只有迅速提高员工的素质才能在将来的通信产业中立于不败之地。因此,近几年来,公司与当地颇具知名度的WB培训公司合作,组织了几次大型的专业技能和管理素质专门培训,然而培训效果却并不满意。以下为培训中的几个场景:

场景1:小刘为讯通公司系统服务部的一名职员,专职负责公司一台大型服务器的维护和调试工作。在参加公司组织的一次技能培训后,小李对人力资源部的培训主管王霞说:"我在操作这台刚从日本进口服务器时总是出错,新机器比我原来操作的那台复杂多了。"王女士说:"也许你尚未完全掌握要领吧。我们这次提供的培训就是帮助你能胜任这项工作,希望你认真学习,尽快熟悉其性能。"而小李反驳说:"可是在培训中演练的那台机器与我的这台'新家伙'完全不同啊!"

场景2:系统集成部骨干小马反映:"我的项目经理似乎不支持我来培训,在培训期间还不断给我布置新任务,有时候正在上课,还给我打手机联系,商量某个程序模块的编码问题,这让我根本没有时间静下心来听课。培训效果就可想而知了"。

场景3:公司在这几次培训中为员工安排了各类生产、销售、研发等专项技能及公司文化和综合能力方面的培训课程,同时为中高层管理人员安排了MBA课程。从公司的初衷来看,公司希望通过这些培训提高员工的专业技能、知识水平。可培训还没有开始,企业中的大批老员工就声名不参加培训,要么推说工作忙,要么干脆请病假,不参加培训。公司对此也没有采取什么处理办法,结果很多培训中出勤率很低。

场景4:根据一位负责培训的指导老师的私下了解,那些老员工之所以不愿参加培训,是认为"我们就这样了,有什么好培训的,技术发展这么快,我们怎么追也赶不上年轻人呀";而一些年轻人员拒绝参加培训的理由是"培训期间,还要扣发奖金和有关津贴补助,培训完成之后,也没有很好的奖励办法和激励措施,还不如少参加点培训呢"。

场景5:根据对一些参加培训的员工的了解,他们也只是本着完成任务的态度,"服从公司的统一安排,积极配合人力资源部的工作",甚至有些员工认为:"这种培训无非是走个过场,形式一下,就当放几天假,休息一下好了。"

以上境况的存在,使讯通公司的执行总裁张雷发思绪万千,“好的想法为什么得不到贯彻”,“为什么我为员工提供培训,反而出力不讨好”,“为什么公司的培训政策出现肠梗阻”,“是哪些人把我的经念歪了”等。于是他决定找人力资源部王经理进行沟通。

点评:从上面的文字描述可以看出,讯通公司的培训管理工作存在很多问题,包括培训需求分析不明、培训方式和方法失当、培训管理制度的松散、培训效果评价的缺乏、培训激励考核和业绩没有挂钩等等。要想取得预期的培训效果,以上问题都必须妥善解决。

学习目标

通过本章的学习,读者应该能够:

□ 掌握培训的含义、作用与类型
□ 熟悉优秀企业培训工作的特点
□ 了解企业培训管理的整体流程
□ 了解培训需求分析的内容和方法
□ 掌握培训发生点的寻求与分析
□ 进行培训规划设计与内容选取
□ 理解培训实施方式与过程管理
□ 了解培训效果评价的内容与方法

4.1 培训管理概述

培训是改善企业员工业绩的重要方法,也是员工职业生涯发展的主要途径。本节介绍培训的含义、作用、类型,优秀企业培训活动的特点,以及企业培训管理的整体流程。

4.1.1 培训的含义与作用

1. 培训的含义

人力资源管理中的培训,是指企业通过传授知识、更新观念及提高技能等各种方法,有计划地对全体员工进行的一种计划性、连续性的学习和训练活动。

企业培训活动的内容广泛,既包括对新进员工、初任领导、轮换人员进行的岗前公司基本知识的普及性培训(包括公司的发展历程、组织结构、主导产品、管理制度等),也包括对在岗人员进行的各种专业知识技能的提高性培训(如新劳动合同法培训、网络营销知识培训、最新软件开发技术培训等),还包括面向一些专题进行的各种针对性培训(如以 ERP 建设为核心的企业信息化培训、以 CIS 为核心的企业文化和形象识别培训等)。

2. 培训的目标

培训的目标具有多重性。从其根本目的来说,培训是满足企业长远的战略发展需求。从职位要求来说,培训是满足职位要求,改进现有职位的业绩。从员工角度来说,培训是满足员工职业生涯发展的需要。从管理变革来说,培训是改变员工对工作与组织态度的重要方式。从适应环境来说,培训有利于员工更新知识,适应新技术、新工艺的要求。

3. 培训的意义

如今许多企业都已清楚地意识到培训在企业发展过程中的重要性,都将培训视为人力资源战略实施中的重要一环,提出了"培训是最为有利可图的投资"、"全员培训"、"终身培训"等培训理念。总体来讲,培训在企业管理中的重要意义主要表现为:

(1) 有助于企业内现有人力资源的开发和利用,是调动员工积极性的有效方法。

(2) 有助于员工适应快速变化和不断提高的工作岗位要求,是企业竞争优势的来源。

(3) 培训是调整企业管理中人与事之间的矛盾,实现人事和谐的重要手段。

(4) 培训有助于企业成员更好地实现自我发展目标,吸引保留优秀人才。

(5) 培训是实现企业快出人才、多出人才、出好人才的重要途径。

(6) 培训有助于提高企业成员的忠诚度,有助于建立相互信任的优秀企业文化。

4.1.2 优秀企业培训活动的特点

长期以来,国内外的许多著名企业都非常重视员工培训工作。许多优秀公司在组织不断进步发展的实践中,充分体会到人力资源培训所具有的战略价值与意义。例如,美国联邦快递(Federal Express)公司每年用于员工培训的费用达 2.25 亿美元,占公司总开支的 3%。早在 20 世纪 90 年代初,美国摩托罗拉公司每年在员工培训上的花费就达到 1.2 亿美元,这一数额占公司工资总额的 3.6%,每位员工每年参加培训的时间平均为 36 小时。

在国内企业界,越来越多的企业已开始把员工的培训工作提到重要的位置,尤其是大型企业,大多制定了定期培训规划,建立了教育培训中心基地,配备了负责培训工作的专职人员,培训活动业已形成制度。但是,相比较国外的一些优秀企业,国内不少企业对培训工作仍然广泛存在着不够重视,针对性不强,培训投入不足,对培训效果的怀疑,以及对培训对象不信任等现象。表 4-1 比较了先进企业与落后企业在培训方面的差距。

表 4-1 先进企业与落后企业在培训方面的差距比较

比较项目	先进企业	落后企业
重视程度	对培训重视程度高,能够做到用人与育人相结合,通过培训可以培养员工具有某些技能	对培训重视程度不高,意识仍停留在怎样使用人,尚未做到育人导向
人员替代性	工作人员之间的可替代性较低,培训是员工上岗和进一步发展的必要前提	工作人员可替代性较高,人员的要求是"来之能战","拉来就用","干啥都行"
预算投入	培训预算和投入较大,并随利润逐年递增	依规定有固定的培训预算,但数额较低
培训规划	对培训类型、培训内容、培训方式和培训方向有科学的整体规划(可预见性较高)	培训没有规划,认为如何选择合格的人才比如何培养人才更为重要,"不行就招新人"
人员机构	培训由专人负责,设有人才培训委员会(由人力资源部、用人单位和专职讲师组成)	人力资源部内有专人(如培训主管)负责,但对需求和解决方案的判断能力相对较低
培训渠道	多数常规培训可由内部资源完成(一般为基本技能培训和企业文化培训);专业培训由外部完成,是外部培训机构市场推广的重点	常规培训多由内部完成,非常规培训只作为少数的奖励或特权,数量很少
网络依赖	企业内部网络是收集培训信息的重要渠道,并且已形成有规模的在线虚拟培训形式	网络在企业培训和组织学习中的利用意识不高,网上培训、视频学习没有引起注意

4.1.3 企业培训管理的整体流程

培训是一项高投入,高成本的人力资源管理工作。正如本章引例中所描述的那样,有些企业由于培训目的不明、定位不当、设计拙劣、实施不力、评估不确,从而导致培训活动的无效或失败,"出力不讨好",进而影响到整个企业组织目标的有效实施。

培训管理有一套严格的整体流程。如图4-1所示,有效的企业培训管理流程包括四个阶段——培训准备阶段、培训计划阶段、培训实施阶段、培训评价阶段。

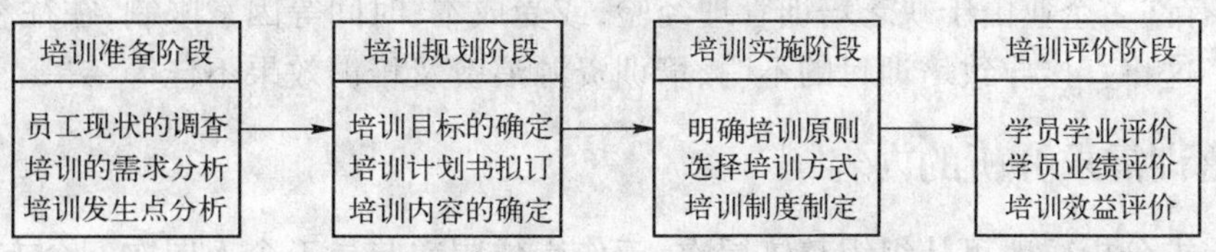

图4-1 有效的企业培训管理流程

以上各个阶段的含义和内容如下所述。本章后续内容也是按照这个流程进行展开。

(1) 培训准备阶段。培训准备阶段是在员工现状调查的基础上,进行培训需求分析和培训发生点的分析,从而为有针对性、有实效的培训活动奠定基础。

(2) 培训计划阶段。培训计划阶段的主要工作包括培训目标的确定,培训计划书的拟订,以及培训详细内容的确定。这主要是为合理有序的培训活动实施做好准备。

(3) 培训实施阶段。培训实施阶段最重要的工作是确保受训者在良好的学习氛围中,在各种有效培训活动形式中获取新的知识与技能,实现培训目标。为此,需要实现让受训人员熟悉培训的原则,选择合适的培训方式,并制定严格的培训制度。

(4) 培训效果评价阶段。培训效果评价阶段的目的是掌握受训者是否通过培训有了进步与改进(评价的内容包括学业评价和业绩评价),并对培训的投入—产生效益作出价值评估,并为进一步改进提高现有培训工作提供科学的依据。

4.2 培训需求分析

培训需求分析是整个培训活动的基础,是培训管理活动准备阶段的重要工作。培训工作应该而且必须准确掌握组织中不同的培训需求,确保培训的针对性、实效性与及时性。

4.2.1 培训需求分析的含义与作用

1. 培训需求分析的含义

当企业中出现一些问题,经过分析,只有通过培训才能更好地解决时,就产生了培训需求。也就是说,培训需求就是确定要进行什么内容的培训,对什么对象进行培训,采用什么方式进行培训等问题。表4-2所示的培训需求确认表,可用来描述培训需求。

表4-2 培训需求确认表

项　目	需要具备的	现在已有的	还需要培训的
专业知识			
素质技能			
行为态度			
社交本领			

2. 培训需求分析的作用

通过培训需求分析,可使企业掌握谁需要培训、需要培训什么等方面的信息,包括通过培训要完成的任务及知识、技能、行为方式和其他工作要求;明确受训者应该学习、掌握什么,这对于下一步的培训方案设计、确立学习成果和目标至关重要。

然而,有许多企业由于缺乏培训管理经验,或受成本、时间等因素限制,往往忽略培训需求分析工作。这将直接导致培训目的不明、培训资源浪费及培训效果不佳等结果。

4.2.2 培训需求分析的内容

培训需求分析一般可从组织整体层次、工作岗位层次与员工个人层次三个方面展开。

1. 组织整体层次的培训需求分析

这主要是从企业的经营管理角度进行培训需求的分析,其中主要考虑的因素是企业发展的外部环境和内部环境,如产业政策、经济环境、市场竞争情况、企业的发展战略、生产效率等因素,其最终目的是确保培训的内容和重点要符合组织的整体发展与战略要求。

2. 工作岗位层次的培训需求分析

工作岗位层次的培训需求分析,就是对照岗位职责和岗位目标,结合绩效考核结果,确定员工达到理想工作绩效所必须掌握的知识和技能,进而明确培训的内容和方法。

这一层次的培训需求分析包括两方面:一是职位工作职责,包括各项工作任务及其难易程度等;二是职位工作的任职资格,即履行工作职责须具备什么素质条件,须掌握的知识、技艺、能力等。工作岗位层次的需求分析以人力资源管理中的工作分析文件为基础。

3. 员工个人层次的培训需求分析

员工个人层次的培训需求分析,就是根据员工现有的人力资源信息库纪录、业绩考核记录、员工技能测试成绩,以及员工个人填写的培训需求问卷等信息,并结合员工的职业生涯规划,确定每一个员工应参加的培训类型,合理安排培训和日常工作的时间。

员工个人层次的需求分析包括以下三项内容:第一,弄清工作绩效令人不满的原因是缘于知识、技术、能力的欠缺(与培训有关的事宜),还是属于个人动机或工作设计方面的问题;第二,要明确谁需要培训,也就是确定好合适的培训对象;第三,要让员工做好接受培训的准备,包括思想准备、工作交接以及对培训效果的事先强调和说明。

4.2.3 培训需求分析的方法与程序

1. 培训需求分析的方法

用于分析培训需求的方法有许多种,下面重点介绍其中四种较为常用的方法。

(1) 文件资料分析法。文件资料分析法就是利用组织现有的有关组织发展、职位工作和工作人员的文件资料来综合分析培训需求。可利用的文件资料包括组织发展规划文件、人力资源计划文件、工作分析文件、人力资源信息系统数据、职位工作日记表、人事档案等。

(2) 意见征询法。意见征询法就是通过征询有关方面意见,来了解某一类人员的培训需求。员工在工作中,必然与其上司、同事、下属等发生工作关系,这些有关人员对该员工的能力及工作情况比较了解,因此,征询有关人员的意见,有助于对某一工作人员的培训需求做出评估。

(3) 问卷调查法。问卷调查法也就是用专门设计的问卷调查表向任职者本人或有关人员调查培训需求。采用这一方法时，须根据职位工作的性质及特点，预先设计出培训需求调查表。

表 4－3 是总经理办公室秘书岗位培训需求调查表的一个实例。

表 4－3　培训需求调查表实例

职务名称	总经理办公室秘书	任职者	
填表人		填表日期	
工作技能	重要程度	培训需求	备注
电脑操作			
文书写作			
口头沟通			
速记速录			
文件处理			
事务安排			
人际关系			
外语水平			

填表说明："重要程度"一栏填写该项技能对于履行工作的重要性：1. 很重要；2. 一般；3. 不重要。"培训需求"一栏填写您本人或您对现职者培训需求的评估：1. 不需培训；2. 需要培训；3. 急需培训。"备注"一栏填写该项技能所需的特殊要求，比如计算机和外语要达到的等级。

表 4－4 和表 4－5 分别是面向受训者个人和受训人所在部门的培训需求调查表。

表 4－4　受训者个人培训需求调查表

姓名	部门	职务	本岗位工作时间	填写日期	
你是否参加过有关方面的培训？	□否	□是，请写出＿＿＿＿＿＿			
请根据你的实际工作体会，归纳本岗位工作所需主要知识和技能：					
你迫切希望提高的知识和技能有哪些？					
你最希望接受的培训内容是：					
你乐意接受的培训方式：	□讲授式	□视听式	□研讨式	□案例式	□实战模拟式
你乐意接受的培训教材：	□公开教材	□定制教材	□自编讲义	□电子课件	
你乐意接受的培训时间：	□晚上加班	□周末加班	□暂时离岗，抽出时间专门参加培训		

表 4－5　部门培训需求调查表

部门名称	部门负责人姓名	填表人姓名	填表日期
明年本部门的业务会有什么变化？			
现有人员的工作技能有哪些不足？			
本部门岗位会有什么变化？			
对今年的培训有何看法？			
对培训工作有何建议？			

(4) 人员访谈法。人员访谈法通过与有关人员(包括计划的受训者、部门主管、高层领导等)进行谈话并记录分析,来确定培训需求。表4－6就是一个用于培训需求分析的高层领导访谈提纲。

表4－6　高层领导访谈提纲

1. 您对目前管理团队的整体素质是否满意?
2. 如果不满意,具体表现在哪些方面?
3. 您希望本次培训是进行系统的管理知识讲授,还是就某方面的管理技能进行深入训练?
4. 您期望培训后能看到什么样的效果?
5. 您对于本单位的培训工作有什么指导性建议?

(5) 现场观察法。现场观察法就是通过在工作现场直接观察工作人员的实际工作行为来作出培训需求的评估。观察者应熟悉职位工作的情况,他们应该是该工作的主管人员,或是有关方面的专家。所需观察的工作行为包括动作的熟练性、动作的精确性、工作速度、工作产量、工作质量、设备操作技能等。观察的时间长短依据工作特点而定,至少观察一个工作周期,以便完整地了解任职者的工作行为。观察者在现场观察过程中,应作详细的记录。现场观察法比较适用于操作性工作的任职者的培训需求分析。

2. 培训需求分析的程序

培训需求分析工作一般按照如下的程序进行。

(1) 准备工作。制定培训需求分析工作计划,确定培训需求分析的时间、地点、方法。与各部门进行沟通。查阅人力资源信息库,准备好各类表格和文件。

(2) 确定方法。按照上面介绍的标准,选择一种或者几种合适的培训需求分析方法。

(3) 撰写培训需求分析报告。培训需求分析报告对培训需求分析进行总结,得出结论,将所用的图表、问卷等原始资料以附件的形式进行说明。

4.2.4　培训发生点的分析

所谓培训发生点就是指在什么时候、什么情形下,企业需要开展培训活动,以便适时提高员工的技能素质,满足新形势下工作岗位的需要,最终提高企业的整体工作绩效。

根据培训实践经验,下列情况往往被认为是重要的培训发生点,应引起关注。

1. 新员工进入时

新员工进入企业,人生地不熟,对企业的基本情况和业务一般都不太了解,对他们往往需要进行就职前培训,以促进员工更快适应新的工作环境,尽快创造效益。

2. 员工工作调动、提升或接受新的业务时

员工经常会因工作需要调动工作岗位,或受到提升,或从事新的业务。新的工作或业务对工作提出新知识与新能力的要求,这时应考虑对他们进行必要的培训。

3. 需要改进提高员工的工作指标时

随着企业的发展和形势的变化,企业往往会考虑调整提高员工的工作指标要求,员工要根据新的工作指标而工作。企业则要按新的指标来考核员工。为了使员工顺利完成工作,达到新标准,企业宜考虑对其进行培训。

4. 工作活动中工具、设备、技术、程序、方法变更时

随着技术的进步,竞争的需要,企业经常要采用新的技术、设备,调整原有的工作方法和程序,在这些情况下须对员工进行有关新设备、工具的使用和新工作方法的培训。

5. 需要改进员工工作态度时

当企业感到员工的工作行为态度不尽如人意,工作热情不高,工作积极性不强,工作产量、质量落后低下时,为了有效改进工作绩效,可以考虑采取相应的培训。

6. 减少员工的个别差异时

企业员工在智力、处事风格、学习、经验与心理成熟度等方面往往会有很大的差异。如果这种差异有碍业务活动开展,不利于团队精神的发挥,对工作有显著的不良影响时,需考虑进行员工培训,以减少这种差异。

7. 需要改进员工的观念时

员工的观念和态度往往对工作效率,企业方针、政策的执行产生深刻的影响,如果员工的观念跟不上社会发展或企业的发展时,应对员工进行必要的培训。

4.3 培训规划设计

培训项目规划对其效果意义重大。一个有效的培训项目规划包括三个方面:首先需要确定培训目标;其次,要编制好具体的培训计划书;再次,要合理确定具体培训内容。

4.3.1 培训目标的确定

培训规划首先要作的是确定培训目标,只有目标明确,后续工作才能有的放矢。

培训目标一般可以分成三个层次,第一个层次是企业培训的总体目标,如提高企业人员的整体素质、提高企业的效益、促进企业战略目标的实现等;第二个层次是为某一部门或某类人员培训的群体目标,如企业销售部门的培训目标、管理人员的培训目标、工人的培训目标等;第三个层次是人员培训的个体目标,如提高其个人素质、改进其工作行为、提高其工作绩效等。以上三个层次的培训目标组合在一起,构成了企业培训的目标体系。

在确定培训目标体系时,应协调好三个层次目标的关系,并注意以下几个问题:

(1) 目标内涵应与工作职位相关,即依据职位性质、特点及要求来规定培训目标。

(2) 目标水准应合理,不宜太高或过低,应既具有促进作用又具有可行性。

(3) 目标的文字表达尽可能准确、具体,使之具有可操作性,易于培训效果的评价。

(4) 培训目标尽可能获得受训者的认同,使目标本身对受训者产生积极的激励作用。

4.3.2 培训计划书的拟订

为了获得高层管理者的支持,充分阐明培训的意义、作用与效果,培训部门必须在培训规划阶段进行培训计划书的编制。一般来讲,培训计划的编制应包括以下内容。

(1) 培训的目的。根据培训需求分析结果,阐明培训活动希望获得的作用效果。

(2) 培训的对象。确定培训人员对象,并对培训对象日常工作作出妥善安排协调。

(3) 培训的时间与地点。培训地点安排要充分考虑交通、学习环境等方面因素;培训时间要考虑参加培训的员工当前的工作状况；教师是否有时间；并列出详细的日程安排。

（4）培训的内容。包括培训的课程及培训的教材。确定课程时应注意范围不宜太大，也不宜太窄，应根据培训的目的来制定。教材应选用那些适合于企业培训的教材，不要过于理论性，而应着重于操作性，解决具体的问题。有条件的企业，可自己编制培训教材。

（5）确定学习的形式。学习的形式有多种多样，常见的有授课、作业、实习、模仿练习、报告、测验等，培训组织可针对不同的学习阶段、学习内容综合选用以上方法。

（6）设计控制措施。控制措施是指培训的人员管理措施，如签到登记、例会汇报、流动检查等督促监督培训活动的方法手段。

（7）设计效果的评价方法。具体确定对受训人员的表现，整个培训活动效果的评价方法。常用的有书面测试、实际操作水平测试、参加培训的内在兴趣、受训者的体会等。

（8）培训费用预算。培训费用预算是指根据培训所需器材和设备的成本、教材、教具、外出活动和其他各种活动的费用，列出培训费用预算。

4.3.3 培训内容的选取

根据培训的目的不同，企业员工培训的内容非常广泛，常见的有以下几大类：

1. 企业基本状况的培训

企业的基本状况包括企业的发展历程、组织结构、发展现状、发展方向、规章制度，企业的技术水平、效益水平、在同行业中的地位等。这些内容一般用于新进人员的培训。

2. 企业文化方面的培训

企业文化培训包括企业的优秀传统、企业精神、企业形象、价值观、企业伦理、工作行为规范、道德规范、日常行为准则等。这些内容适合全员培训。

3. 知识、技能培训

知识、技能培训包括现工作所需的知识、技能的提高，本行业最新的技术进展，社会发展的最新知识等。这些内容可根据岗位工作需要，选择有关人员培训。

4. 管理知识培训

管理知识培训主要针对企业的管理人员，尤其是工程技术出身的管理人员和新提拔的管理人员。具体内容可以包括各种管理知识，如人事管理知识、财务管理知识、市场营销知识、生产管理知识等。

表 4－7 所示为某企业人力资源部门针对不同类型员工培训教育设置的培训内容。

表 4－7　某企业针对不同对象的培训内容设计

对　象	目　的	内　容
录用对象	1. 了解企业，并培养亲近感 2. 帮助认识未来的职业生活 3. 为职业教育提供预备知识	1. 企业情况介绍 2. 寄送企业宣传资料和内部刊物 3. 就业须知刊物，就职仪式要点
分配岗位前新职工	1. 完成从学生生活向职业生活过渡 2. 实现意识和行动上的转变 3. 学习职工必需的基础知识和业务知识	1. 企业概况介绍：组织机构、劳资关系、企业环境、产品说明、经营机制（市场、开发、制造） 2. 基础业务知识：目标管理、标准化 3. 劳动条件和规章制度教育：就业规则、工资制度、人事制度、生活福利制度

（续）

对　象	目　的	内　容
分配岗位后的新职工	1. 确立正确的社会观和劳动观 2. 学习生产性理论 3. 消除分配工作中的不安 4. 培训协调性和积极性 5. 培养自我提高、自我开发的热情	1. 讲授生产理论及其与各种工作的联系 2. 举办文娱活动 3. 找出“职业生活中的问题和对策” 4. 通过野外拓展训练活动，增强和测验体能 5. 了解所在部门的基本情况，熟悉同事
业务主管	1. 掌握自己负责业务的具体知识 2. 理解业务主管的地位和作用 3. 理解企业的整体经营过程 4. 把握企业整体生产率与个人作用的关系	1. 讲授业务部门的相关管理知识和基本技能。掌握本企业提高生产率的途径及成果 2. 讲解业务主管的工作能力、人事关系 3. 通过经营演习，理解企业经营的内容及动态计划的重要性，熟悉资金流向、经营决策过程
部门经理	1. 学习部门经理必需的知识和能力 2. 通过自我认识，做到扬长避短 3. 掌握自己部门工作效率提高的方法，以便提高组织效率	1. 部门经理能力训练：部门经理须知、集体工作中的领导力、主动倾听法、洞察与理解他人 2. 管理职务适应性测验，进行自我认识，了解弱点和长处，并相应制定自我发展和开发目标 3. 通过各种形式的综合练习与演习进行实例分析，提高解决问题能力。
企业高管	1. 培养企业高管应有的全局经营观 2. 认识企业发展的正确方向和企业高管的应有作用 3. 根据给定课题，能够编制企业的未来战略发展计划 4. 讲授企业高管应有的管理知识	1. 通过经营演习，体会企业经营的整体过程、资金流转及组织效率提高的方法 2. 讲授经济动向及技术动向 3. 经营者关于经营思想、经营方针的讲解 4. 讲解计划的正确运用 5. 讲解劳资关系与管理级干部的作用

4.4 培训活动实施

培训活动的实施是企业培训活动的关键阶段。要想顺利地实施企业培训活动，需要在培训之前先让受训者了解培训学习的基本原则；另外，还需要针对培训的不同内容，选择合适的培训方式；为了提高培训的最终效果，还需要指定各种相关的培训管理制度。

4.4.1 明确培训学习的原则

在人力资源管理中，培训的基本原则包括两个方面的理解。第一种理解是对培训工作的整体原则，包括如下一些方面：第一，理论联系实际，学用一致的原则。培训都应当有明确的针对性，切忌概念化、一般化，要从实际工作的需要出发，与职位特点紧密结合。第二，知识技能培训与组织文化培训兼顾的原则。企业既要安排文化知识、专业知识、专业技能的培训内容，还要安排理想信念、价值观、道德观等方面的培训内容。第三，全员培训和重点提高相结合的原则。全员培训就是有计划、有步骤地对在职的各级各类人员进行培训，这是提高全员素质的必由之路；但全面并不意味着平均用力，培训必须有重点。第四，严格考核和择优奖励原则。培训工作中，严格考核和择优奖励是不可缺少的管理环节。严格考核是保证培训质量的必要措施，也是检验培训质量的重要手段。

第二种理解就是对于培训学习活动本身一些规律性的基本要求。这也是此处要重点介绍的内容。在人力资源管理中，培训学习指的是依据培训学习目标要求而发生的在工作知识、技能、理念、态度与行为方面发生的较为持久的个体变化，而不仅仅是指能够陈述事实和知识，这也是企业培训学习与学生在校学习的最大差距所在。基于培训学习的特定要求,培训活动中应注意贯彻实施以下学习原则,以便有效提高培训学习的实际效果。

1. 受训者要做好充分的心理准备

培训活动欲取得理想的效果,参加培训者对培训学习持有充分的心理准备是十分重要的。培训学习心理准备,主要是指受训人员对于培训目的、内容、要求、方法、过程等有充分的了解与掌握,充分认识到培训对自己工作改进的意义与价值,对培训持有一定的愿望与期待。良好的培训学习心理准备,能够使受训者更好地克服培训学习中的困难,接受培训中的各项制度要求,听从指导,认真学习,有效提高受训者的学习积极性与主动性。

2. 合理确立受训者的培训学习目标

强化受训者学习动机的最有效途径就是确立目标,目标建立会有效激励、规范人的行为。为此,培训者应力图做到使被培训者采纳或者认同培训项目的目标。为了实现这一目的应该做到:第一,在培训开始和整个培训的各个关键时刻,经常地向被培训者传达学习的目标。第二,目标应明确具体并有一定的难度。高标准目标会使被培训者感到具有挑战性,这样,当被培训者达到既定目标时就会产生满足感。同时,应避免使目标过于困难,以致员工难以达到而产生挫折感。第三,把整体目标分解为各个子目标,通过小测验或样本工作任务的实施,使员工不断保持成就感。

3. 激发受训者的参与培训动机

受训人员对待培训的态度以及在培训中的学习表现,很大程度上由其内在的动机所决定,而动机又产生于他对培训价值意义的主观认识。激发受训者的参与培训动机,就是要使受训者对培训价值意义作出积极的认识,认识到培训对于改进其工作绩效的必要性,认识到培训不仅有利于实现组织的发展目标,而且有利于实现其个人的发展目标,如发挥潜在的智能、获得晋升的机会、增加薪金等,进而使受训者形成一种参与培训的内在动力。

4. 依据受训者的个体差异,因材施教

受训人员在培训需求、学习兴趣以及学习能力等方面存在着差异。例如,不同岗位人员往往对所学内容有不同的要求与愿望,在学习中,有些人擅长掌握操作性技能,有些人的学习速度特别快等。因此,在设计和实施培训方案时,既要考虑组织的整体情况,又应顾及不同受训人员之间的个体差异,使培训计划及活动有较强的个人针对性,尽可能按照每个人的工作需要、学习兴趣、学习能力,因人施教地安排培训活动。

5. 合理组织,精心安排培训内容

实施培训过程中,各部分培训内容应该有一个序列优化组合的问题。因此,应该首先概述培训内容,使受训者理解各个培训项目之间的联系,然后使用受训者熟悉的实例、概念来讲授材料,以使学习要点更加鲜明生动。另外,由于复杂的技能都是由比较简单的技能组成的,因此在学习复杂技能之前应该先掌握简单的技能。根据先理论后应用、先基础后专业、先易后难的顺序,循序渐进地实施各种培训项目。

6. 适当重复,使培训内容达到熟练化

学习如同做其他事情一样存在“熟能生巧”的规律。在培训过程中,对于一些难度较大的学习内容,如深奥的理论原理、难懂的计算公式、复杂的操作技能等,训导者在作出讲解或演示之后,应留出足够课堂教学时间和安排课余时间让受训者进行反复练习和操作,以使受训者真正理解学习内容,熟练地掌握有关技能。

7. 及时进行有效的学习反馈

培训过程中,应进行及时反馈。这样可以使受训者了解自己学习的进展,及时纠正偏差和错误。反馈的信息包括肯定信息和否定信息,肯定信息是对学习结果的褒奖性评价,否定信息则指出学习中存在的问题或错误。这两种信息反馈,都能对受训者的学习行为产生强化作用,前者能激励受训者重复良好的学习行为,后者能抑制受训者的不良学习行为。

8. 联系实际,注重学习的应用价值

培训的直接目的是为了提高受训者的实际工作能力。培训中的学习成果应能有效地应用于实际工作。如果受训者在培训中学到的东西不能应用于实际,那么培训就失去现实意义。培训与实际工作脱节的现象,较多可能发生在以课堂教学和掌握理论知识为主的脱产培训中。为使培训成果能有效地应用于实际工作。培训中须注意做到:培训内容与工作要求及特点一致;培训的情境及条件尽可能与实际工作相同;选择实践经验丰富的人员担任培训师或教员;用实际案例来讲解理论概念或原理;训练受训者解决实际问题的能力。

4.4.2 合理选择培训的方法

当今社会,随着培训活动的逐步专业化、职能化,以及各种基于网络技术、信息技术、多媒体技术的培训方式不断出现,企业可以开展培训的方法越来越多。

在各类员工的培训中,企业应根据对象的不同、内容的不同,综合采用多种方式方法,以期收到较好的培训效果。以下分别用表格方式描述企业培训中常用的一些培训方法。

1. 讲授法

讲授法就是培训师通过语言表达,系统地向受训者传授知识,期望这些受训者能记住其中的重要观念与特定知识。讲授法是其他多种培训方法应用时的重要辅助手段。无论今后新的培训技术如何发展,讲授法一直是受欢迎的培训方法。

表4-8描述了讲授法的方法要点、优点、缺点和适用情形。

表4-8 讲授法的要点、优缺点和适用情形

方法要点	● 讲授内容要有科学性,这是保证讲授质量的首要条件 ● 讲授要有系统性,条理清晰,重点突出 ● 讲授时语言要清晰,生动准确 ● 必要时要运用板书 ● 培训师与受训者要相互配合,这是取得良好的讲授效果的重要保证
主要优点	● 成本低,培训组织方便,能在短时间内向大批受训者有效传递大量信息 ● 有利于受训者系统地接受新知识 ● 容易掌握和控制学习的进度 ● 有利于加深理解难度大的内容 ● 可以同时对许多人进行培训
存在缺点	● 讲授内容具有强制性 ● 学习效果易受培训师讲授的水平影响 ● 只是培训师讲授,信息单向交流,没有反馈 ● 受训者之间不能讨论,不利于促进理解 ● 学过的知识不易被巩固
适用情形	● 以书本知识为主的学习培训 ● 介绍企业的新政策和新制度 ● 引进新技术、新设备的普及讲座 ● 培训对象面广人多,培训的时间有限

2. 演示法

演示法，也叫示范法，是企业职前训练中被广泛采用的一种培训方法。这种培训一般由部门经理或管理员主持，由技术能手担任培训员，现场向受训人员简单地讲授操作理论与技术规范，然后进行标准化的操作示范表演，学员则反复模仿学习，经过一段时间的训练，使操作逐渐熟练直至符合规范的程序与要求，达到运用自如的程度。

表4－9描述了演示法的方法要点、优点、缺点和适用情形。

表4－9 演示法的要点、优缺点和适用情形

方法要点	● 示范前准备好所有的用具，搁置整齐 ● 让每个受训者都能看清示范物 ● 示范完毕，让每个受训者试一试 ● 对每个受训者的试做给予立即的反馈
主要优点	● 有助于激发受训者的学习兴趣 ● 可利用多种感官，做到看、听、想、问等相结合 ● 有利于获得感性知识，加深对所学内容的印象
存在缺点	● 适用范围有限，不是所有的学习内容都能演示 ● 演示装置移动不方便，不利于培训场所的变更 ● 演示前需要一定的费用和精力做准备
适用情形	● 比较适合于对操作技术型的工作人员进行培训

3. 视听法

视听法是指运用电视机、录像机、幻灯机、投影仪、收录机、电影放映机、VCD等视听教学设备为主要培训手段进行培训的方法。随着声像资料和多媒体技术的普及与广泛应用，许多企业的培训已采用电化教学手段，并取得了较好的效果。

表4－10描述了视听法的方法要点、优点、缺点和适用情形。

表4－10 视听法的要点、优缺点和适用情形

方法要点	● 播放前要清楚地说明培训的目的 ● 依讲课的主题选择合适的视听教材 ● 以播映内容来发表各人的感想或以"如何应用在工作上"来讨论，最好能边看边讨论，以增加理解；不要像"放电影"一样一路将整个讲义看完 ● 讨论后培训师必须做重点总结或将如何应用在工作上的具体方法告诉受训人员
主要优点	● 利用人体五种感觉（视觉、听觉、嗅觉、味觉、触觉）体会，给人印象较深 ● 教材内容与现实情况比较接近，不单单是靠理解，而是借助感觉去理解 ● 生动形象且给听讲者以新近感，所以也比较容易引起受训人员的关心和兴趣 ● 视听教材可重播、慢放或快放，能更好地适应受训人员的个别差异和不同水平的要求，使得培训者可以根据受训者的专业水平灵活调整培训内容与进度 ● 可让受训者接触到不易解释说明的设备、难题和事件 ● 受训者可受到前后连贯的指导，使项目内容不会受培训者兴趣和偏好的影响
存在缺点	● 视听设备和教材的购置需要花费较多的费用和时间 ● 选择合适的视听教材不太容易 ● 受训人员受视听设备和视听场所的限制
适用情形	● 特别适合有关工作过程或生产流程方面的培训 ● 对于各种装配作业线操作程序和技能的培训也有较好的效果

4. 研讨法

研讨法是通过培训师与受训者之间,或受训者相互之间的讨论解决疑难问题的一种方法,其目的是为了解决某些复杂的问题,或通过讨论的形式使众多受训人员就某个主题进行沟通,谋求观念认识上的统一。其具体形式包括个人演讲讨论、小组讨论、专题沙龙 、集体讨论 、委员会式讨论、系列研讨等方式。

表4-11 描述了研讨法的方法要点、优点、缺点和适用情形。

表4-11 研讨法的要点、优缺点和适用情形

方法要点	● 每次讨论要建立明确的目标,并让每一位参与者了解这些目标 ● 要使受训人员对讨论的问题发生内在的兴趣,并启发他们积极思考 ● 在大家都能看到的地方公布议程表,并于每一阶段结束时检查进度 ● 要由一名或数名有经验的培训师担任主持人,参与讨论的全过程并作有效控制 ● 主持人要善于激发学员,引导学员自由发挥想象力,还要控制好讨论气氛,通过分阶段对讨论意见进行小结,逐步引导学员对讨论结果有较统一的认识 ● 在结束阶段,培训员要对讨论进行归纳和总结 ● 参加讨论培训的学员人数一般以10人左右为宜,也可分为若干小组进行讨论
主要优点	● 受训人员能够主动提出问题,表达个人的感受,有助于激发学习兴趣 ● 鼓励受训人员积极思考,有利于能力的开发 ● 在讨论中取长补短,互相学习,有利于知识和经验的交流
存在缺点	● 讨论课题选择得好坏将直接影响培训的效果 ● 受训人员自身的水平也会影响培训的效果 ● 不利于受训人员系统地掌握知识和技能
适用情形	● 适用于以研究问题为主的内容 ● 比较适宜于中高管理层次人员的培训

5. 案例分析法

案例分析法是利用图书或影片,将实际或想象的情况,用相当详细的方式描述出来。它的重点是对过去所发生的事情作诊断或解决特别的问题,也是一种用集体讨论方式进行培训的方法,与研讨法的区别的是它侧重于培养受训人员对问题的分析判断及解决能力。在对特定案例的分析辩论中,受训人员集思广益,共享集体的经验与意见,有助于他们将受训的获益在未来实际业务工作中思考与应用,建立一个有系统的思考模式,同时受训人员在研讨中还可以学到有关管理方面的新认识与新原则。

表4-12 描述了案例分析法的方法要点、优点、缺点和适用情形。

表4-12 案例分析法的要点、优缺点和适用情形

方法要点	● 培训员需要收集和整理案例,事先对案例的准备要充分,选择案例时,要针对培训的目标和培训的对象。一般情况下,应选用企业管理的真实案例,案例可自己编写,也可选用现成的案例,事先要发到学员手中 ● 分析案例前,先安排受训人员有足够的时间去研读案例,引导他们以案例中的人物身份去理解管理情景,使他们如同当事人一样去思考和解决问题 ● 案例讨论可按如下步骤展开:① 确定发生了什么问题;② 问题产生的原因是什么;③ 解决问题有哪些方法;④ 这些方法各有什么利弊
主要优点	● 形象、直观,并且提供了一个系统的思考模式 ● 在个案研究的过程中,接受培训可得到另一些有关管理方面的知识与原则 ● 活动集中,有利于培训专门技能

（续）

主要优点	● 有利于使接受培训者参与企业实际问题的解决 ● 正规案例分析使学生得到经验和锻炼机会 ● 容易养成积极参与和向他人学习的习惯
存在缺点	● 案例过于概念化并带有明显的倾向性 ● 案例的来源往往不能满足培训的需要 ● 需时较长，对受训者和培训师要求较高
适用情形	● 主要训练管理决策能力，适用于中层以上的管理人员培训

6. 角色扮演法

角色扮演法是设定一个最接近现在状况的培训环境，指定参加者模拟扮演某种角色，借助角色的演练来理解角色的内容，从而提高主动地面对现实和解决问题的能力。

角色扮演的主要目的是使受训者能切实体验到所扮演的角色的心理感受，以发现改进自己的原有工作态度与行为，多用于人际关系改进培训中。工作角色间人际关系上的感受往往会因职位、立场的不同（主管与下属，销售员与客户）而有很大差异。通过角色扮演，可加强对对方的了解，进而改变自己的态度，促进人际关系的改进。

表4－13 描述了角色扮演法的方法要点、优点、缺点和适用情形。

表4－13　角色扮演法的要点、优缺点和适用情形

方法要点	● 宣布练习的时间限制 ● 强调参与者实际作业 ● 使每一事项都成为一种不同技巧的练习 ● 确保每一事项均能代表培训计划中所教导的行为
主要优点	● 有助于训练基本动作和技能 ● 提高人的观察能力和解决问题的能力 ● 活动集中，有利于培训专门技能 ● 可训练态度仪容和言谈举止
存在缺点	● 强调个人，存在着一定的人为性 ● 容易影响态度，不易影响行为 ● 角色扮演的设计 ● 角色扮演的实施
适用情形	● 多用于人际关系改进方面的培训中

7. 管理游戏法

管理游戏法，也叫商务游戏法（Business Games），是向学员提供公司经营及其环境的一些背景材料，要求由学员组成的团队共同对该公司进行经营决策。这种模拟性的经营决策是在计算机上进行的。一般同时组成几个团队，每个团队各经营一家公司。这些公司都在同一个行业。这种商务游戏不仅可以训练学习的团队合作精神，同时也锻炼适应行业的竞争氛围。当前这种培训方法在公司高层人员内训以及 MBA 学院学习中经常使用。

表4－14 描述了管理游戏法的方法要点、优点、缺点和适用情形。

表4－14　管理游戏法的要点、优缺点和适用情形

方法要点	● 设计的游戏必须与竞争联系到一起 ● 必须有一定的游戏规则，并且要有一定的结束条件和结局评判方法

（续）

主要优点	● 学员可以模拟竞争条件下如何进行决策，而且决策的后果很快可以通过反馈得到，从而激发参训者的积极性，改善人际关系，并理解深刻 ● 可使参训者联想到现实的后果
存在缺点	● 简单化，使人缺少责任心 ● 比较费时，后勤方面进行物品准备也比较麻烦 ● 模拟游戏的有效性并没有得到证实 ● 许多学员把注意力着眼于如何战胜对手，而忽略了其他潜在内容的学习
适用情形	● 主要训练管理决策能力，适用于中层以上的管理人员培训

8. 岗位在职培训法

以上介绍的各种培训方法，主要是针对离岗培训来介绍的。其实，有时候还需要进行岗位在职培训，也就是常说的“干中学”培训法，这是新员工或无岗位工作经验的员工通过跟班模仿性学习，在实际工作的亲历实践中提高工作技能与专业知识的一种方法。

岗位在职培训是历史最为悠久、企业中极为经常采用的培训方法。在许多专项操作技能培训中，往往非常有效。其缺点是培训活动过程随意性较大，有时也许会传授一些不良的工作习惯或方法。岗位在职培训的主要形式有师带徒法与工作轮换法等。

师带徒是一种兼顾工作与学习的培训方法，包括示范、实践和评估三个阶段。首先，员工要确认受训者具备对某一操作过程的基本知识，然后，师傅让员工演示工作过程的每一步骤，并强调关键步骤，最后师傅给学徒提供练习的机会，直至成功准确地完成。师带徒的缺点是缺乏严密的组织与控制，不同师徒之间培训效果个别差异较大。

工作轮换法是在职培训的一种方式，有时候也称之为交叉培训，多用于高级人员提升前的个别培训，目的在于使之更快更好地熟悉组织中不同工作职位的特点及其相互关系，提高对工作系统的整体认识与了解。同时，也能使受训者更好地掌握不同的工作技能，积累丰富的工作经验，提高工作的适应面与适应性。工作轮换的主要优点是使得员工能够适应部门中出现的各种可能情况，例如当部门中一个员工缺席时，其他人能继续他的工作。工作轮换方法的缺点是对正常工作秩序有较大干扰，培训成本较大。

4.4.3 加强培训过程的管理

要想使培训工作取得理想效果，还必须要加强培训过程的管理，主要包括以下几个方面。

1. 培训课程的设置

培训课程是培训的关键环节，在设计时，要根据心理学的规律，符合成人学习规律，符合企业和受训者的需求，确定培训的目标、模式、方法及时间安排。

2. 培训教材的选择和设计

培训教材的来源有现行的相关书籍、教师的讲义、电子文档及音像资料，企业可以根据自身的情况进行选择；还可以自编教材，这种方法更符合学员的需求。

3. 培训讲师的确定

培训讲师的确定是培训效果好坏的重要因素。在企业培训中，培训讲师的来源有企业内部和企业外部两种，二者的优缺点比较如表 4－15 所示，其选择原则是“能者为师”。

表 4－15　内部教师和外部教师的比较

讲师来源	优　点	缺　点
外部讲师	有先进的理念和方法，有利于培训成果的转化，可引起企业上下的关注	对企业不了解，费用高
内部讲师	对企业情况很了解，可以因材施教，针对性强，讲授的内容较为实用，培训费用低	新理念和新思维较少，不易在企业中树立威望，烘托培训氛围

4. 培训形式的选择

企业在进行培训时可以选择企业自行培训、与外部培训机构合作及外包给培训公司等形式。表 4－16 所示为各种培训形式的特征比较，企业应根据实际情况进行选取。

表 4－16　培训形式的特征比较

形　　式	对企业的了解程度	费　　用	受训者的认同感	培 训 方 法
企业自行培训	很了解	低	一般	一般
与外部培训机构合作	较为了解	中等	较好	较新颖
外包给培训公司	不了解	高	较好	新颖

5. 制订严格的培训管理制度

（1）培训服务制度。员工参加培训前提出申请，相关部门批准，签订培训协议，约定企业与员工之间的责任和义务及违约责任；培训协议签订后方可参加培训。

（2）培训的考核制度。主要包括对培训工作本身进行考核，对受训者进行考核。

（3）培训的激励制度。培训前提出培训目标，对照培训考核结果，对组织培训者和受训人进行各种奖励和惩罚，以促进培训效果的提高。

4.5　培训效果评价

培训效果评价是培训管理过程的最后一个阶段，其内容包括学业评价和业绩评价。通过培训效果评价，有助于组织者掌握培训的效用，为以后类似培训提供改进建议和经验。

4.5.1　培训效果评价的作用

培训效果的评价就是通过一系列的信息、资料、数据，对培训的效果进行定性和定量的评价，以提高培训质量的过程。培训的评价大致可分成两种：一种是培训活动结束时的学业评价，另一种是培训后在工作岗位上的实绩评价。

人力资源部门组织培训是一件十分费时费力、耗资巨大的工作。因此，必须对培训的效果作出中肯、准确的评价，通过全面的、客观的、定量化的评价，可以总结培训经验，改进培训工作，为下一次培训提供依据，使培训工作的质量呈螺旋式上升。

4.5.2　培训效果评价的内容

培训效果评价是对培训的认知成果、技能成果、情感成果、绩效成果及投资回报率所进行的定性和定量的评价。表 4－17 分层次地列出了培训效果评价的内容和方法。

表 4-17　培训效果评价的层次、内容和方法

层　次	评价内容	评价方法	评价时间	评价单位
反映评价	衡量学员对培训课程、讲师与培训组织的满意度	问卷调查/面谈/观察/综合座谈	课程结束后	培训单位
学业评价	学员对培训内容、技巧、概念的吸收与掌握程度	提问法/交谈法 笔试法/口试法 模拟练习与演示 角色扮演/演讲 心得报告/文章发表	课程进行中或课程结束后	培训单位
行为评价	衡量学员培训后的行为是否因培训而导致改变	问卷调查/行为观察 访谈法/绩效评价 任务项目法	三个月或半年以后	学员上级主管
业绩评价	衡量培训工作给公司的业绩带来的主要影响	个人/组织绩效指标 生产率/离职率 成本效益分析 客户与市场调查 满意度调查	半年/一年后公司绩效评价	学员所在单位

4.5.3　培训效果的定性评价

培训效果的评价方式有定性评价和定量评价，下面重点介绍对上表中列出的学业评价和业绩评价进行定性评价的相关知识。

1. 学业评价

培训结束时，对受训人员在培训期间的各种表现加以评价，并与其未参加培训前的表现进行对比，以此判定培训是否有效，这就是学业评价，它是常用的一种定性评价手段。

学业评价的标准有两类，第一类是反映标准，通过学员本人、培训主持人、指导教师等对培训效果的印象和感觉来评价培训效果，这可通过问卷表来进行评定；第二类是习得标准，通过学员在培训中学习到了多少知识和技能来评价培训效果，通常以考查方式进行。

2. 实绩评价

培训的目的并不在于受训人员的培训成绩多么优良，而在于他们回到岗位之后是否有更加突出的表现。所以，培训之后在工作岗位上的实绩评价，要比学业评价更为重要。

实绩评价的标准也有两类，第一类是工作标准，通过受训人员回到工作岗位后的实际工作表现与工作实绩的变化作为评价培训有否效果的标志；第二类是效益标准，主要是指通过培训的成本与收益的比较，评估培训的效益，确定培训对于组织是否有价值。一般的业绩评价都以前者为主，后者虽然重要，可最终确定培训的价值，但实际操作困难很大。

4.5.4　培训效果的定量评价

培训效果的定量评价方法较多，其中模型较简单、运用较广泛的是采用如下公式：

$$TE = (E2 - E1) \times TS \times T - C$$

其中：

- TE 为培训效益；
- E2 为培训后每个受训者一年产生的效益；
- E1 为培训前每个受训者一年产生的效益；

- TS 为参加培训的人数；
- T 为培训效果可持续的年限；
- C 为培训的总成本。

例如，某公司举办了一次面向客户经理的客户服务技能培训班，受训客户经理 15 人，为期 5 天，费用 10 万元，假设 E1 和 E2 分别为 12 万元和 10 万元，培训效果可持续 1 年。

则根据上面的公式，可得：

TE＝(12－10)×15×1 万元－10 万元＝20 万元

也就是说，通过客户服务技能培训，该公司的培训效益为 20 万元，也就是培训的年投资回报率为 200%。

4.6 案例与讨论

4.6.1 TH 公司的员工培训计划

TH 公司是一家大型的石油化工生产企业，长期以来公司的快速发展得益于拥有一支高素质的员工队伍，而这又与公司完备的员工培训计划是分不开的。通过不同层次、不同岗位、不同形式的员工培训行动，使公司具备了长期的竞争优势。

一、公司基本情况介绍

TH 公司是我国东部某省一家大型综合性的石油化工企业，主要生产石油制品、中间化工原料、合成纤维原料及合成纤维制品等四大类 50 多种产品，有 30 多种产品获得过国家优质产品奖、省部级优秀产品奖。TH 公司现有 48 套各类生产装置，其中三分之二的设备是从美国、德国、日本、意大利等国引进的，并拥有独立的公用工程、环境保护系统及海洋、内河、铁路、公路运输系统。TH 公司是我国第一批国企股份制规范化试点单位之一，并于 1996 年在上海挂牌上市，目前总资产 180 亿元，员工总数 2 万余人。

二、培训政策与经费保障

TH 公司的领导抓培训像抓生产、财务一样，列入了重要议事日程，及时作出决策。每年的培训计划，同生产、经营、投资计划一样列入年度预算，由人力资源部负责，在经公司高层及董事会表决通过后，下达给各部门，并作为绩效考核的一项重要依据。公司每年年初的董事会上，都会有一份由人力资源部设计的关于公司全年的培训计划，公司董事长每个季度则要检查一次培训工作，专题讨论职工培训问题。

培训经费的落实，是培训计划得以正常实施、培训效果得以保证的前提和基础。培训经费定得过高，可能给公司的生产经营带来较重的现金压力及成本负担，影响公司短期经营业绩；但培训经费定得偏低，则会影响公司管理层及员工的培训效果，不利于公司员工素质的提高，长期而言，不仅会影响公司的生产安全、服务质量，也会打击员工的士气，削弱公司的竞争力。为了核定合理的培训经费，公司借鉴国际上优秀公司的管理理念，并结合公司的实际情况，制定了一个关于年度培训经费的预算制度，该额度以上一年度公司的经营收入及利润为基础，按一定比例提取，同时引入了一些修正因素，如宏观经济景气状况、主要市场前景预测、主要竞争者的市场策略及在培训方面的投入等。

三、各类人员的培训计划

针对不同层次、不同性质的人员，公司有针对性地分别制定了相应的培训计划。

1. 对公司董事及高管人员的培训

加强对公司董事及高级管理层的培训，对于公司董事会及管理层更新和改善知识结构与管理理念、作出科学决策有着举足轻重的作用。公司定期邀请国内外公司优秀的专家或资深管理人士到公司，就资本运作、投资者关系、组织结构、员工激励、改革创新等各个管理领域举行讲座或培训班，主要针对公司董事及高级管理人员。同时，公司定期组织董事及高级管理人员，去国外一些先进的石油化工公司访问，实地考察调研，了解国外先进的运作模式、市场策略等。通过相互之间的交流，不仅公司高层的管理理念及思维模式得到更新，并且与国外的公司密切了联系，为拓展国际间合作提供了前提和基础。事实上，最近几年，公司在很多业务领域通过双方高层间的交流及互访，国际合作得到有效推进，从而大幅提升了公司的竞争力，更好地建立起在国内及区域市场上的竞争优势。

2. 对公司中层管理人员的培训

中层管理人员在公司的生产运营过程中，起着承上启下的重要作用。对于各部门主管等中层管理人员，人力资源部定期组织一系列的培训班，邀请公司内外一些专业人士及学者就一些专题及公司面对的问题，开展演讲及研讨，如财务管理、市场营销、绩效考核、世界能源局势等。同时，公司要求每位中层管理人员必须接受每年不少于40小时的公司组织的脱产培训，并且在一定的时间对中层管理人员就管理知识及相应领域的业务理论进行考核，考核结果作为中层管理人员绩效考核的一部分。同时，公司要求每位中层管理人员在接受了公司组织的培训后，需要撰写一篇与工作相关的研究报告，报告可涉及分管部门乃至公司目前存在的问题，并提出具体的改革设想或方案。这些研究报告一般都有一定的针对性，所提出的解决问题的方案或设想具有可操作性。一旦研究报告所涉及的方案被采纳，报告人将获得嘉奖，并可选择作为该项目的项目经理，负责推进该项目的具体实施。最近几年，公司在很多领域的一些重大的改进均源自于这些中层管理人员所写的研究报告。另外，公司积极鼓励中层管理人员利用业余时间进行进修，包括MBA、法学硕士等研究生课程，费用由公司承担。同时，公司与国内知名大学合作举办MBA课程班学习，并选拔一些绩效考核杰出且英语水平较好的年青的中层管理人员进行带薪学习。

3. 对储备管理人员力量的培训

随着市场的不断开放，许多国际著名企业进入中国，这些企业与国企的竞争也从在产品、服务等方面提升到对人的竞争，人才的流失成为国企目前最大的挑战之一，TH公司同样面临着这一问题。对于管理人员后备力量的选择及培训，人力资源部制定了一整套方案，成为其重要工作组成。其中之一是公司对于一些新进公司的大学生，在当前岗位上表现特别突出的、有较好潜质的职员，人力资源部对其进行专门的培训及考核，考核通过的被有计划地送往公司各个业务单元进行为期长达三至五年的岗位培训，之后，根据其实际表现，将决定是否委以重任。同时，公司鼓励员工自发性地利用业余时间学习大学、硕士课程，并许诺在拿到有关学位证书之后，可将有关学费通过公司每年的培训经费列支。

4. 对专业技术骨干的培训

对于公司的技术骨干，公司视为最宝贵的人力资源。因此，公司一方面充分发挥他们在各自岗位的技术优势，同时也不断给他们创造充电的机会，每年至少给他们为期一个月的脱产学习时间，使他们有充裕的时间能够和国内国际的同行交流信息。同时，开展专业技术人员继续教育，强调新知识、新理论、新方法的培训，促进了企业技术进步、技术创新。在企业的技术人员当中，全面实施学分登记制度。几年来，专业技术人员均建立了学分登记手册，实施学分登记管理。这一工作的开展，激发了技术人员的热情，拓宽了技术人员的知识领域，在企业技术改造、技术创新方面都发挥了应有的作用。公司还注重加强与高校的联合，培养公司急需应用型人才，和国内著名的大学联合开办"工程硕士研究生班"，重点培养电气、仪表方面的高层次急需人才。对于绩效考核优秀者，公司派送到国外的先进的石化企业进行为期三个月至一年的岗位交流培训等。

5. 对一线操作工人的培训

由于石化公司拥有庞大的工人队伍，同时涉及的工种相当复杂，因此，公司每年针对公司和工人的实际需要制定详尽的工人培训计划。比如，工人的岗位技能培训，这是不同工种的职业技能鉴定培训，这样可以使工人获得一技之长；不同工种的岗长培训，使其掌握岗长的理论知识和操作技能；针对一些特殊岗位的工人，还有每年例行的特殊岗位培训；对于一些特殊工种，必须取得上岗证才能上岗操作，有的还需要定期地考核换证，这样公司每年还有定期的取换证培训，等等。另外，多年以来公司已经建立了较完善的、设施先进的工人培训考核基地，有一支素质较高的、从事培训考核的教师队伍，并积累了丰富的工人考核的经验，有培训、考核、使用、待遇相结合的一系列配套政策。

四、培训的效益

1. 人才培训工作，有效地改善了人才的知识结构，提高了知识水平和实际工作能力。

公司成立以来，完成的科研项目，已有15项获得国家级成果奖，28项获得省部级成果奖。80年代毕业的各届大学生，构成公司骨干力量的主体，在生产、经营、管理、建设等方面发挥着十分重要的作用，90年代毕业的大学生成为公司强大的后备力量，百余位同志走上了公司、分厂或部门级领导岗位。

2. 通过培训，提高和扩大了干部员工理论水平及业务技能，提高了公司生产效率。

最近几年，公司业务蒸蒸日上，在立足华东地区的同时，不断拓展国内其他地区及国际市场业务，并取得了巨大的成绩。2003年，TH公司在"中国上市公司综合经济实力百强企业"评选中名列前茅，被中国公共关系协会、全国企业形象评选活动组委会评为全国最佳企业形象单位之一。2004年公司以规模、效益和盈利水平跻身中国五十强企业之列。2005年名列沪市"中国上市公司五十强"前二十名。所有这一切，都离不开公司拥有一支高素质的员工队伍，这正是培训工作的长期成效的体现。

3. 从公司高管到一般员工，通过培训，对公司及个人都产生了良性的影响。

各种形式的培训使公司高管的素质大幅提升，管理能力普遍提高，有力地推进了法人治理结构的完善，提高了董事会、高管会议的议事质量和议事程序的有效性，使他们乐于接受新的管理理念，管理和决策追求务实、科学和高效，提升了公司管理与决策的质量。

公司对于培训方面的投入，对中层管理人员不断加强自身的素质产生了极大的推动作用，也增强了管理层的创新意识，成为公司不断改革创新的主要力量。公司目前中层以上管理人员中研究生以上学历的占了约四分之一，其中大部分是利用工作之余通过研修获得了硕士学位。每年公司中层管理人员递交的研究报告中被采纳的革新或建议多达近百项。

TH公司生产、安全质量的不断提高,与公司一线工人的内部岗位培训是分不开的。一位压力容器的操作工人在岗位培训、岗位实习期间,努力钻研业务,在一次上岗操作中发现了引起高压容器泄露的隐患,马上报告装置负责人,及时地避免了一起严重的生产事故。在以后的工作中,公司感到他很有培养的潜力,同时也有学习的强烈要求,便让他脱产两年学习化工机械的大专课程。学成归来,他成为公司压力容器装置的负责人。

培训成为鼓舞管理层及普通员工士气的重要手段。无论是管理层还是普通员工,在工作岗位上表现突出的,通过有效的绩效考核,均有机会获得公司组织的特殊培训计划,使公司的培训、考核和晋升有机地结合起来,形成了一种学习型组织的企业文化。

案例讨论

1. 从人力资源管理角度看,TH公司赢得竞争优势的关键因素是什么?
2. TH公司是如何处理培训经费与当前公司的业绩之间的关系的?
3. TH公司对不同层次员工的培训计划分别有何特色?有什么不足之处?
4. TH公司培训的长期效应是如何体现出来的?从不同的层面分析。
5. TH公司的员工培训计划是如何与别的人力资源管理职能联系起来的?

4.6.2 海尔集团的员工培训工作介绍

海尔集团的培训从一开始至今一直贯穿"以人为本"提高人员素质的培训思路,建立了一个能够充分激发员工活力的人才培训机制,最大限度地激发每个人的活力,从而使企业保持了高速稳定发展。

1. 海尔的价值观念培训

海尔培训工作的原则是"干什么学什么,缺什么补什么,急用先学,立竿见影"。在此前提下首先是价值观的培训,"什么是对的,什么是错的,什么该干,什么不该干",这是每个员工在工作中必须首先明确的内容,这就是企业文化的内容。对于企业文化的培训,除了通过海尔的新闻媒介《海尔人》进行大力宣传以及通过上下灌输、上级的表率作用之外,重要的是由员工互动培训。目前,海尔在员工文化培训方面进行了丰富多彩的、形式多样的培训及文化氛围建设,如通过员工的"画与话"、灯谜、文艺表演、找案例等用员工自己的画、话、人物、案例来诠释海尔理念,从而达成理念上的共识。

"下级素质低不是你的责任,但不能提高下级的素质就是你的责任!"对于集团内各级管理人员,培训下级是其职责范围内必需的项目,这就要求每位领导,亦即上到集团总裁、下到班组长都必须为提高部下素质而搭建培训平台、提供培训资源,并按期对部下进行培训。特别是集团中高层人员,必须定期到海尔大学授课或接受海尔大学培训部的安排,不授课则要被索赔,同样也不能参与职务升迁。每月进行的各级人员的动态考核、升迁轮岗,就是很好的体现。部下的升迁,反映出部门经理的工作效果,部门经理也可据此续任或升迁、轮岗;反之,部门经理就是不称职。

为调动各级人员参与培训的积极性，海尔大学每月对各单位培训效果进行动态考核，划分等级，等级升迁与单位负责人的个人月度考核结合在一起，促使单位负责人关心培训，重视培训。

2. 海尔的实战技能培训

技能培训是海尔培训工作的重点。海尔在进行技能培训时重点是通过案例、到现场进行的"即时培训"模式来进行。具体说，是抓住实际工作中随时出现的案例（最优事迹或最劣事例），当日利用班后的时间立即（不再是原来的停下来集中式的培训）在现场进行案例剖析，针对案例中反映出的问题或模式，来统一人员的动作、观念、技能，然后利用现场看板的形式在区域内进行培训学习，并通过提炼在集团内部的报纸《海尔人》上进行公开发表、讨论，形成共识。员工能从案例中学到分析问题、解决问题的思路及观念，提高员工的技能。这种培训方式已在集团内全面实施。

对于管理人员则以日常工作中发生的鲜活案例进行剖析培训，且将培训的管理考核单变为培训单，利用每月 8 日的例会、每日的日清会、专业例会等各种形式进行培训。

3. 海尔的个性化培训

海尔自创业以来一直将培训工作放在首位，上至集团高层领导，下至车间一线操作工人，集团根据每个人的实际情况为每个人制定了个性化的培训计划，搭建了个性化发展的空间，提供了充分的培训机会。

在海尔集团发展的第一个战略阶段（1984～1992 年），海尔集团只生产冰箱，且只有一到两种型号，产量也控制在一定的范围内，目的就是通过抓质量、抓基础管理、强化人员培训，从而提高了员工素质。

海尔的人力资源开发思路是"人人是人才"、"赛马不相马"。在具体实施上给员工搞了三种职业生涯设计：一种针对管理人员的，一种是针对专业人员的，一种是针对工人的。每一种都有一个升迁的方向，只要是符合升迁条件的即可升迁入后备人才库，参加下一轮的竞争，跟随的就是相应的个性化培训。

（1）"海豚式升迁"，是海尔培训的一大特色。海豚是海洋中最聪明最有智慧的动物，它下潜得越深，则跳得越高。如一个员工进厂以后工作比较好，但他是从班组长到分厂厂长干起来的，主要是生产系统。如果现在让他干一个事业部的部长，那么他对市场系统的经验可能就非常缺乏，就需要到市场上去。到市场去之后他必须到下边从事最基层的工作，然后从这个最基层岗位再一步步干上来。如果能干上来，就上岗，如果干不上来，则就地免职。有的经理已经达到很高的职位，但如果缺乏某方面的经验，也要派他下去；有的各方面经验都有了，但处事综合协调的能力较低，也要派他到这些部门来锻炼。这样对一个干部来说压力可能较大，但也培养锻炼了干部。

（2）"届满要轮流"，是海尔培训技能人才的一大措施。一个人长久地干一样工作，久而久之形成了定式化的思维方式及知识结构，这在海尔这样以"创新"为核心的企业来说是难以想象的。目前海尔已制定明确的制度，规定了每个岗位最长的工作年限。

（3）实战方式，也是海尔培训的一大特点。比如海尔集团常务副总裁柴永林，是 20 世纪 80 年代中期在企业发展急需人才的时候入厂的。一进厂，企业没有给他出校门进厂门的适应机会，因为时间不允许。一上岗，在他稚嫩的肩上就压上了重担，从国产化、引进办，后又到进出口公司的一把手，领导们看得出来他很累，甚至压得他喘不过气来。有一阶段工作也上不去了，但领导发现，他的潜力还很大，只是缺少了一些知识，需要补课。为此就安排他去补质量管理和生产管理的课，到一线去锻炼，边干边学，拓宽知识面，积累工作经验。在较短的时间内他成熟了，担起了一个大型企业副总经理的重任。由于业绩突出，1995 年又委以重任，接收了一个被兼并的大企业，这个企业的主要症结是亏损、困难较大、离市场差距较远。他不畏困难，一年后就使这个企业扭亏为盈，企业两年走过了同行业 20 年的发展路程，成为同行业的领头雁，也因此成了海尔吃“休克鱼”的典型，被美国哈佛大学收入其工商管理案例库。之后，他不停地创造奇迹，被《海尔人》誉为“你给他一块沙漠，他还给你一座花园”的好干部。

4. 海尔的培训环境

海尔为充分实施全员的培训工作，建立了完善的培训软环境(培训网络)。在内部，建立了内部培训教师师资网络。首先对所有可以授课的人员进行教师资格认定，持证上岗。同时建立了内部培训管理员网络，以市场链 SST 流程建立起市场链索酬索赔机制及培训工作考核机制，每月对培训工作进行考证，并与部门负责人及培训管理员工资挂钩，通过激励调动培训网络的灵活性和能动性。

在外部，建立起了可随时调用的师资队伍。目前，海尔以青岛海洋大学海尔经贸学院的师资队伍为基本依托，同时与瑞士 IMD 国际工商管理学院、上海中欧管理学院、清华大学、北京大学、中国科技大学、法国企顾司管理顾问公司、德国莱茵公司、美国 MTI 管理咨询公司等国内外 20 余家大专院校、咨询机构及国际知名企业近百名专家教授建立起了外部培训网络，利用国际知名企业丰富的案例进行内部员工培训，在引入了国内外先进的教学和管理经验的同时，又借用此力量、利用这些网络将海尔先进的管理经验编写成案例库，成为 MBA 教学的案例，也成为海尔内部员工培训的案例，达到了资源共享。海尔集团除重视“即时”培训外，更重视对员工的“脱产”培训。在海尔的每个单位，几乎都有一个小型的培训实践中心，员工可以在此完成诸多在生产线上的操作，从而为合格上岗进行充分的实战锻炼。

为培养出国际水平的管理人才，海尔还专门筹资建立了用于内部员工培训的基地——海尔大学。海尔大学目前拥有各类教室 12 间，可同时容纳 500 人学习及使用，有多媒体语音室、可供远程培训的计算机室、国际学术交流室等。为进一步加大集团培训的力度，使年轻的管理人员能够及时得到新知识，海尔国际培训中心第一期工程于 2000 年 12 月 24 日在国家风景旅游度假区崂山仰口已投入使用，该中心建成后，可同时容纳 600 人的脱产培训，且完全是按照现代化的教学标准来建设，并拟与国际知名的教育管理机构合作，举办系统的综合素质培训及国际学术交流，办成一座名副其实的海尔国际化人才培训基地，同时向社会开放，为提高整个民族工业的素质作出海尔应有的贡献。

案例讨论

1. 海尔公司培训工作的具体指导思想和依据是什么？有什么现实意义？比较自己身边的国内企业，这方面有何差距？

2. 海尔公司对员工采取了怎样的培训方式？我们还可以采取其他哪些培训形式？

4.6.3 销售经费紧张时能否减少销售员培训计划

东方卫浴设备有限公司是我国南方一家专门生产卫生间用洗浴设备的大型民营企业，公司创办于1991年，在创办最初的十多年里，该公司每年以35%的速度迅速发展，产品销往全国20多个省市和国外十多个国家和地区，成为国内外一家知名的洗浴设备制造公司。

2005年，公司销售副总张高京因故辞职，由原销售部经理周建江接任，而原来销售部下属的东北片区销售经理张留刚被提升为销售部经理。张留刚是2003年从国内一家著名高校毕业的MBA，他升任销售部经理后不久，即参照国外的经验制定了有关销售人员的培训计划。计划规定对销售人员每年集中培训两次，一次是在春节放假之前的最后一周，另一次为六月份最后一周，每次时间为3至5天。培训方式是把所有的销售人员集中起来，听取有关国内外最新销售技术知识的讲座和报告，再结合公司的销售实际进行讨论，并进行有助于团队能力培养的拓展训练。每次都聘请了一些专家顾问参加讲座和讨论。这样每年集中培训两次的费用不大（每次40多个人，费用大概在3万元左右），但培训收效却很大。

近年来，由于洗浴设备产品市场的剧烈竞争，公司的生意停滞不前，国家又要紧缩财政支出，并限制房地产业的快速发展，公司在经济上陷入了困难。为了扭转局势，总经理下令，要求各副总经理都要相应地削减各自负责领域的费用开支。

在这种情况下，公司销售副总周建江便找销售部经理张留刚商讨，他们两人在是否应削减销售人员的培训问题上进行讨价还价。周建江建议把销售人员原来一年两次的培训项目削减为一次，并说："留刚，你知道，我们公司目前经费紧张。按说可以通过裁减人员来缩减开支。但你我都知道，公司的销售任务很重。目前40多位销售人员还转不过来，所以，人员不能裁减。那么剩下的一条路就是削减培训项目了。我知道，我们目前的销售人员大多数都是近几年招进来的大学毕业生，他们在学校里都已经学过关于销售方面的最新理论知识，他们中有些人对这种培训的兴趣也不很大。而少数一些销售人员，虽不是大学毕业，但他们都在销售方面有了丰富的经验了。因此，我认为，销售人员的培训项目是不必要的开支，可以取消或缩减。"

张留刚回答道："老周，我知道，我们大多数销售人员都是近几年来的大学毕业生。但是，要知道，他们在大学里学的只是书本上的理论知识和抽象的概念，只有他们在第一线干一时期的销售工作以后，才能真正理解在学校里学习到的理论知识。再者，我们正处于由计划经济向市场经济的过渡阶段，我们对市场经济下进行销售的技术还了解很少，对国外销售方面的最新技术了解更少。你是知道的，在培训中，我们让从学校出来的人与有经验的销售人员一起工作一段时期，他们实际销售工作中碰到许多具体的问题，在此基础上再参加我们的培训，一边听取有关最新销售技术知识的讲座和报告，一边结合我们公司的具体实际与专家们共同研讨。正是由于我们坚持不懈地进行了这种培训，我们才在国内和国际市场上扩大了我们的销售量，也才减少顾客对我们的抱怨，赢得了顾客的信誉。因此，我认为，我们决不能削减我们这个培训项目！"

"对不起，张经理。总经理要我们必须缩减开支，我真的没有办法。我对你说了，我们销售任务很重，决不能裁减销售人员。所以，我们只得下死心通过削减你的销售人员培训计划来缩减开支了。我决定，从明年开始，把每年两次的培训项目缩减为一次，总之，销售人员的培训经费要削减一半。待公司的经济好转以后，我们再考虑是否恢复增加销售人员的培训费用问题。”

案例讨论

1. 你是否同意在公司经费紧张的情况下，就可以减免销售人员的培训计划？为什么？
2. 你有什么好的方法，能使公司销售副总周建江和销售部经理张留刚都感到满意？

4.7 本章小结

人力资源管理中的培训，是指企业通过传授知识、更新观念及提高技能等各种方法，有计划地对全体员工进行的一种计划性、连续性的学习和训练活动。本章首先介绍了企业培训管理的基本知识，包括培训的含义、作用、优秀企业培训活动的特点以及企业培训活动的整体流程；然后，按照企业培训活动的整体流程为主线，详细介绍了培训需求分析、培训规划设计、培训活动实施的内容，其中重点介绍了培训需求分析的内容、培训发生点的分析、培训计划书的拟定、培训方法的选择等内容；最后，本章介绍了培训效果的评价方法，包括定性的评价方法，以及定量的对培训效果进行评价的计算公式。

总之，通过本章的学习，读者应了解企业培训活动的含义、特点、整体工作流程，并熟悉各种常用的培训方法，以及培训效果评价的定性方式和定量公式。

4.8 思考与实践

一、思考题

1. 培训在企业发展中有什么意义和作用？
2. 当前优秀企业的培训活动有哪些特点？
3. 请说明企业培训管理包括的整体流程。
4. 什么是培训需求分析？为什么必须做好培训需求工作？
5. 企业中常见的培训发生点有哪些？
6. 培训规划设计都包括哪些内容？
7. 培训计划书一般都包括哪些方面的内容？
8. 请分析说明以下几组培训对象在培训内容和方式应该有什么不同。

（1）新员工与老员工　（2）高层管理者与基层管理人员　（3）低学历员工与高学历员工

9. 常见的培训方法都有哪些？请说明各自的含义、要求、优缺点以及使用对象。
10. 对培训效果进行评价有什么作用？常见的培训评价都包括哪些内容？

二、实践环节

1. 社会调研题

自己通过相关关系，联系两三家企业，对其培训活动的开展情况进行调研。

根据实际调研的结果，进行如下问题的分析：

(1) 如果你认为某一个/几个企业的培训活动开展的很好,请你总结其主要特色。

(2) 如果你调查的某一个/几个企业根本没有开展培训活动,请分析该企业忽视或者不愿意开展培训活动的主要原因。

(3) 如果你认为某一个/几个企业培训活动已经开展,但是效果很差,也请帮助诊断其中的原因,并根据本章所讲的知识,帮助其给出一些合理化建议。

2. 方案设计题

根据如下情形,进行培训方案设计的写作练习,要求字数在1000字左右。

> 假设你是某公司培训部经理,公司处于市场开拓需要,不久前招聘了20名应届毕业生作为销售员。在上岗之前需要对他们进行相关培训,请你为他们设计一套培训方案。

【提示】一个完整的培训方案应该包括培训意义、培训目标、培训内容、培训预算、培训方式、考核方式、结果反馈、效果评估等部分,请分条目进行说明。

3. 分组辩论题

请同学们分组担任以下问题的甲、乙两方,然后进行辩论练习。

> 某公司近段时间开始出现一种新情况,那就是很多员工开始进行业余的学历学习,包括参加自学考试、函授学习、夜大学习、网络继续教育,还有参加在职研究生学位学习、MBA在职人员学习班学习,甚至有部分人员准备报名参加统招硕士研究生考试和秘书资格证、注册会计师、信息管理师等各种资格考试。按说,员工有上进心,愿意学习本是好事,所以以前不管什么考试,在报名时如果需要签字盖章,单位人事部门都是非常配合。但是,近一段时间,人力资源部发现有越来越多的人因为参加学历学习影响了本职工作,出现了很多不好的现象,例如迟到、早退、请假现象越来越多,上班时间背单词、上网查询考试题、利用办公室电脑打印复习讲义,将更多精力投入学习,影响了正常的工作效率等等。于是,人力资源部刘经理将该问题报告给公司总经理张明翰。
>
> 张总经理对此问题非常重视,经过与人力资源部刘经理协商后,公司出台了一个《关于公司员工在职学历学习和参加资格考试报名的若干规定》的文件,其中对员工在职学历学习和资格考试报名作了非常严格的限制,这使得很多员工非常不满意。

辩论题目:对员工在职学历学习和资格考试报名是否需要限制?

甲方:在职学历学习和参加资格考试影响正常工作,应该进行条件限制。

乙方:在职学历学习和参加资格考试是为了更好地为公司工作,不应限制。

第5章　绩效考评管理

引例

赛达商场采购部人员的绩效考评

赛达商场是一家大型日常用品零售企业,管理人员与员工共有800多人。由于大家齐心努力,公司销售额不断上升。到了年底,赛达商场又开始了一年一度的绩效考评。因为每年年底的绩效考评与奖金挂钩,所以大家都非常重视。不过,赛达商场每年年底的考评方法,都是大家熟悉的老一套:人力资源部将一些考评表发放给各部门经理,各部门经理在规定的时间内填完表格,再交回人力资源部。

张平是今年刚刚从本市另一个外资商业企业被挖来的新任经理,他拿到人力资源部送来的考评表格,却不知该怎么办。这些表格主要包括了对员工工作业绩和工作态度的评价。比如工作业绩那一栏,总共分为五档,每一档只有简短的评语,如超额完成采购任务,基本完成采购任务,没有很好完成采购任务等。由于初来乍到,老张并不知道年初采购部员工的业绩目标,前任经理留下的材料中也没有相关信息,各个员工自己也不知道自己的年度目标,所以也就无法判断谁超额完成任务,谁没有完成任务。工作态度就更难填写了,由于平时没有收集和记录员工的工作表现,到了年底,仅对自己近一两个月知道的事情有一点记忆。另外,张平还发现一个非常奇怪的现象,那就是商场对各个部门员工的考评表格式设置和相关栏目都基本一样,例如用来衡量采购部员工业绩的一些特殊指标,如资金占用率、订货次品率、供货及时率、采购成本降低率等,表格中根本没有涉及;同时,考评主体也只有部门经理,就连员工互评都没有。

本年度年底已经临近,人力资源部对考评表催得很紧,张平只好在这些考评表上面勾勾圈圈,再加上一些轻描淡写的评语,很快返回给了人力资源部。想到这些绩效考评要与奖金挂钩,张平感到如此做有些不妥,他决定向人力资源部建议重新设计本部门人员的考评方法。

张平在考虑,应该为采购部人员选择什么样的考评方法呢?

点评:上述案例反映的情况在现实中普遍存在。在我国,许多企业的绩效考评都是"轰轰烈烈走形式"。虽然绩效考评具有多重作用,但其作用却远远没有发挥出来。如何有效地利用绩效考评来提升企业的整体绩效,是摆在企业管理者面前的一个重要课题。

学习目标

通过本章的学习,读者应该能够:

□ 了解绩效考评的涵义及其功能
□ 熟悉绩效考评工作的整体流程
□ 掌握绩效考评遵循的基本原则

□ 掌握常用绩效考评方法的知识
□ 领会各种常用考评方法的作用
□ 根据不同对象来设计考评方法
□ 理解360度绩效考评法的含义
□ 掌握考评结果面谈的注意事项
□ 理解绩效考评结果偏差与修正

5.1 绩效考评概述

作为本章的开始,本节介绍绩效的含义、特征,以及绩效考评的含义、功能和流程。

5.1.1 绩效考评的含义

1. 绩效的含义与特征

绩效是指各目标主体在一定时期内,通过在特定企业中的多样化行为特征而导致的结果。人们在一定的环境下从事任何有目的的活动都会有结果,这种结果就是绩效。

从企业经营管理的层面来看,可以将绩效分为企业绩效和个人绩效。企业绩效是企业运营的最终价值,是一家企业的整体工作成果;个人绩效是员工对企业的贡献。所以个人绩效的整体构成企业绩效,企业绩效又对员工有激励作用,两者相辅相成,密不可分。

2. 绩效考评的定义

绩效考评就是根据设定的目标和程序,采用一定的方法,对员工在一个既定时期内的工作成果进行定性和定量的评价,对绩效进行区分性鉴别的过程。绩效考评要从工作成绩的数量和质量两个方面对员工的绩效进行系统的描述。绩效考评涉及观察、判断、反馈、度量、企业介入以及人们的感情因素;它不仅是一个包含人和数据资料在内的对话过程,而且是一个信息获得和应用的过程,既涉及技术问题,也涉及人的问题。

3. 绩效考评的作用

绩效考评可以为人力资源管理提供及时、有用的信息,是其他人力资源管理活动获取相关信息的手段。它对企业、部门主管、员工个人都具有积极的作用,如表5-1所示。

表5-1 绩效考评对各方的不同作用

对　象	作　用
企业整体	● 一套有效的绩效考评制度,能促使员工行为与企业战略目标紧密结合 ● 通过绩效考评,能凸显才华出众的员工,为企业未来的发展储备人才 ● 通过绩效考评,能发现表现较差的员工,及时加以辅导、训练,防患于未然 ● 绩效考评的结果,是企业任用决策(如升迁、换岗、降职、调薪或解雇)的有力凭证
部门主管	● 考评为合理的薪酬和奖金制度的建立打下了基础 ● 考评变量和标准有助于履行部门管理目标,使业绩期望明确化 ● 加强管理者对员工个体的认识和了解,加深主管与员工之间相互依赖的关系 ● 公正的绩效考评是主管与员工之间很好的沟通工具,可以帮助管理者建立良好的团队 ● 主管通过考评结果将优秀员工的业绩呈现出来,具有激励员工多加仿效的正面功效
员工个人	● 员工迫切需要知道公司对自己的业绩反馈,绩效考评结果是最佳方式 ● 科学的绩效考评有助于员工明确自己的成绩,认清自己的优势和不足 ● 针对考评结果,员工可以有意识地进行自我调整,有效提高个人业绩

（续）

对　象	作　用
员工个人	● 考评能够激发员工加强自身的学习和修养，不断提高自身素质 ● 绩效差异能使员工正确认识自己，还能促进公平的竞争

5.1.2　绩效考评的功能

绩效考评在企业人力资源管理体系中具有以下四个重要功能。

1. 管理功能

绩效考评的管理功能首先表现在考评的内容上。企业决定考评什么和怎样考评都有它的最终目的。一般来说，良好的绩效考评都体现了企业的经营管理目标，明确了企业、部门和员工个人的目标，使整个企业的目标体系得到协调一致。在考评过程中，不同的考核方法体现了增进沟通、促进学习、不断改进等方面的要求，是考评目标能够实现的保障。在考评结果的使用上，考评可以为奖励计划、培训计划和企业发展计划等提供依据。

2. 激励功能

绩效考评既有外在的激励功能，也有内在的激励功能。通过绩效考评可以发现员工工作的绩效水平，并对高绩效的员工进行奖励，对低绩效的员工进行一定程度的批评和惩罚，这是一种外在激励方式，对企业的员工管理具有非常重要的作用。另一方面，通过绩效考评，也可以激发员工工作的成就感、工作本身的内在价值和对企业的贡献，因此可以因势利导，充分调动员工的主动性和积极性，这又是一种内在的激励方式。

3. 导向功能

绩效考评制度的设计反映了企业目标和管理原则，反映了企业对员工行为的期望，是企业干预的重要手段。因此，绩效考评可以把企业目标、管理制度、企业文化等企业信息传递给员工，从而达到正面引导员工心理和行为的作用。例如，一些企业在绩效考评的内容设计上把企业的管理理念以一定的方式结合在员工行为考评表上，并设计出复杂的考评表格，以此来规范员工的行为，告诉他们什么是值得鼓励的行为，什么行为会得到惩罚，以此促进企业文化的形成。

4. 监控功能

绩效考评是对工作目标任务完成情况的检查和评价。通过绩效考评，可以获得企业和员工的绩效信息，作为企业人事决策，改进管理措施等的重要依据。因此，绩效考评具有监督功能。在战略性绩效考评中，这个目的尤为重要。企业战略的实现程度，一定程度上取决于企业的战略执行力，绩效考评仿佛就是战略执行的晴雨表，让企业的管理层，随时掌握企业的运营情况，适时调整经营方向，保障战略目标的实现。

5.1.3　绩效考评的工作流程

绩效考评是一个系统性地收集、分析、考评和管理绩效信息的整体工作流程。这个工作流程的具体实现过程，可以从横向和纵向两个方面进行分析。

1. 绩效考评的横向流程

绩效考评的横向流程是指绩效考评的各个组成部分的先后顺序。在许多企业中，绩效考评的横向流程都是一个包括四个步骤的循环过程，如图 5－1 所示。

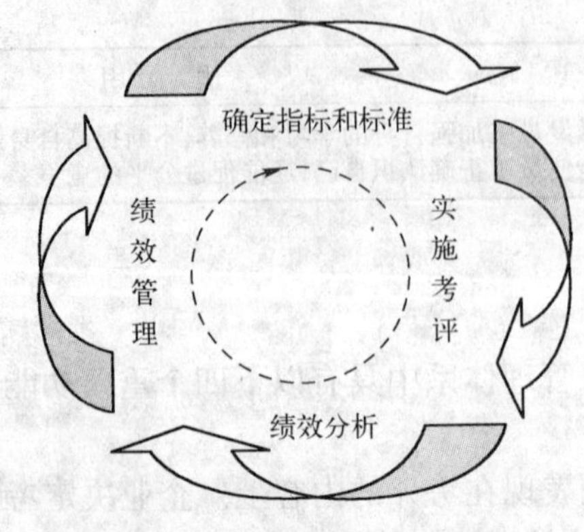

图 5－1　绩效考评的横向流程

（1）确定考评指标和考评标准。以企业的经营管理原则为前提，以工作分析中的岗位职责和要求为基础，围绕一定的考核目标，设计出客观科学的考核指标体系和考评标准。

（2）实施考评。根据绩效考评标准，用设计好的考评表，对企业和员工绩效进行记录、核查和考评。在许多企业中，许多考评偏差（如考评时搞形式主义，人为扭曲绩效信息等）往往也是在这个环节产生的。因此，推动绩效管理首先需要保证考评得到正确实施。

（3）绩效分析。首先，需要对考评信息进行整理，对错误信息进行纠正，保证绩效信息的正确性；其次，对绩效信息进行分类统计，核算员工的个人绩效、部门绩效和企业绩效；最后，对绩效分布进行分析，反映出员工和企业绩效的不足之处，并提出应对措施。

（4）绩效管理。绩效管理的涵义非常广泛，包括反馈绩效信息、核定奖励方案、制定改进计划、形成培训发展计划等。在许多企业中，绩效考评的目标不完全是为了公平地分配薪酬，而是为了持续地改进企业的整体绩效，由此带来的绩效管理内容就变得十分丰富。绩效反馈是绩效管理的最基本的内容，把绩效结果返回给员工和部门（甚至在必要情况下还需要进行绩效反馈面谈），这样才可能使他们的工作得到不断的改进。

企业绩效考评
↑
中层绩效考评
↑
基层绩效考评

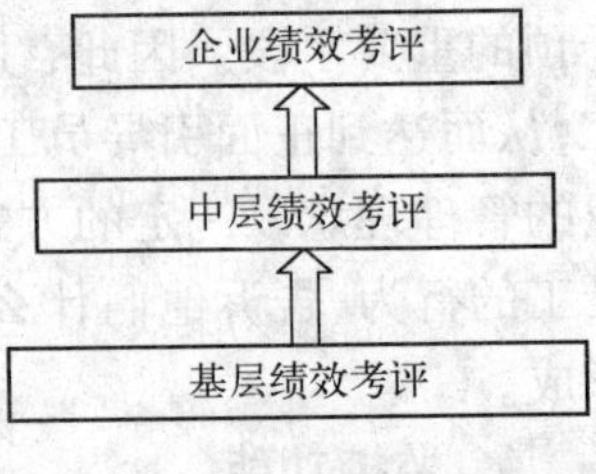

图 5－2　绩效考评的纵向流程

2. 绩效考评的纵向流程

绩效考评的纵向流程主要是指绩效考评对象的层次性和顺序性，一般规律是首先对基层进行考评，再对中层进行考评，最后对整个企业的绩效进行考评，形成自下而上（当然根据企业特点或者实际需要也可以自上而下）的考评顺序，如图 5－2 所示。

5.2　绩效考评的原则与方法

绩效考评的原则与方法对绩效考评管理十分重要，本节介绍了绩效考评的基本原则；从定性和定量两个方面讲解了常见的绩效考评方法，并简单介绍了 360 度绩效考评法。

5.2.1　绩效考评的原则

1. 公开性原则

绩效考评工作应是公开的。首先，要对评价的标准、程序、方法与时间等公开，使员工心里有数，积极参与到考评中来。同时，考评的结果也应该是公开的，这样有利于员工的横向和纵向对比，明确自己在整个企业中的绩效水平，从而可以确定今后的努力方向。

2. 公平性原则

考评过程对所有人员都必须是平等的，不带任何成见和偏见的。首先，员工的实际工作表现和职务说明书中对工作内容的描述是绩效评价的依据，无论用什么方法进行绩效评价，都要以此为客观依据，对考评者实事求是地作出评价。同时，应在考评过程中一视同仁，避免人为因素使绩效评价结果与员工的实际工作绩效有较大的差距。为此，要建立科学适用的考评指标体系和标准，应尽量采用客观公正的尺度，使用各种客观的考评方法。

3. 全面性原则

在绩效考评要素的选择方面，要求应尽量能够概括所需绩效评价工作岗位的工作内容和任职者的素质要求，要对包括工作结果、行为过程和个人特征进行综合考评。只有对员工进行全面的评价，才能准确地对员工的绩效进行衡量。在现代企业中实行的考评方法，基本上都是多层次、多渠道、全方位的考评。

4. 实用性原则

在制定企业的绩效考评制度，以及设计绩效考评工具、确定绩效考评方案时，都应该充分考虑企业人力资源管理的水平、企业的经营特点和行业特点、考评部门的人员素质特点和要求，同时还需考虑绩效管理方案制订和实施所需的人力、财力和物力。

5. 持续性原则

绩效评价的要素、方法、频度一旦制定出来，就要保持其一定时段内的持续性。如果朝令夕改，则员工没有归属感，不利于长久地激励员工，更不利于企业的稳定性。所以，在制定绩效评价方案以前，应进行充分调查、认真论证、详细设计，以保证实施的有效性。

6. 动态性原则

现在企业已经处于一种动态发展环境中，以至于有时候很难对一些工作作出明确的描述。因此，上述的持续性原则，并不意味着绩效评价的内容和方法是一成不变的。随着科学技术的发展，生产方式的变化，工作内容也在变化，相应的绩效评价内容和方法也要实现动态的变化，必须及时地丰富、完善及改进现有的绩效评价方式以适应实际情况的变化，才能使绩效评价系统持续地良性循环，稳定地提高员工的绩效。

5.2.2 绩效考评方法的类型划分

绩效考评可按照考评的性质、特征、主体、形式、标准和时间等，分为不同的方法。

1. 按考评内容性质划分

(1) 定性考评。当不能用一个明确的数字或价值量对考核指标进行评分时，经常会从定性的角度对考核指标进行考评。定性考核的特点是考评标准模糊、考评分数经常用主观性的描述语言表达，考评分散难以判断水平高低，被考评者的个人特征和心理因素影响较大，不同考评者掌握的标准不一，因此考评一致性通常较低。

(2) 定量考评。定量考评具有严格的数量标准，考评指标和标准都比较清晰，考评结果可以用数量形式表达，而且考评比较客观科学。例如，对操作工人的考核比较容易定量化，因为他们的产量和完成的任务非常明确。但是对办公室文员的考核就比较困难，他们的工作性质决定了难以量化。但是在实际绩效考评中，能够量化的指标并不很多，或多或少地都会带有一些定性的成分，纯粹的定量考评使用范围就会受到限制。因此，需要把定性考评和定量考评有机地结合起来加以运用，尽可能地把定性指标转化为定量指标。

2. 按照考评内容特征划分

(1) 结果考核。结果考核就是对员工岗位工作的直接成效进行考核，它能够比较客观地反映员工对企业的贡献大小。这种方法考核的重点是工作内容和工作质量，如产品的产量和质量、劳动效率等，侧重点是员工完成的工作任务和生产的产品。但是，在一个企业中，由于分工不同和工作特点，有部分岗位的产出难以界定，因此结果考核实现较困难。

(2) 过程考核。过程考核就是对员工的工作过程和努力投入程度进行考核。过程考核可以弥补结果考核的不足，真实地反映员工的综合绩效，极大地提高员工的积极性和主动性。目前，许多企业都非常注重对员工行为的管理，因此过程考核是种非常重要的方法。

(3) 特征考核。考核的重点是员工的品德、风格、能力等个人特质，如诚实度、合作性、团队管理能力、沟通能力等，即这种方法主要考评员工是一个怎样的人。

(4) 综合考核。就是对考评者的绩效进行全方位的评价，即同时对考评对象的工作结果、行为过程和个人特征进行考评。这种方法的特点是全面反映了人的基本素质。

阅读材料

通用电气(中国)公司的“四张表格评优劣”

在通用电气(中国)公司，年终考核有四张表格。前三张是自我鉴定，其中第一张是个人学历记录；第二张是个人工作记录(包括在以前公司的工作情况)；第三张是对照年初设立的目标自评任务的完成情况。根据一年的工作表现、取得的成绩，对照通用电气公司的价值观、技能要求等，确定自己哪些方面是强项，哪些方面还存在不足，哪些方面需要通过哪些方式来提高，需要得到公司的哪些帮助，在未来的一年或更远的将来有哪些展望等。原首席执行官杰克·韦尔奇在当年刚加入通用公司时就在他的个人展望中表达了他要成为通用公司全球总裁的愿望。第四张是经理评价。经理在参考前三张员工自评表的基础上，填写第四张表格。经理填写的鉴定必须与员工沟通，并取得一致的意见。

3. 按绩效考评的主体划分

(1) 上级考评。让员工的直接主管或间接主管对员工绩效进行考评的一种方式。上级考评是绩效考评中最为常见的一种方式。上级考评往往过于严格。

(2) 自我考评。让被考评者根据一定的考评标准，对自己的绩效进行考评。在许多情况下，自我考评有助于提高员工的主动性和积极性。但是自我考评的绩效通常偏高。

(3) 同事考评。让被考评者的同事对绩效进行考评，这种方式有利于民主监督。

(4) 下级考评。由被考核者的下级根据一定的标准对绩效进行考评，这往往过于宽松。

(5) 客户考评。让被考评者的服务对象对其进行绩效考评，有助于提高客户服务质量。

以上各种考评主体都有不同的优缺点，为了各取所长、克服缺陷，在后面介绍的360度绩效考评力法中，经常需要使用不同的考评主体。

4. 按考评形式划分

(1) 口头考评与书面考评。口头考评通常采取答辩形式对被考评者的绩效进行考评，例如绩效面谈等。书面考评则是采用报告的形式，如工作述职报告等。

（2）直接考评与间接考评。直接考评就是考评双方直接接触的考评，如面谈等。间接考评是通过一定的工具进行的，如绩效考核表等。

（3）个别考评与集体考核。个别考评是对单个人的考评。集体考评是对全体员工的考评。

5. 按考评标准划分

（1）绝对考评法。也称为客观考评法，就是按照事先制定的统一客观标准对员工和企业进行考评，绝对地给出一个量化的分数和程度判断，以便反映出他们的工作效能。

（2）相对考评法。也称为主观考评法，这种方法通常没有严格标准，经常是根据对员工的整体印象来作出评价，或者只对被考评者作出相互比较，以便确定他们的绩效顺序。

下面对绩效考评常用方法的介绍，就是按考评标准进行了类型划分。

6. 按考评标准划分

（1）定期考评。按照一定的周期进行的考评活动，其中考评周期可以是一个月、一个季度、半年、一年。考核时间的选择要根据企业文化和岗位特点绩效而确定。

（2）不定期考核。不定期考核有两方面的含义，一方面是指企业中对人员的提升所进行的考评，另一方面是指主管对下属的日常行为表现进行记录，发现问题及时解决。

5.2.3 常用客观绩效考评方法介绍

客观绩效考评法，就是根据一种事先设定的客观标准、计算指标、计算方法，对员工进行量化的考评，是比较规范的一类绩效考评方法。这类的具体方法也很多，常用的有量表考评法、行为评定法、关键事件法、行为锚定法、目标管理评价法和考试评议法等。

1. 量表考评法

量表考评法是一种常见的绩效考评方法，使用时需要先设立绩效考评的指标体系，然后对每个指标划分等级，或者制定量化的标准，最后根据需要，可以灵活设计成一定格式的考评表格。这种考评方法的结构化程度比较高，设计方法比较严格、科学。

表5－2所示的三个表格就是某公司对人力资源管理专员的绩效考评量表，它分成了三个部分：工作职责、工作目标和工作态度，每一个部分又设置了不同数量的指标。

表5－2　某公司针对人力资源管理专员的绩效考评量表

A）员工工作职责考评表

序　号	工 作 职 责	权　重	实际完成情况	评　分
1	员工招聘的及时性	20%		
2	关键岗位人员流失率	20%		
3	建立与完善绩效考评体系	20%		
4	员工职业生涯规划	10%		
5	建立人才测评系统	10%		
6	准确统计人事数据	10%		
7	上级布置的其他工作	10%		
各项加权合计得分				
评价人：（签名）年月日			审核人：（签名）	

B）员工工作目标考评表

序号	工作目标	权重	实际完成情况	评分
1	制定本月招聘计划并实施招聘	20%		
2	完成内部培训任务	20%		
3	绩效考评分数统计	20%		
4	设计新的人员评价体系	10%		
5	完成分公司人才需求调查报告	10%		
各项加权合计得分				
评价人：（签名）年月日			审核人：（签名）	

C）员工工作态度考评表

序号	工作态度	权重	实际完成情况	评分
1	帮助部门或公司完成经营任务	10%		
2	主动请求承担富有挑战性的工作任务	10%		
3	严格遵守规章制度要求	10%		
4	善于发现问题、解决问题	10%		
5	出现同题及时向上级反映	10%		
6	敢于承担工作中的责任	10%		
7	愿意与同事协作，乐于营造合作氛围	10%		
8	工作中积极与上级沟通，并寻求工作绩效反馈	10%		
9	与上级的工作关系融洽	10%		
10	当部门有紧急任务时，总是积极热心参与	10%		
各项加权合计得分				
评价人：（签名）年月日			审核人：（签名）	

注：评分时不满意1~30分，不太满意31~50分，比较满意51~80分，满意81~100分

2. 行为评定法

采用这种方法时，将工作中的关键行为作为考评指标，考评时根据员工的实际行为状况，逐条对每条行为作出等级评定。例如表5-3就是一个常见的行为评定表。

表5-3 行为评定表

行为项目	完全符合	比较符号	一般情况	不太符合	完全不符
1. 善于主动发现同题、解决问题	□	□	□	□	□
2. 喜欢尝试新的解决问题的方法	□	□	□	□	□
3. 一旦制定好计划，就想方设法完成	□	□	□	□	□
4. 出理问题能够及时向上级反映	□	□	□	□	□
5. 为提高工作效率，愿付出额外的努力	□	□	□	□	□
6. 对任务能够及时、保质保量完成	□	□	□	□	□

（续）

行为项目	完全符合	比较符号	一般情况	不太符合	完全不符
7. 乐于帮助同事解决遇到的各种困难	□	□	□	□	□
8. 上级对该员工的工作十分了解	□	□	□	□	□
9. 尽力在部门中营造良好的工作氛围	□	□	□	□	□
10. 积极沟通，主动寻求绩效反馈	□	□	□	□	□
11. 与上、下级的工作关系非常融洽	□	□	□	□	□

计算考评分数时，一般采用直接求总分的办法，有时候也进行加权求总分，先对每个陈述句赋予一定的权重，然后进行加权求和。行为评定法看起来比较简单，但是要制定出工作中的关键行为和工作表现，也是需要花费很多时间的。行为评定法的优点是评价的行为比较具体，因此在一定程度上可以克服考评偏差。缺点是考评者往往觉得繁琐，考评比较仔细，因此需要考评者对员工的日常行为进行记载或观察。

3. 关键事件法

（1）关键事件法的含义

关键事件是指通过对被考评者在关键工作中极为成功或极为失败的事件的观察和分析，来判定该员工在类似事件或在介于关键事件与非关键事件之间可能的行为和表现。关键事件法是以书面记录（具体样式见后面的示例）作为考评基础的，被记录的事件既是考评的依据，同时也是向员工反馈的重要内容，以及为员工提供培训和指导的基础。

人们在工作过程中，常会遇到一些偶发事件、典型事件、关键事件和重大事件。这些事件的行为及行为结果的记录是考评某个人的很有价值的资料和依据。

（2）关键事件法的优点

- 对关键事件的行为观察客观、准确。
- 能够为更深层的能力判断提供客观的依据。
- 对未来行为具有一种预测的效力。

（3）关键事件法的缺点

- 考评者应及时记录关键事件，这种记录工作耗时耗力。
- 对关键事件的定义不明确，不同的人常有不同的理解。
- 容易引起员工与管理者（或记录事件的人）之间的摩擦。

（4）关键事件法应用实例

事件描述：某塑化公司生产的胶带全部出现了质量问题。大量发送出去的货物被退回来了，时间正是下午6时——员工下班的时间。负责分管生产的副总张先生看到被退回来的一箱一箱的不合格品，皱了皱眉头，依然开着车子走了，他想等明天上班再说。负责分管技术的总工黄先生立即拆开一箱被退回来的货，进行研究，寻找原因。黄先生一直工作到晚上10时，终于找出了原因所在。第二天上班时，黄先生迅速指导工人解决了问题，恢复了公司的信誉，此事被总经理柯先生看在眼里，他作了如表5-4、表5-5所示的两张关键事件记录表，记录了这一关键事件，并决定在当月给予黄先生高于张先生2倍的奖金。

表 5-4　关键事件记录表

行为者:张××	行为发生时间 2008.5.20
地点:公司车间	观察者柯××

事件发生过程及现象:5 月 15 日发送给 A 公司的胶带被退回来了,A 公司称胶带不合格,A 公司退货的负责人愤愤离去。张先生未对该事件作任何表示,开车离开了公司。

行为者的行为结果:未能及时处理事件。

分析与解释:张先生可能想在明天上班再来解决退货事件,但这可能带来公司员工的窝工和公司经济、信用的损失。张先生责任心不够强。

记录者:柯××

记录时间:2008.5.20

表 5-5　关键事件记录表

行为者:黄××	行为发生时间 2008.5.20
地点:公司车间	观察者柯××

事件发生过程及现象:5 月 15 日发送给 A 公司的胶带被退回来了,A 公司称胶带不合格,A 公司退货的负责人愤愤离去。黄先生拆开其中一箱胶带,立即进行研究和分析,黄先生工作至当晚 10 时,找出产品不合格的原因。

行为者的行为结果:次日,黄先生指导员工纠正了错误,维护了公司的信誉,并使公司的经济损失降到最小。

分析与解释:黄先生考虑到自己的责任,同时预计到明天的工作安排与今晚的原因排查有关。责任心和工作计划性强。

记录者:柯××

记录时间:2008.5.20

4. 行为锚定法

(1) 行为锚定法简介

行为锚定法,是一种以具体描述的特定工作行为是否确实被成功地完成,来确定员工水平的绩效考评方法。在某种程度上,行为锚定法与前面所提的量表法有相似的地方,但其重点是表现在工作中的职能行为上,其前提假设是其职能性行为将产生有效的绩效。

(2) 行为锚定法的工作步骤

行为锚定法包括三个工作步骤:第一步,先确定工作的相关维度;第二步,对每个工作维度编写出行为锚定;第三步,确定每一个锚定行为对应的分值。

(3) 工作维度以及锚定等级量表

工作维度是指构成工作任务的范畴。每种工作可能有几个工作维度,每个维度应制定独立的评分量表。表 5-6 是按工作计划和编制文件维度编写的一个行为锚定量表。

表 5-6　关于工作计划和编制文件"锚"的等级量表

锚	分　值
制定综合的工作计划,编制好文件,获得必要的批准,并将计划分发给所有相关人员	7 优秀[ ]
计划、沟通并观察重大事件:每星期陈述有关计划的执行情况。编制最新的工作计划完成图及累计待办的工作,采用这些方法使任何要求修改的计划最优化 运行中偶尔会有一些小的操作问题,但能够有效地沟通	6 很好[ ]
列出每项工作的所有组成部分,对每一部分的工作作出时间安排。努力提早完成计划,以留出富裕时间。满足顾客的时间要求,超时和超支现象很少发生	5 较好[ ]
制定了工作日期,并随工作进展的情况修改日期,经常增加不可预见事件,经常激起顾客的抱怨。可能制定一个不错的计划,但没有记载工作进展的重大事件,也不报告时间安排中的疏漏或者发生的其他问题	4 一般[ ]

（续）

锚	分　值
没有很好地制定计划，编制的时间进度表通常是不现实的。不能提前一两天制定计划，对于实际工作的到期日一无所知	3 较差[ ]
对将要从事的工作没有计划或安排，对分配的任务不制定计划或者很少做计划	2 很差[ ]
因为没有计划，且对制定计划漠不关心，所以很少完成工作。由于缺少计划且不查明如何改进，所以常常失败	1 糟糕[ ]

按表5-6中的文字描述对每个员工的行为在特定的“锚”上打勾，“锚定”的量表上的分值可以给考评者一个一览表。考评者根据所查找到的分值与所有的工作维度结合就可得到一个完整的考评。表5-7描述了一个包含5个维度的总体量表样本。

表5-7　一个包含5个维度的行为锚定法量表样本

维　度	锚	分 值
工作量——员工每个工作日的工作量	有非常优异的生产记录	5 优秀[ ]
	很勤奋，超额完成	4 良好[ ]
	工作量令人满意	3 一般[ ]
	刚好达到要求	2 较差[ ]
	没有达到最低要求	1 极差[ ]
可信赖程度——只需最少监督就能令人满意完成指定工作的能力	所需的监督是最低限度的	5 优秀[ ]
	需要很少的监督，是可以信赖的	4 良好[ ]
	通常在适当的督促下能完成规定的工作	3 一般[ ]
	有时需要督促	2 较差[ ]
	需要密切监督，不可信赖	1 极差[ ]
工作知识——员工为取得满意的工作绩效应该具备的有关工作任务的信息	已经完全掌握所有的工作阶段	5 优秀[ ]
	理解工作的所有的阶段	4 良好[ ]
	对工作任务有一定认识，能回答有关工作的大多数问题	3 一般[ ]
	缺乏工作某些阶段的认识	2 较差[ ]
	对工作任务认识不足	1 极差[ ]
出勤率——每天上班且遵守工作时间的守信性	总是正常及时地出勤，在需要时自愿加班	5 优秀[ ]
	非常及时地出勤，且很正常	4 良好[ ]
	经常出勤且准时	3 一般[ ]
	出勤散漫，有时工作准时，或两者兼而有之	2 较差[ ]
	经常缺勤且没有充分的理由，或者经常迟到，或兼而有之	1 极差[ ]
准确性——履行工作责任的正确性	所需监督是最低限度的，几乎总是准确的	5 优秀[ ]
	很少需要监督，大多数时候是正确、准确的	4 良好[ ]
	通常准确，只犯平均数量的错误	3 一般[ ]
	粗心，经常犯错误	2 较差[ ]
	屡屡犯错误	1 极差[ ]

(4) 行为锚定法的优点

- 工作承担者直接参与绩效考评,参与管理,有更多的民主性,便于大家所接受。
- 行为锚定是根据观察和经验获得的,具有可操作性。
- 能准确为员工提供考评反馈。

(5) 行为锚定法的缺点

- 行为锚定的文字描述耗时多,同时会动用较多的人力和物力。
- 每一不同的工作都必须有不同的表格,不便于考评的管理。
- 经验性的描述有时易出现偏差。

(6) 行为锚定法实例

表5－8为对某员工采用行为锚定法确定的行为绩效考评结果。可以看出,该员工在出勤率的“锚”上得分为5分(即优秀),在可信赖程度、准确性和工作量的“锚”上得分都为4分(良好),在工作知识的“锚”上得分为3分(即一般),那么该员工基本胜任本职工作,且工作态度较好,但是仍需进一步努力,扩展其工作知识。

表5－8 某员工行为绩效考评结果

维　度	分　值	等　级
工作量	4	良好
可信赖程度	4	良好
工作知识	3	一般
出勤率	5	优秀
准确性	4	良好

5. 目标管理评价法

目标管理评价法就是由上下级共同讨论制定一定周期内的明确、可行的绩效考评目标。对下级完成预期目标的情况进行总结考评,对下级的实际绩效作出评定,并找出与预期目标的差距。目标管理法能够发现具体的问题和差距,能为制定下一步的工作计划提供依据。该方法不仅可以考评员工的个人绩效,而且可以用来考评小组或团队的工作绩效,结果易于观测。由于目标设定本身是一个非常困难的问题,需要花费很多的时间和精力,因此成本很高。同时,由于没有提供相互比较的依据,因此不便于对员工和各个部门的工作进行横向比较。这种考评法非常适合用来对员工提供建议、反馈和辅导,但不宜作为奖金分配和职务晋升的依据。目标管理评价法适合于企业中试行目标管理的项目。

6. 考试评议法

考试评议法是将考试和评议结合在一起进行考评的方法,经过考评者的分析、比较、讨论,对被考评者作出公平、客观的评价。这种考评技术针对性强,可根据实际需要和紧急程度设计考评的内容。这种方法采取统一的测试,可以为所有员工提供平等的竞争机会。同时,考试评议法简单易行,既可以进行书面考试,也可邀请专家进行现场测试。但考试评议法优点的发挥还取决于考试实施过程的严格性,不控制好容易诱发作弊行为,尤其是专家考评时,人为因素加大,使得考评结果缺乏公正性,也不一定能反映被考评者的实际业绩、实际能力和经验。考试评议法主要用于检查被考评者的文化水平、专业理论和技术水平。在进行测评时,不能将成绩作为唯一的判断标准,应和其他考评方法结合运用。

5.2.4 常用主观绩效考评方法介绍

主观绩效考评方法通常没有严格标准,经常是考评者根据对员工的整体印象,或相互比较排序来作出绩效评价。常用的方法主要有分级比较法、强制分布法和评语描述法等。

1. 分级比较法

分级比较法又称排序法,就是被考评者的绩效按照一定的标准,通过相互比较确定绩效水平高低的顺序关系。在分级排序时,可以参考单一指标进行排序(如综合绩效分数),也可以根据多个指标排序。在实践中比较常见的分级方法有以下四种。

(1) 简单比较法

简单比较法就是由考评者按照统一的标准,对全体员工的绩效依次排序,业绩最好的员工被排在最前面,最差的员工被排在最后。这种方法简单易行,当全体员工数量比较小的时候,比较适用。但是这种方法会受到考评人数的制约,特别是当员工的业绩水平相近时,难以进行比较排列,考评结果可能不如后面介绍的其他分级比较法准确。

(2) 交替比较法

简单排序法过于粗糙,不太可能得到一个合理的考评结果,不容易了解中间员工的情况。交替比较法是对简单比较法的一种改进,当员工数量比较多的时候,可以采用这种方法。例如对 n 名员工进行了绩效考核,首先挑选出绩效分数最高的和最低的两名员工,作为排序中的第 1 名和第 n 名;然后再在余下的 n－2 员工中挑选两名绩效最高的和最低的员工,作为排序中的第 2 名和第 n－1 名。这样一直交替进行下去,直到所有员工被选完或只剩下一名员工为止,就可以得到个完整的排序;最后,根据排序的结果来确定员工绩效水平的高低。交替比较法的整体工作流程如图 5－3 所示。

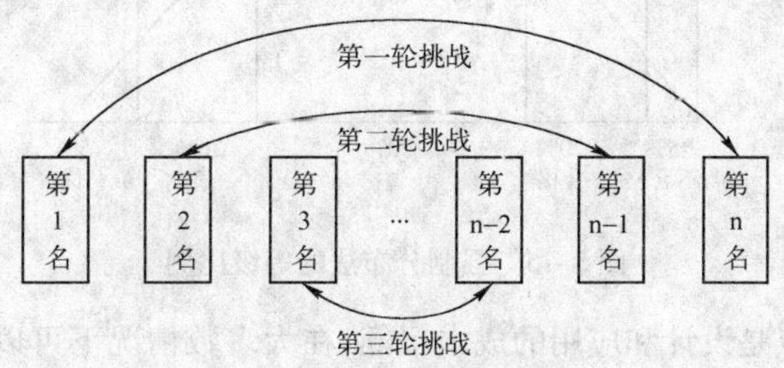

图 5－3 交替比较法

(3) 对偶比较法

对偶比较法也叫做配对比较法。在考核时把被考评者两个人一组配成对,然后分别比较每一对中两个员工的绩效高低水平。全部比较以后,把比较结果按照一定的公式计算出每一个人的总分。这种考核方法可以在一定程度上克服考评者的考评偏差,提高绩效考评的正确性。但是这种绩效考评方法也存在明显的缺点,当被考评的员工人数比较多的时候,考评者的评分工作量会迅速增加,需要考评的次数就会成几何级散增加。当考评 n 个员工时,需要评分 n(n－1)/2 次,这在实践中就显得过于复杂。

表 5－9 是对 5 名员工的对偶比较结果。

表 5-9　对偶比较法应用示例

姓名	A	B	C	D	E	得分	名次
A	—	1	0	1	1	3	2
B	0	—	0	1	1	2	3
C	1	1	—	1	1	4	1
D	0	0	0	—	1	1	4
E	0	0	0	0	—	0	5

说明：A 与 B 比较，当 A 好于 B 时用 1 表示，否则用 0 表示，其余类推。最后按总分排序。

（4）标杆比较法

标杆比较法先把绩效指标（可以是多个指标）分成若干个等级，然后选择一位员工（标杆），并确定他的绩效等级。其余人员根据确定的标杆，考评出相应的绩效等级。如果是多个指标，则可以把等级加权之和作为他们的综合考评分数，如图 5-4 所示。

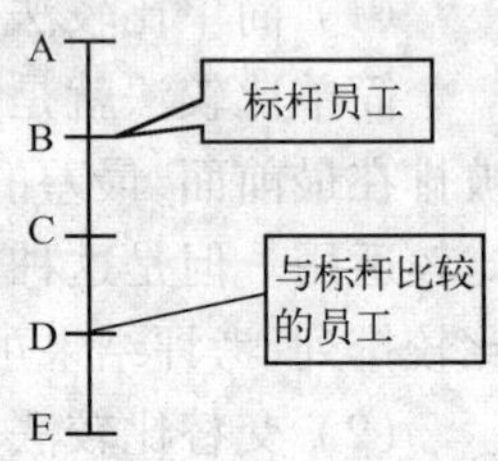

图 5-4　标杆比较法

2. 强制分布法

上述方法没有确定各等级比例，员工无法明确地了解自己所处档次。强制分布法则先根据需要设定等级和比例，如划分成优、良、中、合格、不合格五等，然后按照每个被考评者绩效的相对优劣程度，强制列入其中某一等级。等级分布的典型形式如图 5-5所示。

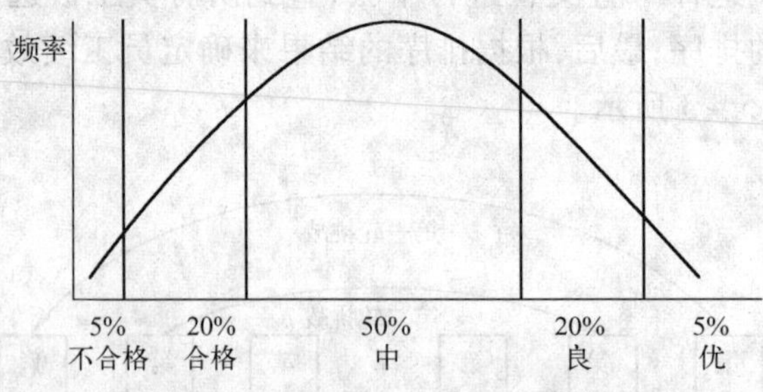

图 5-5　强制分布法的等级比例

强制分布法的优点是设计和应用的成本很低，在大多数情况下可以保持考评尺度的一致性，既可以避免考评者的过分偏宽、偏严或高度趋中等偏差，也可以克服不分优劣的平均主义。缺点是在总体偏优或偏劣的情况下，员工的业绩水平不遵从所设定的分布模式，按照评价者的设想对员工进行强制区分难以实事求是地作出评价，容易引起员工不满。

3. 评语描述法

这种方法在我国比较常用，主要是为被考评者写一份用语言描述的评价报告，描述被考评者的工作产出、工作表现、工作态度，优点和缺点等。因为完全是定性的描述，没有一定的规则，没有具体的维度结构，一般只做总体考评，加上考评者的个人态度、文字能力、判断能力等主观性因素，往往使考评结果带有很多偏差。

5.2.5　360 度绩效考评法及其实施要点

除了前面介绍的一些基本方法之外，目前在管理比较现代化、规范化的企业，常用的绩效考评方法主要还有三种，它们分别是360度绩效考评法、关键绩效指标考评法、基于平衡计分卡技术的绩效考评法。考虑到本书的读者定位和编写特点，本小节只概括性地介绍一下360度绩效考评法，对其他两种方法有兴趣的读者可以参阅相关其他图书。

1. 360度绩效考评方法的含义

360度考评法又称多方考评者考评法，这种考评的参与主体很多，有直接上级、间接上级、同级相关领导、下属、自己，有时候甚至还包括了关键客户（例如对销售部门人员、售后服务部门人员的考评）和外部专家（例如对一些专业技术人员的考评）。如图5-6所示，这些考评主题遍布在被考评个体的周边，这也正是360度考评法名称的由来。

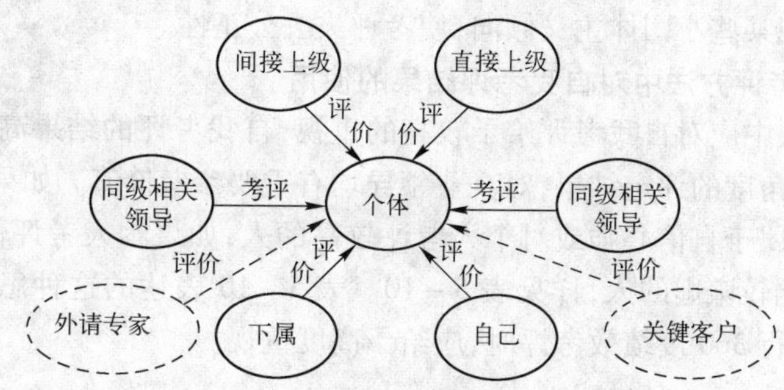

图5-6　360度绩效考评方法示意图

在采用360度绩效考评方法时，考评的指标一般可以从三个方面来设计：努力程度、工作态度、行为结果。每一个大的指标可以下设几个小指标，如工作态度可以包括任务完成的速度、质量、对下属的亲和力、同级领导的认可度等。这样就构成一个指标体系。

360度绩效考评方法至今已经成了对一般人员和中层管理人员使用得最多的方法。

2. 360度考评中各考评主体的特点

360度考评方法从多个维度对员工的绩效进行评定，从而综合反应员工的业绩，但是各个评价主体在考评中的特点是不一样的。常用的几种考评主体各具有如下特点。

（1）上级考评。被考评者的上级对考评者的工作态度和技能水平最为了解，对被考评者的日常工作表现也有纪录，所以上级考评是主要考评形式，一般权重要占60%以上。

（2）同级考评。同级之间是一种相互考核，通过相互考核认定，便于同事之间进一步了解，明确自己与别人的差距，有利于引导员工向绩效优秀的同事学习，提升团队的整体业绩。同级之间的考评权重不宜过大，一般占10%左右即可。

（3）下属考评。下属对上级的考评，主要是对上级的管理风格、管埋方法，以及个人魅力的一种认定。通过下属的考评，使被考评者明确自己管理工作中的不足。由于下属对上级工作的整体性把握不全面，所以该考评所占权重也不宜过大，一般占10%左右即可。

（4）自我考评。自我考评的目的在于使员工进行自我总结，分析自己的不足，正确看待自己的工作绩效，进行自我管理和自我提升。所以，在设计自我考评表时，各指标的等级应非常明确。自我考评主观性较强，权重一般也为10%左右。

（5）客户考评。客户对经营管理的信息反馈十分重要，但完全以此为根据，绩效考评又会带来一定程度的误差。对客户的考评必须进行很好的设计，才能对信息的有效性进行监控。所以这种考评所占比例，应根据企业的行业特点来确定其所占权重。

对上述几个维度的考评结果，应根据企业的具体情况进行计算公式的设计并实施。

3. 360度绩效考评方法的优点

(1) 考评方法较简单，可操作性强。

(2) 多方考评者参与考评，使考评更具民主性。

(3) 可提供分析的信息量大，管理者可从中获取更多第一手资料。

4. 360度绩效考评方法的缺点

(1) 由于参与面大，每个个体均带有主观性。

(2) 有时绩效考评的偏差来源于个人的某些不合群的癖好。

(3) 有时会出现某些小团体主义倾向，使考评失去公正性。

5. 360度绩效考评方法中对自我考评结果的使用

在360度考评法中应对自我考评给予较高的重视，自我考评的结果高于或低于总评定结果，高于或低于其他角度的评定结果，对企业领导均有重要参考价值。如果自我考评的结果高于总评定结果，本人属于自信心强或对个人考评较高的人，如果本人考评低于领导考评，说明本人自信心较弱或比较谦虚的人，详见表5-10。表5-10表达的这种思路有相当重要的信息价值，在对员工进行360度绩效考评时，应给予高度重视。

表5-10 个体考评值与360度考评值量化分析表

B_i(各方位考评值)	比值($\frac{A}{B}$)	A的性格特征及人群关系状态	A要注意调整的心态
直接领导考评值(B_1)	>1	A的自信心强，对自己的考评较高，但直接领导对他考评一般	要更尊重自己的直接领导
	<1	直接领导对他的考评比本人对自己的考评高，表明领导较欣赏A的表现	增强自信心
间接领导(与其部门有一定相关性)考评值(B_2)	>1	个性可能较强，对非直接领导的意见接受度可能较差	对间接领导尊重不够
	<1	表明本人能较谦和地对待所有相关的领导，谦虚且较谨慎	调适度好
同级的相关部门领导的平均考评值(B_3)	>1	有时有不够尊重其他部门领导的地方，沟通不够，协调能力偏弱	多与其他部门领导沟通，协调关系要谦虚
	<1	部门间的关系处理得较好，同行的考评高	要继续保持良好的部门关系
下属部门群众的平均考评值(B_4)	>1	下属对其可能有不满情绪，平时工作作风可能较生硬	多倾听下属的意见，创造一些机会与部属多一些沟通，把自己的困难坦诚地告诉下属
	<1	获得下属拥护，人际关系较好，在群众中有一定威信	要保持民主作用，让下属多参与决策和管理
上下左右及自己的综合考评值(B_5)	>1	本人有显著的自以为是倾向，人群关系状况较差	要学会谦虚、谨慎，要检查自己的工作作风，改正一些对自己发展不利的个性
	<1	群众关系状态好，个人的心态也较平和	保持平和的心态，在合适的场合表现和推销自己

注：A：自我考评；B_1：直接上级考评；B_2：间接上级考评；B_3：同级考评；B_4：下属考评；B_5：综合考评

6. 360 度绩效考评表格工具

进行 360 度绩效考评时,需设计专用表格,如表 5－11 所示为某单位所用表格。

表 5－11　某集团 2007 年度高级员工 360 度考评信息确认表

单位(盖章):

被考评人姓名	职务	上级考评人姓名	同级考评人姓名	下级考评人姓名	考评人数总计
		1 ______ 2 ______	1 ______ 2 ______ 3 ______ 4 ______	1 ______ 2 ______ 3 ______ 4 ______ 5 ______	
		1 ______ 2 ______	1 ______ 2 ______ 3 ______ 4 ______	1 ______ 2 ______ 3 ______ 4 ______ 5 ______	
		1 ______ 2 ______	1 ______ 2 ______ 3 ______ 4 ______	1 ______ 2 ______ 3 ______ 4 ______ 5 ______	
考评时间:			考评地点:		
填表人:			填报日期:		
单位负责人意见:			签　名:　　　日　期:		
单位分管领导意见:			签　名:　　　日　期:		

集团公司人力资源部制

7. 实施 360 度考评时应注意的事项

(1) 选择最佳的切入时机。实施 360 度考评最佳的时机应是企业有了一定的经营管理基础,企业和人员较稳定,在人力资源管理上有了一些基础,比如有较健全的企业架构和职位描述,建立了基本的人员培训制度和沟通平台等。

(2) 要切实提高考评人员的素质。考评方案再好,如果考评人员素质太低,那么考评不但提升不了员工的胜任能力,反而带来更多的人员管理问题。因此,一要通过一定的标准去选择考评人员,二要对考评人员强化培训,三要明确考评人员对其考评结果应承担的责任,四要防止考评人员相互之间的串谋作弊。

(3) 考评的周期不应过短。实施 360 度考评时,考评周期不应过短,可考虑半年或一年评价一次,这既可以减少考评的工作量,也能更客观评价员工胜任能力的变化。

(4) 注意加强反馈面谈。反馈面谈是考评中的重要环节,关于其具体知识,在本章下一节将进行详细介绍。反馈面谈也是消除员工认为的不公或不满情绪的重要途径。

（5）必须要将评价结果与其他人力资源模块挂钩。考评结果的应用程度，是落实考评目的的核心环节。能不能建立考评的威信，能不能让各级员工真正重视考评，就要看结果的应用程度了。应用程度低或不应用，那就等于告诉各级员工，考评结果对我们没有什么影响，当员工认为考评结果不会影响个人了，就没有人在意考评结果了。

8. 360 度绩效考评表格应用实例

表 5－12 是某公司五位核心管理领导 360 度绩效考评成绩的一览表。

表 5－12　某公司核心领导干部 360 度考评一览表

项目 / 主体 / 姓名	工作业绩			全局观与协作精神			敬业精神			管理才能		
	领导互评	下属人员	个人自评	领导互评	下属人员	个人自评	领导互评	下属人员	个人自评	领导互评	下属人员	个人自评
张建华（总经理）	3.8	4.0	4.0	4.1	4.5	4.0	4.4	4.7	4.0	4.0	4.1	4.5
王一娜（财务副总）	3.7	3.7	3.3	3.8	3.5	3.6	4.4	4.7	4.0	4.0	4.1	4.5
秦京严（销售副总）	3.7	3.7	3.2	4.1	4.2	4.0	4.4	4.7	4.0	4.0	4.1	4.5
林尚冬（技术副总）	3.3	3.3	3.8	3.5	3.6	4.0	4.0	4.3	4.5	3.4	3.7	4.0
何青霞（生产副总）	3.6	3.3	3.3	4.3	4.1	4.2	4.3	4.4	4.3	3.5	3.7	3.7

5.3　考评结果的分析与反馈

考评结果的分析与反馈是绩效考评中的重要环节。只有将考评结果进行分析，并适时地通过一定形式反馈给被考评者，考评才能切实起到激励、奖惩和培训的重要功能。

5.3.1　考评结果的表示方法

考评结果的表示方法通常有以下几种：

1. 数字表示法

数字表示法是结果表示的最基本形式。它是直接利用考评结果的分值对被考评者的绩效情况进行描述的方式。这种方法具有两个优点：第一是可比性强，各考评对象和考评指标并列于表格之中，便于在各个被考评者之间进行各种比较；第二是言简意赅，这种方式充分利用了数字描述具有的规格统一、数据量大等特点，并为计算机管理创造了条件。

但是，这种方法也有一定的缺点，主要表现为不能全面反映每个被考评者的具体情况，从而使信息受到损失。这种方法需要和文字描述相结合使用。

2. 文字叙述评价法

考评者以文字叙述的形式描述员工绩效，对所涉及的话题给出提示。这种以定量为基础的定性描述，具有形象化的特征，有较强的直观性，重点突出，内容集中，具有适当的分析，充分体现了定性与定量相结合的特点。

这种方法的缺点是容易出现各位考评者对被考评者的评语雷同化现象。另外，由于评价者不同，文字描述的长度和内容有极大差异，考评者的写作技巧也会影响评价。所以，这种方法仅适用于标准考评之后，在同等条件下对被考评者的一种概括的主观评价。一般在向上一级推荐员工时，在可测量性的绩效考评表后可附带着文字叙述的评价。

3. 图表表示法

图表表示法是利用已知数据，描绘出各种统计图表来表示考评结果的方式。其优点是简单明了，直观形象，对比性比较强。其缺点是信息损失量大，只能了解总体情况。

5.3.2 考评结果的模型分析

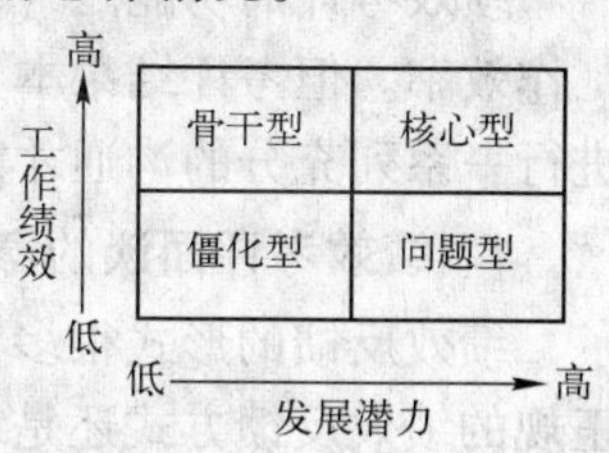

图 5-7 考评结果分析模型

进行绩效反馈，首先需要分析考评结果。考评结果包含大量的信息，只有充分应用这些信息推动人力资源管理各个环节的工作，才能达到绩效考评的目的。企业可以根据工作绩效和发展潜力这两个指标对员工进行分类，如图 5-7 所示。

对于图 5-7 所示四种不同考评绩效类型的员工，企业应有不同的管理对策。

(1) 核心型员工。核心型员工既有很高的工作绩效，又有很大的发展潜力。他们在企业中所占的比例很小，却创造着很大的绩效。核心员工不仅在现实工作中扮演着重要的角色，而且代表着企业未来的发展，决定着企业未来的绩效。所以，对于他们要高度重视。

(2) 骨干型员工。骨干型员工具有较高的绩效，但缺少发展的潜力。企业一般都有一批骨干员工承担着大量的日常工作。他们能够很好地完成企业分派的任务，并达到预定的工作目标，但在工作中，常常因缺乏创新和开拓而无法进一步提升绩效。在企业运行过程中，始终保持骨干员工的工作绩效，对企业的成长与发展来说，也是非常重要的。

(3) 问题型员工。问题型员工工作绩效水平不高，总存在这样或那样的问题，但具有很大的发展潜力。如果管理者能够在人力资源管理过程中帮助他们解决问题，提供一定的发展条件，并予以一定程度的激励，问题型员工的绩效水平就可能由低变高。问题型员工同样是企业发展过程中不可忽视的力量，关键是要对他们进行有效的管理。

(4) 僵化型员工。僵化型员工工作绩效水平很低，而且缺乏发展的潜力，其中许多人根本不能适应岗位的基本要求。对于僵化型员工，企业应安排其正常流出。

5.3.3 考评结果的反馈过程

绩效考评的最后一个环节，就是由员工和管理人员一起，回顾和讨论考评的结果，这就是绩效反馈工作。该项工作具有两个主要特征：一是信息传递，就是向员工传递与考评结果相关的信息。二是激励和警醒，促使员工对上一阶段工作进行回顾，对被肯定的，使他获得动力；而对不足的，使他反省并加以改正。考评反馈过程包含四个步骤：

(1) 反馈知觉。员工对反馈得到的信息进行某种组合和解释，并检索出重要的信息。

(2) 接受反馈。如果员工认为管理者提供的信息正确地描述自己的工作情况和成绩，或者公正客观地指出了自己工作的不足，那么员工就会接受考评信息的反馈。

(3) 行为意向。所谓“有则改之，无则加勉”，员工根据反馈信息，决定是否保持或增强那些被考评为有效的行为；改变或消除那些无效的、不良的行为。

(4) 意向反思。即根据绩效反馈的结果，重新审视和订立自己的新目标，以便进一步提升自己的绩效水平。

5.3.4 绩效考评结果的面谈

绩效考评的功能之一,就是通过考评发现员工在工作中存在的不足,加以改正,从而提高工作效率。但考评结果本身并不足以说明员工能自动去改进工作绩效,主管人员需要和员工进行一系列充分的沟通才能达到这一目标,沟通的方式就是绩效考评结果反馈。

1. 绩效考评面谈的意义

绩效反馈的形式很多,如采用书面通知、面谈反馈、电话通知等。目前使用较多、并且比较正规的绩效反馈方式还是绩效面谈。通过绩效面谈,可以使优秀者继续保持其良好的绩效,并为其进一步的发展提供指导;对于表现不佳的员工,以绩效面谈的方式,对其进行提醒、分析、指导或者警告;对于那些绩效表现变化显著的员工,也对其进行绩效面谈,以便更准确了解变化的原因,从而采取针对性的举措。例如,科龙公司对于团队中表现最好的20%和最差的10%的员工,每年都要通过绩效面谈的方式来进行思想沟通。

2. 绩效考评面谈的准备工作

绩效面谈是一项比较艺术性的工作,一个成功的绩效面谈来自于事前的精心准备。

在准备进行绩效考评面谈实施之前,首先需要做好如下四件事情:

(1) 首先应拟定面谈方案。即明确本次绩效面谈主要谈什么,要达到什么样的目的,解决什么样的问题。另外,向被考评者传递绩效信息时,哪些信息只进行一般性的传递,哪些信息需要重点传递;在肯定成绩的同时,怎样指出他们工作中的缺点,又不伤害他们的感情;如何与他们商讨进一步改进的计划等等,这些都是反馈者要事先计划好的。

(2) 收集相关信息。重点在于研究面谈对象的工作职责和工作目标,将其实际工作绩效与工作所要达到的标准相对照,找出差距,并翻阅以往表现情况记录,与目前相对照。

(3) 给面谈对象充分的准备时间。应至少提前一周通知面谈对象,使其有时间对自己工作进行总结;回顾自己的工作目标与职责,分析自己工作的成绩与问题,找出原因,并进行小结。主管先作适当的口头确认,说明考核的重要性,督促员工在规定的时间做好准备。另外,在面谈正式开始的前一天,还要与下属当面再确认一下具体时间和地点。

(4) 选择一个适当的时间和地点。应当找一个对双方来说都比较方便的时间进行面谈,最好在公司的会议室而不要在经理办公室谈,否则,你的电话会不断地打断跟员工的面谈,而且让员工感觉像是在汇报工作。面谈双方桌椅的尺寸要差不多大,同时将桌面整理干净,不要让文件成为双方交流的障碍。安排座位时,尽可能创造出一种轻松的氛围。利用桌子的一角可以显示出一种友好随意的氛围。面对面沟通时,主管的身体尽量前倾,保持身体直面向下属。鼓励下属说话,然后认真聆听;关注下属的长处,谈话要具体、客观,态度要平和,要始终把握面谈是双方的沟通,是两个人的谈话,而非一个人的讲演。

3. 绩效考评面谈的不同类型

绩效面谈主要有三种类型,每一种类型的面谈都有其特殊的目的。员工的总体绩效考评结果一般是从优秀到不满意。在考评讨论时,选择一个与考评一致的方法。例如,员工可能在现有的工作中表现很优秀,但是因为缺少一些关键技能,所以还不能提拔他们。你必须决定怎样处理每个个案。表5-13是一些绩效考评面谈的常见讨论模式。

表 5 - 13　绩效考评面谈的常见讨论模式

考评结论	员工可能的未来	讨论目标
优秀	晋升 在当前的工作中发展 工作内容增加 职责不变	考虑晋升机会 制定发展计划 探讨工作职责增加的可能性 怎样保持绩效水平
满意	晋升 在当前工作中发展 职责不变	考虑晋升机会 按既定发展计划 怎样保持或提高绩效水平
不满意	改进绩效 不改进绩效	计划改正和获得员工的承诺 考虑另外分配任务，或考虑终止其职务

4. 绩效考评面谈的一些具体技巧

(1) 创造良好的面谈氛围。成功的考评面谈负责人认为，员工应该在讨论中担任主要角色，这一点可以通过运用良好的交流技巧和营造一种鼓励讨论的气氛来取得。在绩效面谈中，主管应经常微笑并点头，简单地发出"嗯"、"噢"、"原来这样"、"我明白"等反应。这不仅便于消除下属心理上的紧张感，增添下属的信心，鼓励下属继续谈话，还可以表示对下属所讲的话题有兴趣和关心，示意下属你完全领会他的谈话内容。为了使面谈能够达到预期效果，在面谈开始时，应首先对下属的辛勤工作加以肯定，使下属放松心情，建立彼此相互信任的关系。

(2) 充分运用多种交流技巧。为了能成功地进行面谈，考评者需要恰当地运用交流技巧。在考评面谈中，设计交流技巧的主要方面有提问、聆听、理解、移位。

首先是提问方面。若有可能，你应该提一些可讨论的问题，这样可以鼓励对方开口，获得信息，了解他们的观点和看法。可讨论的问题能使你们的讨论顺利进行并能鼓励员工参与面谈。比如，这件事我想听听你的意见，看我们怎样才能做得更好。员工比较欣赏愿意与他们分享看法、愿意征询他们的意见和愿意倾听他们看法的领导者。懂得这一点的领导者，可以使考评讨论更具启发性和更富有成效。

其次是聆听方面。在进行面谈中，虽属指导、激发向上性质的谈话，也不可以变成考评者讲而被考评者听的一面倒的情形。俗语说"善听即善言"，除了自己讲，也要同时倾听对方的发言。据专家估计，人际沟通仅有一成通过语言来进行，两成取决于语调与声音，其余六成则得靠肢体语言。所以，在倾听过程中，不仅要耳到，还要脑到、心到，用眼睛去观察，用心灵去体会。聆听的规则十分简单，下面列举几条。

- 眼睛要直视对方，这样显得你对别人的话感兴趣。
- 用话语或手势告知对方你同意他的话。
- 问一些与刚才的话相关的问题。
- 在谈话中重述或总结一下重点问题。

第三点是理解。你要确保明白被考评者说的是什么。这可能需要你去理解一些隐藏的意思，因为他们可能由于太紧张而词不达意。可以用下面的这些话来使他们详细地说出他们的意思。

- "换句话说，你所说的就是……"——这可以让他们来解释一下自己的话。
- "你这么说，那你的意思是……"——你可以说出一个不同的理解，这样可以使你们双方都明白要说什么。

- “那么，总的说来……”——这可以让你对关键点进行总结。

同样，考评者也要使被考评者明白你的意思。当你要陈述一个观点时，你要通过不停地询问来确保他明白你的意思，直到他的反应能让你满意。

最后一点是移位。把自己放在被考评者的位置上来想问题是很重要的。当你知道被考评是一种什么样的感受时，你就会克服很多让你不能进行坦诚的讨论及达成一致结论的障碍。可以使用下面的话：

- “我知道在电话里对付一个怒气冲天的客户是什么样的感受。过去我也常常接到这样的电话，那时我几乎忘了‘顾客就是上帝’这句话，然而，我们却要时刻记住它……”
- “我也遇到过这样的事，当另一个主管开始朝我太吼大叫时，我的第一反应就是以其人之道还治其人之身。但这样并不能解决任何问题……”

通过移位，你让员工知道你理解他们的工作难处，这样你就能得到相关的信息。

(3) 告知考评结果的技巧

主管讲话的艺术一般体现为“三明治法则”，也称为“三部曲”，即首先表扬员工特定的成绩，给予真心的肯定；然后提出需要改进的行为表现；结束时给予肯定和支持。这种方法有助于消除员工的抵触情绪，增强员工根据绩效反馈结果改变行为的自愿程度。

此外，谈行为不谈个性，也是绩效考评面谈中始终要贯彻的一条原则。我们要谈的是一种行为，千万不要帮人家定性：“你怎么这么笨，这么懒？怎么每一件事情都要依赖上司？怎么依赖性这么强？你不要事事依赖领导……”这些都是个性。绩效面谈只是要纠正被考评者工作中不当的行为，而不是评判被考评者的个性。

5.3.5 确定绩效改进计划

经过绩效考评面谈，双方对下一阶段的工作达成一致意见，就可以共同制定详细的绩效改进计划，这也是绩效管理的内容之一。在制定工作改进计划时，必须做到以下几点：

(1) 发现绩效的不足之处。重新审查考评结果的可靠性，尽量在绩效缺陷和考评缺陷之间作出明确的界定。也许考评者没有真正发现员工的工作缺陷，也许被发现的缺点不是员工自身造成的。

(2) 选择合适的切入点。从容易改进的方面着手改进绩效，可以使改进工作有个良好的开端，使员工对绩效改进充满信心，所用的时间和成本最小化。

(3) 绩效改进切实可行。内容切合实际，拟定的计划内容必须和绩效相关，不要过于形式化，泛泛的培训和学习理论知识没有太大的效果。有具体的改进时间安排，最好有一份时间进度表。

(4) 积极参与，充分信任。只有员工积极主动地参与改进计划，知道怎么改进，上级领导信任员工的能力，放权让他们去完成新的任务，才能真正发挥他们的积极性和创造性。当然，有时候管理者也不得不亲自过问，去解决员工工作中的困难。

5.4 绩效考评的偏差与修正

在绩效考评过程中，由于多种因素的影响，经常会出现各种考评结果的偏差。为此，考评管理者必须采取相关措施，对这些偏差进行修正，以便保证绩效考评工作的有效性。

5.4.1 影响绩效考评的主要因素

对绩效考评结果会产生影响作用的因素主要有以下三类。

1. 考评系统

考评系统影响因素主要是指考评的指标体系、考评方法、考评程序等方面的影响因素。例如,某公司为了提高公司整体绩效水平,引进了一个全新的360度绩效反馈系统,但是在整个考评过程中,由于操作过程过于简单,考评结果和薪酬密切结合,最后导致企业内部产生人际关系紧张。考评指标不全面,抓不住关键绩效指标,考评时存在形式主义等问题对考评效果产生了严重的威胁。

2. 人的因素

人的因素包括考评者和被考评者的因素。考评者的个性特点、考评态度、价值观念,内隐的考评指标体系,以及与被考评者之间关系(如喜欢某个特定的下级)等都会对考评产生影响。例如,当上级的心情比较舒畅时,可能对考评比较宽松;上级对某个下级有负面的看法时,这种态度容易在考评结果中体现出来;考评者如果觉得工作结果是最主要的衡量绩效的指标,那么可能会轻视对工作表现指标的考评。另外,如果有些下级的工作表现比较好,那么即使他们的工作结果比较差,在考评时也会产生考评偏高现象。

3. 考评环境

考评环境主要包括企业考评的配套制度是否健全,企业的民主参与程度、管理的形式化程度是否很高,有没有一个积极向上的文化特征等,这些环境因素对考评也存在较大的影响作用。例如,在一个以人为本的企业内部,对员工的评价更多采用的是肯定和发展的方式,在考评时对员工的价值和成绩总是保持肯定和表扬的态度,对员工的工作缺陷不加以极端的否定和打击。绩效考评本身就是对员工的引导,因此企业内部的各种条件对考评的影响作用是十分巨大的。

5.4.2 绩效考评中存在的主要偏差

在绩效考评过程中,由于以上多种因素的影响,经常会出现如下的各种偏差问题。

1. 晕轮效应

晕轮效应是指在绩效考评过程中,由于考评主体对被考评者的某一绩效要素的评价较高(较差),由此对被考评者的所有绩效要素作出较高(较差)的评价的倾向。

由于晕轮效应的存在,在绩效考评时,考评者对被考评者的某一方面甚至与工作绩效无关的方面特别关注,将影响整体绩效的考评。例如以点盖面,以偏概全等。

另外,晕轮效应会导致过高评价或过低评价。例如,比较会处理人际关系的被考评者,往往容易得到考评者的好感,被认为有较强的能力;而那些平时衣着不整,上下班经常迟到早退的员工,会令考评者形成强烈的消极印象。

2. 趋中效应

趋中效应是指评价主体对一群被考评者所作的结论相差不多,或者都集中在评定尺度的中心附近,致使被评定者的成绩没有好坏之分,无法区分优劣的倾向。

造成居中趋势的原因主要有:考评主体往往不愿作出"极好"、"极差"之类的极端评价;考评主体对被考评者不甚了解,以致难以作出准确的评定;考评主体对考评工作缺乏自信心;评定要素的说明不完整或评定方法不明确等。

3. 宽大误差

宽大误差是指考评主体对被考评者所作的评定高于其实际成绩的倾向。产生宽大误差的原因主要有:考评主体往往不愿意严格地评价下级;考评主体往往希望自己部下的成绩优于其他部门的成绩;评定者本身对评定工作缺乏自信心;评定要素的评价标准不明确。

在实际考评中,与宽大误差相反,还有一种严格误差,它是指考评主体对被考评者所作的评定要求过高,以至于其评价结果往往低于考评者实际成绩的一种错误倾向。

4. 对照效应

对照效应是指在考评过程中,考评主体常常把某一被考评者与其他被考评者进行对照,从而得出与被考评者实际工作情况有偏差的结论。绩效考评不是以具体的指标为标准,而是以不同的员工作参照,使得考评结果失真。

5. 板块效应

板块效应是指考评主体习惯于把处于相同层次的群体视为较为稳定的板块,而对处于该群体中的成员,就认定具有板块特征,作出不正确的评价。

6. 近因效应

近因效应是指在考评时,考评主体依据被考评者最近的表现进行考评,而忽视了被考评者以前的表现,以至于不能恰当反映员工的实际业绩。

7. 同好偏差

同好偏差是指在考评时,考评主体常常给予和自己有相同特性的员工较高的评分。

8. 偏见误差

偏见误差是指在考评时,由于考评主体对被考评者个人特征存在偏见,进而作出不客观的评价。

9. 第一印象误差

首次遇到一个陌生人时,给我们的印象最深,如果他(或她)的举止行为与你希望的相差太远,那么你对他们的印象会很深刻。第一印象也是考评中常见的一种偏差因素。

5.4.3 修正考评偏差应采取的对策

上述偏差的存在会使员工对考评产生抗拒心理,从而使考评结果失真。为此,企业要从严训练考评主体,仔细收集日常资料,积极宣传考评意义。

当然,绩效考评的主观性是难以避免的,绩效考评的偏差将会永远存在。进行偏差分析不是要消除偏差,而是找出偏差产生的原因,在可控范围内最大限度地降低偏差水平。

1. 充分准备

考评主体要认真思考了解可能出现的偏差及具体的表现,事先做好充分的心理准备。

2. 加强培训

在员工进入企业前的指导性培训阶段,即应告知绩效考评的有关制度和程序。在考评过程中,通过强化对考评主体的培训,来降低偏差的水平。

3. 科学制定考评标准

根据具体的考评目标和工作内容,拟定考评标准。标准要和工作相关,能全面、客观地反映员工的工作内容与业绩情况,并有客观的信息作为考评依据。考评标准应尽可能准确、明了,尽量使用量化指标,减少个人感情等因素的干扰。

4. 科学选择考评主体

确定考评的执行人员,并进行考评目的、工作内容、技术方法等方面的专业训练,这有助于降低偏差的水平。

5. 明确考评的目的

在考评前,应明确考评究竟是为了评定绩效,还是为了确定培训对象,或是为了调整薪资。根据目的来考评,能够降低偏差的水平。

阅读材料

缺乏"绩效沟通",造成销售骨干愤而离职

A 是 K 公司的老员工,大学毕业即加入 K 公司,从普通的员工做到如今的高级销售经理。

K 公司在年初制定了销售计划,较上年度提高了近 100%,同时改变了绩效考核办法,由原来的按季度考核改为按月考核,并且实行了负激励。尽管员工反对声音挺大,但新办法还是从 1 月开始实施了。然而一季度过后,公司业绩距离目标甚远,员工的绩效奖金也较去年大幅减少。

A 君认为是公司制定的计划不切实际,考核目标太高无法完成,而公司则认为是员工们的干劲不足。在数次沟通无效后,A 君愤而离职,并带走了部分同事和部分客户资源。

6. 建立反馈制度

建立正规的公开和反馈制度(如考评结果的公布,考评结果面谈等),让员工(包括考评对象本人)了解考评的程序和方法,知道考评的结果,让考评对象与考评者或主管有面谈的机会。反馈的目的不在于争论考评的结果,而是要对未来的绩效提出建议,以帮助员工成长与发展。

7. 确定恰当的考评周期

考评周期要恰当,不宜过长或过短。应针对不同对象综合分析,确定合理周期。

另外,对于考评中出现的问题,还要建立申诉制度和参与制度,妥善使用考评结果。

5.5 案例与讨论

5.5.1 麦考德购物中心的绩效考评改革措施

麦考德购物中心主要经营日用品,过去考核销售员的方法是把他们的销售业绩、卫生环境、柜台陈列、账册管理等方面的情况汇总在一块考评,根据综合考评结果发放奖金。这样就可能出现销售业绩单项突出的员工,但最后综合评价分数不一定高,奖金不一定拿得多,严重影响了员工的积极性。

2006 年 9 月份起,中心推出了一套新的改革措施。具体地说,就是首先把总奖金的 50% 提出来,作为销售奖金,按销售业绩排序分档,第一名拿一档;第二名拿二档,依次类推,对于最后一名,如果是有客观原因(如生病、事假等),则可以按序拿最后一名的奖金,如果没有客观原因,则不能按序拿最后一档的奖金,而是一下子直落到底,拿到收底奖金——只有50元。其次再把总奖金的20%提出来,作为销售服务奖,按服务态度分档排序。再次是拿出总奖金的10%作为领班奖,奖励领班分配的一些临时性的、不能进入业绩考核的工作。剩下的总奖金的20%才按过去的办法进行销售、卫生、陈列、账册综合考评。不难看出,新方案与过去最大的不同是突出了员工的销售业绩,并把每个人的业绩摆在明处。

新措施实施后,确实极大地调动了员工销售的积极性,主动迎客热情服务。9、10月份销售额连续增长20%。同时也引出了负效应:一些员工争抢销售,在一定程度上影响了团结;如来了顾客,两人同时争着上去迎接介绍情况;顾客要掏钱了,这个说是我先迎上去的,那个说是听了我的介绍他才买的。也有一些员工平时劳动态度好,只因为不善与顾客沟通表达而销售业绩不突出,被排在了靠后的档上,感到很委屈;排在后面的员工觉得没面子,心理压力较大。

案例讨论

1. 如何认识和评价这项绩效考评改革措施的负面效应?
2. 为了消除这些负面影响,你认为还有哪些工作需进一步落实?

5.5.2 IBM公司的绩效管理

在一般人员的绩效管理上,IBM取消了以往绩效四级考核的评等方式,而改为采用新的三等评等方式,也就是对全部人员分别确定为1、2、3三个等级,并实行纺锤形的绩效分配原则,即除非有例外状况,绝大多数的员工都能得到2的评等。IBM称这种新的绩效管理制度叫做个人业务承诺。

个人业务承诺体现了员工的绩效计划,建立在员工自己按下列三个领域设定的年度目标上:

1. 必胜:成员要抓住任何可成功的机会,以坚强的意志,竭力完成既定目标(例如,对于销售人员来说,主要是完成市场占有率目标,这对于销售人员来说是最重要的绩效评价指标)。
2. 执行:强调行动、行动、行动。不要光是坐而言,必须起而行。
3. 团队:即各不同部门、单位之间,不允许有冲突,绝不在顾客面前让顾客产生疑惑。

根据个人业务承诺内容,管理者对员工年终的绩效进行考评。除此之外,员工亦可以自己另外寻找6位同事,以匿名的方式通过电子窗体进行考评,称为“360度绩效反馈”。当被评为第3等时,代表本人未达成业务承诺,你必须更努力地工作,以达到更佳的业绩。如果得到特别差的评等3时,你可能被处以6个月的留公司查看。评等2代表你达成目标,是个好战士;得到评等1的人被称为“水上飞”,代表你是高成就者,超越自己的目标,也没做错什么事,团队关系也很好。

这种绩效考核对IBM的一般成员具有重要的意义。而对管理人员,则根据员工意见调查,高阶主管面谈,门户开放政策等的反馈,另加一个考核层面而构成,并且占整个考核一半的比重。

案例讨论

1. 从上述 IBM 的绩效管理方法里面,我们可以借鉴哪些好的方面?
2. 就上述介绍的 IBM 绩效管理方法,请你分析里面还存在哪些弊端。

5.5.3 张正琨为何“不称职”走人

人力资源部刘东山经理在与销售部门员工张正琨的离职面谈中了解到:张正琨最近一次绩效考评发生在各部门上报考评结果的前一天下午。张正琨抱怨:“我当时正在会议室跟一个客户进行产品推介,被主管王发运叫了出来,当场就绩效面谈。面谈中他列举的几个关键事件都是不利于我的,明显是给我穿小鞋嘛!并且我根本没有再申辩的机会,就给我打了个“不称职”的结果。这样的主管根本不了解下属。

刘东山经理随后走访了销售部主管王发运经理。王发运经理解释说:“那天下午,我突然想起是公司绩效考评的最后一天,就马上找他过来了。但前一周实际上已经通知他了。等我找他时,他先是说没时间准备,可公司布置的事怎么能不做呢?然后就态度不好,我就说了他几句,他就开始反驳,说他在这一个季度里没做过那几件事。这些都是平时我记录在案的关键事件,怎么可能没做?我后来又对他讲了几句他平时的工作失误,他就只是愤怒和沉默,什么话也不再说了。我想至少他应该给我一个积极的回应才对。平时他还挺不错的,但是,这次考评中似乎很不高兴。最后我说:根据你的表现,本季度的考评结果我能给你打“不称职”,你信不信?我本来的意思是吓唬一下他,让他有一种危机感。谁知道,他生气地说:不称职就不称职,到哪都能干!还签了字。所以,按照公司规定,他就必须限期离开公司了。”

案例讨论

1. 从本案例中,你发现销售部主管王发运经理在绩效考评中存在什么问题?
2. 请分析是什么因素最终造成了张正琨“不称职”走人。
3. 从该案例的最后结果分析,部门主管应该如何做好绩效面谈工作?
4. 你从本案例中得到了什么启示?

5.6 本章小结

绩效考评就是根据设定的目标和程序,采用一定的方法,对员工在一个既定时期内的工作成果进行定性和定量的评价,对绩效进行区分性鉴别的过程。本章首先介绍了绩效考评的含义、作用和功能,并从横向和纵向两个方面介绍了企业绩效考评工作的整体流程;然后说明了绩效考评需要遵循的基本原则,对绩效考评的方法按照不同标准进行了类型划分,并对常用的绩效考评方法进行了介绍,并设计相关的表格实例,其中对 360 度绩效反馈考评方法的含义、优缺点、实施要点以及表格工具进行了详细说明;最后,本章对考评结果的分析和反馈进行了阐述,介绍了考评结果的表示方法,考评结果面谈的意义、作用、需要注意的一些工作技巧；并分析了影响绩效考评结果的主要因素，对在绩效考评过程中可能存在的主要偏差进行了罗列，并给出了相应的修正对策。

总之，通过本章的学习，读者应该理解绩效考评工作的重要性，把握绩效考评的整体流程，要能够明白企业绩效考评工作方案，甚至能利用各种绩效考评方法设计考评制度。

5.7 思考与实践

一、思考题

1. 什么是绩效考评？它具有哪些主要功能？
2. 请描述企业绩效考评工作的整体流程。
3. 绩效考评需要遵循哪些基本原则？
4. 绩效考评方法可以按照哪些标准进行类型划分？请你对某一种分类进行详细介绍。
5. 你对哪一种绩效考评方法最感兴趣？请按照这种方法的思想，设计一个考评实例。
6. 如何实施360度绩效反馈考评方法？它有哪些优点和缺点？
7. 考评结果都有哪些表示方法？各有什么特点？
8. 什么是考评结果面谈？在进行考评结果面谈时，需要注意哪些问题？
9. 影响绩效考评结果的主要因素有哪些？
10. 在绩效考评过程中，都可能存在哪些主要偏差？如何进行修正？

二、实践环节

1. 调研分析题

自己通过相关关系，联系两三家机构（可以是企业，也可以是医院、学校、研究所等事业单位），对其绩效考评的开展情况进行调研。

根据实际调研的结果，进行如下问题的分析：

（1）如果你认为某一个或几个机构的绩效考评工作做得很好，请你总结其主要特色。

（2）如果你认为某一个或几个机构的绩效考评工作做的效果很差，请帮助诊断其中的原因，并根据本章所讲的相关知识，帮助其提出一些合理化的建议。

2. 方案设计题

针对销售、管理、技术三类人员的不同情况，分别设计一套对应的绩效考评办法。

3. 角色模拟题

阅读下面的案例，然后按照后面的要求进行角色模拟联系。

如何对待末尾淘汰？

某豪华五星级饭店，现有员工300多人，是M市最高档次的五大饭店之一。为了提高人力资源管理的效率和水平，饭店最近从一家法国饭店管理集团挖来一个人力资源副总监沙克尔，出任本公司人力资源部经理，饭店总经理张财旺给予了沙克尔很大的职权。沙克尔来公司不久，就提出了一系列公司人力资源管理上的改革方案，其中有一项力度较大的措施是实施末位淘汰法，将年终考评中最差的10%解雇。

对此办法，饭店总经理张财旺拿不定主意，不知道该不该采用。张财旺觉得公司的员工普遍表现都很努力了，实在很难从中评出最差的10%出来。如果强制划分10%出来，张财旺也觉得他们不应该被淘汰。但是，沙克尔的人力资源管理方案中，末位淘汰法是一个核心内容，此方法在沙克尔原来所在法国饭店管理集团被运用得非常有效；并且沙克尔已经准备在本周四下午的全体中层干部例会上宣布这个制度。

本题要求：

(1) 人员分组。请同学们分组，每组人员4~6人为宜。

(2) 确定角色。每组的成员中，一人扮演人力资源部经理沙克尔；一人扮演饭店总经理张财旺；其余人员扮演饭店其他部门经理（如财务部经理、餐饮部经理）或一般员工。

(3) 模拟情景。本周四下午中层干部会上，大家对末位淘汰法能否实施进行讨论。

(4) 整体流程。首先由沙克尔宣布这项制度的具体内容以及实施方案，并说明其重要意义，然后由大家（包括其他部门经理、员工代表）进行讨论，最后由总经理进行总结。

(5) 注意事项。成员一定要有角色意识，根据案例具体情形，认真阐述自己的观点。

第6章 薪酬管理

引例

天津TD集团的薪酬管理

天津TD集团是一家实力雄厚的国有大型企业,主要经营自动化控制产品。在全国同行业数十家企业中,其年产值和利润数年来均独占鳌头。近年来,该企业在改革的进程中不断探索,薪酬管理颇有特色。

对高层管理人员,天津TD集团采取了持股多元化、年薪制以及精神物质激励相结合等多种方式。年薪由岗位工资、业绩工资、年功工资、效益工资组成。业绩工资单元所占比例较大,并且分为两部分,一方面保证了企业当期效益与个人报酬挂钩,另一方面又尽量避免了经营者的短期行为;对于业绩突出的高层管理人员,还给予政治上的荣誉,如推荐获得全国"五一劳动奖章",授予"省部级劳动模范"、"优秀企业家"称号等,同时通过定期的民主测评,使业绩优良的领导者受到群众的认可和拥护而受到鼓舞。

对项目管理人员采取项目工薪制,以单位工程项目为计薪对象,以履行建设单位和承包施工单位法人之间签订承包合同所约定的内容为目标,以加强全面项目管理为手段,以提高经济效益为核心,依据承包工程的最终成果确定工薪,把工程项目中管理人员的个人收人与项目管理全过程及最终效益密切挂钩。

对一般管理人员采取岗位职务浮动工资制,对工作岗位或职务进行分析与评估,并确定与之相适应的工资标准;同时辅以绩效考核、工作评价和相应的奖惩措施,依员工的劳动实绩给予相应报酬,在职位竞聘方面实行"能者上,庸者下"。管理人员的工作绩效越突出,所得到的薪酬越可观。

对技术人员的激励,集团装饰总公司下属分厂曾经尝试过"工资全额浮动"方式。技术人员每月只拿基本生活补贴,其余按设计工程产值提成设计费,完成设计产值高的技术人员不仅能获得高收入,而且在评先、晋升等方面占优势。分配政策的改变使小组每日完成的工作量有较大幅度提高。组员主动加班加点,过去个别人"磨洋工"的现象不见了。小组里出现了争抢任务的现象,大家都想搞产值高、难度小的工程项目设计,而难度大或短期内难见效益的技术开发项目倍受冷落。实行工资全额浮动一段时间之后,有的技术开发人员主动放弃项目攻关,有的资深高工要求提前退休,还有的青年技术人员不辞而别。

发现对于技术人员激励的"工资全额浮动"方式存在问题后,天津TD集团对技术人员的分配制度进行了多次调整,目前采取等级聘用薪酬制,根据一定的考核标准将同一职务分为若干个等级,按个人资历和绩效进行等级聘用,按照聘用等级确定报酬。在此基础上,按照所开发产品的价值给予研发人员奖金、认可和荣誉奖励;按设计工作的数量和质量给设计人员提取相应的设计费作为奖励,并资助优秀作品参展、发表或评奖,使其工作绩效获得社会承认,满足他们的成就欲望和自我实现的需要。

点评:薪酬管理是人力资源管理的重要环节,是体现人力资源管理中体现激励功能的主要活动。领先的薪酬水平可以更好地吸引人才的加盟,考核发放的薪酬能起到奖优罚劣的作用,“宽幅等级工资制度”可以为员工提供职业发展的技术通道。

引例中天津TD集团系统化地设计了薪酬管理模式,针对不同层次的人员及工作任务性质,采用不同的激励手段,有效地调动了员工的工作积极性。

当然,在薪酬体系设计中,也要不断尝试和探索,以便最终找到合适的方式。例如天津TD集团在发现“工资全额浮动”方式实施一段时间后,逐步暴露出本身存在的一些问题时,能够果断地采取一种新的“等级聘用薪酬制”。

学习目标

通过本章的学习,读者应该能够:

- □ 了解薪酬的含义及其体系结构
- □ 理解影响薪酬体系的主要因素
- □ 理解薪酬管理原则与主要内容
- □ 掌握薪酬体系设计的程序流程
- □ 学会各类人员薪酬设计的方法
- □ 了解福利体系内容与管理方法
- □ 掌握弹性福利及其设计的方法

6.1 薪酬管理的基本知识

薪酬管理是人力资源管理中的一项主要工作,是保证企业获取竞争优势的有效手段。

6.1.1 薪酬的含义、组成与功能

1. 薪酬的含义

薪酬是指员工从事劳动、履行职责并完成任务之后所获得的经济上的酬劳。狭义上来说,它是指直接获得的经济报酬,如基本工资、岗位工资、绩效工资、奖金、成就工资、津贴等;广义来说,薪酬还包括间接获得的各种报酬,如各种福利、培训、医疗保障等。

2. 薪酬的组成

薪酬包括两部分,一部分是直接货币收入,另一部分是间接货币收入。直接货币收入构成薪酬的主系统,用以维持员工最基本的生活需求;间接货币收入构成薪酬的辅系统,用以保障和提高员工基本需求之外的,用于过更健康、更安全、更有质量和更体面生活的需要。另外,员工从单位除了获得以上直接物质回报(硬报酬)之外,还会获得一些间接的非物质酬谢(软报酬),以上二者构成了员工报酬系统。但是,我们通常仅仅只是把直接物质回报称为薪酬。员工报酬系统和薪酬体系的组成情况,如表6-1所示。

表 6－1 报酬系统与薪酬体系的组成

类　型	组　成	内　容
硬报酬系统	薪酬主系统（直接经济报酬）	工资、奖金、津贴/补贴、利润分享、净资产增值分享、股票增值分享、期权
	薪酬辅系统（间接经济报酬）	各种福利、教育培训、劳动保护、医疗保障、社会保险、离退休保障、带薪节假日、旅游休假、免费职业指导、免费律师咨询、职位消费货币化
软报酬系统	工作本身	有趣的工作、有挑战性的工作、能愉快胜任工作、工作有成就感、能发挥才华的工作、有发展机会和空间、有晋升和奖励机会、有社会地位、有荣耀的头衔
	工作环境	有能力而公正的领导、合理的政策、融洽的工作氛围、志趣相投的同事、合适的职务、舒适的工作条件、弹性工作制、缩减周工作时数、便利的交通通讯

3. 薪酬的功能

（1）保障功能。员工必须通过劳动获得薪酬来维持自身和家庭的生活需要，同时也要满足自身和家庭成员发展的需要。因此，员工薪酬数额至少要能够保证员工及其家庭的上述需要，否则就会影响员工的基本生活，影响社会劳动力的生产和再生产。

（2）激励功能。首先，合理的、有一定吸引力的薪酬能够调动员工的工作积极性，激发员工的潜力，促进他们提高工作效率；其次，较高的薪酬可以吸引企业所需要的各方面人才来为企业工作，扩大人力资本存量；再次，有效的薪酬系统可以通过各类薪酬的合理构成来增强企业的凝聚力和吸引力，增强员工对企业的归属感。留住人才，用好人才。

（3）调节功能。在通常情况下，企业一方面可以通过调整内部薪酬水平来引导内部人员流动；另一方面，可以利用薪酬的差异对外吸引急需的人才。从宏观角度讲，国家可以通过薪酬调整人们的利益分配，形成社会分配的总体平衡，实现人力资源的合理配置。

（4）凝聚力功能。企业通过制定公平合理的报酬，可以调动员工的积极性，激发员工的创造力，使员工体会到自身的被关心和自我价值的被认可，增加对企业的情感依恋，自觉地与企业同甘共苦，为自身的发展与企业目标的实现而努力工作。

6.1.2 影响薪酬体系的主要因素

影响薪酬体系的因素，可分为外部环境因素、企业内在因素和员工个人因素三大类。其中，外部环境因素包括人力资源市场的供需关系、地区及行业的特点与惯例、当地生活水平、国家的相关法令和法规；企业内部因素包括本单位的业务性质与内容、企业的经营状况与实际支付能力、企业的管理哲学和企业文化等；员工个人因素包括岗位及职务差别、资历水平、工作年限、工作技能、工作绩效等。

事实上，企业在制定其报酬政策时，会综合权衡所有上述因素以及其他相关条件。就个人经济报酬而言，其决定因素可简化表述如图 6－1 所示，限于篇幅，这里不再详细阐述。

6.1.3 薪酬管理的重要作用

薪酬在本质上是企业与员工之间的一种利益交换关系。薪酬管理对企业和员工来说都是非常重要的。因此，对于薪酬管理的重要作用可以从企业和员工两方面来理解。

1. 薪酬管理对企业的重要性

薪酬管理对企业的重要性，主要体现在它对企业竞争力会产生以下三个方面的影响。

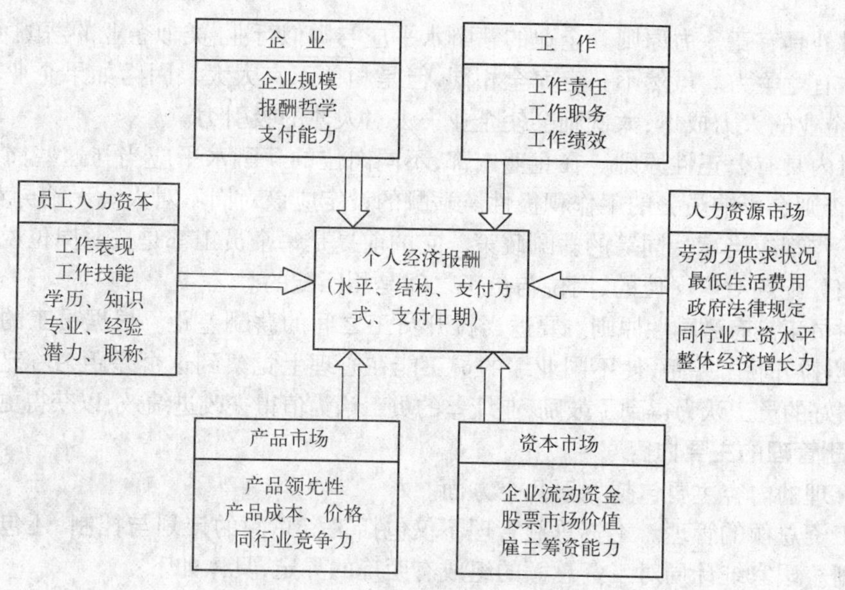

图6－1　影响员工个人经济报酬的主要因素

第一,对企业吸纳人才竞争力的影响。能否吸引到优秀的人才是企业在市场竞争中能否赢得优势的关键。在其他条件相差不大的情况下,企业的薪酬体系越具竞争力,那么它在吸引人才方面越有优势。一套有竞争力的薪酬体系之所以有吸引力,不仅仅是因为它能够提供有吸引力的货币报酬,而且还体现在它能够根据被吸引目标人群的特殊需求提供各种非货币形式的待遇,体现企业对员工的人文关怀。

第二,对企业保有人才竞争力的影响。企业不仅仅要能够吸引人才,更重要的是要能够留住优秀人才。企业如果拥有了优秀人才,通常在一段时期内就拥有了竞争优势。但是,如果希望这种优势长久保留,就必须把对企业维持竞争力最有价值的人才保留下来。目前我国很多企业存在严重的人才流失现象,大量优秀人才、业务骨干被外企高薪挖走。所以,通过什么手段把已有的核心人才留下来,是每一个企业的人力资源管理部门必须慎重思考的问题。在众多留住人才的手段中,薪酬体系无疑是最重要、最有效的方法之一。

第三,对企业使用人才效率的影响。如何使员工最有效率地为企业工作,一直是企业管理者最为关注的问题。所谓使员工最有效率地为企业工作,是指企业能够用最低的成本使员工为企业作出最大的贡献。在激励员工的工作行为方面,除了必要的企业规章和文化约束引导外,最能提高企业人才使用效率的就是薪酬的激励作用了。薪酬对员工的激励和导向功能的直接成果就是企业经营业绩的改善。

2. 薪酬管理对员工的重要性

薪酬不仅为员工本人及其家庭的基本生活提供保障,而且对于员工在企业的行为会产生很强的引导和激励作用。薪酬高低往往是企业内部识别员工个人价值和地位排序的重要信号,如果员工希望实现自身价值的提升,就要努力工作,以提高自己的薪酬水平。

6.1.4　薪酬管理的原则与内容

1. 薪酬管理的原则

目前企业普遍认为,进行有效的薪酬管理必须遵循以下几项基本原则。

（1）对外具有竞争力原则。企业的薪酬水平应与类似行业、类似企业的薪酬水平相一致，这样对外才有竞争力。虽然不一定完全相同，但是相差不宜太大。因为如果企业薪酬水平太高，会增加企业的人力成本；太低则会使企业失去对人才的吸引力。

（2）对内具有公正性原则。在企业内部，不同岗位的薪酬水平应当与这些岗位对企业的贡献相致，否则会影响员工的工作积极性。薪酬的设定应该对岗不对人。无论男女老少，在相同岗位上工作都应当享受同等的薪酬政策。它的前提是每个员工都是按照岗位说明书经过严格的筛选被分配到对应岗位的，岗位与员工之间是相匹配的。

（3）对员工具有激励性原则。要适当拉开员工之间的薪酬差距。根据员工的实际贡献付薪，并且适当拉开薪酬差距，使不同业绩的员工能在心理上觉察到这个差距，并产生激励作用。这能使业绩好的员工认为得到了鼓励，业绩差的员工认为值得去改进绩效，以获得更好的回报。

2. 薪酬管理的主要内容

薪酬管理的内容主要包括如下几个方面。

（1）工资总额的管理。工资总额管理不仅包括工资总额的计划与控制，还包括工资总额调整的计划。国家统计局对工资总额的组成有明确的界定，具体如下：

工资总额＝计时工资＋计件工资＋奖金＋津贴/补贴＋加班加点工资＋特殊情况下支付的工资

对于国家来说，工资总额的准确统计是国家从宏观上了解人民的收入水平和生活水平，计算离退休金、保险金和经济补偿金的重要依据；对于企业来说，工资总额是企业进行人力成本控制的重要方面。因此，必须充分认识工资总额统计核算的重要性。由于工资总额的组成均与企业经济效益直接相关，因此经常需要对工资总额进行必要的调整。

工资总额的管理，必须考虑影响工资总额的各种因素，如企业支付能力、员工的生活费用、市场薪酬水平以及员工现有薪酬状况等。企业可以采用盈亏平衡点方法推算合理的工资总额，还可以采用工资总额占附加值比例的方法来推算合理的工资总额。

（2）企业内部各类员工薪酬水平的管理。企业要明确界定各类员工的薪酬水平，以实现劳动力与企业之间公平的价值交换。正确的做法是，哪类员工对企业的贡献大，它从薪酬中得到的回报就多；哪类员工对企业的贡献小，它从薪酬中得到的回报就应当少。

（3）确定企业内部的薪酬制度。包括：工资结构管理制度，即确定不同员工的薪酬构成项目以及各薪酬项目所占的比例；薪酬支付形式管理制度，即确定薪酬计算的基础，是按照劳动时间计算还是按照生产额（量）、销售额（量）计算。不同的企业薪酬制度有不同的适用对象和范围，关键是要选择与企业发展战略、实际情况相适应的薪酬制度。

（4）奖金体系与福利体系的设计与管理。这是基本薪酬制度之外的必要补充。

（5）日常薪酬管理工作。具体包括：开展薪酬调查；统计分析调查结果；制定薪酬计划；适时计算、统计员工的薪酬及薪酬调整；调整奖金体系与福利体系的具体制度。

6.2 薪酬体系的设计与管理

如何设定企业的薪酬体系，如何给不同岗位、不同工作个体确定薪酬标准，这些是薪酬设计所要解决的问题。本节介绍薪酬体系设计与管理的原则、方法、程序等相关知识。

6.2.1 常见薪酬制度的类型

不同性质的企业，其薪酬制度（工资制度）的具体构成因其侧重点不同而有所不同。最常见的薪酬制度有技术等级制、职务等级制、岗位技能制、结构工资制、薪点工资制等。

1. 技术等级制

这是指根据劳动复杂程度、繁重程度、精确程度和工作责任大小等因素划分技术等级,按等级规定工资标准。它一般由工资等级表、技术等级标准和工资标准三方面组成。

技术等级标准包括“应知”、“应会”和“工作实例”三个部分。

(1) 应知是指完成某技术等级的工作所应具备的理论知识,如工艺过程、机器设备的结构和性能、加工材料的性能、操作规程和安全技术知识等。

(2) 应会是指员工完成某技术等级工作应当具备的实际操作能力和实践经验。

(3) 工作实例是指根据应知、应会的要求选择出的某项工作和某项技术等级中工人应该会做的典型工作实例和典型工作项目。

2. 职务等级制

职务等级工资制的侧重点是职务的性质、责任大小、工作环境等,只对事不对人。实施职务工资制的条件是:企业经营范围与经营领域明确,职务内容相对稳定,职务本身标准化。职务等级工资制中,由于职务与工资挂钩,往往导致员工的高职务取向,而高职务有限,有时不得不为涨工资而增设副职,造成官本位,不利于员工能力的开发。

3. 岗位技能制

它将对职工的要求归纳为劳动责任、劳动强度、劳动条件、劳动技能四项基本要素。

(1) 劳动责任,包括对产品(服务)质量、数量、成本和消耗所负的责任程度,对设备、财产所负责任的程度,对安全生产、企业生产经营和管理方面所负的责任程度。

(2) 劳动强度,包括体力和脑力劳动紧张程度、疲劳程度、劳动姿势、工时利用率。

(3) 劳动条件,包括危险程度,如矿山、井下、隧道作业,高空、高速、潜水、海上作业,接触易燃易爆物等;危害程度,如接触高温、辐射、低温、粉尘、噪声,以及其他有毒、有害因素等;自然地理环境和不同工作班次对劳动者生理、心理的损害程度,如高原、野外、海上、飞行等作业环境和长期夜班、倒班等。

(4) 劳动技能,包括受教育程度,指一般文化知识水平、受专业培训程度和专业技术理论水平;实践经验,指工作经历和从事专门工作的资历,以及从事本职工作经验的积累程度;实际工作能力,指员工的实际操作能力、管理人员的组织管理和专业技术人员的研究能力,以及他们解决实际问题的能力。

岗位技能工资制由技能工资和岗位工资两个单元组成。技能工资的目的是体现工资向高技术岗位倾斜。技能工资是按员工的技术水平、管理人员的管理水平和专业技术人员的专业技术水平划分类别。岗位工资的目的是要体现工资向苦、脏、累、险、毒、热等第一线岗位倾斜。岗位技能工资制由于既重视职务、岗位的因素,又重视个人能力的因素,真正把竞争机制、激励机制和风险机制引进工资制度中,因而在我国被广泛推广和采用。

4. 结构工资制

结构工资制又称分解工资制、组合工资制,它根据劳动的多种形式和工资的多种职能将工资分解为若干个既相互联系又相互独立的部分,如基本工资、奖励工资、津贴等。

结构工资制的主要问题是基础工资和工龄工资比重过大,不能体现按劳分配的原则。

5. 薪点工资制

薪点工资制是在岗位劳动评价“四要素”(劳动技能、劳动责任、劳动强度、劳动条件)的基础上,用点数和点值来确定职工的工资。点值与公司和专业厂、部门效益挂钩,通过量化考核确定职工实际劳动报酬的一种工资模式。

6. 保密工资制

保密工资制是一种灵活反映企业经营状况和劳务市场状况,并对员工的工资收入实行保密的一种工资制度,主要内容包括:

(1) 职工的工资额由企业根据技术复杂和熟练程度与员工当面协商确定,其工资额的高低取决于劳务市场的供求状况和企业经营状况。

(2) 当某一工种(人员)紧缺,或者企业经营状况较好时工资额就上升,反之就下降。

(3) 企业对生产需要的专业技术水平高的员工愿意支付较高的报酬。如果企业不需要该等级的专业技术员工,就可能降低使用或支付较低的报酬。如果员工对所得的工资不满,可以与企业协商调整。如果双方都同意,可以履行新的工资额。

(4) 员工可以因工资额不符合本人要求而另谋职业,企业也可以因无法满足员工的愿望而另行录用其他员工。

(5) 企业和员工都必须对工资严格保密,不得向他人泄露,必要时要签保密协议。

6.2.2 薪酬体系设计的原则

企业在进行薪酬体系的设计时,为了使其科学合理,应遵循下述一些基本原则。

1. 公平性原则

企业员工对报酬分配的公平感,也就是对报酬发放是否公正的判断和认识,是设计薪酬体系和进行薪酬管理的首要原则。薪酬体系的公平性原则可以分为三个层次:

(1) 外部公平性。指同一行业或同一地区,或同等规模的不同企业类似职务的报酬应大致相同,因为同一职务对员工的知识、技能与经验的要求相似,员工贡献也相差无几。

(2) 内部公平性。指同一个企业中不同职务所获报酬应正比于各自的贡献。只要比值一致,就会被认为是公平。工作评价是决定内部公平的首要方法。

(3) 员工公平。指企业仅根据员工的个人因素诸如业绩水平和学历等,对完成类似工作的员工支付大致相同的报酬。

如果员工感觉到自己得到了不公正的报酬,他们将不会尽力工作,甚至会离开企业。无论产生哪一类不公平,都会殃及企业的整体利益。

为了保证企业报酬系统的公平性,领导及人力资源管理者在设计酬体系时应注意以下三个问题:

第一,企业的薪酬体系应有明确一致的要求作指导,并有统一的、可以说明的规范作根据。

第二,薪酬体系要有民主性和透明度。当员工能够了解和监督薪酬制度的制定和管理,并能对政策拥有一定的参与和发言权时,猜疑和误解便易于化解,不公平感也会显著降低。

第三,企业要为员工创造机会均等、公平竞争的条件,并引导员工把注意力从结果均等转到机会均等上来。

2. 竞争性原则

在人力资源市场中,企业的薪酬标准要有吸引力,只有这样才能战胜竞争对手,吸引和留住优秀人才。企业报酬标准要具有竞争力,开价至少不应低于市场平均水平。

3. 激励性原则

企业要在内部各类、各级职务的薪酬水准上，适当拉开差距，真正体现薪酬的激励效果，从而提高员工的工作热情，为企业作出更大贡献。

4. 经济性原则

提高企业的报酬水准，固然可以增强其竞争性和激励性，但同时不可避免地会导致企业人力成本的上升。因此，薪酬水平的高低要受经济制约，即要考虑企业的实际承受能力。

5. 合法性原则

合法性原则是指企业的薪酬制度必须符合现行的法律，否则将难以顺利地推行。

6.2.3 薪酬体系设计的内容

薪酬体系设计包括的相关内容很多，下面对其主要内容进行简单地说明。

1. 薪酬模式设计

薪酬模式设计就是如何将薪酬的各个部分组合起来。例如，薪酬模式是更多地采用工资形式，还是更多地采用奖金形式，或是更多地投入到各种福利项目中。

从国内实践看，目前薪酬模式主要有三种基本模式——高弹性模式、高稳定模式和折中模式。它们三者的主要区别体现在对应模式是更加重视稳定性，还是更加重视激励性，还是二者兼顾。企业在进行薪酬模式设计时，需要根据企业自身特点，选择其中的某种。

2. 薪酬项目设计

薪酬项目设计是指工资、津贴、奖金、福利、保险各自需要设置哪些项目。这些项目的设计，有的要服从国家政策规定，特别是有关医疗、退休、失业、工伤、生育保险的规定，大部分由企业根据管理的需要自己决定，如需要设置哪几种津贴和奖金，提供哪些福利设施等。

3. 薪酬等级设计

无论是工资、奖金还是某些津贴都要反映差别，要确定若干职务等级作为确定工资的依据。如美国银行设置了24个职务级别，莫尔石油公司设置了42个职务级别。确定等级后还要确定工资级差，它同样有几种模式，或等差递增呈线性，或不等差递增成凸/凹线。

（1）工资等级数目。工资等级数目是指划分多少个等级的工资标准。等级数目的确定与劳动复杂程度、劳动熟练程度和工资级差等有关。企业中某一工资系列等级数目的设置一般相差不太大，以7～10级为宜。例如，我国建国以来一直实行八级工资制。但是目前国外一些企业强调工资级差的“矮化”，意为工资级别数目减少，每个级别之间工资幅度拉宽，各级之间有交叉。这种变革主要是为了打破等级观念，奖励业绩突出的员工。

（2）工资等级线。工资等级线是指在工资等级表规定的等级数目，各职务、岗位或工种的起点等级和最高等级线之间的跨度线。工资等级线是某项工作内部劳动差别程度的标志。影响工资等级线的确定因素包括劳动复杂程度、责任程度和工资级差。

（3）工资级差。工资级差是指工资等级中相邻两级工资标准之间，高等级工资标准与低等级工资标准的相差数额，表明不同等级的劳动，由于其劳动复杂程度和熟练程度不同，有不同的劳动报酬。工资级差可以用绝对额、级差百分比或工资等级系数表示。

（4）工资定级。工资定级是对原无工资等级，或原有工资等级失效的员工进行工资等级的确定。其中，新员工的工资定级方式主要有新员工考核（考试）定级、按职定级和比照定级三种；职业调动员工的定级通常按照调入地区和企业现行的制度和标准评定工资等级；重新就业员工如仍从事原工种的，经考核合格后，承认原工资等级；改变工种的，试用期间一般按高于最低等级的工资标准支付工资。

(5) 工资标准的确定。工资标准又称工资率，是按单位时间规定的各等级的工资金额。工资标准表示某一等级的工作在单位时间上工资收入的水平，是工资收入的基础。工资标准有最低工资标准、固定工资标准和浮动工资标准等形式。

(6) 工资升级增资。工资升级是指员工进入一个新的工资等级后，原有的工资待遇提高，按照新的工资级差增加工资，它又可以分为规范升级和非规范升级两种形式。

规范升级也称正常升级，是指用人单位经常性或定期性地对符合升级条件的员工按规定程序给予升级。规范升级分为两种情况；其一是只要员工具备升级条件，不经考核就按时升级。例如职务、岗位变化的升级，达到一定年限的升级，晋升和奖励升级等等。其二是对定期考核合格者升级加薪，这主要是根据员工平时的工作表现，不考虑其工作能力有无增长，只要能够完成劳动定额，劳动态度尚好均可升级增资。员工定期升级以后，即可按自动增资，增资幅度有四种模式——直线型、凸型、凹型和S型，如图6－2所示。

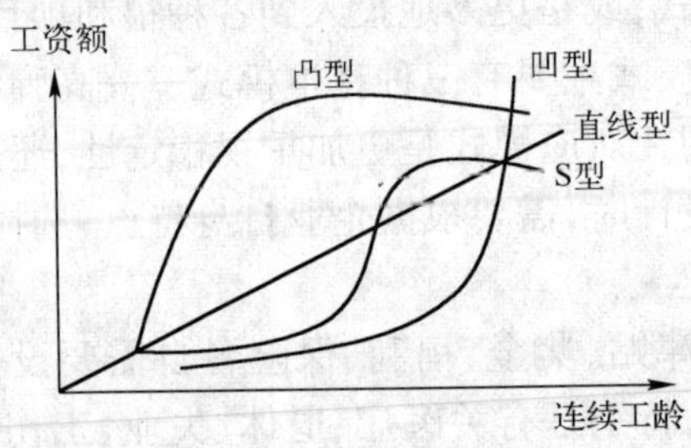

图6－2　增资幅度的四种模式

非规范升级是员工非定期的升级。一般是企业对业绩突出的，或委以重任的员工的一种奖励行为。企业对非规范升级一般都对其能力条件和业绩条件进行严格考核。

无论是规范升级还是非规范升级，都要建立在科学的工作评价和业绩评价基础上。

4. 级差参数设计

薪酬的差异主要由工资中的工资级差所决定。所谓工资级差，就是指工资等级中相邻两级工资 标准之间的相差数额，也就是这里所说的级差参数。从国内外企业管理实践看，主要是年功、绩效、能力、职务(岗位)四个方面的因素。薪酬体系设计要决定这四个方面具体包括哪些因素，这些因素对工资的影响有多大。实际上各企业级差参数差别是相当显著的。

5. 调整方式设计

调整方式设计主要是决定工资调整的频率及幅度。所谓工资调整频率，就是调整工资的时间间隔，是每年调整一次，还是二、三年调整一次，或不定期调整。工资调整幅度，就是每次调整的平均工资额。它有两种基本模式，即“快频小幅”调整和“慢频大幅”调整。实践证明，“慢频大幅”调整模式的调整工资间隔时间长，员工都盼望增加工资，因此矛盾较大。根据激励响应递减规律，不如采用“快频小幅”调整工资的模式。

6.2.4 薪酬体系设计的程序

薪酬体系设计的一般程序如图6－3所示，共包括七个相关的工作步骤。

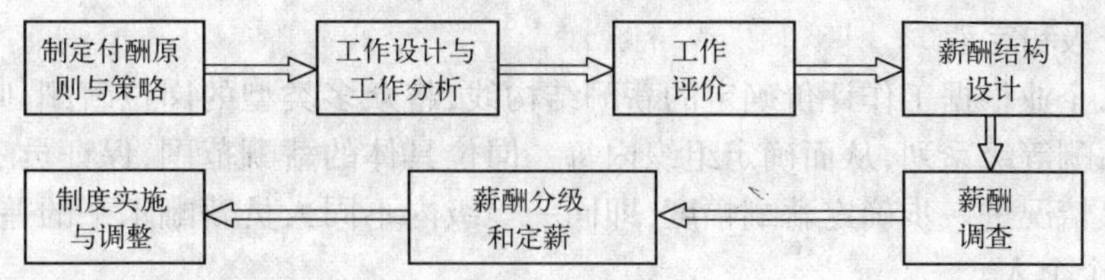

图 6－3　薪酬体系设计的程序

1. 制定付酬原则与策略

这是由组织最高管理层的管理哲学及组织文化所决定的，包括对员工本性的认识，对员工总体价值的评价，对管理骨干及高级专业人才所起作用的估计等核心价值观；组织基本工资制度及分配原则；有关薪酬分配的政策和策略，如薪酬拉开差距的分寸、差距标准、薪酬、奖励、福利费用的分配比例等。

2. 工作设计与工作分析

工作设计是对工作进行周密的、有目的的计划安排，包括工作本身的结构设计、与工作有关的社会各方面因素的考虑以及对员工的影响。工作分析在第 2 章中已阐述过。工作设计和工作分析为明确工作分类、定岗定编进而比较不同工作的相对价值奠定了基础。

3. 工作评价

工作评价是指根据各种工作中所包括的技能要求、努力程度要求、岗位职责和工作环境等因素来决定各种工作之间的相对价值。它关心工作分类，但不管谁去做这些工作。

工作评价的核心是给工作标定级别，也就是把组织内的不同岗位进行相对价值排序。级别之间存在差异，虽然反映了相互间的对比关系，但它并不表明实际的工资率。对于任何确定的级别，例如同样是 5 级等级，其工资实际金额在一些部门可能比另一些部门高。

工作评价的方法很多，常用的有排序法（绩效考评一章已经介绍）、分级法（就是事先建立一连串的劳动等级，给出等级定义；然后，根据劳动等级类别比较工作类别，把工作确定到各等级中去）、因素比较法、计点评分法等。

4. 薪酬结构设计

薪酬结构是指一个组织机构中各项岗位的相对价值及其对应的实付薪酬间保持着什么样的关系。这种关系和规律通常多以“薪酬结构线”来表示，如图 6－4 所示。

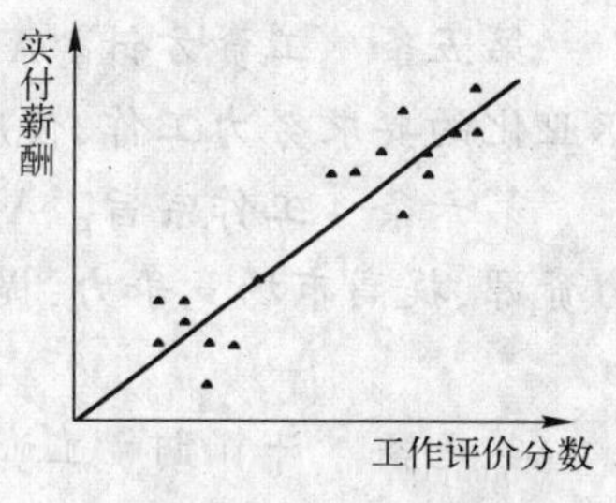

图 6－4　薪酬结构线

薪酬结构线显示的是组织内部各个岗位相对价值和与其对应的实付薪酬之间的关系。薪酬结构线的横坐标是以工作评价获得的表示其相对价值的分数，纵坐标是实付薪酬值。

薪酬结构线可以用在两个方面：第一，保证内部公平性；第二，调整现有薪酬水平。

5. 薪酬调查

薪酬调查主要研究两个问题：要调查什么；怎样去调查和做数据收集。调查的内容首先是本地区、本行业，尤其是主要竞争对手的薪酬状况。数据来源首先应当是公开的资料，如国家及地区统计部门、劳动人事机构、工会等公开发布的资料；其次是通过散发问卷或抽样采访进行收集；另外，也能从应聘人员与其他组织的招聘信息中获取相关资料。

6. 薪酬分级和定薪

在本步骤,企业根据工作评价确定的薪酬结构线,将众多类型的岗位薪酬,归并成若干等级,形成一个薪酬等级系列,从而确定组织内每一岗位具体的薪酬范围,保证员工个体的公平性;并结合个人情况进一步确定薪酬幅度,即同一等级内不同人员薪酬水平的差异,最终将薪酬明确到每一个个人。

7. 制度实施与调整

薪酬方案实施之前要进行测算、分析,要明确是否妥善处理了各种工资关系,是否适合企业经济实力,是否有利于工资职能的实现等。薪酬方案实施时,要以员工绩效考核的结果为基础。因为要实现员工实际绩效分配和按员工的技能及贡献大小择优升级,都要有准确的数量依据。要建立严格的考核制度,根据考核结果的好坏,调整员工的工资。

随着企业发展,薪酬方案可能会不适应新情况,需要随时调整。企业可参考劳动力市场供求关系变化、政府提供的工资指导标准、最低工资标准等信息,根据企业发展规划、报酬规划进行报酬方案调整,以一定量的工资增加额,最大限度地发挥员工的积极性。

6.2.5 某集团公司工资管理制度实例

下面是我国某集团公司正在实施中的工资管理制度,请读者对其进行解读和评价。

A 集团工资管理制度

第一章 总则

第一条 制定目的。为了谋求A集团可持续发展,并统一工资管理规范,特制定本制度。

第二条 适用对象。本制度适用A集团公司全体在册员工。

第三条 工资结构。本集团的工资结构由基本工资、津贴、奖金和职务工资四个部分组成。

第四条 确定依据。工资确定的依据是职务,以及在履行职责过程中表现出来的业绩、贡献、才干与姿态。在工资确定依据上,不考虑员工的工龄、年龄与家庭负担。

第五条 工资方针。A集团的工资方针是,鼓励每个员工承担起职务工作的责任,按职业化的要求努力工作,使所担当的职务价值充分发挥起来。

第六条 工作宗旨。A集团将通过工资杠杆,吸引优秀人才,留住关键人才,激发人力资源,提高市场竞争力,提高响应顾客需求的速度。

第二章 基本规范

第七条 计算期。工资的计算期间,一年为12个月,一月为22天,一天为8小时。在进行缺勤扣除时,原则上按工资计算期进行,计算方法如表1所示。新员工若10号之前进入企业,按全月计算职务等级工资;若10号以后进入企业,按半月计算职务等级工资。

表1 缺勤计算单位

缺勤时间	符号	扣除标准
缺勤小时	t_1	扣1/176月职务等级工资
缺勤天	t_2	扣1/22月职务等级工资
缺勤月	t_3	扣全月职务等级工资

第八条　缺勤分类。凡在制度工作时间内不能出勤者，为缺勤，共包括6类，如表2所示。

表2　缺勤类型及其含义界定

类　型	含　义
因公缺勤	凡派出学习培训、法定产假、法定婚丧假与其他企业认定的非因私缺勤
因私缺勤	凡迟到、早退、因私外出与串岗者，为因私缺勤
旷工缺勤	凡事先不请假而缺勤，事后无正当理由补假者，为旷工缺勤
事假缺勤	凡因私请假并获主管同意而缺勤，为事假缺勤
公伤缺勤	凡因公负伤且住院治疗期间而缺勤，为公伤缺勤
病假缺勤	凡非因公负伤，因公负伤康复期与治疗期缺勤且有市级指定医院证明者

第九条　缺勤计算。各类缺勤扣除基准如表3所示。

表3　缺勤月薪扣除基准表

	月不满1小时	月满1小时	月满1天	年满1月	年满3月	满半年
因公	*	*	*	*	$1/3t_3$	$2/3t_3$
因私	t_1	$1.3t_1$	$3t_2$	自动离职	*	*
旷工	t_1	$1.3t_1$	$6t_2$	自动离职	*	*
事假	*	t_1	t_2	t_3	自动离职	*
公伤	*	*	*	*	*	*
病假	*	*	*	$1/3t_3$	$2/3t_3$	t_3

说明：*说明不予考虑（扣除为0或者已经没有扣除的意义）。

第十条　工资扣除。在支付工资前作如下统一扣除：

- 扣除个人所得税及法定的有关税费；
- 扣除法定的保险费及本企业内契约规定的保险费；
- 扣除企业内契约规定的代扣金额；
- 扣除企业其他制度性规定的超支费用；
- 扣除员工私人借款偿还金；
- 扣除缺勤工资及惩戒规则规定的金额。

第十一条　工资支付。工资的支付日为每月的26日，奖金支付日为次月10日。支付日如遇公休日或节假日，则提前至放假前一日。工资以现金方式支付给本人或直系亲属。

第十二条　提前支付。员工本人若按下列理由提出申请，主管上司确认后可提前支付当月工资。

- 婚丧、疾病、分娩与灾害；
- 其他本企业认可的非常事件。

第十三条　辞退处理。员工被辞退或解聘后，本企业向该员工或直系亲属一次付清其应得工资性收入。

第十四条　自动离职。员工从自动离职日起，本企业不予支付工资性收入。

第三章 工资分类

第十五条 工资结构。员工按不同的类别分别实行不同的工资结构,如表4和表5所示。

表4 工资结构

工资分类	范围	工资结构	系数
第一类	总部职员	A+k*B+C+D	k=1.0
第二类	营销人员	A+k*B+C+E	k=0.5
第三类	要职人员	A+k*B+C+F	k=0.5
第四类	外聘临时工	G	

表5 工资结构释义

代号	A	B	C	D	E	F	G
名称	基本工资	职务工资	津贴补助	业绩奖金	提成奖	年薪	固定工资

第四章 基本工资(A)

第十六条 基本工资含义。基本工资是指公司每月发给员工的基本工资,这一部分不受公司月度经济效益的影响,只与员工是否在册有关。

第十七条 基本工资数额的确定。基本工资按《劳动法》及地方法规性文件确定,集团总部所有员工的基本工资都按照当地法定最低工资水平,为人民币380元。

第十八条 所有员工的基本工资应保持一致,没有特例。

第五章 职务工资(B)

第十九条 职务等级。职务“等级工资”的基础是“职务等级”,即各类职务对集团公司战略目标实现的“相对价值”。职务等级越高,相对价值越大。

第二十条 等级因素。职务等级确立的因素如下所示。

- 承担工作所需要的知能或体能;
- 工作的目标、任务与责任,以及责任范围;
- 工作的重复性;
- 工作的复杂性;
- 与人接触的差异性;
- 与人接触的复杂度;
- 工作的环境。

第二十一条 职务评价。依据职务等级因素,对各类职务的价值进行评价,确定职层,如表6的示例;然后确定各类职务的“职等”,如表7所示,进而确定“职级”。

表6 A集团部分职务归类示例

职类	职层	职务(岗位)示例
决策类	董事长	董事长、总裁
管理类	高层管理	总经理、副总经理
	中层管理	部门经理:财务经理、生产经理、行政经理、人事部经理等
	基层管理	部门主管:财务主管、审计主管、供应部主管等

（续）

专业类	总工	会计、工程、经济
	高级工程师	
	工程师	
	助理工程师	
	技术员	
业务类	特级业务员	工程、质检、财务、会计、审计、出纳、统计
	高级业务员	
	中级业务员	
	初级业务员	
操作类	高级工	生产、维修、调试
	中级工	
	初级工	
事务类	事务员	打字员、后勤、司机、炊事、门卫等

表7 A集团职务等级表

职层	职类职等	决策	管理	专业	业务	操作	事务
M	十	董事长					
	九	总裁					
S	八		总经理				
	七		副总经理	总工			
	六		部门经理	高级工程师			
	五		部门副经理	工程师			
	四		部门主管	助理工程师	特级业务员		
J	三			技术员	高级业务员	高级工	
	二				中级业务员	中级工	
	一				初级业务员	初级工	事务员

第二十二条　职能等级表。A集团工资等级采用十等10级设置，也就是设置十个职等，每个职等又设置10个职级，如表8所示。

表8　A集团职能工资等级表

	一	二	三	四	五	六	七	八	九	十
1	700	1000	1400	1900	2500	3300	4250	5450	6850	8650
2	720	1040	1460	1980	2600	3430	4410	5650	7090	8950
3	740	1080	1520	2060	2700	3560	4570	5850	7330	9250
4	760	1120	1580	2140	2800	3690	4730	6050	7570	9550
5	780	1160	1640	2220	2900	3820	4890	6250	7810	9850
6	800	1200	1700	2300	3000	3950	5050	6450	8050	10150

（续）

	一	二	三	四	五	六	七	八	九	十
7	820	1240	1760	2380	3100	4080	5210	6650	8290	10450
8	840	1280	1820	2460	3200	4210	5370	6850	8530	10750
9	860	1320	1880	2540	3300	4340	5530	7050	8770	11050
10	880	1360	1940	2620	3400	4470	5690	7250	9010	11350

第二十三条　职能等级进入。具体到某个员工，如果要进行薪等薪级的确定，必须进行评估，确保其能否使现任职务（职位）发挥应有的“价值”。或者，确认职务担当者预期的“职务贡献”。评估的主要依据是职务担当者以往人事考核结果，以及在职务上所做的工作计划与承诺。

第二十四条　薪等进入基准。根据职务等级表以及各类职务价值，确定各类职务担当者“薪等”区间如表9所示。例如，凡进入“管理类职务”者，最低薪等可确定为三等，最高薪等可确定为八等。同理，进入“事务类职务者”，最低薪等可确定为一等，最高薪等可确定为三等。

表9　职类区间

职层	职等	决策类	管理类	专业类	业务类	操作类	事务类
M	十						
	九						
S	八						
	七						
	六						
	五						
	四						
J	三						
	二						
	一						

第二十五条　薪级进入基准。“薪级”进入的基准为“学位”，如表10所示。例如凡是取得博士学位者，最低薪级可定为5级，最高可定为10级；同理，取得高中（中专）以下学位者，最低薪级可定为1级，最高薪级可定为3级。随着企业情况的变化，薪级进入的基准可重新定义。

表10　薪级进入基准表

职级	初中（小学）	高中（中专）	大学（大专）	硕士	博士（博士后）
10					
9					
8					
7					
6					
5					
4					

（续）

职级	初中(小学)	高中(中专)	大学(大专)	硕士	博士(博士后)
3					
2					
1					

第二十六条　考核计分。人事考核结果分为S、A、B、C、D五等，对应计分值如表11所示。

表11　绩效考核结果记分表

评语	极佳	优秀	良好	合格	不合格
考核结果	S	A	B	C	D
分值	5	4	3	2	1

第二十七条　薪级调整基准。薪级调整每半年一次。依据半年两次的季度考核结果累计计分值决定薪级调整，调整基准如表12所示。

表12　薪级调整基准

累计分值(半年两次)	升(降)级	备　注
10	+2	如果员工在某一职等上已经达到最高职级，则考核成绩高时不再考虑职级的变化，而是考虑为其提高职等；反之，如果员工在某一职等为最低职级，若考核成绩低则考虑为其降低职等
9,8	+1	
7,6,5	0	
4,3	-1	
2	-2	

第二十八条　薪等调整每年一次。依据一年四次绩效考核结果的累计分值，决定薪等的调整，薪等调整基准如表13所示。

表13　薪等调整基准

累计分值K	升(降)等
18≤K≤20	+1
12≤K≤17	0
8≤K≤12	-1
K≤8	下岗

第二十九条　调整顺序。年终的工作调整顺序如下：

- 先按照三四季度的两次考评结果调整薪级，再依据一年四次的考评结果调整薪等；
- 晋等后薪级确定，依工资表对应金额上靠；
- 退等后薪级确定，依工资表对应金额下靠。

第三十条　自然升等。在某一等中薪级升满10级，若有升级情况出现，则自然过渡到比其高一等对应金额的薪级。

第三十一条　薪点值。将薪等(十等)薪级(30级)组成的职能工资表(见表7)中的数值

看作薪点,且暂定为1:1关系(即1点为RMB1)

第三十二条 薪点值调整。将来集团公司根据外部经济状况、市场物价指数与实际经济效益,于每年年底调整一次薪点值。例如,若明年净利润增长50%,则可定为1点为RMB1.2;若明年净利润减少50%,则可定为1点为RMB0.8。

第六章 津贴补助(C)

第三十三条 津贴类型。津贴补助的具体类型由A集团根据《劳动法》及地方相关政策并结合公司实际情况予以制定实施。共包括以下几种:

(1) 加班津贴

- 加班定义:凡制度工作时间以外的出勤为加班,主要指休息日、法定休假日加班,以及八小时工作日的延长作业时间。
- 加班认定:加班时间必须经主管认可。
- 计算标准:发放主管认可的加班时间,按加班者"小时职务工资"计算,加班以小时计算单位,不足一小时略去。具体计算标准如表14所示。

表14 加班津贴计算表

类　型	计算公式	说　明
延长工作时间	1.5*N*1/(22*8) *A	N——加班的小时数; A——月职务工资
休息日加班	2*N*1/(22*8) *A	
法定休假加班	3*N*1/(22*8) *A	

- 发放时间:每月与职能等级工资一起发放。

(2) 出差津贴

- 发放对象:凡离开工作所在地到外省市出差者(培训除外)。
- 发放标准:根据员工在职务等级工资表中的位置进行确定,如表15所示。

表15 出差津贴计算表

职务等级	一等~三等	四等~六等	七等、八等	九等、十等
出差津贴(元/天)	30	50	80	150

- 发放时间:每月与职能等级工资一起发放。

(3) 管理津贴

- 发放对象:对各决策层领导与管理职务担当者支付管理津贴。
- 发放标准:根据员工在职务等级工资表中的位置进行确定,如表16所示。

表16 出差津贴计算表

职务等级	五等	六等	七等	八等	九等	十等
管理津贴(元/月)	100	200	300	400	500	600

- 发放时间:每月与职能等级工资一起发放。
- 注意事项:享受此津贴者不享受加班津贴。

第七章　业绩奖金(D)

第三十四条　业绩奖金的分配在年终按一年四次的考核结果一次发清,如表 17 所示。

表 17　业绩奖金发放基准

累计分值 K(一年四次之和)	奖　金　额	说　　明
20,19,18	3 * 月工资额	此处月工资额是指全年月平均实得职务工资
17,16,15	2 * 月工资额	
14,13,12	1 * 月工资额	
其他	0	

第八章　销售提成奖(E)

第三十五条　销售提成奖。销售部门或个人在完成本年度销售目标的基础上超额完成的一定部分按照销售收入的一定百分比提取奖金,提成率由公司每年年初制定。

第九章　年薪(F)

第三十六条　年薪适用对象。对集团公司的要职要员实行年薪制。

第三十六条　发放依据。年薪额度根据职务工资等级以及考核结果确定,如表 18 所示。

表 18　年薪发放基准

累计考核分值 K (一年四次之和)	各等级对应年薪(单位:万元/年)		
	十	九	八
20,19,18	30	20	10
17,16,15	15	10	5
14,13,12	10	5	3

第三十八条　与职能工资制的结合。职能等级工资是决定各项报酬的基础,因此,无论进入年薪制系列与否,都必须依据考核结果,对所有员工工资等级进行调整;以便退出年薪制后,顺利进入等级工资体系。

第十章　固定工资(G)

第三十九条　公司外聘临时工实行统一定价制,不浮动,暂定为 650 元/月。

第十一章　退职金

第四十条　发放范围。被企业解除劳动合同的员工(包括被公司辞退与除名的员工,以及劳动合同期满不续订劳动合同的员工),除第四十二条规定者外,企业将按相应的支付标准向其支付其退职金。

第四十一条　支付标准。退职金的支付标准为:

- 在本企业工作每满一年,支付一个月的月平均实得职务工资;不满一年的按一年计算。
- 月平均实得职务工资按员工被解除合同前三个月实得职务工资的平均数计算。

第四十二条　凡下列情况之一者,不享受退职金。

- 因违法乱纪被强制解雇者(开除);
- 试用期内被证明不符合录用条件者;
- 给企业造成重大损失者;
- 不经允许辞职擅自脱离公司(自动离职)者;
- 其他企业认为不应支付退职金。

6.3 福利体系的设计与管理

福利也是薪酬体系的一个重要组成部分,是对员工的一种间接报酬。随着经济的发展和组织间竞争的加剧,深得人心的福利待遇,比高薪更能有效地激励员工。

6.3.1 福利的主要形式

福利体系可分为经济性福利、非经济福利和保险福利三类,各自内容如表6-2所示。

表6-2 福利体系的组成及其主要形式

类型		内容
经济性福利	额外金钱收入	年终、中秋、端午、国庆等过节费、加薪;分红、物价补贴、购物券等
	超时酬金	超时加班费、节假日值班费或加班优待的饮料、膳食等
	住房性福利	免费单身宿舍、夜班宿舍、廉价公房出租或廉价出售给本企业员工、提供购房低息或无息贷款、发放购房补贴等
	交通性福利	接送员工上下班的班车服务、市内公交费补贴以及报销、交通工具的保养费、燃料费补助等、交通部门向员工提供的折价票购买权或内部签票权
	饮食性福利	免费或低价的工作餐、工间休息的免费饮料、餐费报销、伙食补助、免费发放食品、集体折扣代购食品等
	教育培训福利	在职或短期的脱产培训、企业外公费进修(业余、部分脱产或脱产、出国深造)、员工子女入托补助、报刊订阅补贴、专业书刊购买补贴等
	医疗保健福利	免费定期体检、免费防疫注射、药费或滋补营养品报销或补贴、职业病免费防护、免费或优惠疗养等
	带薪休假	节日、假日以及事假、探亲假、带薪休假等
	文体旅游福利	为员工祝贺生日,集体旅游,提供疗养机会,体育锻炼设施购置等
	金融性福利	信用储金、存款户头特惠利率、低息贷款、预支薪金、额外困难补助金等
	意外补偿金	意外工伤补偿费、伤残生活补助、死亡抚恤金等
	其他生活福利	洗澡、理发津贴、降温、取暖津贴、服装津贴或直接提供的工作服,优惠价提供本企业产品或服务等
非经济性福利	咨询性服务	比如免费提供法律咨询、员工心理健康咨询等
	保护性服务	平等就业权利保护(反种族、性别、年龄、歧视等)、隐私权保护等
	工作环境保护	比如实行弹性工作时间,缩短工作时间,员工参与民主化管理等
保险福利	工伤保险、失业保险、养老保险、医疗保险、生育保险、个人财产保险、离退休福利等	

6.3.2 弹性福利及其设计方法

1. 弹性福利计划的含义

弹性福利计划是指企业为了满足员工的需求多样化,提供列有各种福利项目的“菜单”,

员工可以从中自由选择其所需要的福利,组合自己"专属"的福利"套餐",使福利效用达到最大化。

这种设计体系的原则是把员工作为客户,让其自由选择对自己能产生最大效用的福利项目,这样可使员工对企业产生强烈的归属感,而这种灵活、柔性的方式更加便于管理,也可避免发生设立某些员工并不需要的福利而造成的浪费,有利于加强福利成本管理。

2. 弹性福利计划的类型

由于企业经营环境的多样化和企业内部的特殊性,弹性福利计划在实际的操作过程中逐渐演化为以下几种有代表性的类型,企业可以根据自身特点选择合适的类型。

(1) 附加型。这是一种最普遍的弹性福利制,就是在现有的福利计划之外,再提供其他不同的福利措施或扩大原有福利项目的水准,让员工去选择。例如某家公司原先的福利计划包括房租津贴、交通补助费、意外险、带薪休假等,如果该公司实施附加型弹性福利制,便可以将现有的福利项目及其给付水准全部保留下来当作核心福利,然后再根据员工的需求,额外提供不同的福利措施,如国外休假补助、人寿保险等,但通常都会标上一个"金额"作为"售价";每一个员工则根据自己的薪资水准、服务年资、职务高低或家眷数等因素,发给数目不等的福利限额,员工再以分配到的限额去认购所需要的额外福利,有些公司甚至还规定,员工如未用完自己的限额,余额可折发现金。此外,如果员工购买的额外福利超过了限额,也可以从自己的税前薪资中扣抵。

(2) 套餐型。"福利套餐型"是由企业同时推出不同的"福利组合",每一个组合所包含的福利项目或优惠水准都不一样,员工只能选择其中一个弹性福利制。就好像西餐厅所推出来的 A 餐、B 餐一样,食客只能选其中一个套餐,而不能要求更换餐里面的内容。在规划此种弹性福利制时,企业可依据员工群体的背景(如婚姻状况、年龄、有无眷属、住宅需求等)来设计。

(3) 核心 + 选择型。"核心 + 选择型"的弹性福利计划由"核心福利"和"弹性选择福利"所组成。"核心福利"是每个员工都可以享有的基本福利,不能自由选择,可以随意选择的福利项目则全部放在"弹性选择福利"之中,这部分福利项目都附有价格,可以让员工选购。员工所获得的福利限额,通常是未实施弹性福利制前所享有的,福利总值超过了其所拥有的限额,差额可以折发成现金。

(4) 积分型。"积分型的弹性福利计划"是一种包含业绩激励效果的福利制度。它是按福利项目不同、成本不同设立不同分数,然后结合业绩考核评价分数抵兑福利项目分,次年积分累计。员工随时可以根据抵兑的福利分,享受抵兑的福利项目。这样不仅仅与业绩挂钩,同时也与企业贡献年限相关,增强企业的留人机制。

(5) 弹性支用账户。这是一种比较特殊的弹性福利制。员工每一年可从其税前总收入中拨取一定数额的款项作为自己的"支用账户",并以此账户去选择购买雇主所提供的各种福利措施。拨入支用账户的金额不需扣缴所得税,不过账户中的金额如未能于年度内用完,余额就归公司所有;既不可在下一个年度中并用,亦不能够以现金的方式发放。各种福利项目的认购款项如经确定就不能留用。这种类型的优点是福利账户的钱免缴税,等于增加净收入,所以对员工极有吸引力,不过行政手续较为繁琐。

(6) 选高择低型。"选高择低型"福利计划一般会提供几种项目不等、程度不一的"福利组合"给员工做选择,以组织现有的固定福利计划为基础,再据以规划数种不向的福利组合。这些组合的价值和原有的固定福利相比,有的高,有的低。如果员工看中了一个价值较原有福利措施还高的福利组合，那么他就需要从薪水中扣除一定的金额来支付其间的差价；如果他挑选了一个价值较低的福利组合，他就可以要求雇主发给其间的差额。

3. 弹性福利计划设计与执行时的注意事项

在设计弹性福利计划时，可以从以下两个方面考虑：一方面，要采用问卷、访谈等方式进行详细的用户需求调查，以便了解员工的真实需求，使得设计的福利计划得到大家的认可；另一方面，福利计划的设计要考虑企业的实际财力状况，并认真作好员工福利点数的核算、福利物品的定价、福利项目的内部交易方法，以及福利项目的约束协调机制（如员工跳槽时的福利点数处理办法，公司信用危机时的福利点数处理办法等）。

在弹性福利制度的执行中，要定期开展员工调查和问询，了解他们对所设立的福利项目的重要性和满意程度的意见。要定期将公司的福利政策与工会和其他行业协会政策以及人力资源市场上存在竞争关系的公司的政策（依据相关的薪酬和福利调查）进行比较。随时为员工提供有吸引力的福利制度，需要不断调整企业的福利政策以适应环境条件的变化，当然这样做必须符合经济原则，要避免福利导向与直接报酬相抵触。为保证福利政策和实践的统一，必须将弹性福利制度的相关内容全面、系统地编写到“员工手册”中。在引入弹性化的福利政策同时，还要注意不能损害薪酬模式的透明度，要避免福利的不公平，而且要把管理成本消耗控制在一定限度内，避免造成管理手续的过度烦琐。

阅读材料

百事可乐的灵活福利

塔德和爱利森都在百事可乐公司工作，但他们在小额福利的需求方面存在很大差异。塔德已结婚，有三个孩子，妻子无工作。爱利森也已结婚，但她丈夫在联邦政府有一份工资很高的工作，没有孩子。塔德对于福利的关心有两个方面：第一，有一个好的医疗方案；第二，万一他不在时，能有足够的人寿保险金维持他的家庭。相反，爱利森的丈夫已把她的医疗项目包括在自己的医疗方案中，并且人寿保险金对她和她丈夫都是次要的。爱利森对额外假期和储蓄方案这样的长期金钱福利更感兴趣。

公司传统的福利方案是为20世纪50年代的典型家庭设计的：一个男人和他的妻子，两个孩子。但现在美国不到10%的员工属于这种情况；25%的员工是单身；1/3的双收入家庭没有孩子。这样，传统的福利方案就不能满足今天员工的需要。此时，百事可乐公司的灵活福利，就能解决这个问题。

组织为每个员工建立一个灵活的，通常以他们工资的一定百分比为基础的消费账目，并为每一种福利标明价格。选择项目包括：便宜的医疗方案（承保项目较少），昂贵的医疗方案（承保项目较多），听力、牙齿和眼睛保险，假期选择，储蓄和养老金方案，大学教育费补偿方案，额外假期补偿方案等。员工可以自由选择福利项目，直到他们账户中的钱用完为止。

6.3.3 特殊福利政策的制定与管理

1. 特殊福利项目的对象与内容

所谓特殊的福利项目就是只由少部分员工享受的一些福利项目。享受这些福利项目的对象主要有三类：首先是企业的各个高层管理人员；其次是企业的技术业务骨干，比如技术部门的高级工程师、系统设计师,研发部门的高级项目经理、首席科学家等等;另外一种类型是企业外派的销售代表、销售经理,或者派去分公司的(或派去外地的)中高层管理人员,这些都是特殊福利的对象。那么,他们具体会涉及哪些方面的福利项目呢?

(1)高层经理或技术业务骨干。首先是住房问题,通常可以采取提供购房低息或无息贷款、发放购房补贴等方法。其次是高层员工的交通工具问题,最好的办法就是租车,甚至租车租司机。另外一个方法就是资助员工中高层管理人员买车,但不给配司机。

(2)销售业务人员的福利项目。除了高层人员之外,有时候如销售代表、销售经理等,公司也会给他们一些特殊福利待遇。其中一种比较典型的特殊福利就是给予所谓的“俱乐部资格待遇”,因为俱乐部既是健身场所,也是社交场合。在俱乐部的环境下,这些人员跟客户边健身边谈业务。所以,做福利工作应考虑到这一点。即便是这种福利成本远远超过薪资成本,企业也会在所不惜。

2. 建立特殊福利项目的指导思想

企业中可能会有一些特殊的员工群体,虽然这些人在企业里数目不是很多,但能起到非常关键的作用,对他们应该制定相应的薪资福利的管理办法。这是建立特殊员工福利项目的指导思想和设计要点。切实做好特殊的员工福利项目的实施和管理至关重要。

做福利工作的一个基本出发点是从必要的工作条件和必要的工作环境出发来考虑的。建立特殊福利项目因为成本很高,所以管理起来很严格,对享受对象的资格要进行严格审查,最根本的一点就是根据员工的级别,并联系其工作业绩来建立特殊福利项目。

3. 特殊福利项目实施中的注意事项

一般特殊员工的福利项目通常都会由总部直接集中管理,由专门人员负责。具体操作的时候,一是要密切的沟通,尽可能让员工满意;二是没有必要让所有的员工都知道,没有必要把它作为一个政策来宣传。另外还要注意的是,特殊福利项目的管理,不仅仅是人力资源部门本身的事情,让福利享受人的直接领导介入进来也是非常有效的办法。

最后,要作好特殊员工福利项目的实施和管理办法。具体实施要点包括外派地住房待遇、配偶家属随同外派、配偶工作就业、子女入托上学、就医、探亲、生活补助等。

6.4 案例与讨论

6.4.1 阳光快餐店的薪酬问题

阳光快餐店位于S市的一条繁华街道上,餐厅规模不大,陈设幽雅。餐厅的服务员由餐厅老板张海鹰的两个妹妹担任,同时她们还兼任厨房的帮工。厨师是张海鹰从家乡请来的李蒙。由于餐厅生意兴隆,张海鹰决定扩大规模。张海鹰租赁了阳光快餐店隔壁的一间空房,将餐厅座位从原来的8个增加为20个。

由于规模扩大了,服务员和厨房里的帮工人手明显不够,因此张海鹰通过一家人才中介机构聘请了8名员工,其中两名是40岁以上的当地的下岗妇女,张海鹰让她们帮助厨师打打下手,从事食品的清洁和准备工作,工资为每个月800元。其余的六名员工都是20到30岁之间的年轻人,他们或多或少都有一些在餐厅打工的经验,张海鹰给他们的工资是每个月 600 元。虽然从表面上看,服务员的工资要低于厨房工作人员,但是,如果服务员在工作时尽心尽责,那么他可能获得的小费也会是一笔不小的数目。

装修一新的阳光快餐店再次开业了。正当张海鹰踌躇满志考虑餐厅下一步的发展时,他发现来自员工的矛盾已经不容他忽视了。矛盾的起源是厨房工作人员和服务员之间的对抗。厨房工作人员认为那些服务员挣了比他们所应得的多得多的钱;相反,厨房工作人员这么辛苦,却每月只能拿 800 元的定额工资。要不是她们的辛勤劳动,服务员就只能提供冰冷的食物。在燥热又不通风的工作间,每晚听着服务员谈论着他们在小费中赚了多少钱,这一切激怒了厨房工作人员,她们认为这非常不公平。但服务员们却自有他们的看法,他们认为人人都会切菜洗杯子,他们觉得自己在个人素质和职业化程度上要比厨房工作人员优秀得多。

张海鹰在亲眼目睹了几次明争暗斗后,决定要着手解决这个问题。因为他发现这种争执已经影响到了餐厅的正常营业,有时客人在餐厅等了很久,但菜却迟迟不能上来,原因是心怀不满的厨房工作人员故意在拖延时间,有好多次都导致客人非常生气。

事实上,张海鹰在管理餐厅的过程中,有关员工的薪酬问题,他从来没有认真考虑过,也没有遇到过真正的麻烦。因为以往在餐厅工作的人,几乎都是他的亲戚朋友,主厨李蒙也是以合伙人的身份在餐厅工作的,与他的关系也非常好,每到年终张海鹰都会给他一个很厚的红包,他们合作这两年多来,一直没有出现过什么不愉快。以往他以为经营餐饮业最主要的是在原材料的采购、确保菜肴的质量等方面,但是现在他发现对于员工的薪酬问题也不容忽视。经过认真考虑,为了增强厨房工作人员的工作积极性,张海鹰决定给这两个女工增加工资,每人每月 1000 元。于是弥漫在餐厅中的紧张气氛暂时消失了。但是,不久张海鹰发现那些服务员的工作积极性开始下降了,有一两个人甚至还私下透露过跳槽的念头。原因是他们觉得既然厨房工作人员的工资增加了,那么他们的底薪也应该增加,况且他们通过熟人了解到,在其他餐厅类似性质的工作,服务员每月的底薪有 800 元。

张海鹰这才发现问题不像他一开始想象的那么简单,他也曾考虑过辞退这批员工,重新招募一批新人,但是每次招聘和培训的费用也是一笔不小的数目,另外,频频更换员工对餐厅来说也有很多负面的影响。员工的工资肯定不可能无限制地增加下去,但是又该如何调动他们的工作积极性呢?

案例讨论

1. 造成阳光快餐厅的员工对现行薪酬方案不满意的原因有哪些?
2. 为确定一个合理的薪酬体系,张海鹰应该如何去规划?
3. 请分析:除调整薪酬以外,张海鹰还可以通过哪些措施和手段留住员工?

6.4.2 IBM 公司的薪金和福利体系

IBM 相信每位员工的独特个性及潜力得到足够尊重,是 IBM 发展、变革与成功的基础。IBM 一直致力于工资与福利制度的完善,以使员工的工作与生活都更充实、更丰富,从而充分发挥自己的才华。

1. 总体情况

IBM公司的工资与福利是由现金工资与众多的福利项目组合而成的。通过系统化的设计,配合公司内部的各种管理制度,以及公司为员工提供的多种事业发展计划,达到吸引、保留优秀人才,减少人员流失,激励员工更大地发挥潜能,为公司及个人的发展多做贡献的宗旨。

2. 工资与福利项目

- 基本月薪——对员工基本价值、工作表现及贡献的认同。
- 综合补贴——对员工生活方面基本需要的现金支持。
- 春节奖金——农历新年之前发放,使员工过一个富足的新年。
- 休假津贴——为员工报销休假期间的费用。
- 浮动奖金——当公司完成既定的效益目标时发出,以鼓励员工的贡献。
- 销售奖金——销售及技术支持人员在完成销售任务后的奖励。
- 奖励计划——员工由于努力工作或有突出贡献时的奖励。
- 住房资助计划——公司拨出一定数额存入员工个人账户,以资助员工购房,使员工能在尽可能短的时间内用自己的能力解决住房问题。
- 医疗保险计划——员工医疗及年度体检的费用由公司解决。
- 退休金计划——积极参加社会养老统筹计划,为员工提供晚年生活保障。
- 其他保险——包括人寿保险、人身意外保险、出差意外保险等多种项目,关心员工每时每刻的安全。
- 休假制度——鼓励员工在工作之余充分地休息,在法定假日之外,还有带薪年假、探亲假、婚假、丧假等。
- 员工俱乐部——公司为员工组织各种集体活动,以加强团队精神,提高士气,营造大家庭气氛,包括各种文娱、体育活动,大型晚会,集体旅游等。

3. 完善的工资制度

- 完整的职位评估系统。对内部不同工种及不同工作的系统分类并级别化,由于内部不同级别的工资水平不同,充分体现按贡献取酬的精神。
- 严格的工作表现评估系统。由主管与员工共同完成每年度的工作计划制定和工作表现评估过程,工作表现的好坏与加薪和升职紧密相关,从而实现"按贡献取酬"的目的。
- 严谨的薪资调查方法。密切关注本行业的工资变化情况,调整工资结构,以保证工资和福利在本行业中保持竞争力。

4. 机会均等的加薪与升职机会

工作表现及专业技能是在提升及加薪过程中首先要考虑的因素。IBM的工资制度及管理制度保证了提升及加薪的机会对每个员工均等。只要积极制定职业生涯目标,不断更新专业技能,积极进取,不断扩大工作范围及影响力,提高领导才能,你的IBM职业生涯及报酬就会随之蒸蒸日上。

案例讨论

1. IBM公司的福利制度组合有什么特点？请对其给出客观的评价。
2. IBM的薪酬福利有哪些针时中国本土的政策？这些政策能起到什么样的作用？
3. IBM的福利制度是如何和薪酬制度相互补充，满足员工的不同需要的？
4. 结合该实例，请说明企业应该如何设计一套完整的薪酬和福利体系。

6.5 本章小结

薪酬是指员工为企业工作而获得的可以用货币直接或间接衡量的经济性报酬，即涵盖了员工从企业所获得的所有形式的经济收人以及有形的服务与福利。制订对内有激励性，对外有竞争性的薪酬制度，是企业吸引和留住优秀员工的法宝，它能激发优秀员工的工作热情，最终实现企业的经营目标。本章首先介绍了薪酬的含义、组成、功能，影响薪酬体系的主要因素，以及薪酬管理的作用、原则和内容；然后介绍了薪酬体系设计的内容、程序以及各类人员薪酬设计的基本方法，并给出了某集团公司工资管理制度的实例，供读者参考学习；最后，本章对企业中福利体系的设计与管理进行了介绍，特别是弹性福利计划的类型与设置方法，特殊福利项目的制定与管理都是非常重要的内容。

总之，通过本章的学习，读者应理解薪酬和福利管理的重要性；对于一些操作性较强的内容（如工资总额核算、奖金计算），要掌握其方法；对于一些较新的管理制度（如弹性福利计划、特殊福利制度等），要把握其内容，掌握其指导思想和工作原则。

6.6 思考与实践

一、思考题

1. 请说明薪酬体系的结构组成及其各部分的特点。
2. 影响薪酬体系的主要因素有哪些？
3. 薪酬管理包括哪些内容？它有什么重要作用？
4. 请说明薪酬体系设计的内容和程序。
5. 在进行销售人员薪酬设计时，需要注意什么问题？
6. 什么是奖金制度？它具有什么特点？
7. 请说明奖金的设置条件和主要类别，并说明其设置标准和分配方法。
8. 福利制度在企业中具有什么作用？它主要包括哪些主要形式？
9. 什么是弹性福利计划？主要有哪些类型？
10. 什么是特殊福利政策？在设计和执行特殊福利政策时需要注意什么问题？

二、实践环节

1. 实践调查题

请借助自己的关系网络，进行某一岗位的薪酬调查，并做出相应的分析。

2. 方案设计题

请根据如下企业实际情况,模仿本章给出的实例,制定有利于激励员工的薪酬制度。

某公司是一家中国目前最重要的特殊玻璃生产销售厂商之一,目前有员工500余人,在全国有21个办事处。随着销售额的不断上升和人员规模的不断扩大,企业整体管理水平也需要提升。

公司在人力资源管理方面起步较晚,原有的基础比较薄弱,尚未形成科学的体系,尤其是薪酬福利方面的问题比较突出。公司成立初期,人员较少,单凭领导"一双眼、一支笔"倒还可以分清楚给谁多少工资,但随着人员的激增,只靠过去的老办法显然不灵,这样做带有很大的个人色彩。随着该行业的发展,企业之间的竞争日趋激烈,尤其是人才竞争,公司领导认识到人才、创新、提高工作效率的重要性。经调查,企业目前存在产品老化、工作流程过于繁杂、市场反应速度慢等不足之处。员工对目前公司薪酬水平、员工之间的薪酬差距也不甚满意。由于其他人力资源管理职能不健全,目前公司薪酬分配的依据不足,难以反映员工之间真正的能力差别、岗位价值差别、贡献差别。

现在,该公司要重新设计工资方案,请你帮助制定出一个科学、规范、合理、公平的薪酬管理制度。

3. 分组辩论题

关于"员工薪酬是否应该保密"这个比较敏感的话题,目前讨论很多,不同的人有不同的观点倾向。请同学们分组担任以下问题的甲、乙两方,然后进行辩论练习。

甲方:员工的薪酬公开更好

乙方:员工的薪酬保密更好

第7章 人力资源流动管理

引例

某单位管理不当引发的员工频繁辞职

W道路桥梁设计院是一个国家特大型铁路建设集团的下属机构，坐落在我国中部地区L市，现有在职员工240多人。该设计院成立于1985年，成立之初，员工多从集团内部挑选，在1985年至1995的十年间，未有新大学生分配进来，技术人员和管理人员青黄不接。考虑到设计院今后的发展，从1996年起，设计院陆续招录一批大学生：1996年12人，1997年13人，1998年10人，1999年9人，2000年6人，2001年5人，以后的年份甚至还招录了一些硕士和博士。2001年10月，W道路桥梁设计院领导换届，36岁的计划经营部L主任被提拔为院长；之后不到半年时间，L院长启用了与其同期进院，年龄相仿，并与之关系密切的原建筑设计室主任P工程师为主管人事管理的副院长，同时开始进行大手笔的人事调换。

2003年是1997年参加工作的大学生评工程师的年度。按照有关政策和比例，该年至少有8个指标。在这六年中，大家勤奋工作，刻苦钻研技术。事前大家公认工艺室的D先生工作成绩突出，人际关系融洽，是一位优秀的技术人才。他在中德合资重庆某大桥项目中，承担了主要设计工作，加班加点，如期保质保量完成任务。D先生在群众中口碑很好，但是评定结果出人意料，13人中只有1人当评。此事在员工中产生很大反响。要知道，在设计院这样的技术部门，职称对员工来说很重要，甚至影响其职业生涯。

2004年中，W道路桥梁设计院所在的铁路建设集团，对各种技术、研发、设计机构进行了大规模的重组、兼并——以J院为总部，合并了集团下属9个公司中的6个设计所、4个勘察院以及5个设计室。但是，各单位为了自己的利益，抵制兼并，消极配合，仍然各自为政，特别是各单位原领导的安置问题。于是L院长对被并单位负责人中的大多数晋升了职位，增加了几个职能部门，使得本已“官”满为患的设计院管理层机构更加臃肿，而院本部则无一人被提拔，除了给院长开小车的初中文化的司机被任命为院办公室秘书，不少在2001年换届时未能得到提拔而又满心希望能走上更高职位的管理者感到了前程渺茫。

结果是，副院长4人，经营部副主任5人，办公室副主任4人，24名员工的桥梁预算部有4名副主任，只有48名技术人员的建筑设计室却有8名各种类型的专职业务管理人员……

2004年9月，J院本部1998年参加工作的员工职称评定中，10人又只有1人并评为工程师（按比例是5人以上），增评了1997年3人。与此同时，被合并单位中1998年参加工作10人除去未申请者1人，转到其他系列2人外，其余有5人当评，1998年以前的全部当评。2004年10月，一天下午，P副院长找到D先生，语气严厉地责备其近期工作拖拉，未能按合同期限交付图纸，致设计院受到甲方抱怨并扣设计费。D先生与其发生了争执，后来发展到双方用带有肮脏性的语言互相辱骂，就差动手了。此前，P副院长曾与多名下属员工和管理者发生过争吵;并且很多员工对由其主导设计的绩效考核办法牢骚满腹。

自L院长上任以来的几年时间里,W道路桥梁设计院的经济效益没有增长。2004年经营甚至出现了建院以来的首次亏损,也看不出今后有好转的迹象。员工的平均薪水和福利也较以前大幅下降,并且开始拖欠工资。几年中,除了几次零星的讲座外,员工没有一次正规的技术培训。因经费紧张,已经取消员工出差和参加学术会议的待遇,与外界的技术交流基本中断,新员工进院为期半年的学习已停止,高职称设计师的带薪休假制度也一度中断,几年前建立起来的新老员工的师徒关系也是名存实亡,且无人过问。

退休工程师拒绝院里的返聘,技术人员和管理人员都感到不同程度的不满。平时,管理者只有在工作必需和催缴设计资料时与员工见面。有人开始抵制管理者布置的任务,工作不按期完成;上班时间炒股或干其他私事;长时间的聚集闲聊;迟到早退现象增加;人们开始滥请所有可能的假期。院领导得到的甲方对交付的设计文件的信息反馈,表明设计质量下降,施工现场服务质量下降,由于几个关键技术人员和管理者的辞职,使得某些部门的工作一度停滞。另外,最近公司大规模的人员辞职现象接连不断。

2005年1月,工艺室两名工程师和一名助工先后辞职。

2005年3月,大桥设计室多年的老主任辞职。

2005年4月,铁路设计室和建筑二室各有一名硕士研究生先后辞职。

2005年5月,工艺室多年的副主任辞职。

2005年6月,财务部一名会计师和经营部一名业务主管辞职。

2005年8月,经营部多年的主任辞职。

2006年2月,信息中心一名高级工程师跳槽到一家外资设计单位。

2006年5月,桥梁制图室一名业务精英——高强博士带领其下属工作团队6人集体辞职。

2006年11月,预算部主任辞职。

在一年半的时间里,辞职人数达到18人,特别是其中有很多核心技术人员和主要管理骨干,这在J院历史上是没有的。W道路桥梁设计院近期所发生的频繁离职现象,引起了集团总部领导的关注,要求L院长查明原因并采取措施。于是,L院长狠抓劳动纪律,发现迟到或早退者,每次罚扣工资50元;找去年或今年未评上职称者谈话,安抚其心;对在工作中加班的予以奖励;谨慎批假……但就目前的情况来看,还没有好转的迹象,辞职风波依然在继续。最近,市场部和技术档案室已各有一名助工准备提出辞呈。

点评:从本例可以看出,W道路桥梁设计院因种种原因,出现了"员工辞职风波",这些原因包括:业绩考评标准不科学,导致考评结果不客观;没有认真做岗位分析,导致岗位设置随意,以至于"官满为患";缺乏对员工培训开发的措施与制度,使组织业绩下滑;员工待遇水平下降,导致员工不满,加上管理者与员工之间缺乏沟通,最终员工辞职频繁。要解决以上问题,必须根据以上分析,对症下药,切实提高人力资源管理的效果,否则员工不断外流辞职的后果将后患无穷,会严重影响研究院的工作质量和经济效益。

学习目标

通过本章的学习,读者应该能够:

□ 理解人力资源流动的含义与特点
□ 掌握人力资源流动的过程管理
□ 了解人力资源的企业内部流动
□ 知道影响人力资源流动的因素
□ 掌握人力资源的流动比率分析
□ 掌握控制员工流失的基本原则
□ 学会挽留核心员工的常用技巧

7.1 人力资源流动概述

作为人力资源流动管理的基础知识,本节介绍人力资源流动的含义、类型与特点。

7.1.1 人力资源流动的含义

所谓人力资源流动,就是指员工相对于人力资源市场条件的变化,有选择性地从一种工作状态到另一种工作状态的转移。这种转移可以发生在岗位之间(如财务部员工张三海从公司出纳员调整为统计员)、组织之间(如蓝天大酒店前台主管赵普"跳槽"到喜圆满宾馆任客房部经理)、职业之间(如天力信息技术公司软件项目总监王虎离开公司加盟某大学软件学院,并开始任专职教师)、产业之间(如一家网络游戏公司的首席美术设计师周海,离开游戏业而独创一个装修装饰公司),以及地区之间(如毕业后到日本发展的张涛,在日本工作没有得到期望的成就时,依然回国继续发展)等等。

随着国家人事管理体制的改革,特别是市场经济条件下,当前我国人力资源流动现象逐渐升温。国内人力资源大量流向国外,国企人员流向外资、合资企业、民营企业, IT 业、饭店业、零售业等频繁发生的"人员跳槽事件"等现象都是突出的表现。

7.1.2 人力资源流动的类型

按照不同的划分标准,人力资源流动可以分为不同的类型,如表 7-1 所示。

表 7-1 按不同标准划分的人力资源流动类型

划分标准	类型	含义	示例
流动范围	国际间流动	人力资源在不同国家和地区之间流动	如中美、中日之间人才流动
	区域间流动	人力资源在国家内部不同区域(如省份、地区、城市)之间的流动	如我国前几年中西部人才向东南沿海省份的大量流动
	企业间流动	人力资源在同一区域企业之间的流动	如某城市内 IT 人才的流动
流动意愿	自愿流动	员工出于自愿而进行的一种流动方式	如自愿离职、主动下岗
	非自愿流动	在非自愿情况下员工被迫进行的流动	如辞退、开除、责令下岗
流动过程	人员流入	人力资源从企业外部流入本企业	如工作需要招聘一批新员工
	内部流动	人力资源在企业内部的流动	如内部岗位调整、轮换、晋升
	人员流出	人力资源从本企业流向外部企业	如某核心人员被竞争对手挖走

7.1.3 人力资源流动的特点

人力资源的流动有其一定的特点和模式，下面简单分类总结如下。

1. 员工离职时间的特点

从离职的时间上分析，企业内员工离职经常发生在以下三个时间。

(1) 试用期前后的“新人危机期”。

(2) 在职两年后的“升迁危机期”。

(3) 在职五年后的“工作厌倦危机期”。

2. 不同所有制的人力资源流动特点

(1) 国企人力资源流动特点。流动率超过15%；去向主要是外企与民企。

(2) 外企人力资源流动特点。流动率达到6% ~7%；去向主要是在圈内流动。

(3) 民企、私企人力资源流动特点。流动率居高不下；去向一般多元而复杂。

3. 行业类型以及人才类型流动特点

从行业类型来分析，根据统计，计算机、信息、通信、网络等IT高科技产业，宾馆、饭店、金融、保险、旅行社、零售企业、连锁企业等服务行业人才流动比较频繁。从类型来说，销售人员、业务人员、核心技术人员、策划人员、职业经理人等流动几率比较高。

7.1.4 人力资源流动的模式

在一家企业中，人力资源流动的模式对员工的福利、组织的有效性以及公司在社会中的地位都有不同的影响。一般来讲，人力资源流动的基本模式有以下四种基本类型。

1. 终生雇佣制

通常情况是，人们在组织的底层进入，在其职业生涯的全过程中，员工无论是否升迁，都与组织一直呆在一起。当然，对不同的员工群体，底层的定义可能不同——蓝领员工一般会直接进入公司中最下层的职位分类，而MBA毕业生被雇佣则是直接进入空缺管理职位。一般来说，生产制造企业、规划和设计研究类型的组织是这类模式的例子。

2. 上或出制

员工从底层进入，按预定的轨道在组织中升上去，直到他们达到上层，此时他们会被给予组织完全的合伙人的地位。如果在此上升道路的任何级别上不能被提升，或者不能到达最高级别，通常意味着此人必须离开。该体系在其底层有较高的离职率，在上层则相对稳定。一般大型会计公司、法律公司、管理咨询公司等企业是该类模式的例子。

3. 不稳定进出制

员工可能会在组织中的任何一个层次进入，这依赖于组织的需要。并且，在其职业生涯中，因为经济周期、表现不佳或是与新的管理层不配合等原因，可能在任何层次和时间被要求离开。但工作合同在一定期限内有效，以保证个人有一定的稳定性。这种类型的体系多见于业绩被认为是个人的函数(而非群体的)以及环境高度可变(通常由个人不能控制的外部原因引起)的产业中。娱乐业、餐饮业、零售业企业是该类模式的例子。

4. 混合式

只有很少的公司是完全依照上述模式之一的。多数公司会以一种模式为主，而辅助以其他模式，这就是所谓的混合式。另外，流动模式还会随着组织的生命周期而改变。

在许多情况下,企业对人力资源流动模式的选择受到以下四个因素的影响:第一,管理层的态度和价值观;第二,企业所处的运营经济环境;第三,国家立法的强制;第四,企业人力资源流动模式的塑造也可能由公司创立者的管理哲学所决定。

7.2 人力资源流动的过程管理

本节所讲的人力资源流动的过程管理,其实就是从流入管理、内部流动管理、流出管理三个方面对人力资源流动管理进行介绍。这在上节人力资源流动类型的介绍中已经提到。

以上人力资源流动的三种过程,在企业人力资源管理中普遍存在。例如,公司通过猎头公司从外面“挖人”或者有关人员到公司主动应聘,就属于人力资源的流入管理;员工在单位内部的部门调整、岗位轮换或者职务晋升和免职降级等,就属于人力资源的内部流动管理;而员工合同到期选择离开、核心技术人员主动辞职或被别的公司“挖走”、违反劳动纪律的员工被人力资源部门勒令辞退等,就属于人力资源的流出管理。

本节将对以上三种类型的人力资源流动管理涉及的相关内容进行分析和说明。

7.2.1 人力资源流入管理

在人力资源的流动中,人力资源的流入是整个人力资源管理工作的基础。对一个企业来说,招聘决策是人力资源流入管理的主要“关口”。它决定着人力资源的结构组成是否合理,所招聘的人员是否符合企业目前的实际需要,以及与企业的文化氛围是否相适应。为此,在人员招聘这个人力资源流入“关口”,要注意以下事项。

1. 明确招聘目的,严把工作环节

企业通过招聘,目的是选择合适人才,为人力资源配置作好基础性准备。为此,必须要做好招聘流程各个环节的工作:在进行招聘之前,企业应先制订严谨的人力招聘计划,了解企业所需要的工作申请人的类型和数量;然后认真调研,仔细研究,确定好对应招聘岗位的详细工作分析文件,交代清楚岗位职责及其任职资格;并根据“能岗匹配”的原则,对照企业所需要的入职条件和申请人的个人特点进行报名人员的筛选;最后,企业要通过严格的面试或测试等方法对入围人员进行认真选拔,并最终确定录用人员名单。

2. 充分认识招聘活动对以后人才流动的潜在影响

企业的招聘是人力资源配置的“把关口”,这是由招聘的重要性决定的。招聘可以为企业获得符合需要的人才来达到战略目标,同时,招聘还对企业未来的离职率和补缺员工的比例具有重要的影响。在企业发展初期,员工离职的主要原因是企业未能达到员工最初的期望,而这与招聘过程有重要关系。

3. 要加强招聘工作人员与应聘者之间的沟通

在招聘过程中,以及录用之后的岗前培训阶段、试用期阶段,企业的招聘工作人员、部门主管等要加强与应聘者之间的详细交流和沟通,这有助于双方尽快达成共识,并使员工尽快融入岗位,避免应聘者在入职后,对企业失望而离职。这也有助于企业减少和控制人力重置成本。关于防止人力资源流动的员工沟通问题,本章后面还将详细阐述。

7.2.2 人力资源内部流动管理

在新员工进入岗位后(通常是指已完成试用期转正的员工),与在职员工共同工作一定时间，并由企业正式组织考核后，便进入了人力资源内部流动阶段，也就是开始进入人事管理异动范围，主要是通过晋升、调岗、轮换和降职等方式在企业内部进行合理流动。

1. 人力资源内部流动的方式

（1）内部调动。员工在组织中横向流动，在不改变薪资和职位等级的情况下变换工作。

（2）岗位轮换 。企业的员工在企业各个部门之间进行流动。

（3）晋升。企业员工由于工作业绩出色和组织工作的需要，沿着组织等级，由较低职位等级上升至较高等级。

（4）降职 。一个员工在组织中，由较高职位等级向更低职位等级的移动。

2. 人力资源内部流动的注意事项

首先，人力资源的应用应体现其自身价值，包括以企业发展的需要和部门职能作为动力，开通内部招聘渠道，从而降低人力外招聘成本；使员工个人的能力得到有效发挥，进而提高岗位工作业绩；同时，通过竞争上岗的考核来产生标榜作用，鞭策及激励后进者。

其次，人力资源内部流动表现形式是员工异动，指企业员工由于主客观原因，而造成的工作职位与岗位的调节与使用，它会伴随着企业发展的不同阶段呈现出强与弱的状态。在人力资源管理中，要善于利用晋升、调岗、轮换和降职等方式对员工使用进行调节。

最后，在人力资源管理过程中，内部流动对员工所产生的心理影响和表现的情态有所不同，其着力点正是人力资源过程管理要掌握的关键所在，应考虑从客观现实出发，找到员工异动所产生的内在困惑和情感因素，并及时进行协调和沟通，或者做出相关的调节。

3. 工作内容的丰富化及其实现方式

加强人力资源内部流动管理的一种主要方式就是实现员工工作内容的丰富化。所谓工作内容的丰富化，就是指给员工授权，让其对他们自己工作的计划、组织、执行、控制和评价等环节承担更多的责任和义务。以下是有助于实现工作丰富化的几个基本指导原则。

（1）进行任务组合。管理人员应该尽量先理清现有的零散工作任务，并把它们组合在一起，形成一种新的、内容更多的工作单位，这样做会增强技术的多样性和任务的同一性。

（2）建构自然的工作单位。建构自然的工作单位，就是指让一个员工负责一个独立而有意义的工作整体。这样做会加强员工的“工作主人翁”意识，并且会使员工认识到自己的工作很有意义、很重要。

（3）建立员工—客户关系。客户是员工所生产的产品或提供的服务的使用者（这里的客户可能是公司外的顾客，，也可能是“内部顾客”）。管理人员应该尽可能地建立员工与客户之间的直接关系，这样会提高员工的技能多样性、自主性以及反馈程度。

（4）纵向的工作负荷。纵向的工作负荷能够使员工拥有一些以前属于管理人员的责任与控制权，在某种程度上，可以弥合工作中“执行”与“控制”之间的鸿沟，并使员工的工作自主性增强 。

（5）开通反馈渠道。通过加强反馈，员工不仅能了解到自己的工作做得如何，而且还能了解到自己的工作绩效是在提高、下降，还是保持不变。理想的情况是，员工在工作过程中，就能直接了解有关绩效的反馈，而不是不定期地从管理人员那里得到有关信息。

7.2.3 人力资源流出管理

人力资源流出管理，是指一个从企业领取货币性报酬的人中断作为企业成员关系的过程。

从流出的形式看，人力资源的流出有改变工作单位而不改变职业的流动，也有跨行业的流动。从员工流出企业的意愿来看，又有自愿流出、非自愿流出和自然流出之分。

自愿流出和自然流出的原因比较简单，下面重点说明一下非自愿流出。

顾名思义，非自愿流出就是由于各种原因，由企业一方先提出让员工离开，而并非员工自己主动提出流出企业的情况。非自愿流出包括解雇、人员精简、提前退休三种情况。

(1) 解雇。由于市场变化的偶然性，或者一些员工无法达到要求的绩效水平而需要进行裁员，也就是解雇一些员工。企业在采取解雇措施时应格外小心，并通过遵循一些原则来尽量避免不良后果的出现；另外，解雇时一定要保证公平，并采取一定的缓解措施。

(2) 人员精简。人员精简是组织管理方为降低成本而采取的一系列自愿行动，重点领域可能是劳动力成本、货币成本，也可能是时间成本或技术成本。通常，人员精简主要是裁减企业的劳动力规模，这种现象在近几年各大企业中都非常普遍。

(3) 提前退休。提前退休是指员工在没有达到国家或企业规定的年龄或服务期限之前就被迫退休。

阅读材料

西门子公司欲裁员1.7万

德国媒体28日报道，德国西门子公司将在全球范围内裁掉4%员工，削减工作岗位超过1.7万个。

德国《南德意志报》说，西门子公司将裁减的员工大都为白领和管理层人员，但报道未提供消息来源。报道说，西门子公司全球约43.5万名员工中将有4%被裁，裁员总数超过1.7万人，其中德国国内的大约13.6万名员工中有6400人将下岗。

美国《华尔街日报》当天也对此做了报道，提供的裁员人数与《南德意志报》的报道吻合。

这两家报纸说，西门子公司裁员的原因之一是全球经济不景气。而西门子公司首席执行官彼得·勒舍尔今年年初警告说，公司面临运营困难。

(资料来源：新华网 2008年06月29日 07:38:33)

在进行人力资源流出管理时，必须要注意以下问题：

(1) 一个企业可能通过提前合同期满不续约和解雇两种方式来减少工资负担而进行人力资源的流出，从而能够迅速增加自己的综合能力。但是，人力资源流动流出可能给企业带来一定的影响，例如无形资产的流失、员工流动使企业成本增加等。

(2) 在人力资源流出管理时，企业将面临着一个平衡管理问题，那就是如何平衡员工对在职“安全”的需要与企业削减人员以降低成本，实现人事更新的需要；以及如何确保流入、流出管理中员工进出的相对平衡，保证人力资源的质量，并减少人力开发成本等。

(3) 有学者在企业咨询项目的归纳中发现，员工主动辞职的占70%以上。对控制员工流失有一些特别重要的人力资源管理环节和领域，它们包括招聘筛选、企业的社会化、职位内容、薪酬福利支付、职业生涯管理，还有企业文化建设、沟通等其他诸多方面。

熟悉圣经的人都熟悉下面这段话：“你们希望别人怎样待你们，你们也应该怎样待别人”。这应该成为人力资源管理的黄金原则。换言之，在发生员工流失的时候，企业管理者也就不必过多责备员工，而应该从自身的管理方法、机制和用人策略等方面去寻找差距。

阅读材料

公司裁员最先盯上的五种人

企业一旦面临亏损或赢利步伐有所放慢时，首先考虑的就是通过裁员来解决财政危机。无论是业务精英、技术骨干，还是办公室人员，都存在被裁掉的可能。但以下人员一般是公司裁员最先盯上的五种人。

A. 资历最浅的员工。高层会认为他们的去留不会对公司的前景带来太大的影响。

B. 绩效水平最低的员工。尤其业绩无法达成与其高薪形成正比的员工。

C. "低价值员工"（低价值人力资本、低晋升潜能、低学历……），也是裁员的重点考虑对象。

D. 经常假公济私，浪费公司资源的人。公司危难之时，当然会清理掉这些为公司雪上加霜的人。

E. 高薪聘用却未能为公司创收的人。

7.3 人力资源流动的效果分析

本节首先分析影响人力资源流动的主要因素，然后分析人力资源流动可能带来的积极作用和消极影响，最后通过实例说明人力资源流动比率的计算公式和分析方法。

7.3.1 影响人力资源流动的因素

影响人力资源流动的因素包括经济因素和非经济因素两个方面，下面进行具体说明。

1. 影响人力资源流动的经济因素

影响人力资源流动的经济因素很多，包括经济发展水平、劳动力就业与失业水平、通货膨胀、收人水平、职业声望以及社会保障制度等，都会对人力资源流动带来影响。

2. 影响员工流动的非经济因素

影响员工流动的非经济因素主要包括三个方面。第一是企业因素，包括组织变革，组织特性，企业公正程度，企业所处的行业类型，企业的规模、地位和绩效，工资水平，职位的工作内容，企业管理模式以及企业对员工流失的态度等。第二是工作因素，包括工作态度，工作性质，职业工种，工作中的人际关系，在职培训等。第三是个体因素，包括年龄和任期，性别与种族，婚姻，职位满足程度，职业生涯抱负和预期，对企业的忠诚度，对寻找其他职位的预期，家庭和生活压力及其承受程度，以及其他个人因素等。

7.3.2 人力资源流动的结果

人力资源的流动具有双重效应，也就是既有积极作用，也有消极影响。

1. 人力资源流动的积极作用

（1）从宏观经济的角度看，这是社会人力资源再配置的基本形式之一。如果企业高层员工流动受阻甚至停滞，则全社会范围的人力资源将很难自动实现合理的再配置。

（2）从社会生活的角度看，人员流动是企业员工生活多样化、自主化的前提。人才流动可以使员工自主地选择职业、生活地点和方式，并使他们的职业生涯阶段更加丰富。这样，就可以减少人们的心理压抑和相互摩擦，回避一部分社会矛盾，促进社会安定。

(3) 从企业的角度看，失去低效率和不合适的员工，有利于提高企业效益增进企业福利；另外，流动还是招聘的前提，否则企业规模很难控制；而且，流动制度就是一种淘汰制度，优胜劣汰可以带给员工危机感，促使他们积极提高自身素质并努力工作。

(4) 从个人的角度看，人员流动制度能使员工有机会获得更好、更合适的工作以发挥出自己的特长，从而实现个人的人生理想和抱负；人们还可以选择自己偏好的工作地点、职业等，使多样化的心理需要得到满足。

(5) 人才流动的作用还有很多，例如有利于人才的培养，是人力资源规划的重要途径，有利于激励员工士气，有利于人才的竞争与促进组织活力的增强等。

2. 人力资源流动的消极影响

如上所述，人员流动固然有积极方面的影响，但是，这些积极影响主要是在基本面上一些质的影响，如果进一步探讨，可以发现在具体层面上，它也会带来许多消极影响。

(1) 一般影响

一般地，任何员工的流动都可能会产生以下消极影响：

- 不利于团队的稳定，对企业士气产生影响。
- 会影响当前的工作，对企业绩效产生影响。
- 有可能会给市场传递不好的信息，使企业丧失部分商业机会。
- 降低了企业培训投资的回报，增加了企业人力资源管理的成本。
- 损害流动者的身心健康。
- 很可能造成技术的流失和商业秘密的泄露，尤其是核心技术和业务人员的流动。

而核心员工的流动，重要团队的流动，则会在上述方面的基础上产生更大的影响。

(2) 核心员工流动的影响

优秀、关键的核心员工，特别是掌握了企业关键技术和主要客户关系的管理和技术人员，他们的流动对一个企业的消极影响有时是致命的。因为，他们掌握的是企业赖以生存和发展的命脉。他们的流动，特别是恶意的流动，往往会使企业丧失很多商业机会和商业、技术上的秘密。特别是企业的高级经理，他们在离开原来服务的企业时，已经背上了可能出卖企业商业机密的道德风险，从而有机会给企业以致命的打击。

(3) 人才团队流动的影响

在一个企业内部的某个工作小组或者团队出现整体性流动时，就要引起企业管理者的注意了。团队流动是在出现团队工作方式后，出现的一种新型的企业员工流动方式。我们知道，在团队中工作的个体成员之间，需要高度的配合和知识、技能的互补才能完成工作。如果团队中出现个别人员的流动，企业可以很容易地找到一个与他类似的人来替补。但是，若出现整个团队的流动，企业就很难在市场上一时凑齐这么多相互可以配合的人才。这将给企业的人力资源管理工作带来很大的挑战。同时，技术上的机密泄露和商业机会丧失等可能的损失也是很难避免的，这样带来的对企业的打击有时与经理人员流动的打击同样致命。一个企业员工流动就会给企业增加很多方面的人力资源更替成本，团队流动的情况带来的成本增加量就可想而知了，它往往是团队中个人员工流动所带来的损失量的总和并加上他们之间相互配合所产生的规模效应。

阅读材料

销售额大增，为何IT公司售后服务人员却集体跳槽

公司地震！MZ电脑公司的40名售后服务人员集体不辞而别！此事就在临近春节发放年终奖前夕，不久之后，他们多数出现在MZ的各个竞争对手的公司里。“这是一起蓄谋已久的跳槽，这批人占MZ电脑整个售后服务部门的三分之二。”一位知情者向媒体透露。

这场被媒体称作“胜利大逃亡”的集体蒸发事件最直接原因，有说法是员工听说售后服务部员工将没有年终奖，辛苦一年，想靠着年终奖平衡收支的员工自然无法接受。

这次事件的导火索源头似乎是在产品生产部门被点燃的。公司在MZ电脑中改用了Intel原装主机板之后，故障返修率骤降到2‰左右，大大降低了售后服务员工的出单率。而售后服务人员的工资结构一般都是1500元左右加上按售后服务出单率计算的奖金，而年终奖（据说一般能拿到10000～20000元）就成了大头。既然出单不多，一年到头的企盼又落空后，员工愤而选择退路。

实际上头一年售后服务部的年终奖发放标准就已经招致了大多员工的不满，一年来也通过不同途径和方式提出过意见，但都没有得到公司高层的有效重视。

对这次集体辞职事件，MZ电脑公司王总开始思考：“这两年来公司一直沉浸在销售业绩大增的喜悦之中，怎么没想到后院会突然失火？”“难道是产品品质改善点燃了MZ的后院大火？还是售后部门团队不清楚公司的目标？”“人力需求降低后，员工激励机制怎么改？”“我们是否需要调整绩效管理方法？”

7.3.3 人力资源的流动比率分析

人力资源流动率是一个综合性的概念，一般是通过以下三个指标来分析，并且通常都是以月度来计算（如果以年度或季度来算，由于季节性的影响，会影响分析的精确性）。

1. 人力资源离职率

人力资源离职率是以某一单位时间（上面已经提到，通常是以月为单位）的离职人数，除以工资册上员工的月初数和月末数的平均人数，然后乘以100%。以公式表示就是：

离职率＝离职人数/工资册平均人数×100%

其中，离职人数包括辞职、免职、解职人数，工资册平均人数是指月初人数加月末人数然后除以2。离职率可用来测量人力资源的稳定程度，离职率一般在3%～5%比较适宜。

2. 人力资源新进率

人力资源新进率是新进人员除以工资册平均人数然后乘以100%。其中的新进人员是指录用进入试用期或已完成试用期转正的员工。人力资源新进率用公式表示就是：

新进率＝新进人数/工资册平均人数×100%

新进率用来测量企业人力资源的增长幅度，新进率高意味着公司处于快速发展期。

3. 净人力资源流动率

净人力资源流动率是补充人数除以工资册平均人数。所谓补充人数，是指为补充离职人员所雇佣的人数。净人力资源流动率用公式表示就是：

净流动率＝补充人数/工资册平均人数×100%

在分析净人力资源流动率时，可与离职率和新进率相比较。对于一个成长性企业，一般净人力资源流动率等于离职率；对于一个紧缩性企业，其净人力资源流动率等于新进率；而处于常态下的企业，其净人力资源流动率、新进率、离职率三者相同或在一个接近的区间内波动。

4. 人力资源流动比率分析的实例

由于人力资源流动率直接影响到组织的稳定和员工的工作情绪，必须加以严格控制。

若流动率过大，则表明人事不稳定，劳资关系紧张，而且会导致企业效率降低，并增加企业招聘和培训新进人员的费用。若流动率过小，又不利于企业的新陈代谢和保持企业的活力。一般来说，蓝领员工的流动率可以大一些，但白领员工的流动率要小一些为好。

表7-2所示是某企业2008年5月份的人员变动状态表，其中的离职率和新进率就是按照上面的公式进行计算得到的。下面是对其流动比率分析后，可以得到的一些结论。

表7-2　某企业2008年5月份人员变动状态表

人员类型	月初人数	本月入职	本月离职	月底人数	离职率	新进率
生产技术人员	1140	120	40	1220	3.39%	10.17%
业务管理人员	120	30	20	130	16.00%	24.00%
合计人员	1260	150	60	1350	4.60%	11.49%

结论1：公司总人员的离职率为4.60%，在合理区间3%～5%内，但是新进率却达到11.49%，进出之差的绝对数值达到90人，说明公司目前正处于快速发展期。

结论2：本月新进生产技术人员很多，对于招来的新员工，要抓紧安排业务技术培训。

结论3：业务管理人员的离职率达到16.00%，远远超过合理区间上限5%，说明管理层面很不稳定，其今后重点工作应首先解决业务和管理人员的思想稳定问题。

结论4：业务管理人员的新进率达到24.00%，对于这些新进业务管理人员，必须抓紧进行相关岗位的安置，特别是离职岗位的补充；并及时向他们灌输公司的管理理念，进行相关管理制度的快速制定，在尽快的时间内形成强有力的管理团队，提高管理的效率。

7.4　员工流失的正确认识与合理控制

如前所述，员工的正常流动会增加企业活力、激励人才竞争、促进人力资源配置。但同时，就企业来说，核心人才的流失、员工忠诚度的下降，又会给经营发展战略、企业形象造成重大损失，有时甚至会产生灾难性后果。本节介绍控制员工流失的方法与技巧。

7.4.1　全面认识员工流失的综合成本

员工辞职离开企业，尤其是核心员工离开企业，对企业会是一种损失，严重的会影响到企业的运营。但是，有些企业之所以不太重视员工流失问题，是他们没有很好地算这笔账。那么，企业为人员流失付出的代价（成本）究竟有多大呢？

1. 几个基本假设

假设1：流失一名重要员工或者重要职位上的人才，至少需投入2个月的时间、4个月的薪金才可以找到新的合适人选。此外，还要附加3～6个月的时间让新员工适应工作，才能令其真正开始发挥作用，而这期间的薪水及福利待遇当然也要算在公司的账上。

假设2：流失一名重要员工或者重要职位上的人才是在试用期1～6个月内的，损失还不算大,如果在公司工作六个月以上一年以下的,对公司的业务流程和人文环境有了一定程度熟悉的员工离职,并且工作已进展到一定阶段,就会使前期的工作全部前功尽弃,最终对企业的损失有时是不可估量的。

假设3:流失的如果是一名人才,从对人的特质性研究中知道,人是有差异性的,其所具备的知识、技能以及所具有的创造力、沟通能力等潜能是不同的,其给企业创造的价值也会有大有小,甚至是天壤之别,并且人才是稀缺的,这对企业的损失更是不可估量的。

2. 员工流失的直接成本

人员流失增加的企业经营成本,可以分为直接成本和间接成本,其中直接成本包括:

(1) 招聘成本。包括招聘准备,筛选简历,面试、录用成本,办理录用手续成本等。

(2) 培训成本。主要包括岗前培训准备,培训资料,培训管理成本等。

(3) 填补空缺成本。主要包括内部员工填补空缺成本,需要额外加班的成本等。

(4) 新员工适应工作岗位期间所付出的成本。员工到一个新的工作岗位上,要有一个适应期,而在这个期间,公司仍需支付工资和福利待遇,这无疑增大了公司成本。

(5) 生产率损失成本。主要包括"半拉子"(未完)工作损失的生产率成本,岗位空缺损失的生产率成本,新员工适应工作损失的生产率成本。

3. 员工流失的间接成本

除了以上直接成本外,人才流失还会带来很多间接的成本损失,有些危害更大。

(1) 员工离职引起的其他员工"多米诺骨牌式"离职所造成的损失成本。有人这样计算过,如果企业员工离职率为10%,则有10% ×3 =30%的企业员工正在找工作;如果员工离职率为20%,则有20% ×3 =60%的企业员工正在找工作。如果这种计算方法是有一定的事实根据的,试想企业员工整天都在忙于找工作,那么这给企业造成的损失成本将会有多大?

(2) 人员流失造成企业后备力量不足的成本。如果企业离职员工均是到企业工作满两年的大专以上的基层员工,这说明随着企业的发展,不稳定的基层员工因不具备一定年限的工作经验,使企业今后在选拔中层管理人员时面临后继缺人的困境,进而使企业如果从中层中选拔高级人才,会出现无法从内部填充中层岗位空缺,影响到企业人才梯队建设。如果离职员工大部分是企业中层人员,同样企业也面临着后备力量不足的困境。

(3) 人员流失造成企业核心机密泄露的成本。人员流失可能会造成企业核心机密的泄露,这些核心机密泄露包括技术的泄密、客户资源的流失、经营管理思想的再利用等等。如果这些离职员工带走的资料和信息流入到竞争对手,后果将更加严重,可能直接威胁到公司的生存。比如,一个关键技术职位上人员流失的同时也带走了关键技术,这个关键技术就是企业的核心竞争力,这样很可能会使企业一蹶不振。

(4) 人员流失造成企业名声被破坏的成本。如果一个企业的员工流动频繁,一方面,离开企业的员工,自然会对企业存在的问题有些自我的评价,并且大多数是对企业负面的评价;另一方面,企业内外人员会对企业的这种现象有些猜忌和传言。这些评价、猜忌和传言会逐渐破坏企业名声。人们在选择加入企业时,总能会打听到关于企业的一些情况,这使企业面临着很难再次招聘到合适人才的尴尬局面。

7.4.2 加强人力资源流动中的沟通管理

很多情况下,之所以造成员工流失,主要因素就是企业缺乏与员工的交流与沟通。

从新员工进入组织到被任用、从员工成长到工作中的异动、乃至最后的离职，沟通随着员工的系列变迁过程，可以细分为“加盟前沟通、岗前培训沟通、试用期间沟通、转正沟通、工作异动沟通、定期考核沟通、离职面谈、离职后沟通管理”等八个方面，从而构成一个完整的员工成长沟通管理体系。加强与员工的沟通，可以改善和提升人力资源管理水平，消除人才流动中不必要的隐患，为组织领导经营管理决策提供重要参考信息。

1. 加盟前组织与应聘者沟通

组织在招聘选拔新员工面试时，应由人力资源部和企业相关领导完成“加入组织前沟通”。重点是对企业基本情况、企业文化、企业目标、经营理念、所竞聘岗位性质、工作职责、工作内容、加盟组织后可能遇到的工作困难等情况客观如实介绍，达到“以组织理念凝聚人、以事业机会吸引人、以专业化和职业化要求选拔人”之目的，并确保所进员工与组织要求更加吻合，让员工在进入组织前了解组织的有关规章制度以及组织文化，通过沟通使双方都有一个加盟前的了解过程，以便双方都有一个接受对方的心理准备。

2. 员工上岗前培训沟通

员工上岗前培训沟通是指对员工上岗前必须掌握的基本内容进行沟通培训，以掌握组织基本情况、提高对组织文化的认同、全面了解组织管理制度、知晓组织员工的行为规范、知晓自己本职工作的岗位职责和工作考核标准、掌握本职工作的基本工作方法，以帮助员工比较顺利地开展工作，促进新员工对工作角色的认知与介入，减少人力资源的试用成本，让员工更进一步融入到组织文化中，避免因为组织文化的不适应导致的员工流失。

3. 试用期间沟通

新员工的试用期，是组织对新员工的考察期，也是新员工与组织的“磨合适应期”。在此期间的沟通，将有助于组织客观地了解新员工对组织及工作的认知心态和工作胜任能力，并能帮助新员工更加快速地融入到组织团队中去，减少新员工的不稳定情绪，促进新员工平稳的度过“磨合适应期”。因此，人力资源部及新员工所属直接或间接上级，应尽量给新员工创造一个合适、愉快的工作环境。即使新员工最终在试用期结束时被淘汰，也只能说明是员工自身无法胜任，而不是组织没有做好沟通工作。由此也有效地确保组织在社会中的良好形象，为以后吸引更多、更好、更优秀的人才打下了坚实的基础。

4. 转正沟通

在试用期结束后，对新员工是否按期予以转正，是组织管理者与新员工进行有效沟通的又一契机。新员工在试用期的表现以及管理者对其的评价起决定作用，此时进行必要的沟通，可由新员工所属直接上级和人力资源部分别与新员工交谈，消除误会，减少不必要的偏见，以增进彼此间的了解，达成共识。对于同意转正的新员工，所属直接上级或人力资源部经理应指出其工作中存在的不足、今后的改进建议和希望；对于不同意转正、需辞退或延长试用期的新员工，组织管理者应中肯地说明原因，并提出今后改进的建议。

5. 工作异动沟通

迫于工作需要或管理者认为某员工更适合另一工作岗位，需对其进行岗位异动时，人力资源部应主动与员工进行充分沟通，使员工明确工作异动的原因和目的，并由异动后的直接主管介绍新岗位的工作内容、责任、挑战及希望，以使员工能较快地适应新的岗位，顺利地融入到新的团队，同时达到使员工在新岗位上更加愉快、敬业地工作的目的。

6. 定期考核沟通

定期考核制度是组织激励和提升员工的一种方法，而非惩戒手段。因此在考核中可以结合员工绩效管理，由人力资源部考核职能负责人、各部门负责人对各级人员进行工作评估和意见交流。通过360度绩效考核，在评估的过程中，发现员工在工作生活中存在的问题，加强沟通及时解决，以增强管理的透明度，有效地指导员工今后工作的改进方向，并对结果予以记录和存档，便于后续跟踪管理。

7. 离职时的面谈

员工离职沟通是人力资源管理在今后不容忽视的重要环节，其不仅可以为组织挽留住优秀人才，更能发现日常工作中存在的不足之处。因此，组织的管理者须善待离职者，并积极与之交流。对于主动离职员工，通过离职面谈，了解员工离职的真实原因以便组织改进管理；对于被动离职员工，通过离职面谈，为其提供职业发展建议，诚恳地希望离职员工留下联系方式，以便跟踪管理，预防和减少离职者以后对组织造成恶意破坏的可能性。

8. 离职后的沟通管理

离职后的沟通管理，更多的应体现"人性化"管理。通过对离职员工真诚的关怀，与之建立友善的终生关系，使他们既成为组织外部可供开发的人力资源，又是组织文化、组织形象的正面宣传窗口。同时也为那些中高级管理人员、关键技术人员创造回头的机会。

阅读材料

"回聘"使他死心踏地

A旅行社员工李明，1999大学毕业后就在一家知名的旅行社做总经理助理。其间，有不少公司想挖他，而且薪水开得很高，但是都遭到了他的拒绝。这么好的机会，他为什么放弃呢？

原来，早在2000年，该旅行社就已针对主动辞职员工设立"回聘"制度。2001年，李明曾向旅行社主动提出辞职，当他临走前，总经理对他说："你是名优秀的员工，只要你想回来，我们永远欢迎你，以后若有什么困难。尽管来找我。"这些话，使李明备感温暖，铭记于心。

第二年，他又回到了A旅行社，并且比以前更加努力地投入工作。他常常对同事说，他喜欢这里的工作环境。总经理待人和气，对于下属的工作从不多加指责，如果有不同意见和建议，总经理总是非常委婉地提出来，然后一同商量解决，给员工的承诺也能一一兑现；公司的同事非常热情，如果在工作中遇到困难，他们都尽心尽力地提供帮助。在这种良好的环境下工作，谁又愿意离开呢。

7.4.3 挽留核心员工的原则和技巧

1. 核心员工的概念

所谓核心员工是指这样的员工，他们的工作岗位要求经过较长时间的教育和培训，并且他们是企业高层领导最看重的、最难以寻找的、不可缺少的、最难以替代的、保证公司经营策略成功的关键人物。主要包括以下几种：最忠实的员工；优秀的工作人员；最有经验的员工；最适应公司文化的人；难得的技术专家；善于化解冲突的人；可能会跳槽到公司的对手那里的人；可能为公司带来客户和收人的人；拥有秘诀或有价值的知识的人。

2. 挽留核心员工需要遵循的原则

要想很好地挽留核心员工,需要遵循以下几条基本原则。

- 防患于未然。平时都善待核心员工,了解其心声,关心其思想。
- 快速反应。如果了解到核心员工有离职倾向,要即刻做出反应,争取早日阻拦。
- 封锁消息。为了防止核心员工流失造成大家的恐慌,必须要严格封锁消息。
- 全力争取。为挽留核心员工,要精心组织方案,为其解决困难,把他争取回来。
- 赶走竞争对手。为防止竞争对手趁火打劫,有意“挖人”,要尽早将其赶走。

3. 挽留核心员工的方法

对核心员工,许多公司的老总和人事部门的经理们往往采取高职、高薪、高福利的办法来笼络人,但人才流失、员工跳槽的现象仍时有发生。

要有效防止核心员工的流失,除惯用的办法外,还必须从以下几个方面着手。

(1) 培育企业文化,增强员工凝聚力。企业文化是企业员工在劳动和交往过程中形成的共同价值取向与行为准则的沉淀,是企业的灵魂和精神支柱。一个企业的成员如果拥有了共同的价值观,就意味着员工的思想及行动有了统一的可能性。海尔“追求卓越、永不满足”的企业精神,百年老字号同仁堂的“同修仁德、济世养生”的企业精神,都使员工感受到了无形的文化对自身的增值和激励作用。在留住核心员工方面,物质激励或金钱永远无法满足人的需求。这种需求只有用文化或精神给予满足。

(2) 重视教育培训,提升员工竞争力。培训是对人的投资,是对知识的投资,也是最有价值的投资。要留住员工,最好的方法是留住他的心;要留住员工的心,最好是培养他,使员工与企业共同成长、共同进步。为提高企业的核心竞争力,美国各大公司纷纷提高员工培训费占工资总额的比例,通用电气为4.6%,摩托罗拉为4%,德州仪器为3%。培训已成为各大公司留住核心员工的最大法宝。

(3) 搭建表演舞台,满足员工的成就感。“舞台”是员工发挥作用的平台。为员工提供更大的事业发展平台,是吸引核心员工的最强有力的手段。微软公司通过为研究院研究员提供丰富的研究资源,招揽了一大批世界上顶尖的IT精英。微软的体会是,如果只是用高待遇,或许可以吸引到一些人,但只有一个特别吸引人的环境,才能吸引到并且长期留住所有最佳的人。

(4) 融入人性管理,消弭员工距离感。现代企业的管理制度从根本上讲是一种机械化的管理,给人一种流水线式的、冷冰冰的感觉。怎样才能使员工既不打破铁笼又能使个性得到张扬,从而更好地为企业做贡献呢?硅谷在高科技领域取得的成就令全世界瞩目,硅谷所奉行的管理方法和高效工作理念同样为我们提供了有益的借鉴。首先是提供宽松的工作氛围。在硅谷,人们的精神都非常放松。在这里工作的每一个人,从企业老总到普通员工都拥有一样大小的办公室和办公桌,人们仅仅从衣着和办公条件上很难分清谁是老总、谁是普通员工,之所以这样,就是要消除传统的等级差别在员工中形成的距离感。硅谷的许多企业都实行了弹性工作制,员工们既可以在公司上班,也可在家里工作。在硅谷的企业中,从总经理到普通员工,谁都可以对企业的发展发表自己的看法,提出自己的建议。人力资源管理专家们建议,对核心员工运用情感管理法,往往能收到事半功倍的效果。

7.4.4 加强预防员工流动的法规制定

为了预防人员流动为企业和员工带来的影响，企业和员工还要严格地通过法律法规约束和限制对方的行为，例如企业与员工必须签订劳动用工合同；另外，对于特殊的工作岗位，特别是有可能获取企业商业秘密和知识产权的核心技术和管理人员，还要在进行聘用时，实行劳动用工"竞业避止"的相关合同条款制度，降低员工流失对企业造成的影响。

下面的阅读材料就是某企业与员工签订竞业限制合同的一个样本。

阅读材料

竞业限制合同（样本）

甲方：（企业）　　　　　营业执照码：

乙方：（员工）　　　　　身份证号码：

鉴于乙方知悉的甲方商业秘密具有重要影响，为保护双方的合法权益，双方根据国家有关法律法规，本着平等自愿和诚信的原则，经协商一致，达成下列条款，双方共同遵守：

一、乙方义务

1.1　未经甲方同意，在职期间不得自营或者为他人经营与甲方同类的行业。

1.2　不论因何种原因从甲方离职，离职后3年内不得到与甲方有竞争关系的单位就职。

1.3　不论因何种原因从甲方离职，离职后3年内不自办与甲方有竞争关系的企业或者从事与甲方商业秘密有关的产品的生产。

二、甲方义务

从乙方离职后开始计算竞业限制时起，甲方应当按照竞业限制期限向乙方支付一定数额的竞业限制补偿费。补偿费的金额为乙方离开甲方单位前一年的基本工资（不包括奖金、福利、劳保等）。补偿费按季支付，由甲方通过银行支付至乙方银行卡上。如乙方拒绝领取，甲方可以将补偿费向有关方面提存。

三、违约责任

3.1　乙方不履行规定的义务，应当承担违约责任，一次性向甲方支付违约金，金额为乙方离开甲方单位前一年基本工资的50倍。同时，乙方因违约行为所获得的收益应当归还甲方。

3.2　甲方不履行义务，拒绝支付乙方竞业限制补偿费，则应一次性支付乙方违约金人民币10万元。

四、争议解决

因本协议引起的纠纷，由双方协商解决。如协商不成，则提交××市劳动仲裁委员会仲裁。

五、合同效力

本合同自双方签章之日起生效。本合同的修改，必须采用双方同意的书面形式。

双方确认，已经仔细审阅过合同的内容，并完全了解合同各条款的法律含义。

甲方：（签章）

乙方：（签名）

年　月　日

7.5 案例与讨论

7.5.1 张志刚是不是个好科长

张志刚是一位工程师,他在技术方面有丰富的经验。在技术科,每一位科员都认为他的工作都相当出色的。不久前,原来的科长调到另一个厂去当技术副厂长了。领导任命张志刚为技术科科长。

张志刚上任后,下定决心要把技术科搞好,他以前在水平差的领导下工作过,知道这是一种什么滋味。在头一个月内,全科室的人都领教了张志刚的“新官上任三把火”。在第二天,小张由于汽车脱班,赶到厂里迟到了三分钟,张科长当众狠狠地批评了他一顿,并说“技术科不需要没有时间概念的人”。第二个星期,老李由于忙着接待外宾,一项技术改革提案晚交了一天,张科长又大发雷霆,公开表示,再这样,要把老李调走。当张科长要一份技术资料时,小林连着加班了三个晚上替他赶了出来,张科长连一句表扬话也没有。到了月底,张科长还在厂部会议了说,小林不能胜任工作,建议把小林调到车间去。

一年过去了。厂领导发现,技术科似乎出问题了,缺勤的人很多,不少人要求调动工作,许多工作技术都应付不过来了。科室里没有一种和谐而团结的气氛。厂领导决定要解决技术科的问题了。

案例讨论

1. 张志刚的管理方法有什么问题?根据相关理论加以分析。
2. 厂领导是否有必要把张志刚调离?为什么?如果你是厂长,你会怎么办?

7.5.2 一起人才流动引起的“官司”

天津M电动车制造公司的三名核心技术人员被一乡镇企业“挖走”,这令该公司总经理赵东十分烦恼。

河北省某乡镇企业W公司眼看近几年电动自行车市场走俏,供不应求,并根据目前情况分析,价格今后也会有增无减,因此决心创办电动自行车厂。该厂厂房和资金均可解决,单缺精通电动自行车制造的技术人员。经多方打听,得知有几位河北同乡在天津M电动车制造公司担任技术设计员,想动员他们来厂为家乡工业作贡献。公司领导研究后,决定派人力资源部高经理到天津去找这几个老乡联系。

高经理通过同乡找到在天津M电动车制造公司工作的李杰、顾一民、刘运成,四人一谈,一拍即合。高经理答应每人月薪6000元,而且帮助解决住房和家属户籍,提供7万元安家费;同时在第一台电动行车试制成功后,每人还可获得2000元奖金;待形成生产能力后,还从利润中提取1%作为分成。

三人与高经理谈好后,立即向公司领导打了辞职申请报告,并很快跟高经理走人。报告首先送给人力资源部刘经理,刘经理立即与总经理赵东商量。总经理赵东担心三名技术骨干一走,会使该厂一款新型电动车的重点科研生产项目受到影响;同时三人辞职出走在全公司职工中会产生一股“冲击波”，如果职工们，特别是有技术的都群起仿效，寻找待遇优厚的去处，那全厂的生产任务如何能完成？因此，总经理赵东不同意批准他们辞职，并决定派公司领导去河北，与W公司交涉，要求送还被“挖”走的技术人员。

W公司却认为这几位技术人员从天津到技术力量奇缺的家乡扶助乡镇企业，人才的流向是合理的；W公司为满足群众需要、缓和市场压力，应该说是做了件好事；三名技术人员在原公司没被重用，到乡镇企业后倍受信任，分别担任副厂长、厂长助理和检验科长，生产积极性也调动起来了，他们也应有选择工作单位的权利等。真是“公说公有理、婆说婆有理”，两地“官司”持续了一年多。

李杰等三人得知公司领导不同意辞职申请以后，便毅然离开天津M电动车制造公司，到W公司上班去了。他们与当地职工一起艰苦奋斗，经过不到十个月的时间，研制了一款新型节电的电动自行车，不仅吸收了国内已有产品的优点，而且还作了多方面的改进和创新。在河北省有关主管部门主持召开的产品鉴定会上，该车受到二十多位专家和教授的称赞。该厂准备从下一年起正式投产，年计划产量为5000台。

天津M电动车制造公司经多方交涉，毫无结果，最后迫不得已贴出布告：对李杰三人的作除名处理。

案例讨论

1. 高经理采用了哪些方法来吸引人才？试分析这些方法为什么有吸引人才的作用？
2. 现在而言，你认为总经理赵东处理三人的辞职申请报告的方法妥当吗？
3. 如果你是赵经理，要想留住这三个“人才”，你应该采用怎样的对策？

7.5.3 为什么单位人员集体跳槽

集体跳槽已经不是新闻了，以前有方正集团的助理总裁周险峰携30位方正科技PC部门的技术骨干加盟海信，近期又传出TCL手机事业部高层集体跳槽到长虹，而且其前任总裁万明坚也如大家预料的一样，加盟了长虹旗下的国虹通讯。这样的集体跳槽事件已经不是一两起了，当年陆强华离开创维，带着一群人去独自创业；“小霸王”段永平出走创造“步步高”，诸如此类的集体跳槽事件屡屡成为大家关注的焦点。据某机构近日对5000位至少跳过一次槽的外企员工的统计，有二成都属于集体跳槽。

集体跳槽已经成为企业管理的最致命伤害，不仅严重打击了公司的生产经营和日常管理，更严重地破坏了公司的形象和商誉，造成的损害短时间很难弥补。TCL通讯在高层集体跳槽后，很快手机销量大幅下滑，曾经号称“手机狂人”的万明坚及其手机团队，转眼成为TCL通讯的“眼中钉”。

不管是创维还是TCL的手机业务，以及方正PC事业部，在经历了这样的人事振荡后，几年内都不可能缓过来。另一方面，这些集体跳槽的员工，也不见得在另一块土地上就能呼风唤雨，相反的，我们倒是感觉，他们也没有创造出特别骄人的成绩。方正的周险峰在海信并没有如他自己所想的那样开创出海信电脑王国，但他也是进退两难，如果再跳槽，连自己的名声都会失去，可谓得不偿失。

俗话说“人挪活，树挪死”，但是缺乏忠诚度、带有恶意报复的集体跳槽者们，除了得到短暂的薪酬福利提高外,倒也鲜见非常成功者。可以说,集体跳槽不仅打击了原来的雇主,更严重损害了自己的信誉和道德,结果往往是两败俱伤。

案例讨论

1. 导致集体跳槽的原因可能有哪些?
2. 试分析集体跳槽对企业的危害。
3. 企业应如何防范人才集体跳槽的风险和危机?

7.6 本章小结

合理的人才流动能使社会资源得以更好地再配置;能使企业灵活地管理;能替代不合适的员工;还有利于员工更好地规划职业生涯。但是人员流动也会带来许多消极影响。

本章首先说明了人力资源流动的含义、类型、特点与四种主要模式,并介绍了人力资源流动的过程管理(流入管理、内部流动管理和流出管理);然后分析了人力资源流动的积极作用和消极影响,讨论了影响人力资源流动的因素,并确定了三个用来衡量人力资源流动比例的计算指标;最后,本章详细分析了如何正确认识和合理控制员工流失问题,特别是强调了沟通在人力资源流动管理中的重要作用,以及挽留核心员工的方法与技巧。

总之,通过本章内容的学习,读者要全面把握人力资源流动的积极作用和消极影响,掌握人力资源流动管理的主要过程,正确认识人员流失对企业的绩效影响和控制方法。

7.7 思考与实践

一、思考题

1. 什么是人力资源流动?它可以分为哪些主要类型?
2. 当前的人力资源流动具有哪些主要特点?
3. 什么是人力资源流入管理?在这个过程中需要注意什么问题?
4. 什么是人力资源内部流动管理?它主要包括哪些形式?
5. 什么是人力资源流出管理?如何对待非自愿人力资源流出?
6. 影响人力资源流动的主要因素有哪些?
7. 衡量人力资源流动比率的主要指标有哪些?应该分别如何计算?
8. 如何全面认识员工流失的综合成本?
9. 请说明沟通管理在防止员工流失中的重要作用。
10. 什么是核心员工?请说明企业应该如何挽留想要离职的核心员工?

二、实践环节

1. 选择一个自己比较熟悉或者感兴趣的行业,分析该行业人力资源流动的特点。
2. 搜集资料,撰写一篇论述如何防止企业核心员工流失的论文,要求3000字左右。
3. 辩论题。请同学们分组担任以下问题 的甲、乙两方,然后进行辩论练习。

甲方观点:人力资源流动“利大于弊”

乙方观点:人力资源流动“弊大于利”

第8章　职业生涯管理

引例

周志善几次工作转换带来的困惑

周志善今年三十五岁，在我国一个综合性大学的商学院主修财务会计专业。本科毕业之后，他凭借名牌大学毕业、在校期间优良的学习成绩等有利条件，顺利地在上海一家国有银行找到了一份工作。

在银行工作期间，尽管一开始他从事的是出纳员的工作，但是周志善在平时的工作中认真负责，善于为客户着想，很快赢得了主管、同事和客户的好评。同时，他还利用业余时间自学银行信贷、期货股票、投资理财等课程，因为周志善认为，上海乃至中国的经济正处于腾飞前的起步阶段，理财是很重要，也是很有前途的工作。周志善当然明白，他不可能一辈子从事出纳员的工作，他还有更远大的抱负。

正当周志善在银行稳定工作的时候，一个偶然的机会改变了周志善的计划。原来，周志善的姐姐在几年前就东渡日本留学，并顺利地在日本定居。她希望弟弟也能够到日本发展，并已经为他在东京的一家商社找好了工作，办好了相关的手续。姐姐当然希望他能够在东京站稳脚跟，继续深造，姐弟俩并肩奋斗。

是走还是留？周志善面临着职业生涯的第一次抉择。如果走的话，不仅铁饭碗没有了，而且意味着以往他在银行所做的努力将付诸东流，到东京一切从头再来。如果留下，那么他将失去一次梦寐以求的深造机会，在盛行出国留学的今天，很多人都梦想能有这么一次机会，如果错过，实在可惜。

权衡再三之后，周志善决定远走日本，因为他还年轻，应该去闯一闯。于是，他向领导递交了辞职信。

到东京以后，由于有姐姐的关照，他顺利进入一家贸易商社工作，同时在一所大学学习语言。由于周志善英语基础好，商社缺乏这类人才，所以一开始周志善做的是翻译工作，半年下来，他的英语和日语水平都有了长足的进步。一年以后，凭着一贯的敬业精神，周志善再次脱颖而出，被上司看中，调到财务部门做起了他的老本行。与此同时，他开始在日本大学在职攻读MBA学位。四年很快过去了，周志善的语言能力和业务能力比起四年前有了不小的进步，但是在职业生涯上，却没有太大的发展。

由于日本民族强烈的排外性，作为一个外国人的周志善感觉不可能在职务上有很大的晋升空间。所以，当在商学院的MBA学习结束后，他毅然决定回国发展。凭借自身的实力，他很快就在某日资企业找到了一份翻译的工作。周志善日语、英语纯熟，又有丰富的财务管理经验和MBA学位背景，所以工作没多久，他就颇得日方的器重，可以破例以翻译的身份参与董事会，参与公司的日常管理，甚至参与与合资中方的协调工作。然而，在做这一切的时候，周志善总觉得有些尴尬，日方愿意给他高薪，却始终不愿意给他升职，他在公司的正式职位只是一个翻译，有些对周志善心怀妒忌的同事更是对他冷嘲热讽。

考虑到以上原因，周志善决定再次跳槽，凭借以往的资历和工作经验，他很快就在另一家著名的日资企业三木公司找到了工作。这次他干的是老本行——成本会计。由于该公司成本核算是直接对远在东京的公司总部负责，周志善事实上也成了公司成本会计的负责人，但是他名片上的抬头依然是成本会计。

周志善认为大公司办事有一定的规则，所以并不着急，在工作中仍秉承他一贯的敬业精神，工作完成得相当出色，多次受到公司总部的表彰。另外，他还利用业余时间学习，考取了注册会计师资格证书。

周志善的努力终于得到了公司的承认，他被提升为财务部成本系的系长。他很振奋，认为自己终于有了盼头，他工作也愈加勤奋了。但是，随着时间的推移，公司财务部长换了四任，有精明强干的，也有平庸无能的，但是他们都有一个共同点，都是日本人。尽管公司不断给周志善加薪，但是他的名片上的头衔依然是"成本系长"。周志善清楚，他不是日本人，所以他在山木公司的职业生涯也就到此为止了。

明白了这一切的周志善很沮丧，思前想后，他还是决定要走，去重新选择一家欧美背景的外资企业工作。因为根据以往经历，已经明明白白地说明了一个道理——日资公司均存在着较为强烈的排外情绪，在日资企业不可能有很多的职位晋升空间。周志善希望思想比较开放又比较活跃的西方企业可能会好些。

带着这样的期望，周志善开始为第三次跳槽作准备。查看招聘广告，准备个人简历，忙于应付各种类型的面试和考试。周志善发现，面试他的公司、办事处均对他的业务能力评价颇高，对他的工作经验很感兴趣。但是，又都对他高薪离职的动机和原因表示难以理解。所以，在面试的时候，都再三探究他离职的理由。周志善认为日资企业和西方公司的文化背景不同，恐怕难以理解，况且，如果据实以告，说是因为觉得在原来企业得不到令人满意的升职而离职，会给人一种野心勃勃的印象，因此，周志善一旦被问到这个敏感问题，总是婉转表达他的意思。如此一来，反而引起了误会。有的公司认为他没有诚意，有的则认为周志善必定是做了什么不可告人的事情，在原单位待不下去了，才想到辞职的，所以，都没有接受他。

由于周志善的此次跳槽准备，是瞒着三木公司进行的，所以，经过几次求职面试失败后，他也决定暂时把这件事情放一下，安心在三木做他的系长。但是很快，周志善就感觉到了不对劲，先是以前就决定好的加薪允诺没有兑现，然后公司又派了一个助手，名义上是跟周志善学习，实则上明眼人一下就能看出，是为了日后取代他的位置。周志善暗暗叫苦，他明白，三木公司一定已经察觉到了他想跳槽的事情。他估计消息的泄漏是由于某家他前去应聘过的公司在作背景调查，或是他曾联系的猎头公司走漏了风声。

这下，周志善真的着急了。他再次行动起来，然而还是和上次一样，好多公司都对他离开三木的理由表示置疑。拖了一段时间后，由于周志善和三木公司的合同期已满，三木对他的跳槽行为非常不满，不愿意和他再续合约，于是，周志善失业了。

没有工作的最初一段时间，周志善并不是十分焦急，他甚至有一种解脱的感觉，还打算好好休息一下，给自己放假，带妻子和孩子出去旅游，放松放松多日来紧绷的神经。

但是这样的日子并没有持续很长的时间，事实上，周志善给自己的放假也是自欺欺人，由于没有为日后的工作和生活作好打算，即便是在风景优美的旅游胜地，他也是心不在焉。很快，生活的压力就令周志善备感沉重。每月固定的高额购房贷款要还，父母妻子的唠叨更是令他烦不胜烦。无奈，周志善只好再次踏上求职路。此次他抱定宗旨，要在西方企业中寻找合适的工作。

几个月过去了，就在周志善几乎灰心的时候，他突然接到了一个美国公司的约见电话，抱着一线希望，他赶去面谈。在交谈过程中，美国公司的老总并不在乎周志善的日企背景，还很欣赏他的工作能力。最后，总经理当场拍板，给了他一个财务经理的职位，而且薪水并不比原先在三木低。可是，周志善并没有感到喜出望外，因为，他觉得这家公司的规模较小，许多规章制度都不完善，在管理上存在不少问题。

尽管这不是一家理想的公司，但是周志善鉴于目前自己的状况，就抱着姑且一试的心态答应下来。工作了一个月以后，周志善的担心变成了现实。这家美国公司由于规模小，绝大部分事情均由总经理一人说了算，管理制度很不健全，财务审核更是非常混乱，甚至还存在偷税漏税、虚开发票等许多问题，周志善几次向总经理提出，结果均是不了了之。周志善决定再一次跳槽。

点评：从本案例可以看出，职业选择正确与否，直接关系到人生事业的成败，对个人职业生涯的规划首先要对个人性格、能力、价值观等进行评估，然后结合外部职业环境的评价进行职业定位，最后进一步规划职业生涯路径和目标。

当然，在本案例中，周志善的多次离职与几家公司的用人失误也不无关系；作为企业领导和人力资源管理部门，必须要根据员工的特点和擅长进行人力资源的配置和开发，激励员工的工作热情，挖掘员工的潜能，做到“人尽其才，才尽其用”，从而促进员工在企业内职业生涯的稳步发展。

学习目标

通过本章的学习，读者应该能够：

□ 了解职业生涯规划的基本概念
□ 理解职业生涯管理的概念与意义
□ 知道职业生涯管理的责任主体
□ 了解个人职业发展各阶段的特点
□ 知道个人职业倾向的类型特点
□ 理解职业锚的含义及其主要类型
□ 掌握个人职业规划的制定过程
□ 掌握组织职业生涯管理的内容

8.1 职业生涯管理概述

作为本章开始，本节介绍职业生涯管理的相关概念、意义、责任主体以及管理流程。

8.1.1 职业生涯管理相关概念

1. 职业生涯

职业生涯是一个人从首次参加工作开始,一生中所有工作活动和工作经历按照时间顺序串接而成的整个过程。这个过程可以是间断的,也可以是连续的,其上限一般狭义上认为是从任职前的职业学习和培训开始的;还有人说其广义上限从0岁人生起点已经开始。

2. 职业生涯规划

从个人层次看,职业生涯规划是指为个人提出职业目标,并制定实现这些目标的规划的过程。在这个过程中,每个人都有在工作中成长、发展和获得满足的强烈愿望和需求。

从企业层次看,职业生涯发展规划是指企业基于员工和组织双方的需要进行的一种持续正规化努力的过程,这便是职业生涯管理中企业所做工作的整个过程。

3. 职业生涯管理

职业生涯管理是个人和组织对企业职业历程的设计、职业发展的促进等一系列活动的总和,它包含职业生涯决策、设计、发展和开发等内容。

8.1.2 职业生涯管理的意义

加强职业生涯管理对于个人和组织都有重要意义,主要体现在以下几个方面:

(1) 有助于提高个人人力资本的投资收益。在做好职业生涯规划的基础上,加强职业生涯管理,有的放矢地投资,可以获取所必需的职业能力,从而提高人力资本投资收益。

(2) 有助于降低改变职业通道的成本。从事某项职业后如果再去改变职业通道,成本尤其是机会成本很高。做好职业生涯管理,可以有效地避免或减少改变职业通道的成本。

(3) 有助于组织的发展。组织通过职业生涯管理,了解并整合各种类型的人力资源。同时,可以最大限度地做到"职得其人,人尽其才",有利于组织与个人的共同发展。

8.1.3 职业生涯管理的责任主体

成功的职业生涯管理来自多个方面的共同努力,员工、部门经理、人力资源经理和公司都是其责任主体。当然,他们在其中所扮演的各自角色是不一样的,如表8-1所示。

表8-1 职业生涯管理中的责任主体及其各自角色

员　工	部门经理	人力资源经理	组　织
● 具有好的工作业绩 ● 与经理会面交流 ● 把握发展机遇 ● 确定未来的职业生涯与发展方向	● 在职辅导 ● 业务咨询 ● 沟通交流 ● 从公司的其他部门获取信息	● 提供信息和建议 ● 提供专业服务(测试、咨询、研讨会) ● 提供职业信息	● 提供相关需求资源 ● 开发职业生涯管理支持系统 ● 培育能支持职业生涯管理的企业文化

8.2 影响员工职业生涯规划的因素

员工职业生涯的规划与决策受多种因素的影响,其中既包括个人职业发展阶段、个人职业倾向、个人职业锚、个人特征等内部因素，也包括环境、组织等各种外部因素。

8.2.1 个人职业发展阶段

每个人连续的职业经历就是一个职业周期。而在职业周期的不同阶段，个人的知识水平和对不同职业的偏好程度有较大差异。美国著名职业管理专家萨柏(Donald E. Super)，把人的职业生涯划分为五个主要阶段，其阶段的划分与主要任务如表8-2所示。

表8-2 职业生涯的五个主要阶段及其各自任务

阶段	成长阶段【0~14岁】	探索阶段【15~24岁】	确立阶段【25~44岁】	维持阶段【45岁~退休前】	衰退阶段【退休以后】
主要任务	认同并建立自我概念，对职业好奇占主导地位，逐步有意识地培养职业能力	通过学校学习进行自我考察、角色鉴定和职业探索，完成择业及初步就业	获取一个合适的工作领域并谋求发展。该阶段是大多数人职业生涯的核心部分	开发新技能，维护已获成就和社会地位，维持家庭和工作间的和谐关系，寻找接替人选	逐步退出和结束职业，开发社会角色，减少权责，适应退休后生活

以上五个阶段中的前三个阶段，还可以进一步划分成如表8-3所示的各个子阶段。

表8-3 职业生涯五阶段中前三个阶段的子阶段划分

阶段名称	子阶段划分及其各自特点		
成长阶段	幻想期【10岁之前】	兴趣期【11~12岁】	能力期【13~14岁】
	在幻想中扮演自己喜欢的角色	以兴趣为中心，理解、评价职业，开始作职业选择	更多地考虑自己的能力和工作需要
探索阶段	试验期【15~17岁】	转变期【18~21岁】	尝试期【22~24岁】
	综合认识和考虑自己的兴趣、能力，对未来职业尝试性选择	正式进入职业或进行专门的职业培训，明确某种职业倾向	选定工作领域，开始从事某种职业，对职业发展目标的可行性进行实验
确立阶段	稳定期【25~30岁】	发展期【31~44岁】	中期危机阶段【45~退休前】
	在所选的职业中安顿下来。重点是寻求职业及生活上的稳定	致力于实现职业目标，是个富有创造性的时期	职业中期可能会发现自己偏离职业目标或发现了新的日标，此时需重新评价自己的需求

8.2.2 个人的职业倾向

美国心理学教授、职业咨询专家约翰·霍兰德认为，职业倾向(包括价值观、动机和需要等)是决定一个人选择何种职业的重要因素。他于1959年提出了个人选择职业的六种基本的职业倾向，分别是实际型、研究型、艺术型、社会型、企业型和常规型。这六种不同类型的人的性格特征及其职业选择有明显的差异，如表8-4所示。

表 8－4　职业倾向、性格特征与职业选择

职业倾向	性格特征	职业选择
实际型	● 愿意使用工具从事操作性工作 ● 动手能力强，做事手脚灵活，动作协调 ● 不善言辞，不善交际	各类工程技术工作、农业工作，如木匠、土木工程师
研究型	● 抽象思维能力强，求知欲强，肯动脑 ● 善于思考，不愿动手，有学识和才能 ● 喜欢独立的和富有创造性的工作 ● 知识渊博，但不善于领导他人	各种科学研究和科学实验工作人员
艺术型	● 喜欢以各种艺术形式的创作来表现自己的才能，实现自身价值 ● 具有特殊艺术才能和个性 ● 乐于创造新颖的、与众不同的艺术成果，渴望表现自己的个性	各类艺术创作工作，如音乐、文学、美术、影视等
社会型	● 喜欢从事为他人服务和教育他人的工作 ● 喜欢参与解决人们共同关心的社会问题 ● 渴望发挥自己的社会作用 ● 比较看重社会义务和道德	各种直接为他人服务的工作，如医生、律师、教师、社会福利事业等
企业型	● 精力充沛，比较自信，敢冒风险 ● 喜欢竞争，善于交际，具有领导才能 ● 喜欢权力、地位和物质财富	那些组织与影响他人共同完成组织目标的工作，如经营管理者、产品经销商
常规型	● 喜欢按计划办事，不喜欢冒险和竞争 ● 习惯接受他人指挥，自己不谋求领导职务 ● 工作踏实，忠诚可靠，遵守纪律	各种与文件档案、图书资料、统计报表之类相关的工作，如会计、打字员、秘书、仓库管理员等

每个人都偏好于六种职业类型中的一类或多类。然而，大多数人的职业倾向往往呈现复杂的多样性，如一个人可能同时包含着社会型、实际型和研究型这三种职业倾向。霍兰德认为，这些倾向越相似或相容性越强，则一个人在选择职业时所面临的内在冲突和犹豫就越少。为了帮助描述这种情况，霍兰德提出了一个六边形的职业倾向选择图，如图 8－1 所示。此图的每一个角代表一个职业倾向和一种职业类型，图中越相近的两种倾向的相容性越高。如果某人所具有的两种倾向在图中是相邻的，则他将很容易选定一种职业；反之，若此人的两种性向是相互对立的（如实际型和社会型），则他的职业选择较困难，因为他的多种兴趣将使他很难在很多截然不同的职业之间进行选择。

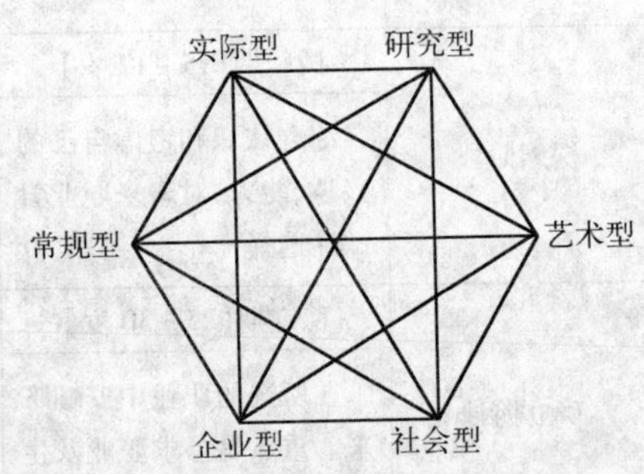

图 8－1　职业性向选择

8.2.3　个人职业锚

美国人力资源管理专家埃德加·施恩首先提出了职业锚的概念。所谓职业锚，就是指当一个人不得不作出职业选择的时候，他（她）总不会放弃的东西或价值观。对职业锚提前进行预测是很困难的，这是因为一个人的职业锚是不断变化的，它实际上是一个不断探索的过程所

产生的动态结果。只有在必须作出重大职业抉择时(例如是接受晋升还是辞职开办自己的公司,博士学习毕业之后是进高校还是进企业等),一个人过去所有的工作经历、兴趣、资质、性格、职业倾向等才能集合成一个有意义的职业锚,为其职业选择指明方向。

埃德加·施恩对麻省理工学院44位男性毕业生进行了长达10年的跟踪研究,根据研究结果的分析,他提出了以下五种职业锚,分别是技术或功能型职业锚、管理型职业锚、创造型职业锚、自主与独立型职业锚、安全型职业锚。它们各自特点如表8-5所示。

表8-5　五种职业锚及其各自特点

职业锚的名称	主要特点
技术或功能型	这种类型不喜欢一般性管理活动,喜欢能够保证自己在既定的技术或功能领域中不断发展的职业。这类人的职业价值观是追求个人专业技术能力的提高,获得该领域专家的肯定与认可,并通过承担日益增多的、富有挑战性的工作来实现职业目标
管理型	这种类型有强烈的管理动机,他们的职业经历使他们相信自己有较强的分析能力、人际沟通能力和心理承受能力。这类人的整个职业发展都在追求沿着某一组织的权力阶梯逐级攀升,直至达到必须承担全面管理责任,并享有最大权利的最高级管理职位
创造型	喜欢建立或创设属于自己的东西(例如一件署着自己名字的产品或工艺品、一家他们自己的公司或一批反映他们成就的个人财富等)。对这一类型的人而言,发明创造、奠基立业是他们工作的强大驱动力。为达到这一职业理想,他们一般都作好了冒险的准备
自主与独立型	喜欢摆脱依赖别人的境况,有一种自己决定自己命运的需要。这种类型的人还有着强烈的技术或功能导向,但他们却不是到某一企业中去追求技术或专业上的成功,而是从事独立自主的工作,如成为独立咨询顾问、做自由职业者、做小企业的合伙人等
安全型	极为重视职业的稳定、安全。这种类型的人似乎比较愿意从事能提供有保障的工作、稳定的收入、安全的地理位置(比如不愿意离开故乡)、安全的组织(比如到政府机关任公务员),以及可靠的未来生活(包括良好的退休计划和较高的退休金)的职业

影响一个人职业锚的主要因素有三个:第一是天赋和能力;第二个是工作动机和需要;第三个是人生态度和价值观。天赋是遗传基因的作用,是一种天然因素;而其他因素虽然受先天因素的影响,但是更加受后天的努力和环境影响。所以,职业锚是会发生变化的,这一点与职业倾向是不同的。例如,某个人攻读了企业管理博士学位,并且已经从事高校教学工作10年,尽管他的职业倾向可能更适合于到企业从事管理工作,但是,在他毕业后,他仍然考虑从事高校教师工作,而不愿到企业就职,这是因为他的职业锚在起作用。

8.2.4　与职业相关的个体特征

员工的个体特征,如年龄、性别、婚姻状况、家庭抚养人数、任职情况等,也会对个人职业生涯规划产生影响。因为个体特征能在很大程度上决定个人的职业选择范围。

1. 年龄和性别

员工的职业生涯规划与其年龄关系密切,这在职业发展阶段中已经详细说明。另外,员工职业发展与性别也有关系。应当说,就性别这一自然特征本身而言,在个体发展要求上,男性与女性并无明显差异。而且有充分研究证据证明,男性和女性在解决问题能力、分析能力、社会交往能力、竞争驱动力以及学习能力等方面也未表现出明显差异。但是,在其他条件和因素影响下，男女之间在个体发展要求方面仍有所不同。例如，一项对平均年龄19岁的672名大学生进行的心理调查显示，在不同性别之间，“个人人生目标”这一问题的答案存在一定差异。受调查的大学生们都希望与他人建立良好的关系，过上积极向上的生活，但男生更青睐于在经济方面有所建树，而女生则更追求社会满足感。这种对人生目标的不同定位，必定会影响不同性别员工的职业选择和未来发展道路。

2. 婚姻和家庭

婚姻对个人的职业选择和职业生涯规划有一定的影响。例如，已婚员工的责任心较强，个体发展的要求强烈，动力较足；相对而言，未婚的员工则责任心较弱、易满足，个人发展的动力和愿望可能不及已婚者。当然，这只是一般情况，实际生活中也大量可见与之相反的情况。

家庭对员工职业发展的影响，主要是指抚养人数。家庭的抚养人数对员工个体发展存在双向影响。一方面，抚养人数与员工个体发展呈正相关，被抚养的孩子和被赡养的老人越多，员工个人承担的责任越重，他就越有个体发展的愿望和要求；另一方面，抚养人数也会对员工个体发展产生压力，在负担过重的情况下，抚养人数会从精力、体力、时间、财力等方面影响员工的学习训练和自由的全面发展，并影响其工作效率，造成缺勤率上升。抚养人数对所有员工都有影响，但通常来讲，在男性员工中，作为动力的作用往往更显著，而对女性员工则负面的限制作用更明显。

3. 能力与人格特质

员工的能力包括体力和智力两个方面，它是员工发展的基本条件和基础，与员工个体发展水平相一致。一般而言，员工能力越强，对自我价值实现、声望、威信、尊重的要求越高，发展的欲望越强，能极大地促进个体发展。同时，由于能力较强者往往能得到劳动力市场的认同，获得较高的收入，因而对自身的投资能力也更强，从而为自身发展提供了更多可能。此外，员工的人格特质也会制约和影响员工的职业发展。每个人在不同情况下都会表现出稳定的、持久的某些特点，如进取心、顺从、雄心、忠诚、自尊等，即人格特质。与员工职业发展相关的人格特质主要包括控制点、自我调控、冒险精神、自尊等。这些不同的人格特质对于员工的职业选择、适应性和未来的发展起着重要作用。

4. 任职情况

任职情况包括任职时间、职务、所负责任及工作绩效等情况。任职时间对个体发展的影响，大体等同于职业发展阶段的影响。一般而言，员工在任职初始和最初的几年时间里，大都积极进取、努力工作、充满干劲和活力，力图在这几年时间内打下良好的发展基础。当任职达到一定年限，员工积累了丰富的任职经验，技能娴熟，正是争取进一步发展的大好时机，往往会继续努力达到个人发展的顶端。经过几十年的长期任职，员工已达到职业生命周期末端，发展已基本定型。此时，个人发展的要求明显减退。任职的职务与个人的发展也关系密切。一般而言，职业声望和地位与个人发展呈正相关。企业的中高层经理人与专业技术人员的职业声望高于一般员工，其个人发展的要求也更为迫切。此外，所负的职业责任也会促进个人的发展。员工的工作绩效越好，则其上进和发展的动力越强。

8.2.5 影响员工职业生涯的环境因素

以上介绍的四个因素都是影响员工职业生涯规划的个人因素，除此之外，还有一些环境因素，也会影响到员工职业生涯的规划。这主要包括以下两个方面。

1. 组织环境

这里所谈的组织环境，主要包括企业的经营理念、企业文化、经营管理者的领导风格、经营策略、产品（服务类别及市场）等。其中最重要的是组织管理者，以及员工对于职业生涯管理制度的支持，没有他们的支持，再好的系统也无法获得应有的功效。

2. 企业内其他管理系统的配合

这里主要是指企业内各种制度间的相互配合。职业生涯管理系统所牵涉的范围不只限于职业生涯计划本身，还包括员工培训计划、职位轮换制度、薪资奖酬系统、信息基础建设等。缺少任何一个环节，都可使得整体职业生涯管理系统的运作发生问题。

8.3 个人职业生涯规划

个人职业生涯规划就是指根据个人自身情况、机遇和条件，为自己确立职业目标，选择职业道路，确定发展与教育计划，并为自己实现职业生涯目标而确定行动方向和方案。

在企业中，有效的员工职业生涯管理需要员工个人和组织的共同努力和相互协作。对于员工个人而言，主要就是制定适当的职业生涯规划，并通过相关措施将其付诸实施。

8.3.1 制定个人职业生涯规划的原则

企业员工在制定个人职业生涯规划时，需要遵循以下四个基本原则。

1. 实事求是原则

人贵有自知之明，准确的自我评价是制定个人职业规划的前提，实事求是的自我评价是保证规划合理性的必要条件。

2. 切实可行原则

切实可行是制定个人职业生涯规划的基本要求。确定个人的职业目标要同自身的能力、个人特质及工作适应性相符合，并要考虑到客观环境和条件。例如，在一个讲究资历和经验的企业，刚出校门的大学生就不宜把重要的管理职位确定为自己的短期职业目标。

3. 目标一致原则

个人职业目标要与组织目标协调一致，因为员工只能借助于企业来实现自己的职业目标，其职业规划必须在为组织目标奋斗的过程中实现。员工在制定自己的规划时，应积极主动与组织沟通，获得组织的指导与帮助。

4. 动态调整原则

随着时间的延续，员工本人的情况及外部环境都会发生变化。这就要求员工动态地调整和修正个人职业规划。职业规划中的长期职业目标、职业道路具有相对的稳定性，职业发展的具体活动、短期职业目标等需要不断变化。

8.3.2 个人职业生涯规划的流程及其内容

个人职业生涯规划的流程包括自我剖析（知己）、生涯机会评估（知彼）、生涯目标设定（目标）、目标实现策略（行动）、反馈与修正（反馈）五个基本步骤，如图 8-2 所示。

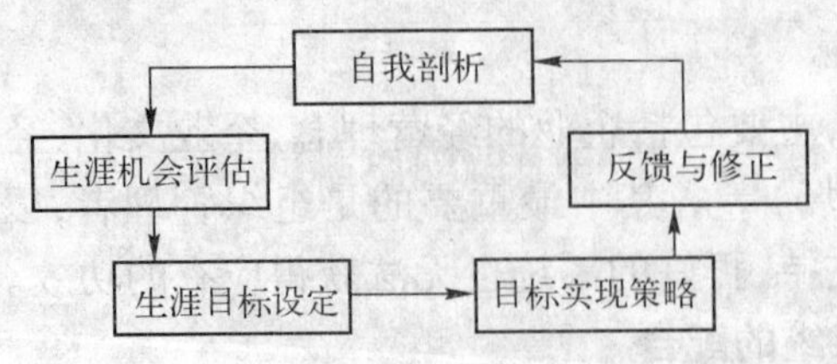

图8-2　个人职业生涯规划流程图

1. 自我剖析——知己

中国有一句谚语:“知人者智,自知者明”。自我剖析是指客观、全面、深入地了解自己。首先,弄清自己为人处世所遵循的价值观念,明确自己为人处事的基本原则和追求的价值目标;其次,熟悉自己掌握的知识与技能,剖析自己的个性特征、兴趣、性格等多方面的个人情况,以便了解自己的优势与不足;最后,需要确定自己的职业锚,明白自己到底想要做什么。自我评价有助于人们了解自己的性格、价值观和追求,从而明确自己的职业性向和职业锚。这样就能正确地选择和调整职业,在职业生涯中少走弯路。

自我剖析的方法很多,有自我简易测试法、专业量表测试法、计算机测试法等。

(1) 自我简易测试法

自我简易测试法侧重于外在优缺点分析,实施起来比较简便。常用方法有如下几种:

一是优缺点平衡表法。先在一张纸的中部画一条竖线,左边标明“优点”,右边标明“缺点”,再记录自己意识到的所有优点和缺点。实施过程中一定要实事求是。

二是好恶调查表法。与优缺点平衡表相似,只要把“优点”换成“喜好”、“缺点”换成“厌恶”就行。要调查的好恶范围较宽,应尽可能全面地涵盖与工作有关的内容,如喜欢体力劳动还是脑力劳动、喜欢大公司还是小公司、喜欢独自工作还是团队合作等。

三是橱窗分析法。把对个人的了解比喻成一个橱窗。放在一个直角坐标系中进行分析。横轴表示别人是否了解,纵轴表示自己是否了解,分成四个橱窗,如图8-3所示。橱窗1为“公开我”,这是自己了解、别人也了解的部分,是外显的尽人皆知的自我。橱窗2为“隐私我”,这是自己了解、别人不了解的部分,是内隐的秘而不宣的自我。橱窗3为“潜在我”,这是自己不了解、别人也不了解的部分。其实,每个人的潜能就像冰山隐藏在水面下的大部分,亟待开发和利用。“潜在我”是影响个人职业发展的重要因素,是最值得自我认识和评价的内容。橱窗4为“背脊我”,这是自己不了解、别人了解的部分。“背脊我”影响对自我的准确评价,应设法通过与他人沟通来深入地了解。

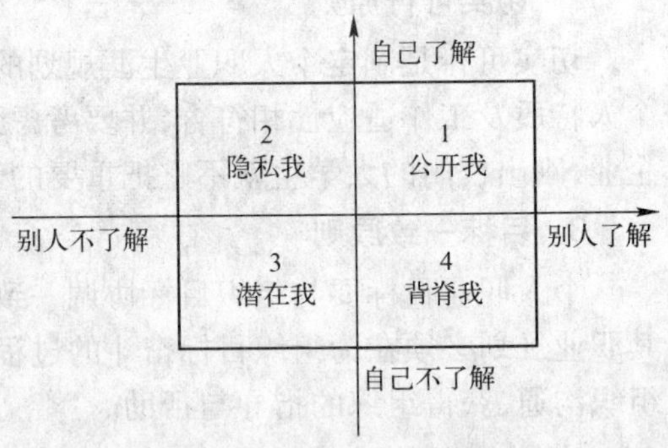

图8-3　橱窗分析法坐标

(2) 专业量表测试法

专业量表测试法通过自己回答有关问题来认识自己、了解自己。这些问题是心理学家们经过精心研究设定的,只要如实回答,就能大概了解自己的有关情况。其实,职业倾向、职业锚以及个人能力等方面都需要借助标准化的测验来测定,如对员工的职业倾向可采用爱丁堡职业倾向问卷、明尼苏达职业倾向问卷、库德职业偏好记录等进行测验。

阅读材料

一个创造力测试问卷

题目与答题要求

下面是20个问题，如符合你的情况，则在括号里打上“√”，不符合的则打“×”。

1. 听别人说话时，你总能专心倾听。 ( )
2. 完成了上级布置的某项工作，你总有一种兴奋感。 ( )
3. 观察事物向来很精细。 ( )
4. 你在说话、写文章时经常采用类比的方法。 ( )
5. 你总能全神贯注地读书、书写或者绘画。 ( )
6. 你从来不迷信权威。 ( )
7. 对事物的各种原因喜欢寻根问底。 ( )
8. 平时喜欢学习或琢磨问题。 ( )
9. 经常思考事物的新答案和新结果。 ( )
10. 能够经常从别人的谈话中发现问题。 ( )
11. 从事带有创造性的工作时，经常忘记时间的流逝。 ( )
12. 能够主动发现问题以及和问题有关的各种联系。 ( )
13. 总是对周围的事物保持好奇心。 ( )
14. 能够经常预测事情的结果，并正确地验证这一结果。 ( )
15. 总是有些新设想在脑子里涌现。 ( )
16. 有很敏感的观察力和提出问题的能力。 ( )
17. 遇到困难和挫折时，从不气馁。 ( )
18. 在工作中遇到困难时，常能采用自己独特的方法去解决。 ( )
19. 在问题解决过程中找到新发现时，你总会感到十分兴奋。 ( )
20. 遇到问题，能从多方面、多途径探索解决它的可能性。 ( )

评分和解释

如果有14~20道题答案都是打“√”的，则证明你的创造力很强；如果有10~13道题答案是打“√”的，则证明你的创造力一般；如果低于10道题答案是打“√”的，则证明你的创造力较差。

(3) 计算机测试法

计算机测试法是一种现代测试手段。目前，用于测试的软件多种多样，现在国内外常用的测试方法主要有测验个性、性格、智力、能力和职业兴趣的测试法。个性本无好坏之分，但它确是一个人能否施展才华，有效完成工作和达成职业发展目标的基础。特定的工作往往需要特定的员工个性。只有做到“人职匹配”，才有可能最大限度地发挥人的潜能，保证工作的圆满完成和职业生涯发展目标的顺利实现。

在员工进行自我剖析的过程中，组织也可以提供员工一些自测的问卷来帮助员工分析，也可以通过提供参加潜能测评的机会以及绩效评估（包括能力评价）反馈等来帮助员工。潜能是指人对一个假设的目标所具备的潜在能力。潜能测评的目的是为了发现潜能、评估潜能的大小以及如何进一步发展它来达到对未来目标的需求。能力评价主要是根据已经产生的结果对能力进行判断及评价，并根据评价结果给予必要的肯定、批评和奖惩。

2. 职业生涯机会评估——知彼

职业生涯机会评估，主要是指评估内外环境因素对自己职业生涯发展的影响，以便更好地进行职业目标的规划与职业路线的选择。此处需要评估的内容包括如下几个方面。

(1) 企业外环境分析。国家政治经济发展趋势，自己选择的职业在来来社会发展中的地位，以及社会发展趋势对自己职业的影响（如社会对某一职业人才的需求程度）。

(2) 企业内环境分析。企业发展、企业市场需求趋势、企业在本行业中的地位和前景、企业领导人的抱负及能力、企业文化、企业制度（包括绩效评估、薪酬待遇等），特别是企业用人制度，自己对企业发展战略、企业文化、管理制度的认同程度；企业组织结构的发展变化与自己未来的职务；今后教育培训的机会，以及在本企业内实现职业生涯的途径和晋升发展机会（包括同一组织内部从事相同职业竞争者状况）。此外，在这个时候组织也会尽可能提供他们可能感兴趣的有关组织、工作以及职业生涯机会的信息。

(3) 人际关系分析。哪些人将在自己职业生涯发展过程中起重要作用？起什么作用？如何与他们保持联系？采取什么方法？达到什么目的？

另外，在进行职业生涯机会评估时，一个人必须熟悉自己在企业中的职业道路。在企业中的职业道路通常包括四种，分别是纵向道路、横向道路、网状道路和双重道路。

(1) 纵向职业道路。纵向职业道路最为传统，它是指员工在变换工作的同时提升在组织中的层级，从低的组织层级向高的组织层级发展。纵向职业道路具体表现为职务晋升，同时也伴随着待遇的提高、社会地位的不断上升以及个人威望的逐步树立。

(2) 横向职业道路。横向职业道路是一种跨越职能边界的工作变换，如由技术部门转换到生产管理或营销部门。这种变化有助于扩大个人的知识技能面，积累阅历和经验。

(3) 网状职业道路。网状职业道路是纵向与横向的结合。一般来说，一个人上升到一定层次后在横向进行拓展，会更加胜任纵向的更高职位，这可能是多数人员现实的选择。

(4) 双重职业道路。双重职业道路是指技术专家不必成为管理者也同样可以为企业作出贡献。一个人的职业道路可以不必在纵向提升或在横向调动，而是凭借自身实力为企业作出更大的贡献，自身也能获得更好的待遇和承认。

组织一般都会基于人力资源战略制定相应的职业通道管理政策，为员工提供多种职业通道上升模式。对员工来说，要对可供自己选择的职业资源进行机会评估。

3. 生涯目标设定

生涯目标设定是职业生涯规划的核心，一个人事业的成败，很大程度上取决于有无正确适当的目标。目标设定是基于正确的自我剖析和对职业生涯机会评估的基础上。

通过分解职业目标，可以设立更加具体明确的职业目标。例如，按职业目标的性质划分，可分解为外显的职业生涯目标和内隐的职业生涯目标两种，其中外显的职业生涯目标侧重于职业过程的外在标记（包括工作内容目标、职务目标、工作环境目标、经济收人目标、工作地点目标等），而内隐的职业生涯目标侧重于在职业生涯过程中的内心感受（如观念目标、掌握新知识目标、提高心理素质目标、工作能力目标、工作成果目标、处理与其他人生活动关系的目标等）。再如，也可以将职业目标按时间分解为最终目标（至退休或去世）、长期目标（10 年左右）、中期目标（两年以上）、短期目标（一至两年）、近期目标（数月）。另外，还要看到目标之间的因果关系与互补性，将不同目标进行适当组合。

阅读材料

威廉·乔治的职业设计

美国有一个叫威廉·乔治的人,在人才测评的指导下,他将自己的职业道路设计为如下发展路径:"进大学学技术与管理→进政府锻炼人际交往能力→进小公司寻找实践机会→成为大企业最高主管"。

他25岁从一家重点大学获得技术管理硕士学位后,首先选择了进入政府部门做政府公务员工作,并很快被提拔到美国海军总司令特别助理的位置,但熟识自己的乔治毅然辞去这一职位,去了一家小公司开始锻炼自己的企业管理才能,并于30岁那年便实现了自己的目标,成为了著名的利敦微公司的总裁。

4. 目标实现策略

确定目标后,还要通过各种积极的具体行动与措施去争取职业目标的实现,为此需要制定目标实现策略,具体包括撰写求职简历、参加面试应聘、商议工资待遇、制定和完成工作目标、参加公司培训和发展计划、构建人际关系网、谋求晋升、参加业余时间的课程学习以及跳槽换工作等,都可以看成是目标实现的具体努力和措施。

要经常问自己:目前的工作与实现职业目标是否有密切关系?同时,可参考如下策略。

(1)"积累"策略。在暂时无法实现职业目标的情况下,可以采取"积累"策略,即接受那些工资待遇不高、却有学习和锻炼机会的工作职位。

(2)自学"充电"。除了参加企业培训,员工还应结合自己的职业倾向和现有能力,有计划地利用学校、社会培训机构丰富知识、提高能力和个人素质,为实现自己的职业目标奠定基础。

(3)发现并争取职业机会。员工应了解企业内的职业机会以及如何才能得到机会,通过努力工作创造佳绩争取发展的机会。

(4)注重与上级、同事的沟通。员工个人的职业发展离不开上级和同事的支持和帮助,应虚心听取他们的意见和建议,发现自己的不足,不断完善自我;要谨慎地接受高度专业化和"与世隔绝"的工作,以免限制今后的职业发展。

总之,为了实现自己的职业规划目标,员工在任职期间要密切关注可能的发展机会,特别是有利于自己职业发展的培训机会;应客观估计自己的工作情况,准确地预测职业临界点,即自己不再需要组织的时间和组织不再需要自己的时间;如果决定离开目前工作的组织,则应该选择离开组织的最佳时机,从而创造条件实现自己的职业生涯规划。在本章引例中,周至善经过几次频繁地更换工作中,已经陷入了职业发展的困境。

此外,在该步骤中,组织还会设法给员工提供工作进展辅导,即通过绩效评估等手段,了解员工的工作情况以及工作中存在的问题,为帮助员工胜任现职工作、顺利完成各项工作任务而提供各种辅助,协助员工在工作中解决问题,成功积累工作经验,提高工作能力。

5. 反馈与修正

由于影响职业生涯规划的因素较多,许多变量无法预知,更无法掌握,所以常出现"计划没有变化快"的情形;另外,由于人们的自我认知很难一下子达到客观、清晰、全面的地步,需要一段时间的尝试和寻找之后,才了解自己到底适合于哪个领域哪个层面的工作。因此,执行个人职业生涯规划时要不断地对规划本身进行反馈、总结、评估和修正。

反馈与修正就是指在实现职业生涯目标的过程中,员工根据实际情况自觉地总结经验和教训,修正对自己的认知和对最终职业目标的界定。修正的主要内容包括职业的重新选择、生涯路线的选择、生涯目标的修正、实施策略计划的变更等。另外,组织也会采用职业生涯会谈(有的企业采用绩效评估面谈)的方式帮助员工总结、评估和修订职业规划。

8.3.3 管理者的自我职业生涯管理策略

管理者就是在组织中有下属,承担着一定的组织、控制、领导、计划等职责的人员,因此他们的职业生涯管理就显得更为重要。通过对一些成功人士的研究,有人总结出了如下一些职业生涯管理的策略建议,在此列出供读者将来进行职业生涯管理时进行参考。

(1) 审慎选择第一职位。一个人在职场中的起点对于职业发展至关重要。如果可以选择,你应当选择一个有权力的部门作为开始自己的管理职业生涯的起点。

(2) 做好本职工作。良好的工作绩效是管理生涯成功的一个必要但不是充分的条件。

(3) 展示正确的形象。树立良好的个人形象,并使自己的形象与领导者对自己的要求和期望相吻合。为此,就应当努力掌握该组织的文化,并在此基础上正确塑造自己的形象。

(4) 了解权力结构。有效的管理者不仅需要了解组织的正式职权关系,还需要熟悉理解权力结构,如谁真正控制局面,谁对谁拥有资源,谁对谁存在着重要的依赖关系,等等。

(5) 获得对组织资源的控制。对组织中稀缺而又重要的资源加以控制,这是权力的一大来源。你控制的资源(包括人员、技术、设备、资金等)越多,越会得到组织的重视。

(6) 工作业绩保持"可见度"。前面提到,做好工作是必要条件,但不是充分条件,做得好,还要让别人知道,特别是要让组织中有权力的人意识到你的贡献。如果你拥有一个能让你的才干为他人所注意的岗位,那么你工作业绩的"可见度"已经比较好。但如果你的工作也许是处理一些可见度低的活动,这时你就应当采取一些手段引起别人的注意。比如经常向你的上司汇报工作进展,出席社交集会,参加有关部门协会,与正面评价你的人结为有力联盟,等等。但要注意,在采取行动时不要给人留下爱吹牛的坏印象。

(7) 别在第一职位上停留太久。在第一职位上,通常有两种选择,要么在这个职位上干到真正有点成绩,要么不久之后就接受一项新的职务。经验表明,在进入一个组织之后不久,就接受一项新的职务轮换,对你的发展是有利的。如果没有很快的晋升机会,你应该很快地就更换自己的工作岗位,这会给人一种你在"职业快车"上的信号。

(8) 找个导师。导师通常是组织中职位较高的某个人,可能是跨部门和跨层次的人。找到组织中居权力核心的人作为导师,对于有志要升到高层的管理者来说是很有意义的。

(9) 保持流动性。乐意转换到组织中其他地理区域或职能领域,更有利于得到更快的提升。愿意流动的人,会给自己挣得丰富的个人简历,其职业发展也可以得到更好推进。

(10) 支持你的上司。在组织中,你的未来掌握在你的上司手中。努力帮助上司取得成功,在他处于被动的时候给予帮助,而不要试图挖上司的墙脚,讲坏话。如果上司有能力,他迟早会有机会,你的忠诚也会随其升迁而收益。当你的上司在组织中得到提升,你会因为是上司的得力助手而跟着他被提升,或者起码你会与组织高层建立起某种联系。

(11) 依靠所处的团队。在组织中,你的未来与团队联系在一起。很少有人在对团队进行挑战之后还能在公司中继续干下去。明智的做法是,努力帮助整个团队取得成功。

(12) 考虑横向发展。由于机构重组和层次精简而形成的组织扁平化,许多组织中职位提升的阶梯减少了。要在这一环境中求得发展,一个好主意就是考虑横向的职位变换。

阅读材料

HR 管理者的职业生涯规划

HR 管理正在形成一股热潮,越来越多的人开始研究和参与 HR 管理,那么 HR 职业的发展前景到底如何,HR 管理者的职业生涯规划是怎么样的?实在地说,HR 的前景是非常广阔的,职业生涯的道路也是很宽的,做好了人的管理工作,还有什么管理做不好?这也许正是吸引更多年轻人参与这个职业的原因所在。

一、知识管理总监。这是人力资源管理者的第一个出路。这个职位赋予人力资源管理者更多的内涵和职能,它将涉及更广的范围和更宽的发展道路。可以大胆设想,未来人力资源管理工作会朝着知识管理发展,知识管理、文化管理将取代现在盛行的人力资源管理。届时,人力资源管理者不仅是个管理专家,更是一个知识专家,拥有丰富的行业知识和专业知识,经济、政治、法律、微机、网络,无所不包,人力资源部也会是一个知识库,进行信息和知识的收存、分发,随时给各个部门提供相关知识。当然,目前这还只是一个趋势,但可以相信,随着时代发展和人力资源管理者工作的努力,这一定是一个有前途的职业。

二、财务总监。这是 HR 管理者的第二个发展前景。似乎财务和人力资源差得远一点,似乎两者不搭边,仔细分析,则可知其详。财务在管理者中起着越来越重要的作用,企业的每一步发展都离不开财务,不和财务挂钩的人力资源管理是不存在的。在英国,不具备财务知识是做不了中层管理者的。那么,财务总监怎么和人力资源管理联系起来?现在越来越多的外企将财权和人事权划到一个人手中,直接对总经理负责,而企业的最终目的就是赢利,所以财务在企业的作用可想而知,人力资源总监对财务总监负责也就可以理解了,所以人力资源管理者的出路之一是财务总监。

三、招聘专家。人力资源管理者积累了丰富的招聘和用人知识,培养自己的独特的用人理念和招聘眼光,走出去的一个出路就是作为招聘专家为企业寻找良马,也可以到猎头公司专做猎头工作。

四、培训专家。人力资源的培训职能使他们锻炼了深厚的培训功力,在企业日益注重培训的今天,人力资源管理者抽身出来专做培训工作也不失为一条好的出路。

五、薪酬福利专家。薪酬在企业的作用不可忽视,人力资源管理者的丰富薪酬管理经验和知识,作为薪酬专家一定能有所发展。

六、绩效经理。绩效管理的核心作用使得它可以独成一家,拥有丰富绩效管理经验的 HR 管理者做绩效管理会更有发挥的精力和时间,更能提供独特的管理工具和管理经验。

七、企业管理咨询师。人力资源管理者在积累到一定程度之后,凭借自己的丰富阅历和实践经验,为企业提供管理诊断咨询,应该没有太大的问题,只要他愿意做并善于表达,愿意分享。

八、企业总经理或者职业经理人。HR 管理者的丰富的与人打交道的经验和阅历,在有了机遇之后更容易把握和适应,所以 HR 管理者可以做职业经理人,而且更有实践经验和阅历。

九、劳动争议处理专家和法规咨询师。丰富的法律法规知识使他们完全有理由成为这方面的专家。

8.4 组织职业生涯管理

组织职业生涯管理是指组织根据自身发展目标,并结合员工发展需求,制定组织职业需求战略,设计组织职业通道,进而采取措施加以实施,以达到“双赢”目标的过程。

为做好组织职业生涯管理,企业首先要选择合适的员工职业管理模式,然后还要了解员工职业生涯的阶段性,将员工个人职业生涯规划与组织的人力资源开发计划相结合,协调组织目标与员工个人目标,帮助员工制定职业生涯规划,并为其实现目标创造必要的条件。

8.4.1 选择合适的员工职业管理模式

员工的职业发展受到其所在组织职业管理模式的制约。为了做好员工职业生涯管理,组织首先必须选择一种合适的员工职业管理模式。组织的员工职业生涯管理模式可以从两个维度来划分:一个是对外部劳动力市场的开放性,用于描述企业内的凝聚力、员工的安全感、员工对企业的忠诚度,以及企业对新成员的开放程度;另一个是内部员工晋升竞争的激烈程度,主要涉及员工得到晋升的频次和程度。从这两个维度出发,组织职业管理模式可划分为四种类型,分别是城堡型、棒球队型、俱乐部型和学术型,如图8-4所示。它们在员工进入组织、内部发展和退出组织的环节上具有各自不同的特点。

员工在组织内晋升的竞争度 \ 员工对外部劳动力市场的开放度	较低	较高
较低	俱乐部型组织	城堡型组织
较高	学术型组织	棒球队型组织

图8-4 四种不同组织的员工职业管理模式

1. 城堡型组织

这类企业对外部劳动力市场的开放程度高,组织内部员工晋升的竞争程度低。员工在组织中参加培训的机会少,重视资历,晋升的难度较大,员工被辞退的可能性大。因此,员工就业安全的主要威胁来自组织的外部。当前这类组织的典型代表是零售业。

2. 棒球队型组织

这类企业对外部劳动力市场的开放程度高,同时组织内部员工晋升的竞争程度也高。企业领导的主要责任在于发现环境中出现的机遇,保证企业员工充满压力和创造力。员工的就业安全和职业生涯同时受到来自企业内外的严重威胁,员工进入和流出的比例较大。这类组织能够善于吸引企业家、创新者、冒险家,员工有很大的自主权并承担较大的风险,不存在安全稳定的长期职务。组织几乎没有职业管理,通常采用非正式的培训。这类企业选拔员工的标准依次为良好的推荐、相关领域的工作经验、团队精神、公司外部人员、具有开放的创新精神。当前这类组织的典型代表是各大唱片公司。

3. 俱乐部型组织

这类企业在市场上往往处于一种垄断地位,公司的领导者致力于控制整个组织,管理的重点集中与企业的延续和稳定,其主导经营战略为防御。因此,这类企业对外部劳动力市场的开放程度低,同时员工晋升竞争的激烈程度也低,员工的就业安全和职业生涯受到双重的保护。员工在组织中停留的时间长,晋升阶梯较多,被辞退的可能性较小。员工晋升更强调资历,而不是能力。在这类组织中,员工晋升路线按部就班,升职缓慢。组织通过发展员工的全面技能来取得员工的忠诚。这类企业选拔员工的标准依次是团队精神、过去的业绩、在公司内任职时间的长短、对个体特点的了解、对公司业务的熟悉程度。当前这类组织的典型代表是银行业。

4. 学术型组织

这类企业的战略角色介于在新市场中追求创新的进攻者和在现有市场中寻求稳定的防御者之间,往往是竞争市场上的主导性企业,对外部劳动力市场的开放程度低,组织内部员工晋升竞争激烈。员工在组织中停留的时间长,晋升阶梯较多。同时,员工的进入和流出都不大,而技术培训较多。因此,员工的就业安全和职业生涯的发展情况主要取决于员工在组织中的绩效表现。这类企业选拔员工的标准依次是过去的业绩、具有发展潜质、团队精神、年纪较轻、对公司业务的熟悉程度。这类组织的典型代表是大学。

8.4.2 了解员工职业生涯的阶段性特征

为了对员工职业生涯进行有效管理,必须认清员工在职业生涯各个阶段的不同特征。对员工的职业生涯阶段的划分方法有很多种,前面 8.2 节介绍过从员工个人角度看的职业生涯的五阶段划分方法,下面再从组织职业生涯管理的角度介绍一种四阶段划分方法,如表 8-6 所示,其中各个阶段在核心活动、工作角色和工作关系方面都具有一些不同特征。

表 8-6 员工职业生涯的阶段划分

	开拓阶段 (16~25 岁)	奠定阶段 (26~35 岁)	保持阶段 (36~55 岁)	下降阶段 (56~75 岁)
核心活动	辅助工作 技能学习 追随别人	自主选择 独立工作 技能提高	贡献者,培训和发展他人 资源调配者 影响组织的方向	考虑退休 发挥余热 退出组织
工作角色	学徒	同事	师傅	业务顾问
工作关系	依赖他人	独立	为别人承担责任	重要性下降

8.4.3 协调组织发展目标与个人发展目标

协调组织发展目标与个人发展目标,同时满足个人与组织的利益,是进行有效的职业生涯管理的基础。因此,组织职业生涯管理必须树立人力资源开发思想,了解员工多样化的需求,使企业与员工形成利益共同体,实现组织和员工的共同发展,如图 8-5 所示。

如何协调组织发展目标与个人发展目标呢?图 8-6 反映了个人职业生涯规划与组织职业开发相匹配的过程。员工职业生涯规划能加深对自己技能、兴趣和价值观的了解,在个人和工作岗位间建立起一种良性的匹配。组织的职业开发计划能帮助员工发现并追求使工作更加丰富的机会,帮助他们发现在公司内部调动的可能性,促进员工的成长和发展。

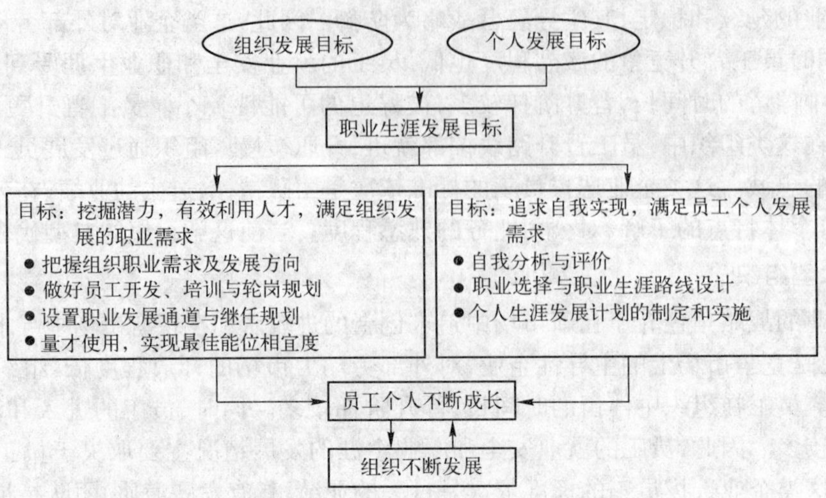

图 8－5　组织职业生涯管理的流程

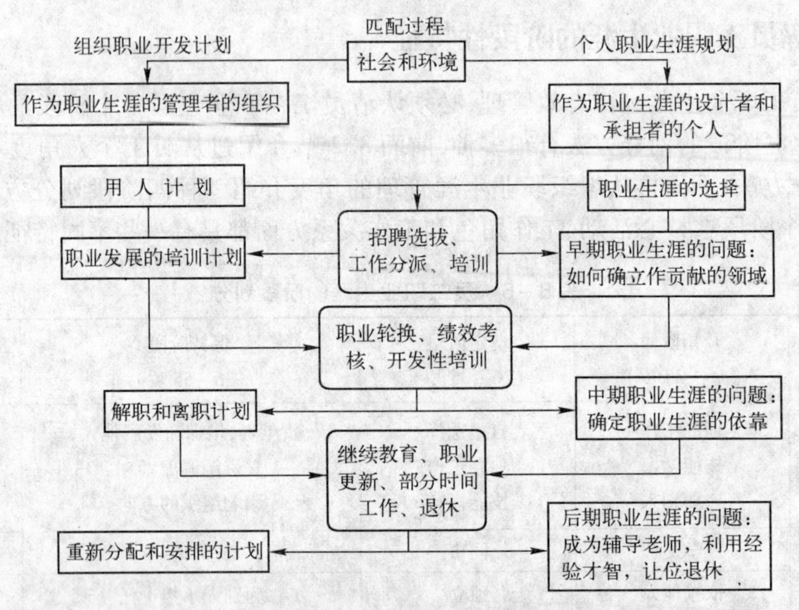

图 8－6　个人职业生涯规划与组织职业开发计划相匹配的过程

8.4.4　建立和完善有助于职业生涯管理的制度体系

加强员工职业生涯管理，不是权宜之计，而是企业应该长期推行的工作之一。因此，需要建立完善的制度体系，以保证员工职业生涯管理工作的效率和效果。

职业生涯管理的制度体系包括基础制度和监管制度两个方面，其中基础制度保证企业实现员工职业生涯管理中策划者的角色，是职业生涯管理工作的基础，包括以下方面。

（1）职业信息系统和数据库制度。建立及时提供企业内部空缺职位的信息系统，以及企业内部各职位的任职资格要求数据库，是职业生涯管理的一项基础工作。例如向员工提供个人职业生涯参考指南，使所有员工都清楚各业务单位的工作内容，并提供两份咨询表格，一份是按业务领域分类的业务单位清单,另一份是按技能分类的业务领域清单。

(2)员工自我测评系统和数据库制度。构建完善的测评系统,提供多种测评工具,并针对每个员工的测评结果建立个人档案,记录每个员工的成长过程和职业发展阶段。

(3)职业发展培训体系制度。建立对主管人员、员工以及人力资源管理人员和内部培训人员的多方位培训体系。例如,AT&T 不仅对各级主管和员工制定了开展职业生涯开发讨论活动的指导原则,还对培训教员进行培训,辅导各业务单位的人力资源负责人掌握员工职业生涯开发系统及其各项工具,使他们可以对本部门人力资源代表进行培训。

(4)多重职业发展路线以及岗位轮换制度。明确员工职业发展的多种路径,保证员工有多种选择,并且保证企业内部的员工岗位轮换,使员工享受自由选择职业发展的乐趣,提高员工的满意度和忠诚度。

(5)职业生涯设计程序制度。根据企业实际,确定职业生涯规划的具体执行程序。一般来讲包括员工的自我评估、实际检验、目标设置、确定职业生涯路线、制订行动计划、评估与反馈和行动计划等步骤。很多企业都将这些程序与员工的绩效管理工作程序结合在一起,实现职业生涯开发与绩效改进之间的互动发展。

员工职业生涯规划的监管制度,主要是对各部门、各级管理人员以及员工在职业生涯规划过程中分配的权利、承担的责任和义务进行相应的管理和监督,主要体现为将基础制度落实到各个部门和各级管理人员,明确企业、主管人员和员工三个层面的责任、权利和义务,有序开展员工职业生涯规划工作,并且监督该项工作的进展和执行情况。

阅读材料

3M 公司的职业生涯管理体系

3M 公司的管理层始终尽力满足员工职业生涯发展方面的需求。从 20 世纪 80 年代中期开始,公司的员工职业生涯咨询小组一直向员工提供职业生涯问题咨询、测试和评估,并举办个人职业生涯问题公开研讨班。通过人力资源分析过程,各级主管对自己的下属进行评估。公司采集有关职位稳定性和个人职业生涯潜力的数据,通过电脑进行处理,然后用于内部人选的提拔。

目前,公司的人力资源部门已经自成体系,可对员工职业生涯发展中的各种作用关系进行协调。新的员工职业生涯管理方法体系强调公司需求与员工需求之间的平衡,它主要包括如下几个方面的内容。

1. 职位信息系统。根据员工民意调查的结果,3M 公司建立了职位信息系统,定期公布相关职位信息。员工们的反应非常积极,人力资源部、一线部门及员工组成了专题工作小组,进行为期数月的规划工作。

2. 绩效评估与发展过程。该过程涉及各个级别所有职能的员工。每位员工都会收到一份供下一年使用的员工意见表。员工填入自己对工作内容的看法,指出主要进取方向和期待值,然后与自己的主管一起对该表进行分析,就工作内容、主要进取领域和期待值以及明年的发展过程达成一致。到年底时,主管根据以前确定和讨论的业绩内容及进取方向完成业绩表彰工作。这项工作促进了 3M 公司主管与员工之间的交流。

3. 个人职业生涯管理手册。公司向每一位员工发放一本个人职业生涯管理手册,它概述了员工、领导和公司在员工职业生涯发展方面的责任,还明确提出公司现有的员工职业生涯发展资源以及各个系列岗位的职业发展路径通道、晋升模式和相关标准,同时提供一份员工职业生涯关注问题的记录表格。

4. 主管和员工公开研讨班。为期一天的公开研讨班有助于主管们理解自己所处的复杂的员工职业生涯管理环境,同时提高他们的领导技巧及对自己所担任之各类角色的理解;员工公开研讨班可以提供个人职业生涯指导,强调自我评估、目标和行动计划,以及向员工介绍平级调动的好处和职位晋升的经验。

5."一致性分析"过程及人员接替规划。集团副总裁会见各个部门的副总经理,讨论其手下管理人员的业绩情况和潜能。然后,各级管理层逐层召开类似会议,与此同时开展人员接替规划项目。

6. 个人职业生涯咨询。公司鼓励员工主动去找自己的主管商谈个人职业生涯问题;员工职业生涯管理人员也为员工提供专业的个人职业生涯咨询,还根据员工兴趣印发出一些项目,并将它们在全公司推出。

7. 学费补偿。这个项目已实行多年,它报销学费和与员工当前岗位相关的费用,以及与某一工作或个人职业生涯相关之学位项目的全部学费和费用。

8. 内部调职或转岗。职位撤消的员工自动进入个人职业生涯过渡公开研讨班,同时还接受具体的过渡咨询。根据管理层的要求,还为解除聘用的员工提供外部新职介绍。

上述内容共同构成了一套卓有成效的员工职业生涯管理体系,为员工实现自己的职业目标创造了有利条件,把员工的需求和企业的需求统一在一起,为个人的成长和公司的发展都带来了最大的利益。

8.4.5 帮助员工制定职业生涯规划

企业在职业生涯管理中,应该为员工制定职业生涯规划提供如下方面的帮助。

1. 评估员工的职业目标

企业可以对员工自己设计的职业目标的现实性和合理性进行评估,指导员工设计出双方都愿意接受的行动方案,确定可行的职业目标。

2. 设计职业生涯规划表

职业生涯规划表是指将企业中的各项工作进行分门别类的排列而形成的一个能系统反映企业人力资源配给状况的图表。借助这张表,员工就可以根据自己的目标,在人力资源管理人员或主管的指导下选择适合自己的职业道路。

3. 为员工提供职业指导

企业为员工提供职业指导,首先要根据工作分析,找出工作对员工要求的共性和差异性,说明每个职位所需的技巧、知识和素质,以及具备这些条件的方法;然后将对员工的行为要求类似的工作组合在一起,形成一个工作簇,并在工作簇之间找出一条职业道路。

企业对员工进行职业指导有三种途径:一是由管理人员来指导,管理人员长期与下属共事,对下属的能力和专长有较深入的了解,所以能对下属适合从事的职业提供有价值的建议;二是聘请专家来指导,企业可以请专家为员工进行职业发展咨询;三是向员工提供有关的自测工具,企业可以使用这类工具,帮助员工进行能力及个人特质方面的测试。

阅读材料

一套个人成就欲望测试问卷

测试说明

成就欲望通常也称作“野心”、“事业心”等。一个成就欲望高的人,在工作时会更投入。对于一些创造性的、具有挑战性的工作,交给成就欲望强烈的人会更好,而一些重要的领导岗位,更是需要担任者具备强大的成就欲望。本测试属于心理测试,对人才招聘、选拔以及职务晋升具有重要参考价值。

题目与要求

下面是15个单项选择题,A代表“非常赞同”,B代表“比较赞同”,C代表“不太赞同”,D代表“不赞同”。请在每道题目的后面选择符合你真实态度的字母。

1. 如果要你在生活愉快和富有之间选择,你总是选择生活快乐,因为你认为它最重要。A□ B□ C□ D□

2. 如果某项工作非完成不可,你就会不管压力和困难有多大,都会努力去完成它。A□ B□ C□ D□

3. 成败论英雄有时确实存在。A□ B□ C□ D□

4. 你容不得他人或者自己犯错误,一旦犯了,你会严厉批评或惩罚。A□ B□ C□ D□

5. 你非常看重名誉。A□ B□ C□ D□

6. 你的适应能力非常强。A□ B□ C□ D□

7. 只要是你决心做的事情,就会坚持到底。A□ B□ C□ D□

8. 如果别人把你看成身负重任的人,你会感到很高兴。A□ B□ C□ D□

9. 你有一些高消费的嗜好,并且你有能力承受和乐意承受这份消费。A□ B□ C□ D□

10. 如果你知道某个项目会有好的结果,你就很小心地将时间和精力花在这个项目上。A□ B□ C□ D□

11. 在一个团队里,你认为团队的成功比你个人成功更重要。A□ B□ C□ D□

12. 你是一个认真的人,即使眼看赶不上进度了,你也不愿草率工作。A□ B□ C□ D□

13. 能够正确地表达你的意思,你会很高兴。但你也必须确定别人是否能正确理解你。A□ B□ C□ D□

14. 你的工作情绪总是很高,并且精力非常充沛。A□ B□ C□ D□

15. 你并不看重所谓的“金点子”,而更看重良好的判断和整体策划。A□ B□ C□ D□

评分标准

题号		1	2	3	4	5	6	7	8	9	10	11	12	13	14	15
答案及其对应分值	A	0	3	2	1	3	3	3	3	3	3	3	3	3	3	3
	B	1	2	3	2	2	2	2	2	2	2	2	2	2	2	2
	C	1	1	1	3	1	1	1	1	1	1	1	1	1	1	1
	D	3	0	0	0	0	0	0	0	0	0	0	0	0	0	0

结果解释

总分为0~15分,说明你成就欲望不强,你更看重家庭生活的美满与精神生活的充实。

总分为16~30分,说明你成就欲望较强,在事业与家庭之间,你会权衡利弊后作决定。

总分为31~45分,说明你成就欲望强烈,对名利、金钱、权力很看重,野心勃勃。

4. **调整员工的职业生涯规划**

组织要帮助员工形成正确的自我认知，在此基础上再对员工的职业生涯规划进行适当的调整。然后，各个部门的主管人员与下属面谈，了解其职业目标，并根据他们目前的工作情况和职务制定全面的人力资源计划。此外，组织应该提供员工制定职业生涯规划所需要的信息、条件，为员工和管理人员提供相关的培训。

8.4.6 协助员工实现职业生涯规划

企业要帮助员工制定职业生涯规划，还要设法协助他们实现各自的职业生涯规划。

1. **提供现实的职业发展机会**

企业在招聘人员时既要强调职位的要求，又要重视应聘者的愿望和需求，特别是要了解应聘者的职业兴趣和职业发展计划。这是企业正确使用和培养人才的基本条件。

在招聘时，企业要真实地向应聘者介绍相关情况以及未来可能的发展机会，否则可能造成误解而影响应聘者对企业的忠诚。图 8－7 反映了在一个大型的跨国公司内，人力资源领域中一个典型的晋升路线。很显然，一个人必须准备进行地域性转移，只有这样才能在这个公司中的人力资源管理领域得到快速的提升。

				HR的副总裁
			公司的HR总裁	
		公司的HR管理者	部门的HR总裁	
		部门的HR助理总监		
	地区的HR管理者	工厂的HR管理者		
	工厂的HR助理管理者			
地区的HR干事	HR监督者			
HR干事				

图 8－7　人力资源管理领域中一个典型的晋升路线

2. **提供阶段性的工作轮换**

工作轮换对员工的职业发展具有重要意义。一是可以使员工在尝试中了解自己的职业倾向和职业锚，更准确地评价自己的优缺点，发现最适合自己的工作岗位；二是可以使员工经受多方面的锻炼，拓宽视野，培养多方面的技能，以及培养跨专业解决问题的能力，从而为将来的晋升打下基础；三是可以降低员工对工作的厌倦感，提高员工的工作热情和责任感；四是可以使员工熟悉企业各个工作环节或工序之间的联系，建立更为广泛的人际关系，有利于职业生涯规划的调整和实现。

3. **提供多样化的员工培训**

培训与员工职业发展的关系最为直接。职业发展的基本条件是员工素质的提高，而且这种素质不一定要与目前的工作相关，这就有赖于持续不断的培训。企业应建立完善的培训体系，使员工在每次职业变化时都能得到相应的培训，同时也应鼓励员工自行参加企业内外的各种培训。

4. 进行以职业发展为导向的考核

很多人认为,考核的主要目的是评价员工的绩效、态度和能力,为分配、晋升提供依据。实际上,考核的真正目的应是保证组织目标的实现、激励员工进取以及促进人力资源的开发。以职业发展为导向的考核能帮助员工发现自己的问题和不足,明确努力的方向和改进的方法,不断地成长与进步。

5. 晋升与调动

晋升与调动是员工职业发展的主要途径。组织在人力资源管理过程中,应认清员工职业生涯的发展阶段,给他们提供与所处发展阶段相适应的机会。

由于员工职业发展的成败对其价值观、组织认同感和职业满足感有重要影响,因此 越来越多的企业开始重视对员工职业生涯的管理。组织的职业管理应考虑企业的发展战略和业务需求,注意将员工的需求与组织的需求相结合;将各项职业管理工作整合起来,并考虑与其他人力资源系统的相互关系;利用各种工具和方法,建立一套富有特色的职业管理系统;保证一线管理人员参加职业管理,并负起直接责任;不断对职业管理工作进行评价和改进,并保持持续有效的沟通。

8.5 案例与讨论

8.5.1 职业生涯规划为何导致员工离职

中关村某IT公司经过几年高速发展,现已进入一个相对平稳的增长期。今年4月,为了“给每一位员工一个看得见的未来”,让他们安心本职发展,该公司决定进行员工职业生涯规划管理。人力资源部对大部分员工进行了一对一沟通,认为已了解员工所需所求后,便为他们重新“定岗定薪定发展”。然而始料不及的是,短短两个月时间里,员工流失率竟达30%以上,这些员工的离职理由竟也出奇地一致:一半以上是“个人发展与企业发展目标不符”。8月份,起先是公司销售总监离职,随后在公司服务了3年多的一位销售主管跳槽,并带走了一批销售精英。不安分的因子似乎感染了每一个员工,公司顿时陷入一片混乱中,一场原本出于好意的职业规划最终发展成为一场“人事大地震”。

员工为何要离职?记者了解到,这些离职员工在与公司进行了规划面谈后,有的居然认为是企业对他有意见,有“炒人”的嫌疑,在“你炒我不如我炒你”的心态下,这部分人选择了离开;销售总监则认为自己的职业发展已经走到了一个转折点,渴望更大的发展;至于那位被看好的销售主管,导致他离职的直接原因是公司通过猎头空降了一位销售总监。这位主管认为,公司违背了在《员工职业生涯规划书》的承诺。原来,当时企业认为他的个人能力适合销售职位,并给他规划了明确的职业上升路线。但在销售总监一职出现空缺时,公司认为其知识素养尚达不到职位要求,故另作安排,该主管于是愤然辞职。

案例讨论

1. 从文字描述可以看出,该公司在导入员工职业生涯管理理念时,忽略了什么因素?
2. 从文字描述可以看出,该公司职业生涯规划的程序存在什么问题?
3. 请分析该公司进行职业生涯规划管理,但却导致员工离职的主要原因。
4. 该例子对你有什么重要启发?你认为该IT公司应该如何作好职业生涯管理?

8.5.2 美国电话电报公司的职业生涯管理

美国电话电报公司(AT&T)成立了一个名为“公司员工职业生涯系统部”的部门。它由15人组成,专门负责员工职业生涯开发工作。它是面向整个公司的内部咨询单位。这一部门发现了若干驱动美国电话电报公司员工职业生涯开发的因素:①管理层担心公司规模的缩小会影响员工的士气;②人们认为缺乏对员工职业生涯开发的机遇或关注;③重点人才和中层管理人员的流失;④新旧人员的接替规划过程。

“公司员工职业生涯系统部”工作的第一个步骤是需求分析,它在员工职业生涯开发顾问委员会的协助下进行。这一组织由来自各个业务单位的中层人力资源管理人员组成,该组织下设不同的专题小组,其中之一负责开发一套员工个人职业生涯参考指南。

由于公司的关心,越来越多的员工已经拟出自己的职业生涯发展计划。当员工制定出个人的职业生涯计划后,80%的人会参加员工与主管的对话,82%的人会按制定出的个人职业生涯计划行动。

员工职业生涯开发计划的设计原则是一只“三条腿的凳子”,员工、领导者和公司各担负一个基本角色。公司的原则非常明确,个人应该为自己的前途负责,然而领导者和公司需要给予这一过程以不懈的支持,要“言而有信”。在从原有的家长式统治向员工要对自己负责过渡的企业文化转型过程中,人们通过人力资源规划与开发运作程序的过程和主管培训的推广,大幅度地提高了公司和领导者的参与程度。员工们认识到了自己的责任,认识到这是对自己大有好处的事情。另外,人们也广泛意识到事业发展的重要性,承认传统的升职不再是衡量问题的尺度。

美国电话电报公司的员工职业生涯开发系统获得了极大的成功,人们对个人职业生涯计划的满意程度一直在稳定提高。美国电话电报公司员工的职业生涯开发系统多次地帮助企业度过难关,也帮助员工获得了自己职业的成功。

案例讨论

1. 美国电话电报公司的职业生涯管理工作是基于哪些因素的考虑?
2. 你认为职业生涯管理的“三条腿原则”有什么优缺点?
3. 在员工、领导者和公司“三条腿”中,你认为哪一个角色是起决定性作用的?
4. 请根据本例的描述,结合你个人的理解,谈谈职业生涯管理工作对企业的重要性。

8.6 本章小结

职业生涯管理是个人和组织对企业职业历程的设计、职业发展的促进等一系列活动的总和,加强职业生涯管理对于个人和组织都有重要意义。 作好职业生涯管理,充分地利用现有的人力资源,使员工个体的发展需求与企业组织的发展需要相匹配,能够实现员工与企业的双赢。 本章首先介绍了职业生涯、职业生涯规划、职业生涯管理等基本概念,职业生涯管理的责任主体以及工作流程;然后从个人职业发展阶段、个人职业倾向、个人职业锚、个体特征等多个方面介绍了影响个人职业生涯规划的主要因素；最后，本章从员工个人职业规划和组织职业生涯管理两个角度，介绍加强职业生涯管理的主要内容。

总之，通过本章的学习，读者应该很好地理解职业生涯管理的重要性，了解个人职业生涯规划的工作流程和具体内容，并掌握组织职业生涯管理应该做的相关工作。

8.7 思考与实践

一、思考题

1. 何谓职业生涯管理？这项工作具有什么意义？
2. 职业管理的责任主体有哪些？他们都各有什么作用？
3. 什么是个人职业倾向？都包括哪些类型？对你自己进行评价。
4. 什么是个人职业锚？常见的有哪些类型？个人职业锚主要由哪些因素所决定？
5. 你认为一个人的职业成功与哪些因素关系最大？
6. 有人说,性格是决定职业成功的关键,你同意吗？请提出支持你观点的论据。
7. 请说明员工如何进行个人职业生涯规划。
8. 不同组织的员工职业管理模式都有哪些类型？各有什么特点？
9. 如何协调个人职业目标与组织发展目标之间的匹配关系？
10. 请说明组织应该如何帮助员工进行职业生涯规划,并帮助其实施这个规划。

二、实践环节

1. 检索题

自己通过网络、图书、杂志等各种媒体,搜索如下文档资料并进行相应操作。

(1) 查找两三个个人职业规划设计的现成文档实例,并分析其内容组成。

(2) 搜索在职业生涯规划中,用于素质测评的相关量表工具,并对自己进行测试。

(3) 搜索某些职业生涯管理成功企业的典型案例,并对其主要做法进行分析。

2. 设计题

请以"十年后的我"为题,制定一份个人职业生涯规划,注意内容要适合自己特点。

3. 演讲题

请认真阅读如下文字论述,并选择自己的观点,然后在3~5分钟时间内进行演讲。

有人观察了许多大学毕业生的职业道路,发现他们的职业成功与否,与在校学习的成绩没有必然的联系。你同意这样的看法吗？

如果不同意,请说明你的观点和理由。如果同意,你认为这里面的主要原因是什么？

第9章 人才团队管理

引例

诺基亚建设优秀团队的做法

诺基亚是移动电话市场的领导厂商，在中国的投资超过17亿美元，建立了8个合资企业、20多家办事处和2个研发中心，拥有员工超过5,500人。面对这样一家拥有如此庞大数量的员工和机构的企业，诺基亚的竞争优势除来自对高科技的大量投入外，还在于其大胆实践领导力变革，全力打造优秀人才团队。

开放沟通，由下而上开发领导力

领导力是一种能够激发团队成员的热情与想象力，一起全力以赴，共同完成明确目标的能力。在诺基亚并非只有顶着经理头衔的领导才需要具备领导能力，领导能力是每个员工通过日常工作与生活经验的培养积累而得。目的是让每一个人都是主动者，是他自己的领导。诺基亚的领导特色体现在鼓励平民化的敞开沟通政策，强调开放的沟通、互相尊重、使团队内每一位成员感觉到自己在公司的重要性。

优秀的企业都高度重视培养员工的工作能力与团队精神。诺基亚每年花在培训方面的费用超过25.8亿欧元，约为它全球净销售额的5.8%。根据员工的特殊需要来进行教育培训，可以让员工看到自己有机会学习和成长，那么员工对组织的责任感就会加强，它的热情就会产生。

公司的高层领导人率先身体力行，努力倡导企业的平等文化。比如，诺基亚公司董事长兼首席执行官约玛·奥利拉每次到中国访问，从不要前呼后拥，这远远胜过说教，充分体现了公司的平等文化。

诺基亚中国公司的中层管理人员对公司强调平等的管理文化也深有体会。据诺基亚的政府关系经理王颖介绍，诺基亚在组织机构上，不是上下级等级森严，而是很平等，有问题可以越级沟通。而且有许多具体制度来保证下情上达，下面的意见不会被过滤。在这方面，诺基亚的具体做法有以下三种：

1. 每年请第三方公司作一次员工意见调查，听取员工对自己的工作和公司发展的看法，并和上年的情况做比较，看在哪些方面需要作改进。

2. 公司每年有两次非常正式的讨论，经理和员工之间讨论以前的表现，今后的目标，除了评估员工的表现，也是沟通彼此的途径。

3. 公司在全球设有一个网站，员工可以匿名发送任何意见，员工甚至可以直接发给大老板，下属的建议只要合理就会被接受。

除了建立正式的开放沟通渠道之外，公司的管理层也会利用适当的时机与员工沟通。如诺基亚（中国）投资有限公司总裁康宇博对员工所反映问题的处理方法是，如果牵涉到某个经理人，除非是另有考虑，否则马上把人找来，双方当面讲清楚，这样做让下属看到，上级领导的门永远是敞开着的。

诺基亚有一个突出的做法，就是利用员工俱乐部，组织和管理员工的活动。俱乐部在管理上体现了诺基亚"尊重个人，自我做主"的文化传统，以人人容易接受的方式来进行团队建设，把员工的兴趣融化在团队建设的活动当中，并以此提高员工在实际工作中的能力。

关心下属成长，鼓励尝试创新

随着信息技术的快速发展，产品生命周期和研发重点、顾客多样化要求以及人才流动的速度等，都改变了诺基亚的的管理方式。所以，现代领导力的核心应该是如何建设优秀团队进行领导变革和管理创新。

1. 关心下属的成长。公司关心的是市场竞争力和业绩，而员工关心的是个人事业的发展和对工作的满意度。经理人应当充当协调员的角色，将员工个人的发展和公司的发展有机结合起来。

2. 用人不疑，疑人不用。一旦授权下属负责某项目，并定下大方向后，就放手让他们去做，不要求下属事无巨细地汇报，而让他们自己思考判断，发现了问题由大家共同来解决，如果做出成绩是大家的。

3. 鼓励尝试创新。给下属成长空间，让他们敢于去尝试，并允许犯错误。否则，下属畏首畏尾，什么都请示领导，自己的主动性、创造性就没了。

虽然诺基亚是一家大公司，很注重团队精神，但也非常强调企业家的奋斗精神。希望它的员工都能有一些企业家的思想，就是创新想法，不要墨守成规。这样可以更快地面对市场挑战，加强竞争力。

借企业文化塑造团队精神

诺基亚公司的企业文化包括四个要点，那就是"客户第一、尊重个人、成就感，不断学习"。公司的团队建设完全围绕企业文化为中心，不空喊口号，不流于形式，而是落实到具体的行动中。诺基亚强调要把人们的思想和行为变成公司与外界竞争的优势，要提升诺基亚的员工成为一个工作伙伴，不仅是停留在一个雇主与员工的劳动合约关系。惟有这样，工作伙伴们才会看重自己，一起帮助公司积极发展业务。

公司会定期举行团队建设活动，并具体和每个部门的日常工作、业务紧密相连，各个部门都积极参与。这方面，诺基亚学院在团队建设和个人能力培养上发挥了很大作用，为员工提供很多很好的机会，能够让员工认识到他们是团队的一分子，每个人都是这个团队有价值的贡献者。

诺基亚在招聘之初，除了专业技能的考核外，也非常注重个人在团队中的表现，将团队精神作为考核指标中的主要项目之一。通常会用一整天时间来测试一个人在团队活动中的参与程度与领导能力。并考虑候选人是否能在有序的团队中，发挥协作精神、应有的潜能和资源配置。这样就可最大限度地保证，使诺基亚所招聘的人一开始就能接近公司要求团队合作的精神文化。

没有完美的个人，只有完美的团队

移动通信行业发展快速，手机产品几乎每18个月就更新换代。为反映这一行业特性，诺基亚在中国的5,000多名员工的平均年龄只有29岁。诺基亚希望他们能跟上时代节奏，增加公司竞争力。为体现这个目标，在人力资源管理上，采取"投资于人"的发展战略，让公司获得成功的同时，个人也得到成长。

诺基亚中国公司注重将全球战略与中国特色相结合,其次在关心员工、市场营销、客户服务等方面考虑到文化差异,提倡本地化的管理能力。

在诺基亚,一个经理就是一个教练,他要知道怎样培训员工来帮助他们做得更好,不是“叫”他们做事情,而是“教”他们做事情。诺基亚同时鼓励内部调动,发掘每一个人的潜能,体现诺基亚的价值观。

当经理人在教他的工作伙伴做事情、建立团队时可以设计合理的团队结构,让每个人的能力得到发挥。没有完美的个人,只有完美的团队,惟有建立健全的团队,企业才能立于不败之地。

点评:从本例可以看出,诺基亚的团队建设对于提高其市场霸主地位,保持核心竞争力具有重要作用。其中,他们所采用的一些方法,如强调员工领导力培养、鼓励尝试创新、借企业文化塑造团队精神、推行经理“教练制”等都是值得我国企业学习和借鉴的。

学习目标

通过本章的学习,读者应该能够:

- □ 了解团队的含义、类型与周期
- □ 理解团队文化功能与塑造方法
- □ 熟悉优秀人才团队的主要特征
- □ 掌握优秀人才团队的创建过程
- □ 掌握团队中的沟通和倾听技巧
- □ 了解团队学习方式与保障措施

9.1 团队基本知识概述

作为团队管理的学习基础,本节介绍团队的含义、类型、周期阶段、特点等基本知识。

9.1.1 团队的含义与类型

1. 团队的含义

关于团队的含义,目前尚无统一认识,不同人员有着不同理解。综合不同的理解,可以将团队的含义界定为:团队是由为数不多的(一般说是10人以内)、相互之间技能互补的、具有共同信念和价值观、愿意为共同的目的和业绩目标而奋斗的一群成员组成的群体。这些群体成员间通过相互的沟通、信任和承担责任,产生群体的协作效应,形成一种稳固的文化氛围,从而获得比个体成员绩效总和更大的团队绩效。

2. 团队与群体的区别

群体是由小规模的人群组成,他们彼此认识,互相作用,并具有对某些事物相一致的看法。尽管团队也由群体成员组成,但团队与群体存在着明显的差异,如表9-1所示。

表9－1　群体与团队的差异性

比较项目	群　体	团　队
业绩	群体中成员业绩的简单迭加	一个团队的业绩大于团队成员业绩之和；一个优秀团队的业绩远远大于团队成员业绩的迭加
目标	大家在一起完成相近或相同的某项工作	经过严格的组织，有明确而高尚的共同目标
领导	监工式的领导，只是下工作命令和监督工作的完成	优秀的组织者，高尚目标的鼓动者，协同合作的指导者
成员对领导的态度	关注而不喜欢	尊敬领导，分担领导的责任，分享领导的成功
决策方式	集中的个人决策	共同参与决策
成员的相处	分散的、个体的	融洽而高效

3. 团队的类型

从不同的角度划分，团队可以划分为不同的类型。以下是几种常见的划分方法。

（1）从团队的功能来划分，有产品开发团队、项目团队、管理团队、质量提高团队、服务团队、生产团队等。

（2）从团队存在的时间来划分，有临时团队和固定团队。临时团队，如项目团队、产品开发团队，他们的任务使命一旦完成，通常就会自动地解散；固定团队，如服务团队、管理团队、质量提高团队、生产团队，它们存在的周期时间长，且相对固定。

（3）从跨越组织的边界来划分，有企业内团队和企业间团队。企业内团队，如销售团队、生产团队、质量提高团队、管理团队等；企业间团队，如战略联盟企业或者虚拟企业中的项目团队和产品开发团队。

（4）从团队成员的多样化来划分，有同质团队和异质团队。同质团队是由个人背景、教育、价值观、文化背景、经历、个性、种族、民族等方面相似的成员构成；异质团队则是由个人背景、教育、价值观、文化背景、经历、个性、种族、民族等方面存在明显差异的成员构成，例如跨文化团队就是异质团队。

（5）从团队的最终绩效方面来划分，有工作组、伪团队、潜在的团队、真正的团队和绩优团队等五种类型。

9.1.2 团队周期与阶段特点

团队都有生命周期，目前常谈的团队周期及其五个组成阶段特点如表9－2所示。

表9－2　团队生命周期及其各阶段特点

序号	阶段名称	阶段特点
1	构造期	团队开始筹划组建的一段时间。在构造期，团队的目标、结构、团队成员领导都不确定。当团队成员开始把自己看作是群体一员时，这个阶段就结束了
2	震荡期	震荡期是团队内部的冲突阶段，表现为成员与成员之间的冲突，成员与环境之间的冲突，新旧观念与行为之间的冲突。在这个阶段，团队成员接受了团队的存在，但仍然存在抵触情绪。而且，对于谁可以控制这个团队，还存在争执
3	规范期	在这个阶段，团队成员之间开始形成亲密的关系，团队表现出一定的凝聚力。这时会产生强烈的群体身份感和友谊关系。当团队结构稳定下来，大家对于什么是准确的成员行为达成共识时，这个阶段就结束了

（续）

序号	阶段名称	阶段特点
4	表现期	在这个阶段，团队结构已经开始充分地发挥作用，并已被成员完全接受。成员的注意力已经从试图相互认识和理解转移到完成手头的任务
5	休整期	对于长期性的工作团队而言，表现期是最后一个发展阶段，而对短暂性的工作团队，则还有一个休整期。在这个阶段，团队成员开始解散，有的团队成员可能马上加入到其他的工作团队中继续新的团队工作。对于其原来所在的团队，则主要是收尾工作

9.1.3 团队文化及其塑造

1. 团队文化的含义

团队文化，就是团队成员通过相处在一起而逐步形成的为大家所接受和认可的价值观、理念和行为准则。它是在原有企业文化基础上进一步的发展和创新，当前的团队文化大都充分体现了“以人为本”的企业管理理念，比如团队可以自主地行动，团队之间要加强信息的沟通，成员需要得到充分的授权，任何成员都可以共同参与团队的决策等等。

2. 团队文化的特征

（1）它与团队所在企业的企业文化是相关联的。这在团队文化的定义中得到了强调。

（2）它是一个潜移默化、不断形成的过程，它通过团队中的行为举止、政策、程序、规范、计划、领导风格，以及团队内个人和集体所起的作用逐步地反应出来的。

（3）团队文化是一个整体，它是在共同的兴趣、相互的义务、长期的合作、密切的友谊，以及长期的并肩战斗和一起接受工作挑战中产生的一种社会交往方式。

（4）它鼓励创新和冒险，也具备一定的容错能力，这是由团队本身的特征决定的。

3. 团队文化的功能

（1）导向功能。导向功能指的是团队以大家认可的价值观、理念和规范指引成员为明确的团队目标而努力奋斗。

（2）凝聚功能。凝聚功能指的是团队成员在共同的价值观和理念下相互信任，彼此和谐一致，从而激发出强烈的归属意识，并最终融为一个团结的整体。它体现为团队对成员的吸引力和成员对团队的向心力两个方面。

（3）激励功能。激励功能指的是团队把成员视为最为宝贵的资源，团队在激励机制设计上更加灵活，其目的就是充分激发成员的主动性和创造性。

9.2 选择与协调：创建优秀团队的基础

在优秀团队创建中，人员选择和相互选择是重要的基础工作，本节对此进行阐述。

9.2.1 优秀人才团队的特征

优秀的人才团队具有很多自身的特点，总体来说，它必须具备以下的能力和素质。

1. 非常明确的团队目标

明确的团队目标，是任何优秀的人才团队成功运作的前提。在共同的团队目标下，成员间将在更高的水平上达成共识。

2. 非常清晰的团队角色

当一个团队内部具有非常清晰的角色扮演时，团队就存在着明确的分工。因此，团队的不同角色必然具备不同的个人能力，他们的组合正好形成了有力的技能互补。

阅读材料

优秀团队必备的四类人才

组织领导能力教练罗尔斯顿（Faith Ralston）在 www. refresher. com 上发表文章，指出一个团队需要具备四种人才，才能确保工作项目的圆满完成与改革措施的顺利实施。

1. 方块型人才（diamond talents）。这类人才是创新者，他们是真正能够跳出框框来思考的人。在项目的起始阶段，方块型人才是至关重要的，因为他们想出新方法，他们建议有创意的解决方案。苹果的乔布斯是典型的方块型人才。

2. 梅花型人才（club talents）。这类人才是愿景的坚定支持者，他们会帮助打造确保项目长期成功的系统。微软的比尔·盖茨是典型的梅花型人才。

3. 红心型（heart talents）人才。这类人才是关系专家。他们确保团队成员相处融洽，确保每个人都得到鼓励，确保他们因此而尽全力工作。戴安娜王妃是典型的红心型人才。

4. 黑桃型人才（spade talents）人才。这类人才是团队里的实干主义者。他们喜欢组织项目，并坚定地把它完成，他们是不到黄河不死心的人。曾任英国首相的撒切尔夫人是典型的黑桃型人才。

团队领导者要帮助团队成员在正确的时间有效地发挥他们的才智，使他们扬长避短，合作无间。

3. 强有力的团队领导

如果团队领导缺乏强有力的能力，将会使团队无法按组织或客户的要求完成项目任务或实现项目预定的目标。优秀的团队领导必须是好的聆听者、稳定组织的缓冲器、有高明的领导能力、有较精湛的专业知识、善于尊重他人、能公正地对待团队中的每个成员等。

4. 高度的团队信任

团队成员的一切合作行为都是基于彼此间的相互信任，相互间的协作以及信息与知识的共享是彼此信任的基础。

5. 成员得到充分的授权

成员的充分授权，是优秀团队的一个显著特征。在优秀高效的团队中，成员的能力得到团队领导的肯定，并依据其能力大小授予相应的职责和权力。成员们可以自主地参与团队的管理和决策。

6. 要有很强的团队凝聚力

优秀的团队，其成员具有很强的团队精神，他们对团队具有强烈的依附心理和归属感。成员之间在完成团队任务时彼此都非常地协调和默契，相互间都坦诚相待，无保留地进行信息沟通和知识共享。

7. 顺畅的沟通渠道

信任的建立、成员间信息与知识的共享、相互间的理解和认识、信息在团队内部的顺畅流通都离不开成员间顺畅的沟通。

8. 良好的团队学习氛围

在信息化的时代，所有企业所能够赢得的生存空间都是在“时空差”+“信息差”条件下所能够把握的机会。而不断应对和把握这些机会,必须具备不断学习的能力。

9. 良好的组织支持和团队外部环境

没有组织领导的支持,任何团队行动的开展都将困难重重;没有组织的人、财、物的支持,任何团队的活动都将无法进行;没有团队外其他部门的协助和支持,团队项目的开展也将是如履薄冰;没有客户和供应商的支持,项目也将难以顺利开展。

10. 硬激励和软激励的有机结合

采用硬激励和软激励以实现对成员的激励。硬激励手段通常有金钱激励、物质激励、带薪休假等方法。软激励则主要从团队文化建设出发,使成员感受到他的价值在团队中得到了体现,使成员感受到他在团队中受到了尊重和信任。

9.2.2 团队创建中的常见问题

1. 团队出现内耗,能力抵消,造成"1+1<2"

如果团队成员的价值观上不能彼此认同,就会使整体功能小于部分功能之和,甚至小于单个部分的功能,如图9-1所示。

2. 团队出现价值观差异,难以形成合力

价值观的差异容易导致人与人之间难以沟通,出现能力配置不良,每个人都有发展,但发展的方向不一致,不能出现合力,如图9-2所示。

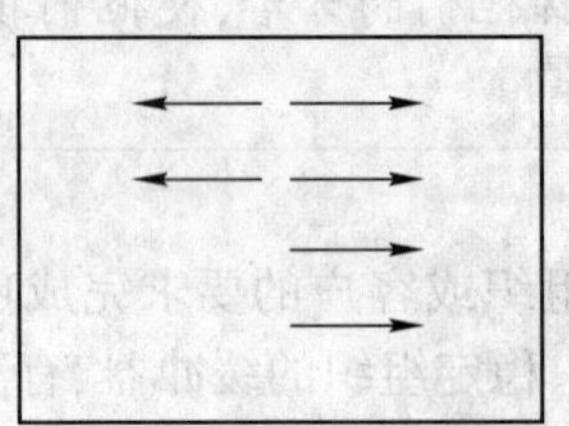

图9-1 团队整合不好造成"4+2=2"

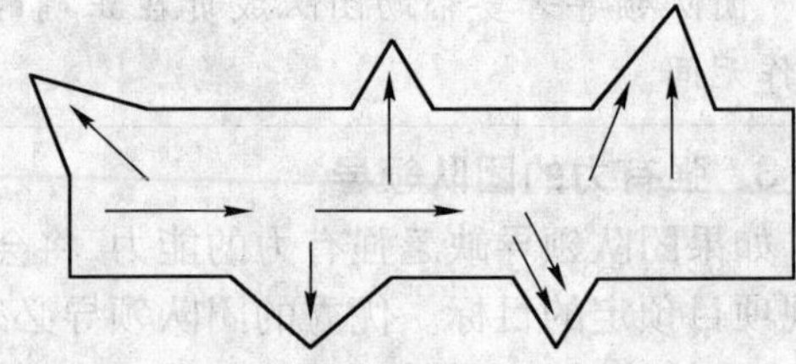

图9-2 团队目标未获一致

3. 团队的运作受到外部干扰——被挖"墙脚"使团队建设受到影响

当团队遇到困难,无法整合起优势力量攻克难关之时,其他团队有可能"乘人之危"挖"墙脚",这在市场上属于正常现象,但对被挖"墙脚"的团队而言,就会更加陷入困境,如图9-3所示。

4. 团队缺少一个有威望的领导,出现群龙无首的状态

在有些情况下,虽然团队成员目标一致,但缺少一个有威望的团队领导的指挥,团队成员也会陷入盲目状态,如图9-4所示。

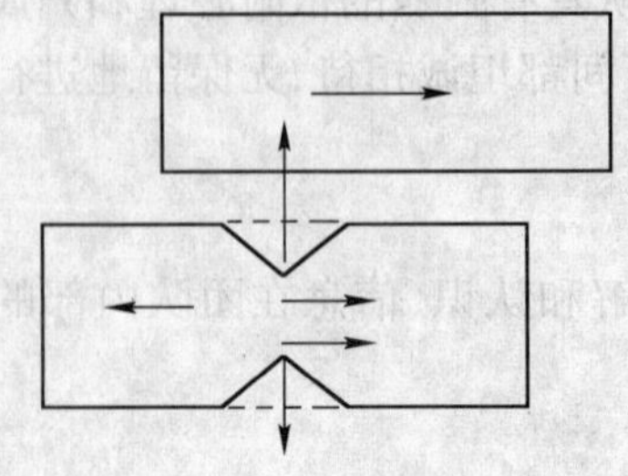

图9-3 团队被挖"墙脚"

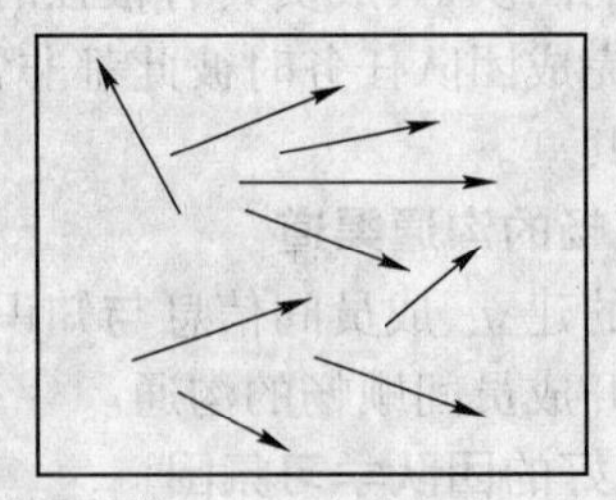

图9-4 团队缺少强有力的领导

9.2.3 优秀团队的创建过程

一个优秀人才团队的创建,需要经过如图9－5所示的一系列过程。

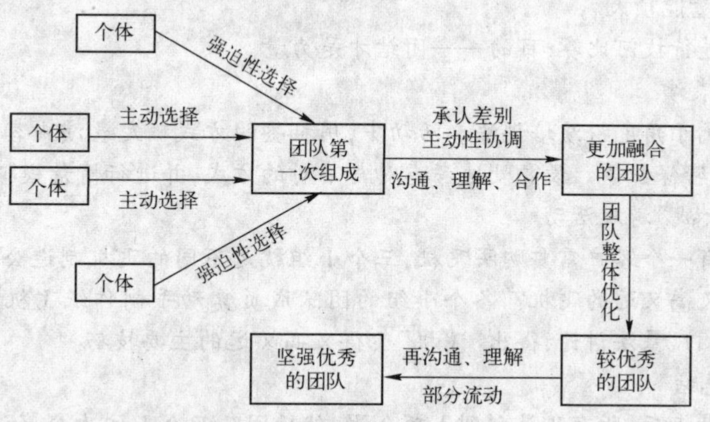

图9－5 优秀团队的创建过程

阅读材料

某公司组织的一个团队创建活动方案

一、活动目的

1. 培养员工的团队精神及荣誉感。
2. 加强员工间的沟通协作与理解。
3. 加强企业的凝聚力与吸引力。
4. 到户外呼吸新鲜空气、强身健体。

二、活动安排

1. 日期:本周六(4月20日)
2. 时间:全天(8:30～16:30)
3. 地点:北郊天目山
4. 参加人员:近两年所有新进员工

三、活动内容

1. 团队建设

参加人员分成三个小组,组建团队、选出组长、练习组歌,每组发空白荣誉板1个。后面每一项胜利的荣誉标识贴在上面,积累到最后,标识最多的小组为本次活动的优胜小组。

2. 学习办公室健身操,并进行小组现场表演赛

外请健身操老师为我公司设计办公室健身操并现场教学,费用约为100元。各个小组在老师指导下学习和分组练习,最后进行表演赛。

3. "地雷阵"分工协作与指导

本活动采用方法属于体验式培训法,该团队游戏的意义在活动结束以后进行点评。

活动中，组织者布下一个有地雷的阵地。活动中每组中三人一对配合进行，第一人蒙上双眼，在另一同事（第三人）的语言指导下穿越地雷阵，感受在有盲区时，需要第三人的指导配合才能成功完成任务。该游戏要发挥各自所长、互相配合才能快速准确地完成。

4. 凝聚力量能顶天

分组交叉进行拔河比赛，目的——团结才是力量。

5. 情景剧表演

本项内容属于角色扮演培训法。活动中，用抽签的方式确定表演内容。内容有商务礼仪、公司商业机密保护等。设身处地考虑对与不对的方式，并进行情景模拟表演。

6. "飞机大战"游戏活动

如果现在有一个客户需要购买飞机，三个小组就是不同的飞机制造公司。那么如何才能制造出飞得又高又远的飞机？各个小组的团队成员需动手制作纸飞机，并试验试飞，最终通过小组头脑风暴法讨论，得出"飞机"飞得又高又远的主要技巧。

四、活动总结

上述活动结束后，所有队员爬到山顶合影，然后团队及个人依次分享活动感受，并对公司进一步的发展提出期望和一些建设性建议。

9.2.4 团队创建中的选择与协调

从上面的图 9-5 可以看出，团队创建的过程主要包括成员选择（包括强迫性选择和主动选择）、团队协调、整体优化、沟通理解四个阶段。其中，成员选择（特别是强迫性选择）和团队协调（尤其是主动式协调）是最为关键的步骤，下面对其进行分析说明。

1. 强迫性选择

在很多情况下，团队成员彼此之间的选择不可能都"精挑细拣"，各个都"称心如意"，而大多是在一个限定的范围内选择，这就是强迫性选择。也就是说，强迫性选择是指人们在特定条件和特定环境中，可供选择的对象（或机会）只能是有限的个数，人们必须在这种有限的个数中做出一个选择，这种选择并非完全符合选择者的全部选择指标，选择者必须在这些指标中做出取舍，并做出不完全符合个人意愿的选择。

强迫性选择在实际工作和生活中比比皆是。例如，你去应聘工作，有三个公司愿意录用你，对你而言，它们之间也许各有优缺点，你要选择哪一个公司？你是某公司的领导，你在招聘某一部门经理时，甄选到最后，经常会遇到符合你的条件又愿意来你公司的只有 3~5 人，他们各有优缺点，不能全如你的意愿，你要选择哪一个？你在选择终身伴侣时，常常是你心目中最满意的那一个还没出现，于是你蹉跎岁月等待那梦中情人的到来，最后多数人必须做出不尽如人意的选择。人生有三大选择：择业、择偶、择友。这三大选择经常会影响你个人职业的成功。因此，强迫性选择是每个人必须面对的课题，能在强迫性选择中获得成功的选择者必须具备三个能力：识别能力，判断能力和决策能力。

强迫性选择并不是人生只有一次，人生的绝大多数选择都属于强迫性的范畴。强迫性选择伴随人一生的各个阶段，同时对人生的某一阶段而言，有时是若干次强迫性选择组合。理解这一点，是建设优秀人才团队和个人职业成功的重要基础。

2. 主动性协调

主动性协调是指你在进行职业奋斗的过程中，当你由于时间和空间的制约，只能对合作的某个人和某些人作强迫性选择时，你必须采取各种主动的方式，改进这种强迫性选择给你个人带来的心理压力和行为阻碍，减低彼此间不协调的因素，主动沟通并增进彼此的关系，使双方能够向和谐、快乐、合作的关系进展，使群体关系顺畅和富有弹性。

在职业生涯中，每一次做出的强迫性选择都会给自己和他人带来负担，都可能导致双方或若干方的关系紧张，此时，主动性协调是十分必要的。

首先，主动性协调的主体必须具有三个能力：自我调适心理的能力；理解他人心理的能力；一定的公共关系能力。

其次，在主动性协调中，要善于对强迫性选择的对象发送信息。这包括以下内容：

(1) 对上级。我会主动服从您的领导，在工作中，尽力帮助你实现你的抱负。

(2) 对同事。我愿意与你协作，凡必须我配合和支持的工作，我一定会使你满意。

(3) 对下级。我一定会公正公平地待你，只要你努力并做出成绩，一定会得到认可。

发送信息，必须注意信息发送的准确性、信息送达时的可靠性、对方接收信息的无误性。如果你对一个人微笑，对方认为你是冷笑或苦笑，那么这个信息就出现重要的误差。

自我调适的能力当然是伴随一个职业成功者全部职业生涯的始终，也伴随着一个人人生的始终。但是在进行主动性协调过程中，这种能力的要求尤其重要，因为此时的前提条件是或者对方不喜欢你，或者你不喜欢对方，性格、兴趣、价值观、情感、历史、环境对人的行为的影响是十分重大的。此时，你的心理调适能力就非常重要，你必须学会控制自己的情感，尽量理解对方、体谅对方。同时，在发送友好信息的过程中必须掌握一定的技巧，在时间、空间、语言、行为、程度、场合等都要作好充分的准备，才能使主动协调的信息得到对方的认可，增进了解和体谅，发展协调和友好的气氛。

阅读材料

几个著名企业领导对团队建设的重视

- GE公司的领导人威尔奇，每周大概需要花30%的工作时间，到主管训练中心进行授课。
- 美国科技公司的领导人怀斯，一年有超过七十天的时间用在培养领导人才的活动上。
- 百事可乐公司的领导人安利可，在十八个月中投入一百二十小时，带领领导人研习课程。

9.3 沟通与倾听：维持优秀团队的法宝

优秀团队非常强调团队成员之间的信息沟通和思想交流，而顺畅沟通最好的方式就是倾听。本节介绍沟通与倾听的相关知识，包括其含义、类型以及注意事项、运用技巧等。

9.3.1 团队沟通的含义与类型

1. 团队沟通的含义

沟通是指可理解的信息或思想在两个或两个以上人群中的传递或交换的过程。而团队沟通，就是团队成员之间为了进行问题协调、信息交流，通过书面语言、口头语言和行为语言三种方式，实现人与人之间进行交流信息、获取信息、解释信息、共享信息的活动。

2. 团队沟通的模式

团队沟通无论采用哪种方式，都具有一般沟通要素，并遵循图9-6所示的基本模式。

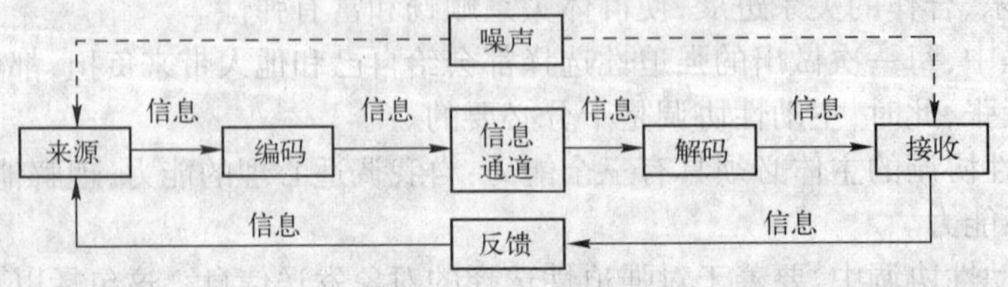

图9-6　团队沟通模式

图中，←---表示沟通过程外部与内部的噪音；←—表示沟通中信息的流动方向。

图中各个组成要素的含义为：

- 来源——信息的来源
- 编码——口述或书写时传送信息的符号
- 信息——需要交流沟通的内容
- 信息通道 —用来传送信息的中介
- 解码——接收者对信息的解释说明
- 接收——计划的信息接收者
- 反馈——用来确定信息真实性的信息
- 噪声——造成信息失真、错乱、误解或干扰沟通过程的任何信息。

3. 团队沟通的类型

(1) 按照沟通的方向划分，有自上而下的沟通、自下而上的沟通和水平沟通三种。在团队中，从一个层次向另一个更低层次进行的沟通称为"自上而下的沟通"；从低层次向高层次进行的沟通称为"自下而上的沟通"；当沟通发生在同一团队的成员之间、同层次的团队成员之间、同层次的管理者之间的沟通通称为"水平沟通"。

(2) 按沟通的方法划分，可以分为书面沟通和口头沟通。团队中的书面沟通，一般通过使用团队内部备忘录，对客户和非公司人员则使用外部信件的方式进行沟通，其中备忘录和信件均可通过复制、电子邮件系统软件来传递。口头沟通即面对面的沟通，或通过电话、有声邮件或电视会议等方式实现沟通。

(3) 按组织系统划分，团队沟通可以分为正式沟通和非正式沟通。一般来说，正式的团队沟通是指团队正式组织系统的信息传递，而非正式团队沟通指的是团队非正式组织系统的信息传递。

9.3.2　团队沟通的对象与方式

1. 团队沟通的对象

明确团队沟通的可能对象，有利于更深入地探讨团队沟通问题。团队外部的交往对象有组织领导、团队外的其他组织成员、团队的客户、供应商等。团队内部的沟通通常包含两个方面，一个是团队领导与成员间的沟通，另一个是团队成员之间的沟通。

2. 团队的沟通方式

(1) 会议的双向沟通

举行各种类型、各种规模、多种形式的会议可以起到集思广益的作用。在会议讨论中,可以互相激发思想火花,各种不同思想的碰撞和交锋,从不协调到协调,从不同思维方式到获得相近或一致的见解。团队的会议绝不是简单的一端发送一端接收的指示收听式,而是有中心、有目的地汇集团队成员的智慧、思想、经验和信息。

会议的方式一定要保证双向和互动,保证团队成员畅所欲言;没有交锋,不会产生新思想,因此鼓励争论,鼓励标新立异,鼓励创造。

(2) 个别交谈

团队成员是一个整体,必须相互关怀,互相了解。个别交谈既是彼此关心建立感情的渠道,也是探讨和研究问题的重要方式。个别交谈比会议讨论可能更深入、更细致、更能在细节获得双向交流以提升信息的质量。

(3) 开放式讨论

事先向团队成员发出讨论的主题,要求每个团队成员事先做好发言准备。开放式讨论采用的是有主题无领导的讨论,只有会议的记录员,对讨论的内容做详尽的记录。开放式讨论能够汇集各种思想,把团队成员对这一主题的研究通过"头脑风暴"法获得提升,并使团队成员共享彼此的研究。这是整体效益最佳的交流过程,而非"1+1"的简单迭加。

(4) 用电子邮件、MSN、QQ、手机短信等现代网络通信方式交换信息

充分利用电子邮件、MSN、QQ、手机短信等现代网络通信方式,可以快速地传递团队成员所获取的最新信息和创造的最新思想。这种快速的传递会达到快速的撞击,有时会获得意想不到的创新成果。团队成员还可通过上述方式表示彼此的关心和个体劳动的连结。

9.3.3 有效团队沟通的实现

尽管团队沟通方式很多,但实现有效团队沟通,关键还在于书面沟通和语言沟通。

首先来看团队书面沟通。在团队中,书面表达范围广泛。要实现有效的书面沟通,关键是掌握书面沟通的技巧。要实现有效的书面沟通必须记住以下几个原则:

(1) 要多阅读与团队项目有关的文章和资料,这样可以帮助你提高写作水平。

(2) 写作前应想好你的提纲,并收集好相关的资料,要力求写作内容的详尽。

(3) 任何书面表达的内容应全面,并易于理解,书写内容要明确传达有关的信息。

(4) 建议或报告要用简单的语言表达,并善于使用表格、图表和示意图配合说明。

其次,要实现有效的团队语言沟通。在语言沟通中,"沟通的核心不是语言,而是理解;不仅需要被理解,而且还需要理解。使沟通有效的另一半是聆听,忽略聆听将会使沟通失败。"关于如何实现有效的团队倾听问题,我们后面将用单独两个小节专门讨论。

9.3.4 团队中倾听的重要性

根据美国管理学家罗宾斯的观点,沟通包括意义的传递与理解两个方面。因此语言沟通除了信息传递功能外,还应为人所理解。而对他人语言的理解,则主要是依靠倾听来实现的。倾听,作为一种重要的沟通技巧,对团队的成功有直接的影响。

(1) 倾听能有效地获取各种信息。倾听是沟通的基础,团队内部的信息、团队外部的信

息、相关团队的信息、政府的政策与行为、社会对本团队的反映等各种各样的信息,均能通过倾听来获取。

(2) 倾听的过程是通过肢体语言传达给对方友谊的信息。倾听可以用眼神、面部表情和其他肢体语言表达对对方所发表意见的关注、理解、支持和同情,这种倾听能达到稳定对方情绪,使对方感到心情愉悦,从而增强彼此的信任和友谊。

(3) 团队成员对领导意见的倾听有助于理解领导的意图,正确地做事,提高执行力,并能整齐步伐,团结一心,达到团队的目标,共同完成团队组成初期的共同愿景。

(4) 领导对团队成员意见的倾听有助于帮助领导做正确的决策。提高对团队成员的教导力和指导力,有益于团队成员参与管理,提高团队成员对领导的信任与理解,可以有效地提高团队领导的威信。

(5) 团队成员的相互倾听能了解伙伴存在的困难、困惑,并有效地帮助伙伴解决困难,在获取帮助与给予帮助的过程中,提高整体的凝聚力和战斗力,有益于团队的建设。

9.3.5 倾听的相关技巧与禁忌

下面简单介绍一下倾听的技巧和禁忌。

1. 倾听的技巧

要了解倾听的技巧,首先要了解那些所谓好的倾听者有什么特征。根据有关学者的研究,好的倾听者通常从事四种与口语演说相配合并与之同时发生的思维活动:

(1) 倾听者的思维先于谈话人,并力图预测出谈话人口语表述的导向及最终的结论。

(2) 倾听者注重谈话人用以证明其观点的论据。

(3) 不时地,倾听者还要对谈话人以前的内容进行小结。

(4) 在整个谈话的过程中,倾听者要努力寻找谈话人话里话外的隐含意思,并注意非语言交流(面部表情、身体姿势、说话语气),判断是否存在隐藏的信息,如表 9-3 所示。

表 9-3 倾听的技巧

形体语言方面	语言反馈方面
全神贯注	偶尔重复对方精彩的部分
不时点头,表示同意对方的观点	用简短的语言表示同意对方的意见"是的"、"确实如此"
微笑且和蔼	不时轻声称赞对方的分析
当周围发生骚动时,依然不受影响	当对方被周围环境影响时,轻声对对方说:别管他们,您继续吧!
眼睛温和地看着对方	即使出现与你不同的意见,也不要争辩,可以说:"让我想想。"
当对方痛苦时,应掏纸巾给对方	当对方痛苦时,应轻声对他说:请保重身体,不必生气,慢慢说。
任何情况下不用任何动作打断对方	任何情况下,不用粗鲁的或没有礼貌的语言

另外,美国管理学家罗宾斯在其经典著作《组织行为学》中也提供了八种有效的倾听技巧:①使用目光接触;②展现赞许性的点头和恰当的面部表情;③避免分心的举动或手势;④提问;⑤复述;⑥避免中间打断说话者;⑦不要多说;⑧使听者与说者的角色顺利转换。

2. 倾听的禁忌

在倾听的过程中一般都有提问，要做一个好的倾听者，首先必须学会提问的艺术。表9－4列出了一些应该避开的问题禁区。

表9－4 应该避开的问题禁区

可以提问的问题	不宜提问的问题
对身边某事的看法	对身边某人的看法
让人快乐的事情	涉及他人隐私和隐痛的问题
谈自己对某事的体会（但不宜夸夸其谈）	带有知识性或要求别人解答的问题
随意的无主题的问题	连串的问题，一个比一个深的问题
对中外历史某事某人的看法	他人家庭的问题
谈流行音乐和电视	有关领导的问题

其次，要学会避免一些倾听中不好的行为，如表9－5所示，以免影响双方沟通的效果。

表9－5 倾听中不好的行为

倾听者不好的行为	倾诉者可能的行为
用心不专	可能走神
注意力分散	可能止住话语
缺乏耐心	可能借故走开
虚伪的附和	不再说真话
经常看手表	提醒你是否该结束谈话了
当身边发出声音时，左瞧右看，对别人、他事表示浓厚的兴趣	对周围比倾听者表示更浓厚的兴趣
接听手机或拔打手机	顺势拿起手机打电话
经常打断对方谈话	露出无可奈何的笑
脸上刻板无笑容	严肃而且忧郁
喜欢做许多小动作	希望尽快结束谈话
喜欢争辩	耸耸肩或走开

9.3.6 倾听中有关障碍的克服

从前面团队沟通的模式图可以看出，信息从其来源到信息接收者之间经过了四个环节，即编码、信息通道、解码和接收，同时还需要反馈过程，而且在传递的过程中有噪声的干扰。因此，我们完全可以从信息传递的环节和噪声有针对性地寻找克服障碍的方法。

（1）首先要选择适宜的沟通环境，避免产生对沟通过程的不必要的干扰。适宜的沟通环境有助于减少环境给沟通施加的噪声影响。

（2）倾听者要集中精力，积极主动地倾听，必要时作简要记录，这可以加强在解码过程中对信息的最大化接收，并对其进行理解。

(3) 倾听者要通过提问、复述的形式,把握是否真正掌握了对方所传递的信息。这实际上就是加强沟通中的反馈环节,避免造成信息的失真和误解。

(4) 克服情感因素和思维定势的影响,加强解码过程中信息的接收,减少信息遗漏。

(5) 不随便打断对方,让对方把话说完。这有助于信息传送者在编码过程中尽可能表达出他想传递的信息。

优秀的团队必然是沟通顺畅,而沟通最好的方式就是倾听。让人诉说,让人发牢骚,让人提意见,让人说心里话,才是真正学会了倾听。学会倾听,是心灵沟通的好方法。此外,以心换心,以诚换诚,换位思考,待人亲切,也是沟通中必备的方法。

9.4 团队学习——增强优秀团队能力的关键

只有善于学习的团队,才能跟上时代发展的步伐,才能有所创新。加强团队学习是创建学习型组织的重要标志,是不断增强团队能力的保障。本节介绍团队学习的相关知识。

9.4.1 学习型组织的含义与特点

所谓学习型组织,是指通过培养弥漫于整个组织的学习气氛,充分发挥员工的创造性思维能力而建立起来的一种有机的、高度柔性的、扁平的、符合人性的、能持续发展的组织。这种组织具有持续学习的能力,具有高于个人绩效总和的综合绩效。在学习型组织中,人与人之间轻松和谐、相互学习、团结协作、分享创新。

学习型组织具有下面几个基本特点:

1. 组织成员拥有一个共同的愿景

组织的共同愿景来源于员工个人的愿景,而又高于个人的愿景。它是组织中所有员工的共同理想。它能使不同个性的人凝聚到一起,朝着组织共同的目标前进。

2. 组织由多个创造性个体组成

在学习型组织中,团体是最基本的学习单位,团体本身应理解为彼此需要他人配合的一群人,每个人都是一个创造性个体,都在为组织的发展贡献着自己的力量。组织的所有目标都是直接或间接地通过团体的努力来达到的。

3. 善于不断学习

"善于不断学习"是学习型组织的本质特征,包括四点含义:一是强调"终身学习",即组织中的成员均应养成终身学习的习惯,这样才能形成组织良好的学习气氛,促使其成员在工作中不断学习。二是强调"全员学习",即企业组织的决策层、管理层、操作层都要全心投入学习。三是强调"全过程学习",即学习必须贯穿于组织系统运行的整个过程之中;组织中的成员不仅要掌握本岗位上的工作技能,而且要学习了解其他岗位的工作能力。只有这样,工作中才能顾全大局、相互协作和高效。四是强调"团体学习",即不但重视个人学习,更强调组织成员的合作学习。

4. 扁平式的组织结构

传统的企业组织结构是金字塔式的垂直组织结构,上下级之间是决策输送和信息反馈的逆转传递,上情下达或下情上达都同样要经过中间的层层结构传递,这导致了诸如信息损耗大、传递成本高、传递速度慢等不良后果。另外,企业内部的不同职能部门,往往形成部门职员之间沟通与合作的障碍。学习型组织结构是扁平的，即从最上面的决策层到最下面的操作层，中间相隔层次极少；它尽最大可能将决策权向组织结构的下层移动，让最下层单位拥有充分的自主权，并对产生的结果负责。只有这样，企业内部才能形成互相理解、互相学习、整体互动思考、协调合作的群体，才能产生巨大的、持久的创造力。

5. 自主管理

按照学习型组织理论，现在的企业管理方式有两类，一类是权力型的，一类是学习型的。权力型的基本管理模式是等级式的，一级一级管下来，问题要一级一级上报。这种方法的一个致命弱点就是任何问题都是权力大的人在做主，虽然大多是正确的，但不可否认也有下级正确的时候。有许多工作在基层的员工有好的想法和经验，要充分发挥员工的管理积极性，实行"自主管理"。

自主管理是使组织成员能边工作边学习，使工作和学习紧密结合的方法。通过自主管理，可由组织成员自己发现工作中的问题，自己选择伙伴组成团队，自己选定改革进取的目标，自己进行现状调查，自己分析原因，自己制定对策，自己组织实施，自己检查效果，自己评定总结。团队成员在"自主管理"的过程中，能形成共同愿景，能以开放求实的心态互相切磋，不断学习新知识，不断进行创新，从而增加组织快速应变、创造未来的能量。日本企业几乎都实行自主管理，不定期地召开会议，气氛很活跃，领导们都坐在后面以示支持。一个聪明的领导不仅要让员工的手动起来，还要让他们的脑动起来，给他们以自主管理的机会，肯定他们的工作成果，让他们体会到人生价值，这样他们就乐于奉献，领导也就成功了，企业也就成功了。

当然，实行自主管理，必须拥有高素质的员工，这就需要学习。

6. 组织的边界将被重新界定

学习型组织的边界的界定，建立在组织要素与外部环境要素互动关系的基础上，超越了传统的根据职能或部门划分的"法定"边界。虽然企业各部分的职能和界定仍旧存在，仍旧有权高任重的领导，有特殊职能技术的员工，有承上启下的中层管理者，但组织作为一个整体的功能，却可能已远远超过各个组成部分的功能。

7. 员工家庭与事业的平衡

学习型组织努力使员工丰富的家庭生活与充实的工作生活相得益彰。学习型组织对员工承诺支持每位员工充分的自我发展，而员工也以承诺对组织的发展尽心作为回报。这样，个人与组织的界限将变得模糊，工作与家庭之间的界限也将逐渐消失，两者之间的冲突也必将大为减少，从而提高员工家庭生活的质量（满意的家庭关系、良好的子女教育和健全的天伦之乐），达到家庭与事业之间的平衡。

8. 领导者的新角色

在学习型组织中，领导者是设计师、仆人和教师，领导者的设计工作是一个对组织要素进行整合的过程，他不只是设计组织的结构和组织政策、策略，更重要的是设计组织发展的基本理念；领导者的仆人角色表现在他对实现愿景的使命感，他自觉地接受愿景的召唤；领导者作为教师的首要任务是界定真实情况，协助人们对真实情况进行正确、深刻的把握，提高他们对组织系统的了解能力，促进每个人的学习。

学习型组织有着它不同凡响的作用和意义。它的真谛在于：学习一方面是为了保证企业的生存，使企业组织具备不断改进的能力，提高企业组织的竞争力；另一方面学习更是为了实现个人与工作的真正融合，使人们在工作中活出生命的意义。

阅读材料

联想:创建学习型组织的典范

联想集团创建于1984年,诞生以来一直健康迅速发展,成为行业内的优秀企业和成功典范。联想的成功是有多方面的原因的,但不可忽视的是联想极富特色的组织学习实践,使得联想能够顺应环境的变化,及时调整组织结构管理方式,从而健康成长。

联想具有以下几个组织学习方式:从合作中学习(与惠普、英特尔、微软、东芝等保持良好的合作关系)、向他人学习(前车之鉴、后车之师,它山之石、可以攻玉,以及向顾客学习等)、从自己过去的经验中学习。

联想的学习机制:会议、教育和培训、领导议事机制、委员会和工作小组。

联想的组织学习保证和促进机制:"鸵鸟理论"(只有比别人有非常明显的优势时,才具有竞争优势)、建立共同愿望(把联想建设成为长久的、有规模的高技术企业)、企业文化认同、领导以身作则、及时调整组织结构、人员合理流动、建立健全管理制度、合理的知识收集、传播和利用。

9.4.2 加强团队学习的重要性

所谓团队学习,就是不但重视个人学习和个人智力的开发,更强调组织成员的合作学习和群体智力的开发。在学习型组织中,团队是最基本的学习单位,团队本身应理解为彼此需要他人配合的一群人。组织的所有目标都是直接或间接地通过团队的努力来达到的。

学习型组织通过保持学习的能力,及时铲除发展道路上的障碍,不断突破组织成长的极限,从而保持持续发展的态势。当今世界,各个企业都在强调一个主题,那就是必须要加强团队学习,创立一个真正的学习型组织。那么,加强团队学习到底有何重要性呢?

下面先从一个故事对我们的启发谈起。

20世纪初,英国的乡村有一套牛奶配送系统,将牛奶送到顾客门口。由于牛奶瓶没有盖子,山雀与知更鸟常常毫不费力,便在顾客开门收取牛奶前,先一步享用。后来,随着厂商加装了铝制的瓶盖,山雀与知更鸟便不再拥有这"免费早餐"。但到了50年代初期,当地的所有山雀(约100万只)居然都学会了刺穿铝制瓶盖,重开"免费早餐"的大门。反观知更鸟,却只有少数学会,始终没有扩散到大多数。

很明显,山雀经历了组织学习的过程,借助个体的创新技能,传送给群体成员,成功增加了族群对环境的适应力。但问题是,为什么山雀可以,而知更鸟却不能呢?

生物学家发现,山雀在年幼时期,就已习惯和同类和平相处,甚至编队飞行。而知更鸟则是排他性较强的鸟类,势力范围内是不允许其他雄鸟进入的,同类之间基本上是以敌对的方式沟通。因此,虽然两者同属鸟类,但和谐相处的山雀,比起互相敌视的知更鸟,更能学习互助,进化程度更高。

由此可见,在一个群体之内,如果内部竞争太激烈,成员之间互相争位敌视,就难以发展成一个学习型组织。要成为学习型组织,先决条件是必须有和谐的内部气氛,组织内的成员才能互相分享知识。

有些企业的管理者误以为内部竞争越强越好,甚至刻意制造很强的竞争文化,自以为这是高明的管理手段，殊不知只是在带领企业步知更鸟的后尘！

纵观国内外，一些著名企业的发展，无一离开“学习”二字。美国排名前25位的企业中，有80%的企业是按照“学习型组织”模式进行改造的。国内一些企业也通过创办“学习型企业”而给企业带来了勃勃生机。汪中求先生在他的《细节决定成败》一书中写道：在创业过程中，“第一代老板靠胆子，第二代老板靠路子，第三代老板靠票子，第四代老板靠脑子。”毫无疑问，进入21世纪，随着科技的进步和知识更新速度的加快，不管是作为创业者，还是守业者，一定要不断地学习，更新自己的知识，才能适应日趋激烈的竞争。作为员工，也只有不断学习，使自己成为“知识型员工”，才能适应企业发展的需要。

阅读材料

上海复星高科技集团有限公司对团队学习的重视

上海民营企业的龙头——复星高科技集团有限公司（下面简称复星高科）就是一个非常注重学习的企业，董事长郭广昌先生经常说一句话：“企业之间最核心的竞争，就是看谁能比竞争对手学习得更快！”复星高科的领导班子是5个年轻人，他们1992年起家时只有3800元，到2001年年底，产值45亿元，营业额42.5亿元，利润3亿元，控股3家上市公司。为什么能从3800元做到这么大？复兴集团董事长郭广昌的体会就是三句话：“创建学习型组织，争当学习型人才，建设创业型团队。”他们“以发展来吸引人，以事业来凝聚人，以工作来培养人，以业绩来考核人”的企业制度，帮助每位员工制定了职业发展计划、职业培训计划和职业福利计划，每年的培训费用列支达到了工资总额的4%，每年支付的社保和商业保险费用在4000万元以上。可以说，正是个人成功与企业发展的高度和谐统一支撑了复兴的高速发展。现在，一个新观点正在被越来越多的企业所接受，这就是：“培训是最大的福利。”许多企业也不惜重金使员工接受新观念，充实新的知识。培训是间接投资，虽然培训不是今天投一万元，明天就立刻能产出二万元的利润，但是只要坚持下去，那些善于学习的团队一定是最后的赢家。

一个团队学习的过程，就是团队成员思想不断交流、智慧之火花不断碰撞的过程。英国作家肖伯纳有一句名言：“两个人各自拿着一个苹果，互相交换，每人仍然只有一个苹果；两个人各自拥有一个思想，互相交换，每个人就拥有两个思想。”

如果团队中每个成员都能把自己掌握的新知识、新技术、新思想拿出来和其他团队成员分享，集体的智慧势必大增，就会产生 1+1>2 的效果，团队的学习力就会大于个人的学习力，团队智商就会大大高于每个成员的智商，整体大于部分之和。

给一个人一条鱼，你只能喂饱他一天；教会一个人钓鱼，才能使他一辈子不会挨饿。作为团队领导，不但要自己会钓鱼，还要教会员工钓鱼。

给人以鱼只能使他“做正确的事情”，授人以渔则可以使他“以正确的方法做事情。”不仅要做正确的事，还要正确地做事，这是活到老也要学到老的事。

9.4.3 团队学习的方式和过程

1. 团队学习的方式

（1）交叉式团队学习

“三人行必有吾师”，团队成员在学习时，吸取对方的长处，以弥补自己在知识、信息、技能等各方面的欠缺。团队成员间相互为师，形成学习的磁场，这个磁场既能吸纳他人的长处，又发射自己的长处被他人所吸纳。

(2) 共享式团队学习

团队成员就一个主题展开学习，各自发表自己的见解、看法、建议、意见等。每个成员分享其他成员的思想和信息并可能产生新的思想。团队成员大家都是学生，在这个主题上都获得了重要的知识和重要的提升。

(3) 核心式团队学习

团队成员中在某一方面较有成效者，或某一知识显著优于较他人者，成为其他成员的共同教师、指导者。团队成员向他学习知识，分享他的智慧，共同提升这一方面的能力。

(4) 集束式团队学习

开展某一主题或某一领域的专题论坛，由这一领域有成就的几位专家组成“一束”专家团，他们在这一领域不同方向(主题)上有独特的见解和杰出的成就，这一小小团队向团队其他成员做演讲。这是小小团队智慧辐射大团队的过程。

2. 团队学习的一般过程

团队学习的一般过程包括五个步骤，每个步骤的具体内容可以用表9-6进行描述。

表9-6 团队学习的一般过程

序号	步骤名称	主要内容
1	广泛收集外部信息	收集实践者第一手信息；从其他途径获得的信息；保证信息持续性
2	广泛收集内部信息	通过试验创意收集信息；从新的行为方式中获取信息；进行相关行为的成败分析；提高自我纠正能力；进行直线指导的研究和开发
3	把新的信息或创意整合到整个组织中	传播准确的信息；准时传播信息；提供完全的信息；保障信息流动无障碍；奖励报告准确的信息而不是期望的信息；将信息进行解释与格式化，以便于使用；促进员工的多技术、多职能化；整合直线人员
4	在组织内共享信息	提高组织对话的技术；倾听多种观点；进行频繁的接触和交流；保障多种思维方式和判断方式并存；打造人人平等的环境；对组织的规模进行限制以便交流；对每一个事件接受质询，以便获取相关信息
5	按照信息采取行动	以基层自我控制为主；用最低限度关键性指令；鼓励风险；收益分享

9.4.4 团队学习的层次措施

1. 个人学习

构成团队学习的基础是个人学习。个人学习是贯穿一个人一生的全过程，它是团队成员利用个体个人的时间，根据个人需要，采用个人方面的形式，进行知识学习和知识积累的过程。这种知识的积累有渐悟与顿悟两个过程。渐悟是种缓慢的积累和提升，顿悟是一种从量变到质变的过程，只有一种显著的落差的飞跃。团队个人学习必须是渐悟与顿悟的结合，必须是不停顿的、无止境的学习过程，同时又能获取创新和知识飞跃的结果。

2. 适应性学习

适应性学习是团队学习的最基本类型。这种学习是在一系列被承认和被理解的限制下进行的，这些限制反映了组织对其环境和自身的假定。适应性学习关心的主要是效果问题，关心的主要是在现有规范规定的范围内如何最好地实现现有目标，以及如何最好地保持团队的工作效率和工作成果。

适应性学习包括对外部环境的同化和调节两种机能。同化是以主体“格局”的结构与外部世界的结构相似为前提的,但主体的“格局”与外部世界的结构不相似时,为适应外部环境的变化,主体就需要对已有的“格局”进行挑战。通过同化和调节,认识结构就不断发展,以适应新的环境。在学会同化的同时,个人还要学会改变“格局”。因此,个人学习的过程中,一方面要不断积累知识,个人的知识存量越多,它应付外部环境的能力就越强;另一方面,当面临知识结构需要调整时,过多的知识存量不仅不是优势,反而阻碍了创新和新知识的获得。因此,真正的学习是对知识的积累和对知识的放弃的对立统一。

3. 创新性学习

创新性知识学习,是指培育创新的思维方式或特定环境下进行创新能力学习的方式。创新性学习与适应性学习相比,是跳跃性和高跨度性的。为促进创新性知识学习,必须让个人对现状有危机意识,这可以激发他们内在的创新性学习的热情。

当团队组织按照现有规范只注意效果而与规范本身产生了冲突时,为了解决这种冲突,团队组织的管理者必须做到以下几个方面:首先,他们必须对冲突本身有所认识;其次,他们必须进行探索,寻求解决冲突的要求;再次,他们的探索结果是重建团队规范的形式,与这些规范相联系的策略和假定也需要重新制定;最后,他们需要将这些重建的规范和假定等都根植在组织的映像和图景之中。这一过程就是创造性学习。这意味着,当组织成员愿意质疑其长期持有的关于其使命、客户、能力或战略等的假定时,创造性学习就会发生。创造性学习需要一种看待世界的新方式,这种新方式是基于对组织及其关系的理解。与适应性学习相比,创造性学习更可能导致竞争优势。

阅读材料

M 公司创建“学习型销售团队”的一种具体做法

对个人来讲,学历代表过去,能力代表现在,学习力才代表将来。对企业更是如此。打造学习型的组织、学习型的团队成为很多企业的口头禅和时髦词汇。打造学习型组织、团队的理论也大行其道,甚是热闹。大多数企业,特别是中小企业,建设学习型组织,像搞运动一样,刮一阵风,多数雷声大,雨点小,最后不了了之。这些企业的做法之所以不成功,是因为没有建立团队学习的能真正落地的长效解决机制。

对于销售部门,如何建立学习型的团队,也是摆在企业面前的一个非常重要的课题。营销团队的学习能力直接决定企业的市场竞争力。很难想象,一支学习力差的团队在市场竞争中会立于不败之地。

一般情况下,企业打造学习型团队常用的两个手段,也是常犯的两个错误如下。

一是企业高层代替员工学习。企业的高层认为,定期对员工进行的单向培训,就是打造学习型团队。这种方法是打造学习型团队的一个方法,但绝对不是最好的方法。因为这种方法的主要缺陷是,它仍是企业高层对员工的单方面的“填鸭式”培训,效果并不理想。又由于存在上下级的关系,员工对高层培训的内容,不可能提出过多的质疑,也不能产生良性的互动,导致培训的效果大打折扣。

二是外聘培训师代替员工学习。这也是很多企业经常用的方法。这种通用的做法,对企业打造学习型团队的帮助也非常有限。大部分外聘培训师,只能作为期几天的短期培训,培训师对企业的了解,只能是浮光掠影,不可能很深入。所以,培训的内容通用项多,而专用项少,不可能为企业量身定制,不可能非常的落地。员工的接收很可能是当时听着还可以,培训完基本上是又把所学内容原封不动地还给了外聘的培训师。企业可能花费不菲,但效果可能平平。

M公司销售部经理赵某在领导销售团队的过程中，针对以上两种培训方式的弱点，创新性地提出了“人人都是培训师”的打造学习型销售团队的一种最佳实践。这种方法使每个团队成员都成为学习的主体和培训的主体，充分挖掘出团队中每个成员的潜力，人人都是培训师，使培训的效果达到了最大化。

具体的做法如下：要求驻外的所有销售人员，每月回公司总部述职的时候，必须自己准备一个培训课题，并专门安排一天以上的时间（根据销售人员的多少而定），进行业务员之间的互动培训。所有的销售人员都是培训师。企业的高层和外聘培训师没有发言权，要“靠边站”。每位销售人员的演讲时间一般定在半小时内，以保证培训的内容短小精悍，避免吃多嚼不烂。销售人员培训的课题选择，一定是围绕自己的实际工作，所讲的内容必须实际、实用、实战。严禁花拳绣腿，华而不实。销售人员所选课题，在回公司总部述职前，就要提交公司高层审核通过。培训效果的评估，公司管理层不参与，不当裁判，而是把裁判权交给每个销售人员。互动培训时，发给每位销售人员一张互动培训的评估表，按培训内容和培训技巧设置若干个评分标准，由每个销售人员对其他销售人员培训时的表现打分，当然，不能给自己打分。培训结束时，根据销售人员所打分数对所有销售人员进行排名，对排名靠前的（如前三名，根据销售人员的多少而定）销售人员，进行正向的激励。激励不是物质激励，而是精神激励，如对排名靠前者，由企业管理层颁发奖状，并赠送一本营销方面的专业书籍。对排名倒数的，不进行实际的处罚，而是进行象征性的体罚，比如一次连续做三十个俯卧撑。

更重要的是，这种做法不是只做一次，而是销售人员每次回公司总部述职都要做的第一件事情。让互动培训成为一个例行项目，固化到营销管理体系中。

这种打造学习型营销团队的最佳实践的优点是显而易见的。一是员工是主角，充分调动了每位员工的积极性，使员工有更强的主动参与意识，变“要我学”为“我要学”；二是能营造团队内部非常强烈的学习气氛和学习环境，对员工施加良性的学习压力（很简单，人都要面子，特别是销售人员，荣辱心更强，谁也不愿因为培训效果排名倒数，在团队面前丢面子），让学习成为每位员工的第一需求。

最实战的智慧永远是来自于底层，来自于民间，而不是来自于高层，来自于外聘讲师。所以，对企业的管理者，在打造学习型组织和团队的时候，不要“抱着金饭碗要饭”，要先挖掘自己公司内部，自己公司身边员工的“宝藏”。人人都是培训师，不失为一个打造学习型营销团队的一个最佳实践。

9.5 案例与讨论

9.5.1 广州几家民营企业建立企业学习型组织案例

如果说，过去的民营企业对企业文化有着太多的肤浅认识，那么今天可以看到，在时代的进步中，民营企业在不断调整着自己对企业文化的认识，走出最初的误区，尤为重要的体现就在于，很多的企业开始更多地关注学习和培训，力求建立起学习型组织。在日前召开的广州民营企业文化建设经验交流会上，来自广州的知名企业纷纷介绍了自己在培训和学习方面的成功做法。

欧派:从“士兵”到“将军”的梦

“一方水土养一方人,有什么样的土壤就会长出什么样的植物,而种植不同的种苗,反过来又会影响水土和环境,企业文化与企业的发展之间也有着这样的辩证关系。”广州市欧派厨柜企业有限公司董事长姚良松在交流会上为企业文化做出了这样的比喻。姚良松表示,他们在企业文化活动中的理念是“共同劳动、创造和分享”。在共同劳动的基础上,为员工的共同学习和发展提供保障。欧派的做法是从工人队伍中动态考核录取管理员的预备人才队伍,从管理员中考核出干部的预备队伍,一面进行考察,一面进行培训,所有的管理员和干部除外聘之外,均需通过这种途径提拔,这个方法让很多员工实现了从“士兵”到“将军”的梦,这样一来,不仅保障了管理干部队伍的素质,也杜绝了用人方面的腐败。同时,欧派还在正式的行政组织体系“总经理——部门(厂)——车间(主管)——生产小组”中附设了一个相对应的学习组织,组织召集人有的由行政负责人担任,也有的由非行政负责人担任,另外给每位召集人配有一学习辅导员,以辅助召集人组织学习。

白云电气:学习型组织增强企业活力

广州白云电气集团的代表曾高飞在谈到企业文化时,也表示了培训和学习在企业文化中的重要性。他表示,随着科学技术的迅猛发展和全球经济一体化步伐的加快,企业的生命周期正在迅速变化,各行业已经不可能长时间让一两家大企业一枝独秀了,面临着日益剧烈、不断变化的环境,企业要想生存,其学习的速度必须等于或大于其环境变化的速度,所以企业必须增强学习能力。曾高飞表示,他们在加强员工培训教育上的做法是,对生产一线员工,公司根据生产经营情况和未来发展做出详尽培训计划,推行技术工人等级考核制度,实行优胜劣汰。同时,各分公司合资公司班组长以上的管理人员都进行轮训。

绿茵阁:两层次培训格局

吸引人才不够,留住人才才是关键,绿茵阁在实现从“输血”到“造血”,从“耗油”到“加油”的转变后,有了自己的一套做法,那就是两层次的培训格局。广州市绿茵阁餐饮连锁有限公司董事长林欣称,所谓的两个层次培训的格局,一是“新工培训”,即一进门的新工就要接受三个月的“新工培训”,培训内容包括公司历史与发展、薪酬福利、劳动条例、公司制度、企业文化以及实际操作等;第二层是“梯队培训”,根据餐饮行业人员流动性大的特点,尤其是基层管理人员的缺口会突显的特点而设计的培训,同时还会长期储备一定数量的后备人才,这样既可以在员工内起到激励作用,同时也在公司内部形成良好的竞争与学习氛围。

珠江物资:重视个体和团队学习

广州珠江物资集团对于企业文化中学习的重要性也有所心得,其代表林广亮在发言时表示,企业内部的个体学习和团队学习非常重要,有利于实现个体作用和团队作用的整合。为了达到这一点,高层领导带头学习,在企业逐步形成追求知识和追求技术的学习氛围。此外,建立健全的企业培训体系和制定系统的培训计划也是保证企业计划实施的重要步骤。

案例讨论

1. 请说明这几家企业建设学习型组织的主要目的。
2. 请分析这几家企业在建设学习型组织中,都采取了哪些方法。
3. 根据以上案例,说明民营企业开展学习型组织建设的重要意义。

9.5.2 T公司财务部经理与下属员工一次失败的沟通

T公司的一名优秀主管会计王某今天递上了辞呈，辞呈几乎没有说明任何辞职的理由。财务部经理刘扬对于自己团队中的骨干要离开，觉得非常茫然，然而他脑袋一拍，想起来自己好长时间没有与其进行沟通，缺乏对这位优秀的会计工作和生活的关心，他想起总经理经常指示各部门经理要学习沟通的技巧。因此，他向王某发出了邀请，请他在今天下午的时候一起到附近一家茶社聊聊天，王某十分爽快地答应了。

当刘扬和王某同坐在茶社时，刘扬开始了谈话，他想挽留住王某，因此从企业发展目标、公司财务战略说起，谈到企业当前财务状况，谈到自己工作繁忙，谈到他自己正在头疼如何筹措资金，谈到自己如何地为部门员工着想，并说正准备向总经理要求多给员工发放奖金，多增加一些高级薪资等级指标……。

可是，当刘扬谈到最满意的时候，他望向桌子的对面，只剩下空落落的一张椅子了，王某不知何时已不告而别，刘扬坐在那里沉思，回想自己刚才说的话，不知道说错了什么？为什么王某要离他而去呢？

案例讨论

1. 如果你是本例中的刘扬，面对着自己团队中的核心成员要离开，你会怎么做？
2. T公司财务部经理刘扬与成本会计王某沟通失败的原因，你认为主要是什么？
3. 这个案例给我们什么样的启示？

9.6 本章小结

优秀的人才团队是企业人力资本的重要保证，它不仅能给企业带来经济效益和社会效益，而且是企业吸引人才、留住人才的重要法宝。优秀人才团队的创建是任何一个企业领导都必须要特别引起关注的。本章首先论述了团队的含义、类型和生命周期，介绍了团队文化的含义、功能及其塑造方法；然后介绍了优秀团队的一般特征，优秀团队的创建过程及其常见问题，特别论述了团队成员间强迫性选择的必然性和相互协调的重要性；最后，详细论述了维持优秀团队的重要方法——沟通与倾听，并论述了为建设学习型组织而加强团队学习的方式、方法、过程、常见问题以及主要对策措施。

通过本章学习，读者应掌握团队创建、管理、维持的知识，并能利用所学理论指导实践，联系本章阅读材料、引例、案例和实践作业，切实掌握优秀团队在企业中重要作用。

9.7 思考与实践

一、思考题

1. 什么是团队？它与群体有何区别？
2. 请说明团队周期包含的阶段及其各自特点？

3. 什么是团队文化？它有什么功能？如何塑造优秀的团队文化？

4. 优秀人才团队具有哪些主要特征？

5. 在团队创建中，经常会遇到哪些问题？应该如何解决？

6. 为什么说选择与协调是建设优秀团队的基础，在其中应该注意什么问题？

7. 为什么说沟通与倾听是维持优秀团队的法宝，如何实现有效的团队沟通？

8. 什么是学习型组织？它具有哪些主要特点？

9. 团队学习的方式有几种？每种方式的学习各有何特点？

10. 请举例说明在团队学习中都有哪些障碍？应该如何克服？

二、实践环节

1. 项目调研

请学生通过实地调查、走访询问、网络搜索、图书查阅等各种渠道，搜寻各种有助于团队建设的各种方法、措施、活动以及小游戏，并向全班同学进行介绍。

2. 方案设计

某公司出于市场开拓需要，招聘了20名销售员，现在正在进行岗前培训计划的制定。请你根据上题的调查结果，结合上述实际需要，设计一套销售团队建设活动方案。

3. 分组游戏

以下是一个团队建设分组小游戏，请老师组织学生练习，并讨论从中得到的启发。

三只小猪盖房子

(1) 游戏说明

大家都听过三只小猪盖房子的故事，在故事中三只小猪互相合作建成了一个漂亮坚固的房子，并最终抵挡住了大灰狼的袭击。在本游戏中，我们也将扮演一次小猪，看看自己拿绳子是否能建出满意的房子。

(2) 游戏规则

- 参与人数：分成3组，每组5人左右
- 时间：20分钟
- 场地：空地
- 道具：三条绳子，分别长20米、18米、12米

(3) 游戏程序

先发给第1组一条20米的绳子，第2组一条18米的绳子，第3组一条12米的绳子。

- 第一步：用眼罩把所有人的眼睛蒙上。
- 第二步：规定第1组圈出一个正方形，第2组围成一个三角形，第3组圈成一个圆形。
- 第三步：让三个小组联合起来用绳子建立一个房子，房子的形状要由上述三个图形组成，并且一定要看上去比较漂亮。

(4) 相关讨论

- 对上面的第二步和第三步进行比较，哪一个任务较易完成，为什么？
- 在完成第三步的任务时，大家会遇到什么困难？你们是如何解决的？

(5) 总结

- 在每一个组完成自己的任务时，是相对比较容易的，但是当需要大家一块配合，建成一间房子的时候，事情就变得复杂。三角形和正方形如何配合，圆形应该放在什么部位

都是问题，所以越是在这种时候越需要大家相互之间的配合，需要大家的团体合作精神。

- 要做好这个游戏，首先要选定一个基准点和一个核心人员，要使大家都参照这一个坐标系进行行动，这样才便于指挥，也可以防止场面的混乱。
- 另外，大家还要分析，三个绳子的长度不一样在这里需要如何利用？
- 兄弟同心，其利断金，讲的就是大家一致对外，团结合作，终成正果的道理。小猪盖房子需要这样一种精神，在我们日常的工作和学习中亦要如此。

(6) 游戏作用

- 帮助学员体会在团队工作中沟通的重要性。
- 加强学员对于团队合作精神的理解。
- 训练学员对于结构变动的适应能力。

4. 问题辩论

请同学们分为四组，分别对以下问题选择一个不同答案，然后进行辩论比赛。

假如“唐僧团队”裁员，你会先裁掉谁？

一个企业健康运转，一定的人员流动率是必须的。除了员工自己跳槽外，企业也会“主动”让某些员工走人。假如把《西游记》中西天取经的四人组看作一个团队。唐僧就是团队领导，性格坚韧，目的明确，讲原则，懦弱没主意。孙悟空即是团队中那个创意员工，业绩突出却个性极强，屡屡得罪人。猪八戒就好比那为人圆滑，偏偏干活时拈轻怕重，投机取巧。沙僧自然是那老实肯干，踏实做人，任劳任怨的模范黄牛，只是这黄牛有时也略显呆板木讷。可以看出，这个团队倒也绿肥红瘦，搭配齐全。可目前偏偏经费紧缩，为节约开支，要在西游记团队中淘汰一个成员，以降低成本。你会选择淘汰谁？

第10章　跨文化人力资源管理

引例

一家中日合资企业的跨文化管理难题

2007年6月13日,S市的天气还不是很热,SNK制船公司总经理办公室已经开着空调,但总经理东文郎野先生仍然感觉到浑身燥热,他望着摆在他办公桌上的三份辞职信,心中万分焦急。在最近短短不到两个月时间内,先是二位主要技术主管先后跳槽,现在又是三位部门经理递上了辞职信,其中还包括他最为欣赏的技术部经理高强。东文郎野想到再过几天,他就要回日本参加集团2007年上半年业绩工作汇报会议,而现在面对日益滑坡的公司业绩,他不知道应该如何向董事会解释,更不知道如何提出解决的方案。这两年公司的生产一直在低谷徘徊,他不知道该如何改变目前的现状。东文郎野先生知道,董事长对中国的这家合资企业有着极大的期望和信心,把它当做开拓中国市场的契机。因此,对于此种情形,他必须给董事长一个合情合理的解释。东文郎野给自己倒了一杯浓咖啡,仔细反思并试图找出解决的方案。

1. 公司背景介绍

中日合资SNK制船公司坐落于环渤海区域的一个港口城市S市,是由中国一家造船老企业N公司和日本造船公司K合资组建的,双方各出资50%,注册资金1.2亿美元,投资总额4.8亿美元。

SNK公司的建设和发展速度很快。1998年5月开始筹建,1999年3月开始施工奠基,2000年5月基建完成并开始第一号船的开工建造,2000年10月第一号船开始进船坞搭载,2001年11月第一号船交船。可以说,SNK公司在创建初期的速度和效率在同行中处于领先地位。

现在中国国内类似SNK规模的船厂大约有5家,其中SNK公司附近的就有3家。这些船厂不仅在新造船市场和接单上与SNK进行着激烈的竞争,而且还与SNK公司展开了在造船人才方面的争夺。

——造船技术方面的竞争。从20世纪90年代后期开始,中国的造船能力得到了巨大的发展,尤其在超大型商船方面,国内各大造船企业竞争激烈,同时在技术上也有很大的提高。

——造船人才方面的争夺。随着中国造船业的发展,对造船专业人才的需求会更加强烈,造船人才的短缺,尤其是高素质造船人才的短缺会越加严重。这种现象已有初步的体现。某些船厂已对SNK公司设计部和制造部的人员伸出了橄榄枝,并开出了远超过于SNK公司待遇的条件。

2. 东文郎野的管理方式

SNK公司自2000年正式运作以来,一方面对主要员工进行内部培训,在短短的两年时间里建立了企业内部的质量管理体系;另一方面,积极开拓国际市场,吸引海外订单。由于这是一个全新的公司，所有的部门经理对公司的前景充满了希望，每个员工的年龄都比较年轻而且有很大的工作热情，公司充满了活力。公司在投入初期，新船定单确实处于快速增长势头。然而，由于第一任合资企业总经理的健康原因，2004 年 1 月更替了总经理人选，由日方技术总监东文郎野先生担任新一任的总经理。

东文郎野先生是一位日本人，他的教育背景是船舶设计工程师。由于东文郎野在 K 公司的深厚资历，总公司让他同时负责日本本地的一家分公司和中国 SNK 公司的运营业务。尽管东文郎野先生具有丰富的工作经验，尤其在技术上是行业中数一数二的专家，但对于相隔两地的公司业务，他总感到有点力不从心。由于他的家庭在日本，所以他在日本所花的时间每年一般为 9 个月，而在中国 SNK 公司的工作时间每年只有 3 个月左右，每次到中国的时间，最多也只有两个星期左右时间。平时的日常事务，全部由技术经理高强和财务经理王运豪负责，财务经理王运豪同时担任副总经理一职。东文郎野先生不在中国的时候，通过电话、E－MAIL 与王运豪联系，了解公司的情况，并指挥公司的运作。

东文郎野先生之前从来没有到过中国，他所有的经验都是建立在日本公司运作的模式之上。自从他接管中国公司的业务，他就将日本公司的模式完全搬到了中国。同时，公司推崇技术革新、团队合作和相互信任。东文郎野先生为人直率，喜欢直截了当地表达自己的想法，他无法理解在他的部门里，经理和员工们不愿意一针见血地说出问题。同时，他个性固执己见，不愿意轻易改变自己的决定，有时也不顾别人的感受。

为了适应扩大的订单需求，公司从日本又引进了一批设备。然而，对于这批设备和早期引进的一些设备，技术部经理高强很有意见，因为所有从日本各分公司调来的设备都已经使用了 10 多年。由于设备陈旧，对培训新员工很不利。然而总经理东文郎野认为这没有什么，因为日本在马来西亚的分公司同样也是用旧设备在造船，只要加强技术革新就可以了。对此，高强和东文郎野先生有过很大的争论和意见分歧。高强认为马来西亚公司之所以还能用旧设备来生产，是因为其公司的员工有了 10 多年的工作经验，对设备十分了解，这正是中国员工所欠缺的。而公司一直没有派出中国员工到日本培训，也没有派出日本的工程师到中国公司里进行培训。生产任务经常因为员工操作技能和设备问题无法按期完成，而高强也不愿意去责备下属，他知道这不是员工自身的原因造成的。公司员工和所有的管理人员都十分沮丧。他们的业绩无法体现出来，并且还要受到总经理的责备，他们心中都十分委屈。

终于，在 2006 年的年中，有二位现场主管辞职，这两道工序无法运作，高强就不得不去现场指挥，并且重新培训人员。到了 2006 年的秋天，总公司仍然没有解决人员培训和设备问题，各个部门经理对公司的运作和前景开始怀疑，他们猜测公司是否真正想在中国立足，竞争对手们已经加快了发展的步伐，而他们却仍然没有多大的起色，他们焦急万分，有的部门经理开始与猎头公司接触。对此，公司的人事经理提醒东文郎野先生，但东文郎野没有理会，他也没有精力来关心中国公司的具体事务。渐渐地，人事经理也不愿去向东文郎野汇报了，他也开始准备跳槽。

3. 中国员工的内心感受

在中国员工眼里，东文郎野先生确实也是位兢兢业业的总经理。在中国工作的时间里，他每天总是和员工们一起坐班车上班，而晚上总是加班到很晚才回去。在公司里，东文郎野先生每天会到车间里巡视，他对所有的技术细节都很精通，并且对质量管理十分苛刻，他绝对不会放过任何有一点问题的环节。东文郎野对所有的技术问题都很着迷，在管理会议上，每当谈到技术问题的时候，他会花上一个小时和高强论证方案。而其他部门经理只能坐在会议室里接受他们的“技术培训”，这在SNK公司是一个普遍的现象。

SNK公司的部门经理们都很年轻，一般都是硕士学位，有的管理人员还是在读的MBA，除了财务经理王运豪是研究生毕业后直接加入公司外，其他所有的部门经理都具有本行业五年以上的工作经验，而高强更是一位有着8年工作经验的造船专业的硕士。公司成立之初，他们确实都注入了很大的热情和干劲。但是，由于总经理东文郎野根本不了解中国的企业文化，东文郎野总是用他在日本处理问题的经验来衡量中国的问题，这使所有的部门经理都很不适应。有时候，他们尽了力去做一件事情，但是由于环境限制，没有达到理想的结果，东文郎野就会很不高兴，他只看做事的结果，不看过程。每当遇到一些中国政府的官僚问题，东文郎野更是大发脾气，有时候更是当着部门经理们大骂某些中国机关的腐败和低效。这使经理们很不高兴，因为虽然他们也憎恨这种现象，但是他们不希望一个外国人说自己国家的不是。

在SNK公司，给人感觉总是技术是第一位的，除了总经理和副总经理，技术经理的地位是最高的，他有一些特别的资源和待遇。高强拥有笔记本电脑和公司付费手机，而其他的所有部门经理只有公司的台式电脑，而手机费用也不能报销。高强还有很多的培训机会，而其他部门就相对少了。虽然在组织结构图上，所有的部门经理是处在同一个级别的，但是事实上技术经理有更多的权力，这已经是SNK公司人人皆知的事实。其他部门的人员都避免指出技术部的差错，因为他们知道，即便提出来，也不会有太多用处。

随着工厂的建立，人事经理赵明提出要在企业文化、培养和吸引人才方面加强力度，并向东文郎野提出了很多建议。但是，东文郎野认为公司目前没有必要做这些投入。而赵明却认为，如果没有留住人才的机制，公司是不会有好的发展的，应该从长远的角度看待这些问题，必要的初期投入是应该的。但是，经过多次辩论，东文郎野仍然坚持自己的观点。所以，公司基本上没有任何企业文化可言，更没有什么长期的人才培养和发展计划。渐渐地，东文郎野开始和其他的经理们隔离开来，所有的事情都是通过王运豪来传达和指挥，大家也认识到了和东文郎野反映问题是没有用的，而他到中国的两个星期内，又没有时间和其他部门经理接触，只是听取王运豪的汇报。最近，有两位部门经理考取了MBA，但是，东文郎野并没有很大的反应，同时还很不高兴，他认为这样的话，会影响到经理们的日常工作，而且会占用他们的精力。因此，并没有给予任何资金和时间上的支持。到了2006年12月20日，当三位部门经理集体辞职的时候，东文郎野感到十分吃惊，他甚至认为经理们是为了更高的薪水而离开。为此，留下来的部门经理们和东文郎野深谈了一次，他们谈到了文化的差异和中国员工的想法，并且指出了东文郎野完全照搬日本模式来中国运作企业是不合适的。当经理们谈到自己在这个企业的发展前途时，每个人似乎都很困惑。东文郎野在听取了经理们的意见后非常吃惊，他第一次认识到做管理不比搞技术容易，尤其是涉及人的问题。

4. 东文郎野的难题

再过几天，就到该进行上半年业绩汇报的时间了。公司的财务报告显示，过去一年中公司的业绩出现了严重的滑坡，东文郎野即将回国向总部高层汇报中国公司的情况。而面对三份辞呈，他知道他是没有办法再挽回这三位部门经理了。面对这种局面，他必须作出决定，不然SNK公司将陷入困境。

他在想，到底应该怎么做？是否需要对现有的公司从各方面都进行一次彻底的改变？增加在职人员的薪水？增加团队活动，组织员工活动以增强凝聚力？派出中国员工到日本接受培训？引进新的设备，并派国外的工程师到中国公司进行培训？东文郎野知道，这将使他很难堪，这是对自己原来工作方法的否定。

要么还是辞职回日本继续干自己的老本行——搞技术工作，脱离这些恼人的烦心事？

还是……

………

他必须做出改变了，是改变自己，适应中国市场和国情，还是继续自己的作风，或者干脆一走了之？

点评：跨文化背景的公司中出现沟通困难是非常普遍的，这也是一个长期困扰跨国企业管理者的难题。从本例描述可以看出，由于中日文化的差异，SNK公司总经理东文郎野先生在管理上和下属员工产生了矛盾和隔阂，致使公司关键部门的技术、管理人员不断有人提出辞职，严重影响了公司的正常运作，致使公司业绩也大幅滑坡。在这种情况下，管理者必须放下架子，认真学习东道国国家的文化，积极与当地员工沟通，有了问题能站在员工的角度考虑，充分考虑到东道国的文化特征，妥善、人性化地解决出现的问题。

学习目标

通过本章的学习，读者应该能够：

- □ 熟悉企业文化的概念与层次
- □ 了解文化差异及其主要表现
- □ 了解跨文化冲突及其处理模式
- □ 熟悉跨文化人力资源管理的影响
- □ 掌握跨文化人力资源管理的方式
- □ 了解跨文化人力资源的协调对策
- □ 掌握跨文化沟通的技能与方法
- □ 了解跨文化知识培训的目的与内容

10.1 文化差异及其冲突处理

在介绍跨文化人力资源管理前，本节先介绍企业文化的概念、文化差异及其冲突处理。

10.1.1 企业文化的概念与层次

1. 企业文化的含义

企业文化是一种处于一定背景下的企业，在长期的生产经营过程中逐渐生成和发育起来的、日趋稳定的、独特的企业价值观、企业精神，以及以此为核心所生成的行为规范、道德规范、生活信念、企业风俗、习惯、传统等，还有在此基础上生成的企业经营意识、经营指导思想、经营战略等。企业文化形成需要一定的时间，形成后具有一定的持久性。

2. 企业文化的维度

企业文化有多个区分的维度，这些维度有助于将一个企业区别于另一个企业，比如：

- 企业权力的分配方式(是集权式还是民主式?)
- 对创新的态度(是支持员工谨小慎微不出一点差错，还是支持敢于尝试新理念、新方法?)
- 对经验的理解(是唯经验论，还是唯实验论?)
- 学习的态度(是先把工作做好再挤出时间学习，还是把学习当成工作的一部分?)
- 对资历的认可程度(员工享受工资待遇和荣誉是尽可能考虑按资论辈，还是按实际贡献?)
- 内部信息的流向(员工是更多地接受命令指示，还是更多地提供信息数据)

大多数企业在各个特征维度都处于中间的水平。如果有一个企业的某个特征特别突出，那么可以根据它所突出的不同维度给出一些概念性的称谓。比如创新型组织(敢于尝试新理念新方法)、学习型组织(把学习当成工作的一部分)、经验型组织(工作中经验至上)以及官僚型组织(工资待遇等按资排辈)等。

3. 企业文化的层次

企业文化包括三个层次的内容。其中，第一层为物质层(表层)，主要有企业名称、标志、标准字、标准色，企业外貌，产品的特色、式样、外观和包装，技术工艺设备特性，厂徽、厂旗、厂歌、厂服和厂花，企业的造型、标志性建筑等。第二层为制度层(中间层)，包括一般制度(如工作制度、管理制度、各种责任制度) 和特殊制度(如员工评议干部制度、总结表彰制度、干部员工对话制度)。第三层为精神层(核心层)，包括企业价值观、企业最高目标、企业哲学、企业精神、企业风气、企业道德、企业宗旨等内容。

在上述三个层次中，中间层和表层都受到核心层的支配。企业文化的核心是价值观，价值观支配了人和企业的行为，如果能够通过有效的宣传、环境的引导和制度的强制约束，使员工深刻理解这种价值观，进而变成员工的自觉行动，企业必将产生巨大的经济效益。价值观实际上就是一种理念，一种企业"宗教"；树立正确的理念，对企业来讲是一切工作的基础，是企业开展工作的第一步。

需要说明的是，企业的核心价值观不应是一句话，不应是一句动听的标语，而应该是一个体系，从方方面面体现企业的经营特色，体现核心理念，体现企业在经营管理中重点要解决的问题，体现企业的经营方针和目标。价值观中应包含的核心问题如表 10－1 所示。

表 10－1　价值观应包含的核心问题

核心问题	描述方法举例
如何看待人(顾客、员工、股东、供应商、合作伙伴、竞争对手等)	如“平等、博爱、自由”，“公开、公平、公正”，“赛马不相马，人人是人才”，“你能翻多大的跟头，我给你搭多大的台”，“一站到位的服务，”，“创造顾客价值，推动员工成功”，“与合作伙伴构建战略联盟”等等
如何看待工作	如“一票式流程”，“正确做事、做正确的事”，持之以恒有效到位等等

（续）

核心问题	描述方法举例
如何看待责任	“责任重于泰山”等
如何看待质量、成本、服务及相互的关系	如“质量第一，服务至上”，“加强成本意识”，“有缺陷的产品就是废品”，“质量零缺陷，服务零距离”，“消灭售后服务”，等等
如何看待市场	如“只有疲软的思想，没有疲软的市场”，先创美誉度，再创知名度，“人人有市场，人人是市场”，等等
如何看待创新	如“创新是创造了一种资源”，“创新是促进企业发展的源泉”，“好的公司满足需求，伟大的公司创造市场”，“加强自主创新、开放创新”，等等
如何看待生存	如“微软离破产永远只有十八个月”，“永远战战兢兢，永远如履薄冰”等
如何看待竞争与合作	如“竞争变竞合”，“竞合的基础优势互补，竞合的方式是资源互换，竞合的结果是双赢发展”，等等
如何看待领导	如“百分之二十的领导要承担百分之八十的责任”，“不要管理要领导”，等等
如何看待管理	如“实现无边界管理”，“变职能管理为市场（服务对象）管理”，等等
如何看待品牌	如“品牌无国界”，“国门之内无名牌”，“创立名牌，走向世界”，等等
如何看待学习	如“培训是最好的福利”，“全员努力，创建学习性组织”，等等

需要说明的是，价值观的形成是一个长期的过程，是企业发展历史的结晶。正由于价值观的形成是长期的过程，因此企业文化建设也是一个长期的过程，指望一朝一夕就能建设企业文化，只能是痴人说梦。有些领导指望通过一场运动、培训就能形成自己的企业文化，或者指望抄袭什么优秀的企业经验，就成为自己的企业文化，这实际上根本不现实。

阅读材料

麦当劳企业文化中的核心价值观

创建于1937年的麦当劳，从最初的汽车餐厅发展到当今世界上最成功的快餐连锁店之一，并跻身世界500强之列，不能不归功于它具有独特价值观的企业文化。创始人雷·克罗先生在创业的初期，就为自己设立了快餐店的三个核心价值观，后来又加“V”信条，构成了麦当劳快餐店完整的Q、S、C、V核心价值观。

- Q（Quality），是指质量、品质。麦当劳对顾客的承诺是永远让顾客享受品质最新鲜、味道最纯正的食品，从而建立起高度的信用。
- S（Service），是指服务。微笑是麦当劳的特色，所有的店员都面露微笑，活泼开朗地和顾客交谈、做事，让顾客感觉满意。
- C（Cleanness），是指卫生、清洁。麦当劳员工规范中，有一项条文是“与其靠着墙休息，不如起身扫地”，全世界一万多家连锁店的所有员工都必须遵守这一条文。
- V（Value），是指价值。意为“提供原有价值的高品质物品给顾客。”

正是以这一经营理念为核心，加上企业鲜明的视觉识别系统——以M为标志的金黄色双拱门和人物偶像麦当劳叔叔，构建了独具特色的麦当劳文化，使麦当劳创下了世界最大的连锁体系纪录。

10.1.2 文化差异及其主要表现

1. 什么是文化差异

如果你在外企工作,每天会接触到多个国家的人,稍微认真观察,你会发现他们的谈吐和行事风格有许多微妙的差别。其实,人的性格并无绝对好坏之分,性格差异更多地来自生活习惯。说得大一些,是来自于文化差异。下面通过例子来说明什么是文化差异。

在一家跨国 IT 公司的几名程序员聚会上,话题落在“我过去干过什么工作,有什么人生感悟”上面,美国人谈论非常轻松随意,有点像说相声,又有点像脱口秀:“到此之前,我做了几年 X 程序员,之前我在做数据库管理员,再之前我还没毕业,再之前我还上高中,……再之前,‘咪呀,咪呀,咪呀’(做婴儿啼哭状)”,说到此处大家哈哈大笑;换了中国的资深程序员,则有点像得道高僧的演讲:“我先做了三年 Y 程序员,觉得自己离专家还很远;后来又在另一个地方做了八年,觉得自己算是个专家了,可后来我就发现,居然还存在那么巧妙的解决方法,我这么多年从来都没有接触过;最后我得到结论,专家也不可能通晓一切,很多时候仍要学习……”。大家听了纷纷点头称是,敬佩不已。如果当天聚会中有新加坡人和印度人,还能领略到更多有趣的文化差异。

再如在日本,人们重视工作甚于家庭,若下班过早,会被妻子鄙视,认为他是公司里无足轻重的人。因此,日本人下班早时,宁可在咖啡厅消磨时间,也不肯提早回家。

最后再看一个例子。中国人的家庭观念强,血缘关系、亲情伦理等在脑中根深蒂固,父母子女始终一家人,哪怕成家立业,另设门户,和父母仍不分彼此,把赡养父母、侍奉父母,看做自己应尽的责任。而美国人却不同,子女一到成年就会离巢而飞,父母不再抚养他们;而子女一旦独立,对父母家的事也不再理会,更休想赡养父母或几代同堂了。

诸如此类的情况很多,举不胜举,他们都反映了文化差异的不同形式。

2. 文化差异的主要表现

不同层面上的文化差异会在很多方面有所体现,总结起来主要表现在如下几个方面。

(1) 价值观的差异

价值观是人们对客观事物的意义和重要性的总评价,这种评价使个人行为带有稳定的倾向性。每一种文化都有其特定的价值观,支配着人们的行为。不同国家的人们在价值观上的差异,经常使跨国公司的管理者感到困惑。另一方面,来自不同国家或不同民族的跨国公司管理人员价值观的不同,也使得其个人在经营管理、决策方式上存在着很大差异。

(2) 传统文化的差异

不同国家、不同民族的历史、文化传统是造成文化差异的重要因素。一般来说,具有悠久历史传统的国家的人们在思想上会比较保守,在行动上害怕冒险,寻求稳定。相反,历史短暂的国家,尤其是由各国移民所组成的国家,受背井离乡的移民文化影响,人们富有冒险精神,有着强烈的创业致富的想法,这样的职员不安于现状,不断地开拓新领域。

(3) 宗教信仰的差异

每一种文化中的人群似乎都受到一种特定的超自然力量的影响,这可以从他们不同的宗教活动中得到验证。世界上大多数的人都有某种宗教的信仰,尊重不同的人所具有的不同的宗教信仰,有助于培养相互间的信任和理解。

(4) 种族优越感

由于各国经济发达程度的不同和各个民族历史时间的差异，使得一些人认定一个种族优越于其他种族，认为自己民族的文化价值体系比其他民族的价值体系优越，这是形成跨文化差异的重要主观因素。带有这种种族优越感的跨国公司的管理人员，由于对自己的生活方式、思维方式和管理方式过分自信，在行动上就会显得较主观和霸道，就很难跟其他文化背景的人进行沟通，他的行为必然就会遭到对方的对抗和抵制。

（5）语言和沟通障碍

语言及语言所代表的文化价值是一个民族精神的体现。不同语言及其表达方式的不同，也同样是文化差异的一种表现形式。对对方语言的不了解造成了沟通上的障碍，很容易导致沟通上的误会。例如，一个刚到中国一家公司工作不久的美国人结结巴巴地用汉语对他同事说："你们为什么老问我吃了饭没有？我有钱。"他以为人们总问他"吃饭了吗"是因为怕他没钱吃饭，他显然对这种问法感到生气。再如，汉语中的"上哪儿去啊?"这样打招呼的话，直译成英语就是 Where are you going? 用这句英语来打招呼，大部分讲英语的第一反应很可能就是 It's none of your business!（你管得着吗!）

3. 文化差异的维度分析

荷兰跨文化研究专家霍夫斯泰德，基于工作目的上存在的价值观和信念差异，通过对美国 IBM 公司的问卷调查，总结出了在不同国家或民族文化中差别最大的如下五个维度。

（1）权力距离（大/小）

权力距离是指社会对权力在社会或组织中不平等分配的接受程度，他反映了人们的平等观念，它可以通过一定的指数来衡量。研究表明，美国、澳大利亚是低权力距离的国家，员工能够比较平等地参与对上级和同事的绩效评价，而不必受到权力和权威的干扰；而中国文化具有高权力距离的特征，员工对上级和权威的尊敬，甚至带有畏惧感。

（2）不确定性回避（强/弱）

不确定性回避是指一个民族对所生存的社会感到无把握的、不确定的或模糊的情景威胁时，试图以技术的、法律的、宗教的方式来避免不确定局面的发生。每个民族对不确定性的回避程度，都有显著的强弱差异。美国、加拿大等是不确定性回避低的国家，表现为敢冒风险，鼓励创新；而日本、法国、俄国则是不确定性回避比较高的国家，表现为因循守旧、惧怕竞争、墨守成规、害怕变革的消极性。

（3）个人导向性（个人/集体）

这个文化维度主要是指人们对待集体和个人的关系，即重视集体还是个人。与欧美文化的个人主义特征相对应的是，欧美企业不大赞成在工作单位结成人与人之间的亲密关系；而印尼、西非、中国文化强调群体至上，重视"人和"，注重人与人之间的关系，极力避免冲突。

（4）刚柔性（阳刚/阴柔）

阳刚性表明一个国家、民族在自信、工作、绩效、成就、竞争、金钱、物质等方面占优势的价值观。阴柔性则是指在生活质量、保持良好的人际关系、服务、施善和团结等方面占优势的价值观。自主独立、勇敢果断、竞争进取、权力控制、理性思考是阳刚性（或称男子气）的主要表现；而依附从属、恭让卑谦等则是阴柔性（或称女子气）的表现。

（5）利益导向性（长期/短期）

利益导向性是指一个国家/民族持有的对待长期利益或近期利益的价值观。具有长期导向的国家/民族较注重对未来的考虑，注重节俭和储备，注重长远利益，注意持续性发展；而短期导向的国家/民族着重眼前利益,注重对传统的尊重和对社会责任的承担。

下面的表10-2就是霍夫斯泰德当时(20世纪90年代初)对IBM公司不同国家和地区的文化比较的研究结果,这个结果将文化差异分成一定的维度分析。

上述结论对当前跨国企业分析不同文化背景员工、客户和其他与企业有关的个人或群体的文化取向,仍然具有重要的参考作用。它使企业能够掌握不同文化群体的文化特点,从而在企业管理中尽量避免文化冲突。这在跨文化人力资源管理中是非常有用的。

表10-2 不同国家和地区文化差异的比较

国家/地区	权力距离	不确定性回避	个人导向性	刚柔性	利益导向性
美国	40	46	91	62	29
德国	35	65	67	66	31
日本	54	92	46	95	80
法国	68	86	71	43	30
荷兰	38	53	80	14	44
香港	68	29	25	57	96
印尼	78	48	14	46	16
西非	77	54	20	46	16
中国	80	60	20	50	118
俄国	95	90	50	40	10

10.1.3 跨文化冲突及其处理模式

1. 跨文化的含义

当一种文化跨越了在价值观、宗教信仰、思维方式、语言、风俗习惯以及心理状态等方面与之不同的另一种文化时,就会产生跨文化。

可见,跨文化就是指具有两种不同文化背景的群体之间的交互作用和影响。

2. 跨文化带来的冲突

从企业内部看,企业从事跨国经营活动时,往往为了实现其本土化的目标而招聘了来自东道国的人员进入企业,特别是一些全球性扩张的跨国企业,其内部成员往往来自多个国家和地区,这些人员由于各自所处的文化环境的不同,从而导致了他们拥有各自不同的文化背景,这就必然在企业内部造成了文化冲突,这种文化冲突包括了企业成员之间的文化冲突和来自企业成员的文化与企业原先文化之间的冲突。冲突可能来自于价值取向不同、宗教信仰的不同、风俗习惯的差异、语意翻译及表达上的误解等。

从企业外部看,企业从事跨国经营活动进入东道国后,会受到来自东道国外在文化环境的影响,这种文化环境(包括有关政府机构、政府所颁布的有关法律和法规、中介组织、有关团体等)会在某些方面与企业原有的企业文化产生冲突。文化冲突的结果往往会导致跨国企业遭到来自企业内部和外部两方面的打击。

3. 跨文化冲突的处理模式

跨文化冲突的处理模式有四种,它们各自的特点、效果及其最终结局如图10-1所示。

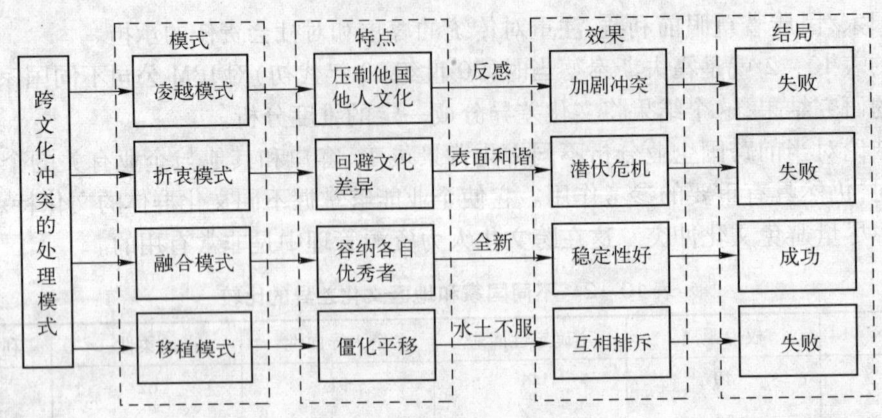

图 10－1　跨文化冲突四种处理模式的比较

10.2　跨文化人力资源管理及其表现

近些年来，跨文化人力资源管理作为跨文化管理的一个分支，已经引起了人们的广泛关注。本文介绍跨文化人力资源管理的基本含义、主要表现及其影响等知识。

10.2.1　跨文化人力资源管理的含义

就管理对象来看，所谓跨文化人力资源管理，就是指对跨文化企业的人力资源管理。

所谓跨文化企业，顾名思义，是指由来自不同文化背景的、存在跨文化差异的员工所组成的，并往往跨越了地域、民族、政体、国体的跨文化经营管理的经济实体。

具体说来，跨文化人力资源管理是指以提高劳动生产率、工作生活质量和取得经济效益为目的，对来自不同文化背景下的人力资源进行获取、保持、评价、发展和调整等一系列管理的过程。在跨文化人力资源管理中，由于企业是由两国或多国企业合伙在东道国组成的跨地域、跨民族、跨政体、跨国体的跨文化经营管理的经济实体，所以文化因素对人力资源管理的影响是全方位、全系统、全过程的。

跨文化人力资源管理中，核心工作是跨文化的人力资源协调。它是指当与企业有关的不同文化群体在交互作用过程中出现冲突和矛盾时，加入对应的文化整合措施，有效地解决这种冲突和矛盾，从而极大提高人力资源的整体协作水平，实现人力资源的最优配置。

10.2.2　跨文化人力资源管理的构成要素

跨文化人力资源管理的构成要素包括如下几个方面。

(1) 跨文化人力资源管理的主体是企业，可以是跨国企业，也可以是跨地区的企业。

(2) 跨文化人力资源管理的对象，是具有不同文化背景的群体，这些群体有可能来自企业外部，如东道国政府部门、其他民族、人才中介机构、当地社区等，也可能来自企业内部，如各级管理者、各部门员工等。

(3) 跨文化的人力资源管理的目的，就是不同文化差异群体在相互作用、影响过程中出现矛盾和冲突时，从矛盾解决和文化协调中找到最有效的人力资源管理模式，提高人力资源的整体协作水平,实现人力资源的最优配置。

10.2.3 跨国公司的跨文化人力资源管理问题

1. 跨国公司人力资源协调的困难

跨国公司人员来源复杂,文化差异大,人力资源协调显得非常困难,主要因素如下。

(1) 跨国公司中员工类型多,文化层次复杂。

跨国公司员工往往来自于不同的国家。当地员工来一般源于当地的子公司、分公司等业务单位所在的东道国,被称之为东道国公民;外派人员来源于跨国公司业务所在国之外的其他国家——其中,来自母国的海外雇员被称为母国公民;既不来自东道国,也不来自母国的称为第三国公民。通常,母国和第三国海外员工都属于管理人员和专业人员。

(2) 跨国公司人力资源协调方式必须是立体的。

一个有效的国际人力资源管理体系既包括公司范围内的人力资源管理政策与程序,也包括适应不同国家与地区的人力资源管理政策和程序。甚至对跨国公司而言,通常需要调整公司的人力资源管理方式,以适应东道国的传统、文化和社会制度。这些员工很可能是东道国公民,他们更可能期望跨国公司的人力资源管理方式符合当地的传统。如果将不适当的人力资源管理方式强加给东道国公民,就可能带来触犯当地文化标准和价值观念的风险,甚至可能导致违法的行为。

(3) 跨国公司人力资源协调过程会遇到“暗礁”和“地雷”。

各国的员工都习惯于自己国家的文化和人力资源法律,有时一句简短的问话可能就触犯了别人的“禁区”。在处理人际关系过程中,西方的人力资源法律处处有“暗礁”,东方的文化习俗处处有“地雷”,如果处理不当,不是“触礁”,就是“踩地雷”。

(4) 母国员工通常会比他国员工更具优越感。

优越感产生于这些雇员与高层管理人员来自同一国家,而公司的主体文化和管理方式也是他所通悉的,这种自然滋生的优越感使人力资源的协调工作更具复杂性。

2. 跨国公司人力资源管理中跨文化冲突的主要表现

在跨国公司中,由于不同文化的差异,经常在人力资源管理中产生各种各样的冲突。

(1) 民族性格、思维模式的不同直接导致文化冲突。

传统文化是民族文化的深层积淀,它溶入于民族性格之中,使各民族表现出不同的个性。民族的责任、个性与人性的冲突,往往构成跨文化沟通的困难。例如,日本民族素有喜欢使用“YES”(可以)的习惯,说“NO”(不行)在日本人心目中是无能的表现,同时也是非常不礼貌的。因此,他们在商务谈判中即使对于不同意或不能办到的事项也频繁使用“YES”,使他国谈判者不能了解他们的真正意图。

思维模式是民族文化的具体表征。例如,西方人实证主义的思维模式与东方人演绎式的思维模式,常常是企业跨文化管理中构成冲突的原因,使企业管理者不得不予以注意。

(2) 行为模式的不同导致文化冲突。

行为模式是民族文化的外显形式,它以固定的结构,在相同相似的场合为人们所采用,成为群体表达认同的直接沟通方式。不同民族文化造成不同的行为模式。在相同的环境中,不同的行为模式会表现出很大的冲突。如一个中美合资企业,是由中方母企业拿出一部分资产和美方成立的。中方母企业专门针对合资企业建立了一个开发企业，下设十多家具有独立地位的分企业，让它们为合资企业进行配套服务。尽管合资企业在选择配套服务的操作上，采取公开招标的形式，但中方经理人员不管开发企业是否具备条件，常常会优先考虑开发企业。这就导致合资企业的成本增加，质量下降。外方经理对中方经理的这种"肥水不流外人田"的举动十分不满，坚决主张择优中标，中外方经理矛盾越来越大。中方"肥水不流外人田"的行为模式，正是造成这种跨文化冲突的原因。可见，充分认识不同民族的行为模式，有助于调和与避免跨文化的矛盾。

(3) 对文化意义符号的不同理解导致文化冲突。

不同的文化采用不同的符号表达不同的意义；或者符号虽然相同，表达的意义却迥然不同。例如，美国的一家企业在英国大力推出一种药品，但在英国几乎无人问津。因为这种药品的包装盒上注有"打开盖后，请按下底部"的字样。这句说明文字在美国无伤大雅，但对英国人来说，俗话中的盖子指上半身，底部指屁股，所以此话的含义颇为色情和滑稽，因而该药品在英国无人问津。这便是对符号意义的不同理解所造成的文化冲突。

(4) 语境障碍导致文化冲突。

在相同意义符号中，人们的文化背景不同，会对意义符号赋予不同的语境而加以理解。索尼的盛昭夫曾举例说，我经常对助手说"不要信任任何人"。如果助手是日本人，他理解这句话不是"不相信别人"，而是说办一件事绝不要相信别人会完全按照你的意图办，不要把你应完成的任务的责任加之于他人；如果助手是美国人，他会认为这句话的意思就是对任何人都不要相信，包括政府、企业、经理、丈夫或妻子。同一句话产生不同的理解，是因为日本人和美国人处在不同文化造成的语境中。

(5) 政治体系不同导致文化冲突。

不同国家的政治体系有其特殊性质，信奉特殊的价值观，企业产品有时会无意中冒犯某种政治价值观而受到抨击和抵制。欧洲的某个软饮料企业，商标是六角星图案，与以色列的国旗图案相似，这就大大激怒了一部分阿拉伯消费者。虽然企业解释说，这些六角星不过是一种简单的装饰，但这些阿拉伯人却认为，它反映了这家企业具有支持以色列的情感，最后这家企业不得不收回所有产品，重新制造包装。

(6) 不同的宗教信仰导致文化冲突。

由于不重视宗教差异而导致文化冲突的最著名的例子，莫过于东印度公司在 18 世纪时，把涂有猪油蜡的子弹发给印度士兵，而发射这些子弹前必须先咬掉子弹上的蜡。印度士兵大多数是印度教徒和伊斯兰教徒，他们认为英国政府发这种子弹给他们，是对他们宗教的严重侮辱，因而奋起反抗，掀起了印度独立斗争的序幕。而东印度公司也因为这个小小的失误，失去了在印度实行垄断贸易的权力。

3. 跨国公司跨文化冲突的危害

跨国公司中的跨文化冲突如果不能很好地解决，将会带来如下的危害。

(1) 文化冲突产生"非理性反应"。

文化冲突影响了跨国管理者与当地员工之间的和谐关系，这使得管理者也许只能按照呆板的规章制度来控制企业的运行，而对员工更加疏远。与此同时，员工则会对工作变得更加不思进取，管理者的行动计划实施起来也会更加艰难，结果是双方都不可能有所作为，他们之间的社会距离也会进一步加大,必然也将影响彼此间的沟通。当这个距离大到一定的程度,自上而下的沟通就会中断。结果是管理者无法了解真实的下情,企业的管理将变得更加困难,双方的误会也会越来越深。管理者如果不能正确理解不同的文化存在差异,就可能会对来自不同的文化背景的员工采取情绪化或非理性的态度。这种非理性的态度很容易招致员工的非理性报复,结果是误会越来越多,矛盾也越来越深,对立与冲突更趋剧烈,后果不堪设想。本章引例中的问题就很好地描述了这种危害。

(2) 文化冲突导致工作低效和市场机会损失。

随着跨国企业经营区位和员工国籍的多元化,这种日益增多的文化冲突就会表现在企业的内部管理和外部经营中。在内部管理上,来自不同国度的员工有着不同的价值观、不同的生活目标和行为规范,这必然会导致管理费用的增大,增加组织协调的难度,甚至造成组织机构低效率运转;在外部经营中,由于文化冲突的存在,使跨国企业不能以积极和高效的组织形象去迎接市场竞争,往往在竞争中处于被动地位,甚至丧失许多市场机会。

(3) 文化冲突导致全球战略的实施陷入困境。

从一般的市场战略、资源战略向全球战略的转变,是跨国企业在世界范围内提高经济效益、增强全球竞争力的重要步骤。全球战略是国际企业发展到高级阶段的产物,它对跨国企业的经营管理提出了更高的要求。为保证全球战略的实施,跨国企业必须具有相当的规模,以全球性的组织机构和科学的管理体系作为载体。但是,目前大多数跨国企业普遍采取矩阵式的组织机构,由于文化冲突和缺乏集体意识,导致了一系列问题,如组织程序紊乱、信息阻塞、各部门职责不分、相互争夺地盘、海外子公司与母公司的离心力加大等,使得母公司对子公司的控制难上加难,从而造成跨国企业结构复杂、运转不灵、反应迟钝,不利于全球战略的实施。

10.3 跨文化人力资源管理的协调对策

跨国公司在进行跨文化人力资源管理时,要想有效地解决跨文化冲突问题,必须从多个方面努力,采取切实有效的协调对策。本节对其中的一些主要对策方法进行介绍。

10.3.1 加强各种价值观的协调

在跨文化人力资源协调中,价值观的协调是最重要的协调,必须引起足够的重视。

1. 价值观对人力资源管理的影响

价值观作为人们关于人生、世界的目标和信仰的观念,它使得人们的行为或思想带有个人的一致倾向性,以至渗透到整个社会的生产活动中,形成相应的行为模式。因此,价值观在各组织中,必然反映到人际关系和工作关系中,同时它还影响和制约着这些关系。

2. 中、美价值观的比较分析

中国以悠久的历史、文明的古国著称,价值观源远流长,自成体系。中国儒家思想的"仁、义、礼、智、信"被日本推崇为"世界至高无上的精神财富"。而美国与中国相反,是一个十分年轻的国家,但却在短短的一个世纪中,创下了为世界各国人民所瞩目的业绩,其价值观也已自成体系,受到世界人民的赞扬。中、美价值观的比较如表 10-3 所示。

表 10-3 中、美价值观的比较

项 目	中 国	美 国
对待个性	强调服从；要求个体在集体中定位；提倡先有整体才有个体	强调个人主义；崇尚个人能力；提倡先有个体，然后有整体
对待竞争	追求安定和稳定，尊重秩序	竞争意识强，追求效率
人际关系	注重人与人之间的和谐关系，“和为贵”思想起主导地位，顺序为情、理、法	人与人之间关系对立，人情关系淡薄，强调“法制”，顺序是法、理、情
对待忠诚	以感情为基础，全身心地忠诚于某一群体	以自我为中心，没有稳定的忠诚团体
对待工作	提倡勤奋，“业精于勤”，但分工不明确	分工明确，对个人范围内的工作极为认真
对待利益	义重于利，强调地位和等级，“舍身而取义”	以金钱作为衡量一切的标准，追求社会地位
门第观念	门第观念强	不看重门第
实用性方面	强调声誉、面子	强调实用主义
对待教育	和功名相联系，“书中自有黄金屋，书中自有颜如玉，书中自有千钟粟”	追求实用性、可操作性。喜爱能立见功效的教育
管理方法	较多采用层级管理	较多采用个性管理

3. 中、日价值观的比较分析

中国和日本两国的价值观大体同属一种价值观体系，均深受儒家文化的影响。但由于地缘文化、人种文化、制度文化和宗教文化的差异，也表现出不同的特点。这些差异非常微妙，在似有似无或似是而非之间，人们难以辨别，许多事情差之毫厘，失之千里。日本基本上是一个单一民族的国家，强调民族性，而中国却更有共容性。日本文化源于中国，但他们的团队精神却远胜于我国。中、日价值观的比较如表 10-4 所示。

表 10-4 中、日价值观的比较

项 目	中 国	日 本
关于忠诚	偏重于“仁”、“孝”，家族和家庭是第一位的	强调“忠”，但坚信小团体服从大团体
人际关系	更强调“情”和各种私人关系	更强调“理”，公应该大于私
对待失败	“胜者为王，财者为寇”，存在“阿 Q 精神”	不容许失败，“不成功便成仁”思想突出
关于决策	“不在其位，不谋其政”	集体决策、集体行动、集体负责
对待历史	更重历史，喜爱缅怀过去	更愿意讨论未来
关于服从	服从的是个人	服从的是集体
对待等级	等级代表着权力	等级代表着整体

10.3.2 加大员工本土化建设

人力资源的本土化，有利于企业运作效率的提高，有利于企业文化水平的提升。当前，跨国企业大都逐渐采用了人才本地化战略。加大人力资源的本地建设有以下两种策略：

（1）员工来源本地化。本地员工熟悉当地的社会文化、生活习俗、法律法规，企业任用他们等于培养了自己的市场快速反应部队，他们能够根据不同地区的市场变化，做出敏捷反应，维护和提高公司效益。同样，通过他们的管理活动，公司的先进技术和成功经验得以快速本地化，提升企业的当地影响力。NOKIA（中国）的本地员工占90%，MOTOROLAR（天津）本地经理人员比例在80%以上，这些著名跨国企业的成功之道之一就是人才本地化。

（2）加强针对本地员工的人力资源开发。开始时，由于工作习惯、企业体制、管理方法的差异，本地员工可能不能完全适应公司的要求，此时，对他们进行相关的人才开发是非常有必要的。因为人力资源具有很强的可塑性，通过有针对性的开发训练，他们的工作能力和适应能力往往能够得到较大的提高。MOTOROLAR（天津）规定，每年支出相当于员工薪金总额的3%作为人才开发费用，为中国的14000名员工设立了170多种本地化教程，而且当本地员工工作干得很出色时，原来派来的来自母国的员工，就将会被调回母国或第三国。可见，对跨国企业来说，重视本地人力资源的开发，不仅能提高企业的生产效率，还可以提高员工对企业的忠诚度。

10.3.3 识别和理解文化差异

在跨国公司中，文化差异是客观存在的，跨文化冲突也是不可避免的。为此，跨国公司的人力资源管理者，必须准确识别和理解这种文化差异，并想方设法减少跨文化冲突。

1. 识别和理解文化差异

由于文化冲突是文化差异造成的，必须对文化差异进行分析识别。对于一个跨国经营的企业，不仅要摆脱本文化的约束，尽可能地消除本文化的优越感，从另一个不同的参照系反观原来的文化，而且要对其他文化采取一种超然独立、平等的立场，通过对其他文化理解、参与和尊重，在两种文化的结合点上，寻求和创立一种双方都能认同和接纳的结合点，发挥两种文化的优势，巩固和强化自己的竞争地位，确保企业战略目标的最终实现。对此，跨国公司管理者首先要识别和区分文化差异，才能采取针对性的措施。

2. 允许多元文化并存

企业内存在不同的文化，必然存在不可协调的矛盾。在全球化经营背景下，文化多元化、空间扩大化大大提高了跨文化人力资源管理的复杂性、风险性和不确定性。企业要生存，惟有对本地法律法规、文化习俗有一个深刻的认识，因地制宜，调整管理思想和方法，提供多元化的人力资源管理服务。

通常，跨国企业处理文化多元化的战略分为以下两类：

（1）全球化策略。在招聘、选拔、评估和薪酬方面运用相同的标准和程序，全球范围内招聘员工，忽略文化差异的影响，各子公司纳入企业总部的文化体系。

（2）多元中心策略。总公司放权，分公司在不违背总公司的特殊条款下，各自根据本身需求进行人力资源管理活动。实践表明，这种方式更能适应跨文化管理的需要。

3. 解决好文化冲突

跨文化管理最令人头痛的是文化冲突。不同形态的文化相互碰撞、相互排斥的过程即为文化冲突。一份对不同文化背景员工的调查显示，如果对不同文化背景的员工管理不力，会导致企业严重的内耗，决策不当，效率降低，从而对企业的日常基本运作产生影响。从表面上看，跨国企业是不同国家的技术、资本、管理的结合,但从内涵而言,则是不同文化的碰撞与融合。那么对于跨文化管理,只有找到不同文化的结合点,实施平衡的管理模式,文化冲突才能迎刃而解。

10.3.4 强化驻外人员跨文化培训

跨文化培训是为了加强人们对不同文化传统的反应和适应能力,促进不同文化背景的人之间的沟通和理解。它是解决跨文化冲突,进行跨文化人力资源协调最基本、最有效的手段。加大对驻外管理人员的跨文化培训,具有重要的作用,可以概括为如下几个方面:

(1)减轻驻外管理人员可能遇到的文化冲突,使之迅速适应当地环境并发挥作用。

(2)促进当地员工对公司经营理念及习惯做法的理解。

(3)维持组织内部良好、稳定的人际关系。

(4)保持跨国企业内信息流的畅通及决策的效率。

(5)加强团队协作精神与公司的凝聚力。

另外,与其他培训一样,跨文化培训被越来越多地用于留住企业所需要的人力资源。因为公司提供培训,不仅是对员工的激励,而且也显示了公司鼓励员工长期发展的诚意。

跨文化培训中,培训内容的选取非常重要,一般包括对方民族文化及原公司文化的认识和了解;文化的敏感性、适应性的培训;语言培训;跨文化沟通及冲突处理能力的培训;地区环境模拟培训等。

10.3.5 加强自身的文化适应和变革

跨国公司的经营者不仅要学习和适应东道国的文化,还应提高对不同文化的鉴别和驾驭能力。因为文化的某些方面是可以变化的,跨国企业在很多情况下,不得不对东道国文化的某些方面加以变革。例如,在民族感极强的日本,青年一代嚼着麦当劳、听着摇滚音乐的同时,文化观已经悄悄地发生了变化。因此,海外企业的经营者必须面对如下难题:企业应该更多地适应还是变革当地的文化?适应或变革到什么程度?

(1)面对多元文化并存的情况,经营者首先应该考虑的是如何适应当地的文化。通过文化差异的识别和跨文化培训,企业提高了对文化的鉴别和适应能力。在文化共性认识的基础上,根据环境要求和公司战略需求建立起以共同价值观为核心的企业文化,使得每个员工能够把自己的思想与行为同公司的经营业务和宗旨结合起来。

(2)要考虑到东道国人员对文化变革的容忍程度或抗拒程度。每种文化都或多或少地存在排外情绪。经营者对于不同文化的介入,必须采取一种谨慎的态度。对可能产生较大抵触情绪的一些东道国文化,如语言、风俗习惯、重要集团的利益等,应采取学习和适应的态度;而对可能产生较小抵触情绪的东道国文化,如消费者购买方式和员工工作方式等,应通过渗透和引导,逐步使之朝有利于本企业的方向发展。如肯德基、麦当劳在全球卖出食品的同时,也输出了母国的文化,或多或少地影响了东道国的饮食习惯。

(3)适当考虑推进本土化战略。本土化的实质是跨国企业将生产、营销、管理等经营诸方面全方位融入东道国经济中的过程,也是着实承担在东道国的公民责任,并将企业文化融入和植根于当地文化模式的过程。本土化战略有利于跨国企业降低海外派遣人员和跨国经营的高昂费用,有利于与当地文化融合,减少当地社会对外来资本的排斥情绪。

(4) 应对东道国文化变化的方向、过程与速度有清晰、明智的认识。只有这样,才能更适应东道国的文化,减少文化差异对企业经营的影响,进而有的放矢地对东道国的文化施加影响。

10.3.6 提高跨文化沟通的技能

跨国公司内部人员的信息沟通受各自文化的影响很大。美国经理人员的沟通方式与欧洲或亚洲经理们大不相同。例如,美国哈佛研究人员在比较俄罗斯和美国企业管理方式时发现,俄罗斯经理们更注重直接、面对面的沟通,而美方人员则更多地使用非正式的、书面及电话沟通方式。日本本土的日本公司内部较多地使用自下而上和横向沟通方式,而在美国本土的日本公司则采用与美国公司相同的沟通方式。

在跨文化沟通中,最明显的重点在于彼此对沟通结果的期待,不同的期待产生不同的个性差异,而期待主宰人们的直接反应与信赖,直接表达了人们对事件意义的解说。

下面,从几个方面谈一下如何提高跨国公司中跨文化沟通的技能。

1. 口头沟通

口头沟通方式在很大程度上取决于传递信息的内容。日本和亚洲一些国家属于高关联度社会,传递的口语信息往往是经过编译和含蓄的。说话人在说话前往经过深思熟虑,以确保信息传递无误,语言无障碍,语调、时间、脸部表情、手势等都非常准确,双方很少误解对方;另外,在谈话中,说话人还经常有意无意地提及说话人的角色和职位,以表明其身份。而像美国和加拿大这些低语境国家,说话人直截了当,可以直呼对方姓名(哪怕上下辈、上下级之间),传递的口语信息简明、清晰,人们之间沟通容易,甚至互不相识。

2. 非语言沟通

非语言沟通是指通过身体部位、脸部表情等传递信息的方法,如握手、搓手,脸部笑容、皱眉、打哈欠,站立姿势,服饰,发型,与对方的距离的眼神交往,吸烟、嚼口香糖等。同一个非语言信息,在不同文化中含义是不一样的。如美国经理人员长时间参加会议时往往伸懒腰,把脚放在桌子或椅子上,这在中东地区是不可思议的,属于污秽性动作。

3. 沟通渠道

沟通渠道主要包括自上而下(上情下达)沟通和自下而上的沟通两种。在不同的文化背景下,人与人之间信息沟通的渠道也是不一样的,这也需要引起注意。

一般来说,亚洲国家的企业较多地采用自上而下方式,不像在美国那样直截了当,上级的指令往往比较含蓄。目前,日本、新加坡等亚洲国家的企业也开始重视员工参与管理,如加强信息反馈。近年来,国际企业管理中出现的一个新趋势是,自下而上的沟通呈上升趋势,以美国尤为突出,从一个侧面反映了员工参与公司日常管理的意识在加强。

4. 沟通障碍

(1) 语言障碍。全球化经营企业的总部使用的工作语言在一定程度上决定了其世界各地子公司管理层所使用的语言。一般来说,跨国公司母公司越来越倾向于使用英语,以便于其各地子公司之间的沟通。近年来,越来越多的海外子公司经理人员可以说多种外语。

(2) 文化障碍。文化因素也会影响商务沟通。有学者曾对某跨国公司 214 封信函进行了比较,发现那些非母国语言的人写的函件中使用了过多的华丽辞藻、繁琐的信息和不适当的要求。很显然,这些人员需要进行商务沟通方面的专门培训。即使在说英语的国家,商务函电的书写方式也受文化因素的影响。

(3) 认识误解。认识是指人们对现实的看法,而这些看法会直接影响人们的沟通效果。例如,在奥地利工作的美国子公司人员有时误认为奥地利人不喜欢他们,因为奥地利人对他们总是一本正经,连名字都不叫他们。殊不知,奥地利人不像美国人那样随便,见人就直呼其名。

5. 如何提高沟通效果

(1) 改进反馈机制。对于全球化经营企业,在母公司和世界各地子公司之间建立有效的反馈机制甚为重要。这种机制既包括面对面会谈、电话交谈和电子邮件等人际沟通方式,也包括汇报、预算、计划等方式。

(2) 加强语言培训。为了提高全球化经营企业母公司经理人员的沟通效果,必须对海外子公司经理人员加强语言技能的培训。在这方面,提高英语会话和书面语言能力首当其冲。除此之外,还要学习驻在国当地语言。

(3) 加强与文化因素有关的培训。从事全球化经营的企业要加强对其海外子公司经理人员的文化背景方面的培训,让他们尽快适应当地的文化环境,避免文化巨大差异带来的负面影响,提高心理承受能力。为了提高海外子公司人员沟通的有效性,母公司应根据不同国家文化环境特点,因地制宜地制定培训计划。

10.4 案例与讨论

10.4.1 员工为什么要辞职

赵川成、刘万溪、卢云海、何茹波大学毕业后,进入一家驻上海的美资软件企业工作,目前主要从事一个中型软件项目的研发工作,他们的顶头上司是美方的项目经理杰克。因为项目时限马上要到了,5人经常一起加班加点赶工期,关系还比较融洽。一天晚上9点,他们终于提前完成了任务,杰克提议去附近的一家餐厅吃夜宵,这个提议很快得到大家的积极响应。餐毕,杰克招呼餐厅服务生过来买单,“一共是496元,我付100元”,他一边看着账单说,一边打开皮夹,从一叠百元大钞中抽出一张面值100元的纸币放在托盘上,原本没意料到要付钱的赵川成、刘万溪大梦初醒,一下子反应过来,赶紧掏出钱包,捏着5张百元纸币争着买单,最终还是赵川成一人掏出了400元纸币,加上杰克执意要出的100元,结了账。

此事之后不久,赵川成、刘万溪就相继辞职了。杰克一直在思索他们辞职的原因。

案例讨论

1. 请就本案例,分析同一母国的地域文化差异如何影响管理实践。
2. 为了应对这些文化差异,管理者必须采取哪些措施?
3. 如果组织不承认这些文化差异,又将会产生什么后果?

10.4.2 海尔的跨文化人力资源管理

1999 年是海尔确定的“全球化年”。在这一年中,海尔最大的一步莫过于在美国独资建厂。1999 年 4 月 30 日,海尔开始在美国南卡罗来纳州的坎登(Camden)建设它在北美的第一个家用电器的生产基地。当时,张瑞敏担心在美国建厂的困难就是海尔的管理会不会为外国人所接受,因为中美有文化差异——美国的工会、美国的工人本来对中国就有一些敌视或者有一些误解,都可以误打到海尔的头上。而当时海尔采用的办法的就是借鉴——包括中国企业在美国的失败教训,以及其他外国企业在那里的成功经验。

在一次访谈中,张瑞敏被问及美国的海尔如何协调并实现产品设计、生产和销售的当地化。张瑞敏坦言,在美国的海尔,部门领导与自己的成果挂钩,海尔在美国的工厂雇的就是美国当地人。海尔对美国的雇员是有指标要求的,并不是他们完成了多少销售额就可以了,而是要在美国建立信誉、建立网络。在美国成立了美国海尔贸易公司,经理有 25 万美金的年薪,而且这仅仅是底薪,做的好的话还有加薪的机会。张瑞敏说:"我付出这么大的代价,你要我的钱,我要我的效果,你必须能拿出效果供我考核。"

海尔的全球化理念正在一步步的向前推进,而世界各地的海尔也正积极的进行着本地化的改良。张瑞敏在接受记者访问时谈到:“海尔在海外的本地化一定要跳出产品的概念,海尔的目标就是要做到在当地融资、在当地融智”。海尔认为真正的国际化应该是当地融智,也就是说人力资源应该主要用当地的,因此美国海尔的员工都是美国当地人。张瑞敏做了有关美国和日本公司的比较,发现美国公司往往会比较成功的进行国际化,其原因是日本公司很难接受外来人,而美国公司则敢于让当地的员工放手大干。海尔在美国建厂好比是播下了一粒种子,通过人力资源的本地化,海尔希望实现的不仅仅是一个产品的移植,而是在当地扎下了根,并成长为茂密森林的海尔。

跨国公司在中国的成功给张瑞敏很大的启发。他说:“在海外不管有多少公司和工厂,关键是能不能做到利用当地的资本,利用当地的人力资源,也就是能不能在当地融资、融智。能够做到这一点才是真正的国际化企业,如果不能够做到,不管你设立多少工厂,那仅仅是在海外拥有很多工厂的一个企业”。

张瑞敏看重思维的国际化、行动的当地化,这可以从宏观的发展和具体运作这两个层面来分析。

贾迈尔和亚默瑞是海尔遍布海外的经理人队伍中的两位代表性人物。目前,海尔在全球的设计中心、制造工厂、营销网络,聘用的大都是当地化的人才,随着海外业务的拓展,已经形成了一支海尔的全球经理人队伍,为海尔加速成为国际知名品牌打下了坚实的基础。

对于国内欲向海外投资的企业来说,首先感到困难的,是缺乏高水准的跨国经营人才。在此问题上,我国多数投资企业都是从国内派遣相当多的人员前往海外子公司,实行“大包大揽”,这就容易产生两方面的问题,一是派出人员因待遇问题而“跳槽”不归,二是派出人员全盘把持企业管理,影响当地员工积极性和市场开拓的深入程度,并最终影响企业的收益。

为了实现自己的理想,海而采取了最具灵敏度的机制。许多在美国的日本公司基本上是通过由总部选派的经理人开展管理的,而海尔美国贸易公司却是由海尔总部以控股的方式与贾迈尔的贸易公司共同投资成立的。说明其中的原因时，海尔认为："只有喝美国咖啡长大的人，才能调出地道的美国咖啡"。更重要的是，总部对贾迈尔表示，海尔所要做的只是制定业务发展战略，在美国的经营完全由有当地产业经验和开拓能力的贾迈尔决定。他和他的美国伙伴得到了很大的自主权，由他们来推销品牌，并争取新客户。贾迈尔的热情空前高涨，他说："打造一个品牌，维护一个品牌并创造一个市场，需要一生奋斗。"

海尔美国贸易公司内没有一个中国雇员。贾迈尔说："我认为我们就是一家美国公司"。当然薪水也是按照美国标准。在这方面海尔集团舍得投资。张瑞敏认为，雇用当地人管理海外企业，实行管理人力当地化政策，总体上对母公司来说，是十分划算的。虽然付给外国管理人才的薪金，要远远高于国内，但通过综合比较与权衡，也只有符合东道国的薪金，才能雇用到合适的当地人才，而当地人利用其自身的优势为企业创造的价值，则是中方管理人员难以达到的。海尔在美国的生产中心虽然是海尔的独资企业，但目前除了几个中国派去的人员外，其主要管理人员也都是美国人。

海尔集团从踏出国门之初，就努力朝着管理当地化的方向发展。管理当地化首先就是人力资源的当地化，也就是张瑞敏所说的"融智"，这对于实现"海尔本土化"具有重要的意义，也是海尔全球化的重要内容与途径。从1998年确定全球化战略后，海尔在海外工作的经理人已经有四五百人。这一点，是一般的中国企业很难达到的。

人的本土化是最根本最深刻的本土化，需要足够的勇气和胆量。本地人才管理本地企业，是全球化战略实施过程中，对企业组织行为和人力资源配置管理的一项基本要求。知名跨国企业早就开始聘用既有工作经验又有管理才能的本地经理人。原因很简单，在一个国际化公司进行本地化实践的过程中，不得不考虑与本地文化相结合的问题。市场和所处的政治文化法律等环境具有本地属性，员工、客户、合作伙伴和供应商大多也是本地化的。跨国企业要在本地市场参与竞争，离不开对当地消费文化的了解和把握，在这方面，本地化的管理人才显然更有优势。

在谈到国际化的最大障碍时，张瑞敏认为对于海尔来说，再往前走的最大制约因素是人才，国际性的大企业需要综合素质很高的人才，而海尔目前的人力资源结构还远远不够合理和丰富。为提高人员的素质，海尔一方面整合全球人力资源，一方面加快培养自己的内部人才，海尔兴建海尔大学和海尔国际培训中心，一个重要目的就是培养自己的国际化人才。

任何企业都诞生在本地，无天生或固有的全球化公司。全球化企业的本地化，其根本特征表现在企业的文化之中。任何一个企业在拓展到境外时，都要融合本地的文化，而本地员工要吸收外来企业的文化。归根到底，只有融合世界各地的本地化特征才能形成企业的全球化文化。

为了加快国际化进程，海尔的做法是，先把"洋人""海尔化"，再由"海尔化"了的"洋人"来实现海尔国际化的目标。这其中的关键是怎样才能使"洋人""海尔化"——海尔以企业文化为核心，通过各种形式让他们认同海尔的价值观。

海尔运作庞大的海外网络系统，主要依靠"洋经理"，很少从青岛本部派人。如何保证系统有效率同时又不失控，除了组织创新设计和报酬制度安排外，张瑞敏的办法很简单，利用海尔文化进行融合。

一年一度的全球经理人年会，若干次地区经理人会议，充分交流达至文化认同。2001年2月11日至13日，海尔集团在青岛召开首届“全球经理人年会”，张瑞敏为本次年会设计的宗旨是“互动、发展、创新”。据称在中国，召开全球经理人会议的企业，海尔为首家。这次会议海尔一下拿到5亿美元的订单，但张瑞敏说：“订单是必然的结果，更重要的是通过互动、沟通，让海尔全球经理人在企业文化及经营理念方面达成共识”。在第一届年会上，海尔的30多个事业部长带着精干的助手，展示各事业部最新的产品或最新的技术成果，邀请来自全球的经理人鉴赏、评判。不同肤色、讲不同语言的人们，有的穿梭于新样品之间，有的全神贯注的研究问题。在海尔这个“年会”的日程表上，没有“洽谈、订货”的字眼，现场也听不到翻译们译出讨价还价的激烈语言，海尔将这种完全自由的交流称为“互动”——商商互动、技商互动、工商互动。全球海尔经理人年会也是海尔对全球经理人的文化培训会。最大的特点是，海尔的培训是互动的。海尔文化感染着每一位海尔的海外经理人，而海外海尔经理人的经验和信息对国际化经验尚不丰富的海尔来说也是一笔很大的财富。2002年，第二届年会转至纽约召开。

经过这样的交流，海外经理人与海尔的关系不是简单的你买我卖，不是低层次的讨价还价，而是构成了共同发展的关系。国内与国外经理人互动，通过沟通、碰撞达到更高层次的融通，大家搭建一个海尔，共享一个世界名牌的平台。全球海尔经理人都能认同一点，就是要把海尔企业文化与世界各地的文化相融合，在更大的市场空间里，让更多的人在接受海尔文化的同时接受海尔的产品。

美国海尔贸易公司总裁贾迈尔、欧洲海尔贸易公司总裁亚默瑞，现在都成了地道的海尔人。贾迈尔说：“我爱海尔，它带给我永远创新的精神”。一家销售额60亿美元的著名经销商曾主动拜访贾迈尔，希望他为他们工作，并威胁他不要再为海尔推销产品。贾迈尔回答说：“我是一个小经销商，如果不是海尔，我连见到你都是不可能的事”。由此更加坚定要与他们争夺市场的信心。

亚默瑞起初在欧洲一家著名的跨国公司工作，后来成立了自己的公司，专为GE、惠尔浦和西门子等名牌家电做销售代理，于1998年加入海尔。亚默瑞的工作方式和工作作风都已经“海尔化”了——节奏紧张，分秒必争，与市场保持“零距离”。他说：“钱对我不重要，我给海尔干，不是为了钱。我没有孩子，没有人继承我的财产。我看重的是海尔的事业”。以前，每到冬天，57岁的亚默瑞都会去滑雪。在做了海尔的经理后，他改变了冬天滑雪的习惯。别人很奇怪，一问他才知道，原来他是怕滑雪时万一摔伤了耽误海尔的工作。一个年过半百的外国人，如果没有一个使他自身价值得到体现的氛围，金钱的力量是很难促使他做到这点。贾迈尔和亚默瑞这样的经理人，都是被海尔文化所感召，在海尔找到了创业的感觉。

海尔还十分注意文化的仪式感。2001年6月17日，来自全球65个国家的360多名海尔海外经销代表与张瑞敏、杨绵绵一起，在海尔合欢林举行五大洲海尔挂牌仪式。标有海尔旗和世界地图标志的美洲海尔、欧洲海尔、亚太海尔等各大洲铜牌挂在了合欢树上，寓意着全球海尔经理人与海尔的合作“合力为双，欢乐为赢”。这是海尔种植的首批“合欢树”。这360多名代表是从3000多名海外经销商中根据销售业绩挑选出来的，都是当地的“销售状元”。当他们看到自己所在国家的版图上种植的“合欢树”都非常兴奋。沙特海尔经理人激动地说:“海尔的发展一年比一年快、一年比一年好,希望合欢树快快长大,像双方的合作一样迅速成长!”海尔在美国建厂,除了市场的风险让大家担忧外,很多人认为海尔成功的关键还在于企业的文化是否能被美国员工所接受。因为,真正的国际化企业,其重要标志之一是它的文化能够跨越本土,仅仅有产品销售到海外,还不是完全意义上的国际化企业。文化摩擦是有成本的。在美国生产需要处理跨文化管理的问题,因为东方文化和西方文化存在着巨大的差异。在这个过程中,海尔不是迁就美国人,而是一定要美国人接受海尔的文化。为了防止新雇员和海尔的文化发生冲突,公司挑中的新手,要经过40小时的培训过程,才能够被录用。在工厂里海尔的文化在很多场合都得到了强化——海尔旗和美国国旗庄重地并挂在车间上方。“EXCELLENT PEOPLE PRODUCE EXCELLENT PRODUCTS”、“CUSTOMER IS ALWAYS RIGHT”等标语醒目而激人奋进。这里还有关于海尔早期创业史的照片。

海尔在坚持自己的企业文化的同时,也会根据美国的情况将其本地化。现在海尔在全球各地的工厂的车间里都有6S大脚印。在美国,开始有人接受不了,海尔的管理人员就和他沟通。最后把6S大脚印变成谁干的好谁站在上面,结果每个人都想站在上面。美国人喜欢突出个人价值,海尔在美国工厂的布告栏上贴了很多激励员工的照片。如果在中国,贴上员工个人的照片他会很高兴了,但在美国,这还不够,要贴上他全家的照片。表现出色的员工在胸前佩带笑脸的徽章。

案例讨论

1. 请就该案例分析,跨文化人力资源管理对海尔的全球化有什么帮助作用?
2. 你从上述海尔的跨文化人力资源管理案例中得到了什么启示?
3. 海尔跨文化人力资源管理的成功案例能否推广到我国其他跨国企业?为什么?

10.5 本章小结

跨文化人力资源管理是指对跨文化企业的人力资源管理，这在很多企业都在努力开拓国际化市场，进行国际化经营的今天具有重要意义。本章首先介绍企业文化的基本知识，跨文化冲突的含义及其主要表现，文化冲突的处理模式及其相互比较；然后说明了跨文化对人力资源管理所产生的影响，特别说明了跨国公司在进行跨文化管理中的主要问题，并介绍了部分国家人力资源管理的模式和特点；最后，本章介绍了跨国公司进行跨文化人力资源协调的主要对策，包括加强价值观的协调、加大员工本土化建设、识别和理解文化差异、强化跨文化培训、加强文化适应和变革，以及提高跨文化沟通技能等六个方面。

总之，通过本章学习，读者应了解跨文化人力资源管理中跨文化冲突的产生原因、表现形式以及协调对策；并掌握其中一些具体技能（例如不同文化之间的信息沟通技巧）。

10.6 思考与实践

一、思考题

1. 什么是企业文化？它可以分为哪几个层次？

2. 什么是跨文化冲突？它的主要表现有哪些？

3. 跨文化冲突的处理有哪几种模式？各有什么特点？

4. 跨文化对人力资源管理会产生哪些影响？

5. 如何加强跨国公司的员工本土化建设？

6. 跨国公司进行跨文化人力资源协调的主要对策有哪些？

7. 请说明跨文化知识培训的目的与主要内容。

8. 跨国公司在全球扩张中，如何加强自身的文化适应和变革？

二、实践环节

1. 案例搜集题

通过相关渠道，搜集一些不同文化之间的冲突实例，然后在同学们之间进行交流。

2. 角色模拟题

学生按3人一组进行分组，然后分别从以下场景中选择某一个角色，进行文字描述最后部分的"聊天"模拟练习，每个人说话的总时间要控制在2~5分钟之间。

根据工作需要，广州一家港资五星级饭店需招聘一个公关部经理助理。25岁的武汉女孩张海燕是本市某大学旅游管理专业的专科毕业生，身材高挑，五官端正，口齿伶俐，上学时已经通过了全国大学英语六级考试，上学期间曾在某家国内旅行社当过实习导游，并通过了导游证考试。毕业5年来，在某国际旅行社作过2年涉外导游和客户服务工作，在一家四星级饭店当过1年餐厅领班，在某房地产公司做过2年企划主管，有过许多成功的策划项目，但是在这家五星级饭店想应聘公关部经理助理，就是有一条不符合——"会粤语者优先"。在面试时，人力资源部经理张浩庭虽然很欣赏她，但对她不会说粤语表示遗憾。张海燕再三表示自己一定会利用一切机会和时间学好粤语，让饭店老板满意。最后张浩庭才勉强同意试试看。然而不久，张海燕发现并不能像原先所预计的那样很快胜任手头的工作，因为她总是需要别人"翻译"才能听懂一些老客户的话，公关部经理也对她未来能否留到这个岗位上表示怀疑。

听到这个信息后，人力资源部经理张浩庭决定叫上张海燕和公关部经理，三个人一块"聊一聊"。

3. 公开演讲题

以下是四个典型的跨文化人力资源管理问题，请同学们先抽签选择一个问题，然后进行5分钟的分析和评论，最后面向全体师生，脱稿进行3分钟的公开演讲练习。

1）一个外国投资者决定在中国低劳动力成本地区收购一工厂，收购之后发现，其生产过程需要技术非常熟练的工程师和技术人员，仅从当地人才市场不能得到满足要求。这样，时间的耗费、高额的培训费用和过多的境外人才支持使得原有的低成本竞争优势丧失殆尽。

2）一家德国公司新招入的中国分公司经理被派往德国总部进行工作培训，他说英语而德国培训方只能说一点点英语，而且所有的培训方针和资料都只有德文的。德方人员嘲笑这位中国人午餐时间进行午睡，吃饭发出声音和从来不问任何问题等等。最后德方总部认为这位中国经理缺少工作的兴趣和专业技能，应该解雇。他们撤消了应有的支持，并解雇了这位经理。

3）为了节省成本，西方跨国公司将其研发中心从欧洲迁到印度，而他们的主要工厂在中国。由于没有考虑建立中国和印度员工之间的沟通渠道，沟通不畅使得原有节省的成本被抵消。

4）德国的外派人员在被派往中国接管公司管理前已经就跨文化问题进行了培训，但中国的雇员在如何适应这位德国上司的问题上没有任何的培训。这样，他们的以后工作中发生了许多误解。

第 11 章 劳动关系管理

引例

公司这样扣款是否妥当?

张永杰打开公司发给他的《劳动合同续订意向书》,看见上面写道:"公司与你之间的劳动合同将于下月底期满。公司希望与你再续订为期 3 年的劳动合同,不知意下如何? 请慎重考虑后,告知人事部。"

张永杰作为某中外合资企业东北区销售经理,年轻有为,工作能力极强,其个人的销售额占东北区销售收入的 50%,因此,公司领导对他十分赏识,很希望与张永杰续订劳动合同。可是,由于另一公司已经向他发出正式邀请,因此张永杰不想继续续约。于是,他拨通了公司人事部经理的电话:"非常感谢公司对我的好意,但我已决定不与公司再续劳动合同了,请在我合同到期之前,为我办理离职手续。"人事部经理一听,张永杰的口气很坚决,也就没说挽留的话,立即安排有关人员,开始为张永杰办理工作交接。

随后,公司总经理肖明华对张永杰提出临走前的一个要求,让其在走之前的最后一个月,将他的销售客户中对公司尚有欠款的厂家列出清单,并尽可能再去催要,争取收回这些欠款。根据总经理肖明华这一要求,张永杰经过 30 多天的努力,收回了大部分欠款,只有一笔 3 万元的欠款没有收回,原因是这笔欠款来自辽宁省本溪市的一个小型企业,目前该企业的营业场所已经搬迁,张永杰在本溪反复寻找,也没找到这个企业的新地址,原来的联系人信息也已经更改,变更记录到了当地工商局也没有查到备案信息。无奈之下张永杰只好回来,将该企业的欠款情况及相关证据交给了公司总经理肖明华,同时建议,以后可以派人再去寻找并催要欠款。

总经理肖明华听完张永杰的汇报,说道:"因为是你向这家企业销售了产品,但最终却没把货款收回来,公司准备扣发你最后一个月的工资"。

张永杰解释说:"可我是因为劳动合同到期终止,不在公司继续工作了,才无法继续做这个收款工作,而且,我已经将详细的资料提供给公司,公司完全可以让其他人接替我的工作。"

而公司总经理肖明华反驳说:"但是从现在的情况看,将来找到这家企业并收回 3 万元欠款是将来的事情。收不回这笔欠款,就是公司的损失,而这个损失,就应该由你来赔偿。所以公司决定扣发你这月的工资。你不要觉得委屈,其实,只扣你一个月工资,没让你赔款,已经是便宜你了。"

张永杰离开公司那天,公司果然扣发了他的当月工资。

点评:(1) 工资是劳动者通过劳动而依法获得的劳动报酬,企业扣发劳动者工资时必须有可靠的法律依据。(2) 本例子中的公司为了在买方市场中达到促销效果,采取了"先发货,后收款"的办法。因此,才出现了张永杰在离开公司之前,尚有他销出的产品未收回货款的现象。显然,这是公司经营策略造成的后果,不应由张永杰一人单独承担责任。(3)张永杰与公司的劳动合同到期,属于合同的自然终止,张永杰在离职前已经尽职尽责地完成了追款的工作。综上分析,可以看出,公司以张永杰造成了3万元的损失为理由扣发他的当月工资,既没有事实依据,也没有法律依据,完全是一种侵犯张永杰合法权益的行为。本例之所以形成最终的处理结果,是因为该公司没有很好地处理劳动关系管理。

学习目标

通过本章的学习,读者应该能够:

- □ 熟悉劳动关系的基本概念和内容
- □ 掌握劳动合同管理的主要办法
- □ 理解集体劳动合同的含义与管理
- □ 了解职工民主管理的主要形式
- □ 熟悉劳动争议的主要解决途径

11.1 劳动关系概述

学习劳动关系管理,首先必须了解劳动关系的基本知识。本节介绍劳动关系的含义与内容,劳动关系双方的权利和义务,处理劳动关系的原则,以及改善劳动关系的途径。

11.1.1 劳动关系的含义

劳动关系,在西方国家又称为"劳资关系",是指劳动者与用人单位(即劳资之间)在劳动过程中发生的关系。劳动关系经劳动法规范和调整后便形成劳动法律关系。依据劳动法律法规形成和调整的劳动法律关系,由主体、客体和内容三个要素组成。劳动关系的主体包括劳动者和劳动者所在的用人单位两个方面。劳动关系主体的劳动权利和劳动义务共同指向的事物是劳动关系的客体,如劳动时间、劳动报酬、劳动环境、劳动纪律、安全卫生、福利保险等。劳动关系主体双方依法享有的权利和承担的义务是劳动关系的内容。

11.1.2 劳动关系的内容

劳动关系的基本内容包括劳动者与用人单位之间在工作时间、休息时间、劳动报酬、劳动安全与劳动卫生、劳动纪律与奖惩、劳动保险、职业培训等方面形成的关系。

此外,还有很多与基本劳动关系密不可分的其他关系也经常纳入劳动关系的范畴,例如劳动行政部门与用人单位之间的关系,劳动者在劳动就业、劳动争议和社会保险等方面与用人单位之间的关系,工会与用人单位、职工之间履行工会的职责和职权,代表和维护职工合法权益所发生的各种关系等。尤其是工会,作为职工利益的代表者,在劳资关系中起着重要的作用,劳资关系的主要问题经常体现在组织管理层和工会之间的关系上。

11.1.3 劳动关系双方的权利和义务

劳动者和用人单位共同构成劳动关系双方的主体,他们享有如下的权利和义务。

劳动者拥有的主要权利包括：平等就业、选择职业的权利，合理取得劳动报酬的权利，享有休息和休假的权利，获得劳动安全卫生保护的权利，接受职业技能培训的权利，享受社会保险和社会福利的权利，提请劳动争议处理以及法律规定的其他权利。

劳动者的主要义务包括：一是按时、保质、保量地完成任务，认真作好本职工作；二是积极参加职业培训，提高业务能力和操作技能；三是执行劳动安全卫生规程，保证劳动安全生产；四是遵守劳动纪律和职业道德，严格执行用人单位劳动规则和行为准则，服从用人单位的劳动管理；五是严格履行用人单位的保密规定，避免用人单位的经济损失。

用人单位的主要权利有：录用、调动和辞退职工；决定企业的机构设置；任免企业干部；制定报酬体系；依法奖惩员工等。

用人单位的主要义务有：依法录用、分配、安排员工工作；保障工会和职代会行使权利；依法支付劳动报酬；开展员工教育培训；改善劳动条件等。

11.2 劳动合同管理

劳动合同管理是劳动管理中的核心工作与基础工作。本节重点介绍劳动合同的含义、特点和主要内容，并介绍一般合同管理的具体知识，以及集体合同的概念与管理办法。

11.2.1 劳动合同的含义与特点

1. 劳动合同的含义

劳动合同是指劳动者与用人单位确立劳动关系、明确双方权利和义务的协议。订立劳动合同的目的是为了在劳动者和用人单位之间建立劳动法律关系，规定劳动合同双方当事人的权利和义务。劳动者和用人单位签订劳动合同时的法律地位平等。但在劳动合同履行过程中，劳动者必须参加到用人单位的劳动组织中，担任一定职务或工种、岗位的工作，服从用人单位的领导和指挥，遵守用人单位的劳动纪律、内部劳动规则和各项规章制度等，同时享有用人单位的工资、劳动保险和福利待遇。

2. 劳动合同的特点

(1) 劳动合同的主体具有特定性。

劳动合同的主体一方是自然人，即劳动者，另一方是法人或非法人经济组织，即用人单位。作为劳动合同主体的劳动者必须是年满 16 周岁以上、有就业要求、具有劳动能力的人；用人单位包括企业、个体经济组织以及与劳动者建立劳动合同关系的国家机关、事业组织、社会团体等录用职工的单位。用人单位必须依法成立，能为劳动者提供符合国家规定的劳动或工作条件、支付劳动报酬、缴纳社会保险费，并能承担相应的民事责任。

(2) 劳动合同属于双务合同。

由于劳动法律关系是双务关系，故劳动合同属于双务合同，即劳动合同主体既是权利主体，又是义务主体，任何一方在自己未履行义务的条件下，无权要求对方履行义务。

(3) 劳动合同属于法定要式合同。

要式合同是指必须具备特定的形式或履行一定手续方能具有法律效力的合同；由法律直接规定的要式合同则是法定要式合同。我国劳动法规定，劳动合同应当以书面形式订立，劳动合同必须具备法定条款等。上述法律规定使劳动合同成为法定要式合同。

11.2.2 劳动合同的内容与格式

人力资源部门起草劳动合同,必须掌握劳动合同的内容与格式。劳动合同的内容是指当事人双方经过平等协商所达成的关于权利和义务的条款,包括必备条款和约定条款。劳动合同的格式,一般都由劳动保障部门针对不同对象设有相应范本,只需直接填写即可。

1. 必备条款

必备条款也叫法定条款,是依据法律规定,劳动合同中双方当事人必须约定的条款。没有必备条款,劳动合同不成立。我国《劳动合同法》规定,劳动合同应具备以下条款:

(1) 用人单位的名称、住所和法定代表人或者主要负责人。

(2) 劳动者的姓名、住址和居民身份证或者其他有效身份证件号码。

(3) 劳动合同期限。劳动合同期限是指劳动合同规定的双方当事人权利义务的有效时间,分为三种:一是有固定期限的劳动合同,这种劳动合同由当事人在订立劳动合同时明确约定合同生效和终止的时间,也称定期劳动合同。二是无固定期限的劳动合同,这种劳动合同没有明确约定合同终止日期,在正常履行劳动合同的情况下,劳动者可以一直工作到退休。三是以完成一定工作为期限的劳动合同,是一种特殊的定期劳动合同,双方当事人把完成某项工作任务作为劳动合同的存续期间,约定工作任务完成后合同就可以终止。

(4) 工作内容信息。工作内容是指劳动者应当为用人单位提供的劳动,即承担何种工作或职务,包括工种和岗位、工作地点和场所、工作时间和休息休假方式、工作的数量、质量标准。其中关于工作的数量、质量标准,若不宜具体规定,作出原则性规定即可。

(5) 劳动报酬。劳动报酬是指用人单位根据劳动者劳动的数量和质量,以货币形式支付给劳动者的工资。此项条款应明确员工适用的工资制度、工资支付标准、支付时间、支付周期、工资计算办法、奖金津贴获得条件和标准。如有必要,还可以明确加班加点工资的计算办法、支付时间以及下岗待工期间的工资待遇等。工资标准不得低于当地最低工资标准,同时也不得低于本单位集体合同规定的最低工资标准。

(6) 社会保险。社会保险是国家通过立法建立的、对符合法定条件的劳动者在其生育、养老、疾病、死亡、伤残、失业以及发生其他生活困难时,给予物质帮助的制度。本项条款应明确双方当事人各自的社会保险缴费项目、缴费标准和缴费办法等。

(7) 劳动保护和劳动条件。劳动保护是指用人单位为保障劳动者在劳动过程中的安全和健康,防止工伤事故和预防职业病的发生,所应采取的技术措施和组织措施。劳动条件是指为完成工作任务应由用人单位提供的、不得低于国家规定标准的必要条件。具体的生产工作条件应当包括工作班制、劳动工作条件、劳动工具、生产工艺流程、安全操作规程、安全卫生制度、健康检查、女工及未成年工特殊保护和伤亡事故处理制度等。

(8) 劳动纪律。劳动纪律是指劳动者在劳动过程中必须遵守的规则和秩序,包括国家法律、行政法规规定的规则和用人单位按照合法的程序制定的内部劳动规则。

(9) 劳动合同终止的条件。劳动合同终止的条件是指导致或引起合同关系消灭的原因,包括法定终止条件和约定终止条件。合同期限届满、约定义务完成属于法定终止条件;约定终止条件,即双方当事人根据各自的实际情况,经与对方协商一致,将定情形的发生作为合同终止的法律事实,当约定的事实出现时,劳动合同自行终止。

(10) 违反劳动合同的责任。劳动合同应当明确约定一方当事人违反劳动合同的规定给对方造成损失时，应承担的法律后果。

（11）法律、法规规定应当纳入劳动合同的其他事项。

2. 约定条款

劳动合同中除了前面介绍的必备条款外，用人单位与劳动者还可以约定试用期、培训、保守秘密、补充保险和福利待遇等补充性的约定条款。约定条款的内容只要合法，就同必备条款一样，对当事人具有法律约束力。一般常见的约定条款主要包括以下内容：

（1）试用期限。试用期是指劳动者和用人单位为相互了解、选择而约定的考察期，当事人分别用于考察劳动者是否符合录用条件、用人单位的劳动条件是否符合实际情况等。

> 依据我国劳动合同法，在试用期限方面必须满足有如下规定：
>
> - 以完成一定工作任务为期限的劳动合同或者劳动合同期限不满三个月的，不得约定试用期。
> - 劳动合同期限三个月以上不满一年的，试用期不得超过一个月；劳动合同期限一年以上不满三年的，试用期不得超过二个月；三年以上固定期限和无固定期限的劳动合同，试用期不得超过六个月。
> - 同一用人单位与同一劳动者只能约定一次试用期。
> - 试用期包含在劳动合同期限内。
> - 劳动合同仅约定试用期的，试用期不成立，该期限为劳动合同期限。

（2）培训。双方当事人可以约定培训的条件、培训期间的工资待遇、培训费用的支付方法、服务期限等。

（3）保密事项。劳动过程涉及用人单位的商业秘密的，当事人应当对有关保密事项加以明确规定，使之成为劳动者履行劳动合同的一项基本义务。

（4）保险和福利待遇。双方可根据法律法规的有关规定和企业的经营发展战略以及企业效益，选择协商确定补充养老、医疗等保险和适应企业特点的福利待遇。

（5）当事人协商约定的其他事项。劳动合同当事人的具体要求千差万别，如住房、班车、子女就学、安排家属工作等问题都可成为劳动合同的内容，这些内容只要不违反国家法律和行政法规的规定，一经双方商定，均为合法有效，对当事人具有法律约束力。

3. 拟定劳动合同的注意事项

为推行劳动合同制度，各地劳动行政部门一般都根据当地经济、文化发展的一般水平和企业管理的一般状况制定出适合当地的劳动合同示范文本 。但是对于不同类型、不同行业的劳动合同，劳动合同示范文本的部分条款可能与企业的实际情况有差距。故企业在使用示范文本作为订立劳动合同的基础时，必须要根据企业的实际情况进行修订和补充。

劳动合同的法定必备条款不可或缺。为使劳动合同当事人双方的权利和义务清晰界定，并具有操作性，逐款、详细规定必使劳动合同过于冗长，这时可以将企业依法制定的相关内部管理制度作为劳动合同的附件，通过附件的形式使劳动合同的相关内容具体化。

劳动合同各项条款的内容必须统一，不应存在内在的矛盾，否则该项条款极有可能成为无效条款而丧失其法律效力。例如，劳动合同的期限为三年，专项协议中的服务期限协议却为五年，或者约定了服务期限，同时又约定了试用期等。

4. **劳动合同的典型格式**

为推行劳动合同制度，各地劳动行政部门一般都设计劳动合同的示范文本，它可以作为用人单位拟订劳动合同的重要参考。这里的合同范本都可以从网上直接下载使用。

11.2.3 劳动合同的订立与变更

1. **劳动合同的订立**

关于劳动合同关系的订立，有如下的规定：

（1）建立劳动关系，应当订立书面劳动合同。已建立劳动关系，未同时订立书面劳动合同的，应当自用工之日起一个月内订立书面劳动合同。

（2）用人单位与劳动者在用工前订立劳动合同的，劳动关系自用工之日起建立。

（3）用人单位未在用工的同时订立书面劳动合同，与劳动者约定的劳动报酬不明确的，新招用的劳动者的劳动报酬按照集体合同规定的标准执行；没有集体合同或者集体合同未规定的，实行同工同酬。

（4）劳动合同签订时，必须确定好合同类型，从固定期限劳动合同、无固定期限劳动合同和以完成一定工作任务为期限的劳动合同三种中选择一种。

（5）下列劳动合同无效或者部分无效：

- 以欺诈、胁迫的手段或者乘人之危，使对方在违背真实意思的情况下订立或变更劳动合同的。
- 用人单位免除自己的法定责任、排除劳动者权利的。
- 违反法律、行政法规强制性规定的。
- 对劳动合同无效或者部分无效有争议的，由劳动争议仲裁机构或人民法院确认。

（6）劳动合同部分无效，不影响其他部分效力的，其他部分仍然有效。

（7）劳动合同被确认无效，劳动者已付出劳动的，用人单位应当向劳动者支付劳动报酬。劳动报酬的数额，参照本单位相同或者相近岗位劳动者的劳动报酬确定。

2. **劳动合同的履行与变更**

关于劳动合同的履行与变更，在劳动合同法中从二十九条到三十五条有如下几条规定：

- 用人单位与劳动者应当按照劳动合同的约定，全面履行各自的义务。
- 用人单位应当按照劳动合同约定和国家规定，向劳动者及时足额支付劳动报酬。用人单位拖欠或者未足额支付劳动报酬的，劳动者可以依法向当地人民法院申请支付令，人民法院应当依法发出支付令。
- 用人单位应当严格执行劳动定额标准，不得强迫或者变相强迫劳动者加班。用人单位安排加班的，应当按照国家有关规定向劳动者支付加班费。
- 劳动者拒绝用人单位管理人员违章指挥、强令冒险作业的，不视为违反劳动合同。劳动者对危害生命安全和身体健康的劳动条件，有权对用人单位提出批评、检举和控告。
- 用人单位变更名称、法定代表人、主要负责人或者投资人等事项，不影响劳动合同的履行。
- 用人单位发生合并或者分立等情况，原劳动合同继续有效，劳动合同由承继其权利和义务的用人单位继续履行。
- 用人单位与劳动者协商一致，可以变更劳动合同约定的内容。变更劳动合同，应当采用书面形式。变更后的劳动合同文本由用人单位和劳动者各执一份。

11.2.4 劳动合同的终止与续订

1. 劳动合同的终止

劳动合同的终止是指劳动合同关系的消灭,即劳动关系双方权利和义务的失效。

劳动合同终止分为两类,即自然终止和因故终止。

(1) 自然终止。属于自然终止的情形分别为:定期劳动合同到期;劳动者退休;以完成一定工作为期限的劳动合同规定的工作任务完成,合同即为终止。当上述条件出现时,劳动合同就可以终止,但在实际操作中,习惯上应提前30天通知。

(2) 因故终止。属于因故终止的情形分别为:劳动合同约定的终止条件出现;劳动合同双方约定解除劳动关系或一方依法解除劳动关系;劳动关系主体一方消灭(企业破产或劳动者因故死亡);不可抗力导致劳动合同无法履行(战争、自然灾害等);劳动争议仲裁机构的仲裁裁决、人民法院判决亦可导致劳动合同终止。

劳动合同依法终止时,用人单位应同时一次性付清劳动者工资,依法办理相关保险手续;用人单位依法破产时,应将劳动者工资列入破产清偿顺序,首先支付劳动者工资。

2. 劳动合同的续订

劳动合同的续订是指有固定期限的劳动合同到期,双方当事人就劳动合同的有效期限进行商谈,经平等协商一致而续延劳动合同期限的法律行为。劳动合同续订的原则与订立劳动合同的原则相同。提出劳动合同续订要求的一方应在合同到期30日前书面通知对方。续订劳动合同不得约定试用期。我国劳动法规定,劳动者在同一用人单位工作满10年,双方同意续延劳动合同的,劳动者提出订立无固定期限的劳动合同的,用人单位应当与之订立无固定期限的劳动合同。有固定期限的劳动合同,期限届满既未终止又未续订,劳动者与用人单位仍存在劳动关系的,视为续延劳动合同,用人单位应当与劳动者续订劳动合同。当事人就续延劳动合同的期限达不成一致意见的,其期限从签字之日起不得少于一年,或者按原条件履行。

11.2.5 劳动合同的解除与经济补偿

1. 劳动合同的解除

用人单位与劳动者协商一致,可以解除劳动合同。解除劳动合同需要遵循以下原则:

(1) 劳动者提前三十日以书面形式通知用人单位,可以解除劳动合同。

(2) 劳动者在试用期内提前三日通知用人单位,可以解除劳动合同。

(3) 用人单位以暴力、威胁或者非法限制人身自由的手段强迫劳动者劳动的,或者用人单位违章指挥、强令冒险作业危及劳动者人身安全的,劳动者可以立即解除劳动合同,不需事先告知用人单位。

(4) 用人单位有下列情形之一的,劳动者可以解除劳动合同:

- 未按照劳动合同约定提供劳动保护或者劳动条件的;
- 未及时足额支付劳动报酬的;
- 未依法为劳动者缴纳社会保险费的;
- 用人单位的规章制度违反法律、法规的规定,损害劳动者权益的;
- 法律、行政法规规定劳动者可以解除劳动合同的其他情形。

(5) 劳动者有下列情形之一的,用人单位可以解除劳动合同:

- 在试用期间被证明不符合录用条件的;
- 严重违反用人单位的规章制度的;
- 严重失职,营私舞弊,给用人单位造成重大损害的;
- 劳动者同时与其他用人单位建立劳动关系,对完成本单位的工作任务造成严重影响,或者经用人单位提出,拒不改正的;
- 被依法追究刑事责任的。

(6) 有下列情形之一的,用人单位提前三十日以书面形式通知劳动者本人或者额外支付劳动者一个月工资后,可以解除劳动合同。

- 劳动者患病或者非因工负伤,在规定的医疗期满后不能从事原工作,也不能从事由用人单位另行安排的工作的;
- 劳动者不能胜任工作,经过培训或者调整工作岗位,仍不能胜任工作的;
- 劳动合同订立时所依据的客观情况发生重大变化,致使劳动合同无法履行,经用人单位与劳动者协商,未能就变更劳动合同内容达成协议的。

(7) 劳动者有下列情形之一的,用人单位不得解除劳动合同。

- 从事接触职业病危害作业的劳动者未进行离岗前职业健康检查,或者疑似职业病病人在诊断或者医学观察期间的;
- 在本单位患职业病或者因工负伤并被确认丧失或者部分丧失劳动能力的;
- 患病或者非因工负伤,在规定的医疗期内的;
- 女职工在孕期、产期、哺乳期的;
- 在本单位连续工作满十五年,且距法定退休年龄不足五年的;
- 法律、行政法规规定的其他情形。

(8) 用人单位单方解除劳动合同,应当事先将理由通知工会。用人单位违反法律、行政法规规定或者劳动合同约定的,工会有权要求用人单位纠正。用人单位应当研究工会的意见,并将处理结果书面通知工会。

2. 劳动裁员的规定

(1) 有下列情形之一,需要裁减人员二十人以上或者裁减不足二十人但占企业职工总数百分之十以上的,用人单位提前三十日向工会或者全体职工说明情况,听取工会或者职工的意见后,裁减人员方案经向劳动行政部门报告,可以裁减人员:

- 依照企业破产法规定进行重整的;
- 生产经营发生严重困难的;
- 企业转产、重大技术革新或者经营方式调整,经变更劳动合同后,仍需裁减人员的;
- 其他因劳动合同订立时所依据的客观经济情况发生重大变化,致使劳动合同无法履行的。

(2) 裁减人员时,应当优先留用下列人员:

- 与本单位订立较长期限的固定期限劳动合同的;
- 与本单位订立无固定期限劳动合同的;
- 家庭无其他就业人员,有需要扶养的老人或者未成年人的。

(3) 用人单位依照本条第一款规定裁减人员,在六个月内重新招用人员的,应当通知被裁减的人员，并在同等条件下优先招用被裁减的人员。

3. 经济补偿金的核算

经济补偿金是指企业依据国家有关规定或劳动合同约定，在同员工解除劳动合同时以货币形式直接支付给职工的劳动报酬。劳动法和劳动合同法中都有经济补偿金的条款。

1994 年劳动部颁发的违反和解除劳动合同的经济补偿办法中的规定有：

- 第二条 对劳动者的经济补偿金，由用人单位一次性发给。
- 第五条 经劳动合同当事人协商一致，由用人单位解除劳动合同的，用人单位应根据劳动者在本单位工作年限，每满一年发给相当于一个月的经济补偿金，最多不超过十二个月。工作时间不满一年的按一年的标准发给经济补偿金。
- 第十条 用人单位解除劳动合同后，未按规定发给劳动者经济补偿金的，除全额发给经济补偿金外，还须按该经济补偿金数额的百分之五十支付额外经济补偿金。

2008 年 1 月 1 日起开始实行的劳动合同法有如下规定：

第四十七条 经济补偿按劳动者在本单位工作的年限，每满一年支付一个月工资的标准向劳动者支付。六个月以上不满一年的，按一年计算；不满六个月的，向劳动者支付半个月工资的经济补偿。劳动者月工资高于用人单位所在直辖市、设区的市级人民政府公布的本地区上年度职工月平均工资三倍的，向其支付经济补偿的标准按职工月平均工资三倍的数额支付，向其支付经济补偿的年限最高不超过十二年。本条所称月工资是指劳动者在劳动合同解除或者终止前十二个月的平均工资。

第八十五条 逾期不支付的，责令用人单位按应付金额百分之五十以上百分之一百以下的标准向劳动者加付赔偿金。

11.2.6 集体劳动合同及其管理

集体合同是指集体协商双方代表根据劳动法律法规的规定，就劳动报酬、工作时间、休息休假、劳动安全卫生、保险福利等事项，在平等协商一致的基础上签订的书面协议。

集体合同根据代表的范围不同，分为基层集体合同、行业集体合同、地区集体合同等。在 2008 年 1 月 1 日开始实施的劳动合同法中，关于集体劳动合同有如下规定。

- 企业职工一方与用人单位通过平等协商，可以就劳动报酬、工作时间、休息休假、劳动安全卫生、保险福利等事项订立集体合同。集体合同草案应当提交职工代表大会或者全体职工讨论通过。集体合同由工会代表企业职工一方与用人单位订立；未建立工会的单位，由上级工会指导劳动者推举的代表与用人单位订立。
- 企业职工一方与用人单位可以订立劳动安全卫生、女职工权益保护、工资调整机制等专项集体合同。在县级以下区域内，建筑业、采矿业、餐饮服务业等行业可以由工会与企业方面代表订立行业性集体合同，或者订立区域性集体合同。
- 集体合同订立后，应当报送劳动行政部门。劳动行政部门自收到集体合同文本之日起十五日内未提出异议的，集体合同即行生效。依法订立的集体合同对用人单位和劳动者具有约束力。行业性、区域性集体合同对当地本行业、本区域的用人单位和劳动者具有约束力。
- 集体合同中劳动报酬和劳动条件等标准不得低于当地人民政府规定的最低标准；用人单位与劳动者订立的劳动合同中劳动报酬和劳动条件等标准不得低于集体合同规定的标准。
- 用人单位违反集体合同，侵犯职工劳动权益的，工会可以依法要求用人单位承担责任；

因履行集体合同发生争议,经协商解决不成的,工会可以依法申请仲裁、提起诉讼。

11.3 职工民主管理

职工代表大会和工会是我国员工参与民主管理的主要途径,本节介绍其相关知识。

11.3.1 职工民主管理的形式

职工民主管理,就是指企业的职工通过一定的途径,采用一定的方法,按照设定的形式,对企业的未来发展、相关事项、重大决策,以及其他关系职工利益的内容发表个人意见。

在我国,职工民主管理的形式主要有以下几种:职工代表大会、企业工会、企务公开(包括厂务公开、校务公开、医务公开等不同组织的相关其他概念)、平等协商和集体合同以及职工董事和职工监事等。在这几种形式中,企务公开是前提和基础;职工如果对企业的相关事务都不知情,则参与民主管理就无从谈起。企务公开也是现代企业制度的题中应有之义,它与现代企业制度所要求的公开、公正、透明的原则是完全一致的。

企务公开是指涉及企业生产经营管理、职工切身利益、干部廉政自律等重大事项,通过职工代表大会这一基本形式和其他形式,向职工公开。实行企务公开,就是要尊重和保障职工群众的民主权利,切实加强职工民主管理和民主监督,有效地调动职工群众当家作主的积极性,凝聚职工群众的智慧和力量,促进企业的改革、发展和稳定。

阅读材料

厂务公开要把好"六关"

厂务公开要真正做好和寻求最佳效果,需切实把好"六关"。

其一,时间及时关。为做到公开及时性,对有的事项需在决策运作的过程中,及时地作出相应的公开。

其二,内容全面关。把企业重大决策、生产经营管理、涉及职工切身利益方面的事项、与领导班子建设和党风廉政建设密切相关的问题,如实地予以公开。

其三,公开真实关。如果把厂务公开当成应付上级检查的差事,这项工作也就没有什么实际意义了。

其四,清晰明白关。对应该公开的事项用方便、快捷、有效的方式公开,不要让职工"雾里看花"。

其五,程序合法关。应该依法召开职代会,审议、通过和公开一些重要事项,同时还可采取厂务公开栏、企业内部网站等其他形式予以公开。

其六,反馈落实关。对职工提出的合理化建议,要及时采纳并尽快整改,确保厂务公开的质量和效果。

职工董事、职工监事是指由职工代表大会或职工民主管理大会民主选举产生,依照法律程序进入董事会、监事会,代表职工行使决策和监督权利的职工代表。职工董事、职工监事制度的建立是建立现代企业制度的客观要求,是职工代表大会制度的延伸和发展,是公司制企业实行民主决策、民主管理和民主监督的必要途径。

平等协商和集体合同制度是一项重要的劳动法律制度。我国《劳动法》、《劳动合同法》和修改后的《工会法》,都对这项制度作了明文规定。其中,关于集体合同的相关知识在上一节已经进行了介绍。由工会代表职工与用人单位就劳动报酬、工作时间、休息休假、劳动安全卫生、保险福利和涉及劳动关系的其他问题进行平等协商,签订集体合同,可以把国家劳动法规确定的各个单项的劳动标准、劳动条件和劳动者的其他合法权益,结合企业的实际情况具体化,并综合起来加以规范,从整体上实现对职工劳动权益的维护。

11.3.2 职工代表大会

职工代表大会是企业实行民主管理的基本形式,是职工民主管理的权力机构。

1. 职工代表大会的主要任务

职工代表大会的主要任务是:贯彻执行党和国家的方针政策;正确处理国家、企业和职工之间的利益关系;贯彻实施劳动法等相关法律法规,促进企业民主和法制建设。

2. 职工代表大会的基本权利

根据相关法规对职工代表大会权力的规定,职工代表大会拥有以下五项基本权利:

(1) 听取和审议企业的经营方针、长远规划、年度计划、基本建设方案、重大技术改造方案、职工培训计划、留用资金分配和使用方案,并可以提出相关的意见和建议。

(2) 审查企业的工资调整方案、奖金分配方案、劳动保护措施、奖惩办法以及其他重要的规章制度,并可以给出同意或者否决的结论。

(3) 审议决定职工福利基金使用方案以及其他有关职工生活福利的重大事项。

(4) 评议、监督企业各级行政领导干部,提出奖惩和任免的建议。

(5) 根据政府主管部门的决定选举企业决策层领导,并报政府主管部门批准。

3. 职工代表大会的组织制度

(1) 代表产生。基层单位职工代表根据民主集中制原则和法定程序直接选举产生。基层单位领导代表一般为总代表的五分之一。代表选举一般两年一次,可以连选连任。

(2) 工作机构。职工代表大会代表的工作机是企业的工会委员会,企业工会委员会负责职工代表大会的日常工作。职工代表大会由主席团主持会议,主席团由选举产生,其中企业领导人数不超过一半。职工代表大会机构的主要任务是审议代表的提案,检查监督职工代表大会的决定执行和提案处理情况。

(3) 民主集中管理制度。职代会会议通常是两年一届,每年两次以上会议,每次需要三分之二以上代表参加。职代会的决议和选举必须全体代表半数以上通过才能生效。

11.3.3 企业工会

工会是职工自愿结合的工人阶级的群众组织,它依照宪法和法律的规定行使民主权利,通过各种途径和形式,参与管理国家事务,管理经济和文化事业,管理社会事务。在中国境内的企、事业单位和机关中以工资收入为主要生活来源的体力和脑力劳动者,不分民族、种族、性别、职业、宗教信仰、教育程度,都有依法参加和组织工会的权利。

1. 工会的基本任务

《中华人民共和国工会法》(工会法)规定工会的基本任务包括如下四项:

(1) 代表和组织职工参与企业民主管理,实施民主监督。

(2) 维护职工的合法权益。

(3) 协助政府开展工作,支持企业经营管理。

(4) 教育职工提高思想觉悟和劳动素质。

2. 工会的主要职权

(1) 通过职工大会、职工代表大会等民主渠道,与企业进行平等协商。

(2) 代表职工,与企业进行谈判和签订集体合同。

(3) 签订和监督劳动合同。

(4) 参与劳动争议的调解和仲裁。

(5) 监督企业劳动法律法规遵守情况。

3. 工会组织

(1) 工会各级组织按照民主集中制原则建立。各级工会委员会由会员大会或者会员代表大会民主选举产生。各级工会委员会向同级会员大会或者会员代表大会负责并报告工作,接受其监督。工会会员大会或者会员代表大会有权撤换或者罢免其所选举的代表或者工会委员会组成人员。上级工会组织领导下级工会组织。

(2) 企业、事业单位、机关有会员25人以上的,可以建立基层工会委员会;会员不足25人的,选举组织员一人,组织会员开展活动。县级以上地方建立地方各级总工会。同一行业或者性质相近的几个行业,可以根据需要建立全国的或者地方的产业工会。全国建立统一的中华全国总工会。

(3) 基层工会、地方各级总工会、全国或者地方行业工会的建立,必须报上一级工会批准。基层工会组织所在的企业终止或者所在的事业单位、机关被撤销,工会相应撤销。

(4) 中华全国总工会、地方总工会、产业工会具有社会团体法人资格。基层工会组织具备民法通则规定的法人条件的,依法取得社会团体法人资格。

(5) 工会主席、副主席任期未满时,不得随意调动其工作。因工作需要调动时,应当征得本级工会委员会和上一级工会的同意。

阅读材料

SQ汽车股份有限公司工会组织在企业劳动关系中的协调作用

SQ汽车股份有限公司是一家合资企业。但是在这家企业里面,劳资关系并没有人们想象的那么紧张,原因就是有一支精明强干的工会队伍,在公司的发展中起到积极作用,对于稳定职工队伍、紧密公司管理层和职工的关系、创造良好的工作和生活氛围作出重要贡献。多年来,该公司工会一直致力于以下工作:

(1) 履行好"双维护"职能。维护好企业和员工双方的权益,维护企业的稳定,为企业发展创造良好的环境,既是工会维护工作的重点,也是代表先进生产力和代表最广大员工的根本利益。

员工利益与公司的发展息息相关,只有公司发展了,员工的利益才得到保障。工会维护企业的总体利益,就是依法行使职能,做好民主管理和监理工作,使公司得到健康稳步快速的发展,在市场竞争中立于不败之地。通过动员、组织和带领员工积极参与公司的各项管理,投身公司的生产经营、改革和发展工作,完成公司的生产经营目标,促进公司经济效益提高。工会积极主动地与公司行政部门进行沟通,反映员工的意见和要求,兼顾好公司与员工的利益,主动参与公司有关规章制度制定的讨论,尤其是涉及员工切身利益的重大事项,使公司的决策更加准确,使员工的利益在决策的过程就得到维护。

(2) 履行好建设职能。工会围绕公司各个时期的发展目标和经营活动的重点和难点，积极组织开展以业务技术创新为主要内容、形式多样的劳动竞赛，如员工合理化建议、技术革新和发明创造等活动，推进公司的技术进步，推进"用户满意工程"建设，提高经济效益，促进公司发展。

(3) 履行好参与职能。加强工会自身建设，提高参与的水平。健全和完善各级工会组织，积极筹备建立基层分工会组织。工段、班组建立工会小组，从而健全和完善公司三级工会组织网络，为履行参与职能提供组织保证。

(4) 履行好教育职能。教育员工不断提高思想道德素质和科学文化素质，是工会的应尽职责，也是工会的重要任务。工会要通过不断引导和教育，使员工树立强烈的市场意识和观念，正确看待劳动价值、劳动关系和利益分配，尤其要加强员工对企业忠诚度的教育。工会要配合做好员工的培训工作，维护员工的学习权利，支持和鼓励员工参加各种技能培训和学习，开展丰富多彩的群众性文化体育活动，寓教于乐。

(5) 加强企业精神文明建设。加强公司精神文明建设，是建设适应公司发展的高素质员工队伍的重要手段。工会要努力配合，积极探索开展精神文明建设的新路子，积极引导广大员工认真推行公民道德建设规范纲要，开展职业道德、社会公德和家庭伦理道德教育，充分利用典型事例、先进事迹来教育和激励员工，努力提高员工队伍的整体素质。

11.4 劳动争议处理

在劳动关系的发展中，劳动争议是不可避免的。正确处理劳动争议，对维护和谐的劳动关系，有效利用人力资源都具有重要意义。本节介绍劳动争议处理的相关途径与方法。

11.4.1 劳动争议的含义

劳动争议是指劳动关系当事人之间因劳动的权利发生分歧而引起的争议。判断是否属于劳动争议，有两个衡量标准，一是看是否是劳动法意义上的主体，二是看是否属于关于劳动权利和义务的争议。根据我国相关法规的规定，劳动争议的范围包括如下内容：

- 因企业开除、除名、辞退职工和职工辞职、自动离职发生的争议。
- 因执行国家有关工资、保险、福利、劳动保护的规定发生争议。
- 因履行劳动合同发生的争议。
- 法律、法规规定应当依照本条例处理的其他劳动争议。

11.4.2 劳动争议的处理原则

根据我国劳动法的规定，劳动争议处理应当遵循下述原则。

1. 调解原则

调解是指在双方当事人自愿的前提下，由劳动争议处理机构在双方之间进行协调和疏通，目的在于促使争议双方相互谅解，达成协议，从而结束争议的活动。

用人单位与劳动者发生劳动争议，当事人可以依法申请调解、仲裁、提起诉讼，也可以协商解决。调解原则适用于仲裁和诉讼程序。

2. 及时原则

处理劳动争议,还应遵循及时处理原则,防止久调不决。劳动争议案件关系到职工的就业、报酬、劳动条件等切身利益问题,如不及时处理,势必影响职工的生活和生产秩序的稳定。所以,我国劳动法规定,提出仲裁要求的一方应当自劳动争议发生之日起 60 日内向劳动争议仲裁委员会提出书面申请。仲裁裁决一般应在收到仲裁申请的 60 日内作出。

3. 合法原则

劳动争议处理机构应当对争议的起因、发展和现状进行深入、细致地调查,在查清事实、明辨是非的基础上,依据劳动法规、规章和政策作出公正的处理。达成的调解协议、作出的裁决或判决不得违反国家现行法规和政策规定,不得损害国家、公众或他人权益。

4. 公正原则

公正原则包含两层含义:一是劳动争议双方当事人在处理劳动争议过程中法律地位平等,任何一方都不得把自己的意志强加于另一方;二是劳动争议处理机构应当公正执法,保障和便利双方当事人行使权利,对当事人在适用法律上一律平等,不得偏袒任何一方。

11.4.3 劳动争议的解决方法

我国劳动法规定,劳动争议处理机构为劳动争议调解委员会、劳动争议仲裁委员会和人民法院。这是解决劳动争议的三个现实渠道。

1. 通过劳动争议调解委员会进行调解

我国劳动法规定,在用人单位内部可以设立劳动争议调解委员会,它由职工代表、用人单位代表、工会代表三方组成。在企业中,职工代表由职工代表大会推举产生;企业代表由厂长(经理)指定;企业工会代表由企业工会委员会指定。调解委员会组成人员的具体人数由职代会提出并与厂长(经理)协商确定,企业代表的人数不得超过调解委员会成员人数的 1/3。调解委员会主任由企业工会代表担任,其办事机构设在企业工会委员会。

劳动争议调解委员会所进行的调解活动是群众自我管理、自我教育的活动,具有群众性和非诉性的特点。劳动争议调解委员会调解劳动争议的步骤包括申请、受理、调查、调解等几个阶段;最终,若经过调解,双方能达成协议,即由调解委员会制作调解协议书。

2. 通过劳动争议仲裁委员会进行裁决

劳动争议仲裁委员会是依法成立的、独立行使劳动争议仲裁权的劳动争议处理机构。它以县、市、市辖区为单位,负责处理本地区发生的劳动争议。劳动争议仲裁委员会由劳动行政主管部门、同级工会、用人单位三方代表组成。劳动争议仲裁委员会是一个带有司法性质的行政执行机关,其生效的仲裁决定书和调解书具有法律强制力。

劳动争议仲裁一般分为五个阶段:

- 第一阶段是受理案件阶段,即当事人申请和委员会受理阶段。当事人应在争议发生之日起 60 日内向仲裁委员会递交书面申请,委员会应自收到申请书之日起 7 日内作出受理或不予受理的决定。
- 第二阶段是调查取证阶段。此阶段工作包括:拟定调查提纲;有针对性地进行调查取证工作;审查证据,去伪存真。
- 第三阶段是调解阶段。调解必须遵循自愿、合法的原则,调解书具有法律效力。
- 第四阶段是裁决阶段,调解无效即行裁决。

- 第五阶段是执行阶段。执行阶段需要注意的是，劳动争议仲裁案件，均实行"一次裁决，即行终结"的法律制度。当事人若不服裁决，可在收到仲裁书之日起 15 日内，向有管辖权的人民法院起诉；期满不起诉的，仲裁决定书即发生法律效力。

3. 通过人民法院处理劳动争议

人民法院诉讼并不处理所有的劳动争议，只处理如下范围内的劳动争议案件。

(1) 争议事项范围。因履行和解除劳动合同发生的争议；因执行有关工资、保险、福利、培训、劳动保护的规定发生的争议；法律规定由人民法院处理的其他劳动争议。

(2) 企业范围。国有企业；县(区)属以上城镇集体企业；乡镇企业；私营企业；"三资"企业。

(3) 职工范围。与上述企业形成劳动关系的劳动者；经劳动行政机关批准录用并已签订劳动合同的临时工、季节工、农民工；依据有关法律、法规的规定，可以参照《劳动法》处理的其他职工。

人民法院受理劳动争议案件的必须满足三个条件：其一，劳动关系当事人之间的劳动争议，必须先经过劳动争议仲裁委员会仲裁；其二，必须是在接到仲裁决定书之日起 15 日内向人民法院起诉的，超过 15 日，人民法院不予受理；其三，属于受诉人民法院管辖。

11.5 案例与讨论

11.5.1 这样的劳动合同是否合法

在朋友的一再鼓动下，老杨离开了工作 15 年之久的国有企业，与一家新开办的民营企业签订了劳动合同。老杨对企业还是比较满意的，特别是薪水，比原来的国有企业高出了许多。来上班的第一天，老杨与公司签订了一份劳动合同，合同上规定的月薪是 7000 元人民币，有公司总经理亲自签名，但没盖公章，因为公司的营业执照还在申领中，加上公司人事档案等关系外包在人才市场。这些似乎老杨不在意。

老杨的工作是负责产品设计，并担任开发部主管，任务是按照客户的需要及时设计出产品。在上个月，因为技术部完不成客户的产品设计，公司向客户赔了一大笔钱，总经理给技术部扣发全年奖金的处分。技术部的员工都非常生气，闹着要集体辞职。老杨也感到处理太严了，几次与总经理沟通，但是无济于事，反而引起了总经理对老杨本人的不满，他们之间的矛盾变大了。

今年年底，总经理决定把老杨辞退，理由是"管理不善"。按劳动合同规定，员工提出辞职或被辞退，都必须提前一个月通知对方，而且按照合同规定，员工工作超过一年，则可以得到额外一个月奖金。这样，老杨接到通知后，还将为公司工作一个月，但是没有满一年，额外的一个月奖金看来是拿不到了。

老杨的朋友老王是一位律师，他听了老杨的遭遇后，为老杨感到忿忿不平。在朋友的帮助下，老杨向劳动仲裁部门递交了仲裁申请书。开庭后，公司却突然出示了一份劳动合同，合同上不但有老杨自己的签名，而且还有公司图章，根据合同规定老杨的月薪为 6000 元。老杨觉得其中有诈，合同内容栏上，似乎是另一位同事的笔迹，因此老杨要求对合同进行鉴定。

经过调查,公司取得营业执照后,人事部门曾经要求老杨签署一份员工协议证明,当时老杨很忙,就匆匆地看了一下,很快地签了自己的名字,签过名之后,是人事部的工作人员随意填写了其他内容。因此鉴定结果是一份有效的合同。老杨始料不及,原来想申冤,反而受了一肚子气。

案例讨论

1. 老杨在对待这次劳动合同的签订上犯了什么错误?
2. 你对上面论述中最后合同的鉴定有效感觉惊讶吗? 请解释你给出的结论。
3. 从这个案例中,你得到了什么启发?

11.5.2 张玲与食品公司的劳动纠纷

到2008年8月25日,张玲在××食品公司工作就将达到与公司合同签订的工作期限——3年了,她的工作岗位是包装工,一直是用手工方式包装各种糖果等食品。2008年3月1日,公司引进了包装流水线装置,要求员工具有相关技能,但张玲由于动手能力太差,不能胜任这项工作。经过10天的培训,张玲仍不能胜任工作。4月15日,公司人力资源管理部找他谈话,要将调整她的工作岗位为车间清洁员。被张玲拒绝后,公司将解除劳动合同的通知书交给他,并说如果接受公司变更工作岗位的建议,公司将维持劳动关系到劳动合同期限届满。1个月后,张玲仍不接受公司的建议。公司遂于2008年4月24日,在支付张玲3个月的工资作为经济补偿金后解除了劳动合同。张玲不接受公司解除劳动合同的决定,申诉到当地劳动争议仲裁委员会,请求维持原来的劳动关系。

案例讨论

1. 该公司人力资源管理部的做法是否妥当? 为什么?
2. 你认为当地劳动争议仲裁委员会对于该劳动争议,会作出维持劳动关系的结果吗?
3. 对于出现这样的结果,你认为张玲自身有什么过失吗? 她开始应该怎么做?

11.6 本章小结

劳动关系是劳动者与所在单位之间在劳动过程中发生的关系,主要涉及劳动者与用人单位之间在工作时间、休息时间、劳动报酬、劳动安全与劳动卫生、劳动纪律与奖惩、劳动保险、职业培训等方面的关系。 本章首先介绍了劳动关系的基本知识;然后重点介绍了劳动合同管理、职工民主管理和劳动争议管理的相关内容。

总之,通过本章的学习,读者应熟悉劳动关系的相关概念;理解劳动关系管理的重要意义,掌握劳动合同管理、职工民主管理、劳动争议处理的具体知识和相关方法。

11.7 思考与实践

一、思考题

1. 什么是劳动关系？它主要包括哪些内容？
2. 劳动合同必须包括哪些法定条款？如何订立劳动合同？
3. 在什么情况下可以解除劳动合同？
4. 什么是集体劳动合同？劳动合同法对集体劳动合同有哪些规定？
5. 职工民主管理的主要形式有哪些？
6. 劳动争议处理都有哪些途径？应该遵循什么样的程序？

二、实践环节

1. 自己通过相关渠道，搜集两三个劳动争议的案件，并用所学知识自行进行分析。
2. 搜集一些各地不同行业的劳动合同范例样本，比较它们在格式和条款上的差别。
3. 自己上网，搜集我国劳动法、劳动合同法、劳动就业促进法的全文，并研读学习。

第 12 章　人力资源管理信息系统

引例

资生堂人力资源管理信息系统解析

1. 企业概况

日本资生堂是世界著名的化妆品公司，资生堂丽源化妆品有限公司是由日本资生堂和北京丽源化妆品公司于1992成立的合资公司。它在中国大陆拥有近二千名员工，分布于58个城市和地区。其总部设在北京，下有经营管理本部、工厂本部和市场营销本部。市场营销本部下面分为北方区销售和南方区销售，在全国58个城市有销售机构，这些销售机构由在重点城市设立的19个办事处分别管理。

2. 问题分析

资生堂主要是化妆品生产和销售型企业，其性质也决定了它分支机构众多、分布广泛，而且各分支机构主要从事销售工作，人员变化很大，给公司的人力资源管理带来很多困难。以前没有使用电子化的管理手段，资生堂对全国各地销售机构的各项管理，如人事资料、评估、考勤等都是通过书面或邮件传递的。这样做根本不能保证数据的准确性、即时性、唯一性。有时因为数据的延误，还会影响总部每月的薪资计算。总部没有实时而完整的人力资源信息，也就无法对其企业内部的人力资源状况进行必要的统计和分析。

3. 产品选型

为了解决上述问题，公司决定进行人力资源管理的信息化建设。合资的中日双方对系统的选型工作都十分重视和谨慎，因此为这个项目花了很长时间做前期的市场调查。他们表示选择一套HR系统不仅要考虑它的功能性、稳定性、安全性、扩展性等各方面的因素，也需要考虑供应商实施e－HR系统的经验、自身技术力量以及售后服务体系等综合因素。由于企业领导层对实施HRMS系统的重视，为该项目的顺利实施提供了充分的保障。资生堂最终选用万古科技的e HR Soft2000，这是一套比较成熟的e－HR管理系统。万古科技也结合资生堂的管理特色和现有的网络条件，提出了“为人力资源部的管理人员提供的专业HR管理工具，为直线经理提供便捷的流程管理平台”的解决方案。这一解决方案得到了资生堂的认可。

4. 方案设计

公司现有的网络条件是仅在北京总部有公司局域网，外地办事处均通过拨号接入公司总部局域网内。

在上述企业性质和网络条件的背景下，为了实现企业的集中化人力资源管理，资生堂所采用的HRMS系统必须从网络环境、运行效率、安全性、易维护性等几个方面加以考虑。为此，采用了如下方案：

- 在北京总部建立完全集中化的数据库，存放公司全体员工的人力资源数据。
- 在北京总部安装了万古科技有限公司研制的e HR Soft2000人力资源管理系统软件。

- 各分支机构拨号上网，通过浏览器直接进入 e HR Soft2000 系统(无需安装任何客户端程序)。
- 保证参与 e-HR 管理工作的管理人员有独立的电脑，或用于资料输入的公用电脑。

5. 系统目标

- 总部人力资源部的管理人员进行各个功能模块的管理操作，包括人事管理工作的各个方面，如人事、休假、福利、薪资、绩效评估(员工评价)、考勤及辅助功能模块。
- 各办事处负责人和部门部长进行日常的管理流程及最新资料的更新，如管理所辖部门或地区的人员进出、人事资料、考勤、评估等，同时在系统中通过不同的权限设置实现二级审批流程。

6. 管理流程

通过 e HR Soft2000 系统，资生堂对其在中国大陆境内所有相关机构的人力资源进行了集中化管理，包括人事、考勤、休假、薪资福利、评估、培训等管理，全部可以通过浏览器的方式进行操作。

在资生堂，部门需每月给每一位员工做出客观、公正的评价，它是员工半年评价、年终评价、升级升职、合同签订与否的重要基础资料。下面仅以员工业绩评价为例，说明其信息管理的流程，总体如下：

(1) 录入人：部门经理、办事处负责人或指定输入员

(2) 录入时间：每月规定的时间进行

(3) 一级审批人：经营管理本部及工厂本部各部门经理、市场营销本部北方地区/南方地区负责人

(4) 一级审批时间：每月规定的时间进行

(5) 二级审批人：经营管理本部部长、工厂本部部长、市场营销本部部长

(6) 二级审批时间：每月规定的时间进行

北京本部有局域网，因此使用者可以随时进入 e-HR 系统进行相关的操作，外地办事处采用拨号的方式进入公司的 e-HR 系统。每个操作人员和审批人员的所有工作都是在浏览器端直接进行的，根据权限设定区分和控制每个人员的操作权限和操作对象范围。通过网络，加密数据可直接提交到后台数据库。人事部人员可以随时获取最新的各种人事信息。按照上述的权限区分和时间段划分的方式，解决了不能随时在线沟通的问题，利用有限的资源达到了比较理想的效果。

7. 使用效果

e HR Soft2000 系统的使用不仅实现了企业人力资源信息统一的流程化管理，使企业通过 e HR Soft2000 系统拥有了一个及时、准确、完整的企业人力资源数据库和网上管理流程，也极大提高了人力资源部和各直线经理的工作效率。例如，各分支机构聘用新员工后，在录入个人信息后，其相应的福利政策、薪资等级和休假政策就会全部自动生成。薪资子系统为资生堂58 个分支机构设定了 58 套不同的薪资福利政策。其人事信息、绩效考核的结果、考勤的记录等资料都自动与薪资系统相连。

系统高度集成的后台处理，使以前近半个月的工作在一天内就可完成。

e HR Soft2000 自身强大的报表功能以及与财务系统的高度兼容,也为人力资源管理融入企业整体管理之中提供了理想的解决方案,为企业实现战略性人力资源管理奠定了良好的基础,保证了总部与各分部之间数据传输的即时性、准确性,使资生堂在中国的员工管理提高到了一个新的水平。

点评:提起人力资源管理的 e-HR 模式,大家很快想到完全网络化的办公环境,畅通无阻的内部网,DDN 网络专线连接,人手一台电脑,内部 E-mail 等等先进的信息化基础设施,但是上面资生堂的案例中,却没有如此优越的网络环境,但他们也可以通过 Internet 顺利地实现 e－HR 管理模式,实现人力资源管理信息系统的规划、建设和应用。也许这个案例会对我们国内企业人力资源管理的信息化有一些启发。

学习目标

通过本章的学习,读者应该能够:

□ 了解人力资源管理信息系统的发展过程
□ 掌握人力资源管理信息系统的技术功能
□ 了解人力资源信息管理中的主要应用程序
□ 了解 HRMIS 的功能模块组成与基本功能
□ 了解人力资源管理信息系统的实施对策
□ 掌握信息化人力资源管理(e-HR)的含义
□ 了解 e-HR 的主要内容及其管理功能优势

12.1 人力资源管理信息系统概述

卓越、高效的人力资源管理效果的实现,必须通过建立全面、透明、一致、易查的人力资源管理信息系统,将与人相关的信息统一地管理起来,才有可能确保“公平、公正、合理”这一人力资源管理重要原则的实现。本节介绍人力资源管理信息系统的基本知识。

12.1.1 人力资源管理信息系统的含义

人力资源管理信息系统(Human Resource Management Information system,HRMIS),是指为人力资源规划和其他人力资源管理环节的决策提供数据资料的信息库,它是一种以提供人力资源信息服务为主要目的,利用计算机硬件和软件进行分析、计划、控制和决策的人机系统,是计算机技术在人力资源管理中的具体应用。

HRMIS 通过对人力资源信息的收集、传递、储存、加工、维护和使用,从而实测人力资源管理的运行情况,并利用以往的历史数据预测未来,从全局的角度出发来辅助人力资源决策,支持人力资源管理,帮助人力资源管理者实现其规划目标,实现人力资源管理和决策的科学化、现代化。随着计算机技术和人力资源管理现代化的发展,越来越多的组织把人力资源管理纳入计算机管理系统,并把其作为企业整体信息化建设中的一个重要部分。

12.1.2 人力资源管理信息系统的演变

HRMIS 的发展历史可以追溯到 20 世纪 60 年代末期。由于当时计算机技术已经进入实用阶段,同时大型企业用手工来计算和发放薪资既费时费力又非常容易出差错,为了解决这个矛盾,第一代的 HRMIS 应运而生。在当时,由于技术条件和需求限制,用户非常少,而且那种系统充其量也只不过是一种自动计算薪资的工具,既不包含非财务的信息,也不包含薪资的历史信息,几乎没有报表生成和薪资分析功能。但是,它的出现为人力资源的管理展示了美好的前景,即用计算机的高速度和自动化来替代手工的巨大工作量,用计算机的高准确性来避免手工的错误和误差,使大规模集中处理大型企业的薪资成为可能。

第二代 HRMIS 出现于 20 世纪 70 年代末。由于计算机技术的飞速发展,无论是计算机的普及性,还是计算机系统工具和数据库技术的发展,都为 HRMIS 的阶段性发展提供了可能。第二代 HRMIS 基本上解决了第一代系统的主要缺陷,对非财务的人力资源信息和薪资的历史信息都给予了考虑,其报表生成和薪资数据分析功能也都有了较大的改善。但这一代的系统主要是由计算机专业人员开发研制的,没有能够系统地考虑人力资源的需求和理念,而且其非财务的人力资源信息也不够系统和全面。

第三代 HRMIS 出现在 20 世纪 90 年代末,这是一个革命性的变革。由于市场竞争的需要,如何吸引和留住人才,激发员工的创造性、工作责任感和工作热情已成为关系企业兴衰的重要因素。“公正、公平、合理”的企业管理理念和企业管理水平的提高,使社会对人力资源管理系统有了更高的需求。同时由于个人电脑的普及,数据库技术、客户/服务器技术,特别是 Internet/Intranet 技术的发展,使得第三代 HRMIS 的出现成为必然。第三代 HRMIS 的特点是从人力资源管理的角度出发,用集中的数据库将几乎所有与人力资源相关的数据(如薪资福利、招聘、个人职业生涯设计、培训、职位管理、绩效管理、岗位描述、个人信息和历史资料)统一管理起来,形成了集成的信息源。友好的用户界面,强有力的报表生成工具、数据分析工具和信息共享能力,使得人力资源管理人员得以摆脱繁重的日常工作,集中精力从战略的角度来考虑人力资源规划和政策。

需要特别说明的是,近几年开始广泛出现的信息化人力资源管理(e-HR),是一种基于先进的信息和互联网技术的全新人力资源管理模式,它可以降低成本,提高效率,改进员工服务模式。e-HR 的引入可提供员工的很多自助服务功能,减少企业人力资源行政管理的负荷,优化人力资源管理流程,改善人力资源管理部门的服务质量,并能提供相关的人事决策支持,帮助企业人力资源管理部门从职能性向战略性管理目标的转变。

当前,随着信息化、网络化的不断发展,实现基于 WEB 方式的 e-HR 系统,已成为许多企业建立 HRMIS 的首选目标。有关 e-HR 的相关知识,本章还将在后续部分进行详细介绍。

12.1.3 人力资源管理信息系统的作用

综合来讲,HRMIS 的作用主要体现在以下几个方面:

1. 对各种涉及人力资源的信息源进行集中、整合

首先,我们可以反思一下,企业里现有有关人力资源方面的信息是如何保存和查找的?可能会用自编程序、Access 或 Excel 来计算员工的工资,而员工的养老金信息、合同信息、个人信息等可能被存放于多个 Word 或 Excel 文件中或打印出来放在文件柜里,员工电子档案信息、绩效考核信息等又放在其他地方。这种分散的信息源，在信息的采集、整理和更新时会产生许多重复的工作，造成人工浪费，其保存和查找也是一个相当困难的过程，而要使所有的信息得到及时的更新，从而保持相容的状态则几乎是不可能的。当政府部门、股东或上级机构需要一份报表时，往往会从计算工资的文件里得到最新的员工人数和姓名，从另一个文件里获得他们的合同信息，再从其他文件里获取他们的年龄、生日、受教育情况、性别等信息。由于它们都是分散保存的，因此将这些分散的信息匹配在一起，其工作量是可想而知的；而由于信息的分散存储造成信息不一致或不完全的情况，则更令人束手无策。时常会出现凭记忆或拍脑袋，人为"调平"数据的现象。而采用人力资源管理系统，就可以用集中的数据库将与人力资源管理相关的信息全面、有机地联系起来，有效地减少了信息更新和查找中的重复劳动，保证了信息的相容性，从而大大地提高了工作效率，还能使原来不可能提供的分析报告成了可能。

2. 通过综合信息库可以快速实现对人力资源信息的访问、查询

在没有实施 HRMIS 之前，当企业管理人员要统计数字时，往往依赖于某个人或某些人来获取。首先是找到人力资源部的相关人员，由他们从不同的计算机文件、打印件或档案柜中查找相关的信息，再汇总后提交。这种依赖于人的过程往往会因为花费的时间较长，或者仅仅因为某个人不在办公室而不能及时完成。在实施 HRMIS 之后，就会将依赖于人的过程改为依赖于计算机系统的过程。企业管理人员只要获取了相应的权限，就可以随时进入系统，直接查阅相应的信息。如某厂在采用和实施 HRMIS 之后，一位老总在随意浏览全厂人事信息时，偶然发现某位员工在某月有多天的加班工资，而他记得该员工曾在该月请了多天病假。这种现象其负面影响往往会远远超出几十块钱的加班费。试想一下，如果同部门的另一位员工也请了若干天的病假，并且被扣了部分病假工资，那么这位员工会如何对待工作？其他员工又会有什么样的想法？像这种审计过程，在没有 HRMIS 支持之前几乎不可能实现。企业的老总可能会因为工作的繁忙而无暇顾及"小事"，也可能会因为其他因素不便细查，或者也想不到会有某种舞弊的现象存在。而人事部门提供的报告毕竟只是静态的、汇总的，可能是经过人为过滤的和一个侧面的信息。实施了 HRMIS 之后，老总也许只是利用几分钟的空闲时间就可以浏览一下系统，不仅可以得到较为全面的、详细的、未经过滤的第一手人事信息，而且一旦发现不公平的现象，还可以从中得到某些灵感和启发，从而改进企业的管理。这种透明性还可以规避企业管理中潜在的风险。

3. 有利于体现公平性原则，留住人才

不少企业都不同程度上存在着人才流失现象，对此，除了抱怨外部环境以外，往往拿不出较为有效的办法。人才流失除了因为薪资因素之外，还有很多其他因素，如工作环境、领导公平与否、培训机会和个人前途等等。现在不少人利用业余时间学习了很多课程，得到了证书，有了一技之长。但是，按以往的情形，除了有机会在领导面前显示外，他很难得到相应的岗位和报酬。同时，在掌握了充分的技能之后，该员工也不会安心现在的岗位，结果是远走高飞。如果将技能输入 HRMIS，在某个岗位需要人时，先搜寻一下企业内部是否有合适的人选，这样也许会留住一部分人才。

再如，在提拔干部时，是根据谁在领导面前表现得多，还是根据他的知识、技能和以往的绩效呢？体现公平原则不仅在于选拔出合适的人才，而且它还给员工一种暗示——个人在本企业的前途不取决于是否善于在领导面前表现，而是在于个人的努力程度，从而达到激励员工的目的。体现公平性原则不应只是一句口号，它需要企业在制度上予以保证和必要的系统工具支持。人力资源管理系统就是一种非常有效的辅助工具。

4. 有利于改善和提高管理水平，确保信息的安全

实施 HRMIS 不仅仅是为了提高工作效率。应该看到，在实施 HRMIS 后，经过整合的、较为全面、准确、一致和相容的信息不仅可以让企业领导对本企业人力资源的现状有一个比较全面、准确的认识，同时也可以生成综合的分析报表，供企业领导人在决策时参考。如在薪资普调或薪资体系变更前，生成按岗位的历史薪资分析报告等，可辅助企业领导决策科学化。另外，实施 HRMIS 的过程本身也包含着回顾企业本身的机构和岗位设置、管理流程、薪资体系等等，并根据软件中所蕴含的先进管理思想来改变现行的体系。在实施的过程中可以看到这样一种现象，管理水平相对完善的企业，实施工作往往会比管理水平相对较低的企业容易；而管理水平较低的企业在实施过程中也会迅速地暴露出本企业在人力资源管理中存在的问题。同时，实施过程也是一个反思现行制度，重组、改进和提高人力资源管理水平的一个重要契机。另外需要说明的一点是，信息的透明和安全是一对矛盾的两个方面。HRMIS 的安全性设计，使得人事薪资信息处在一种透明的“受控”状态下。只有得到系统授权的用户才可以访问被允许获取的信息。因此，不需要担心会因为采用 HRMIS 而降低了人事薪资信息的保密性，相反，信息的安全性会因为 HRMIS 的采用而得到加强。

12.2 人力资源管理系统的主要内容

本节介绍 HRMIS 的功能结构、应用程序，典型产品的各模块组成及其基本功能。

12.2.1 人力资源管理信息系统的结构图

如图 12-1 所示为典型的 HRMIS 结构图，它包括了所有的人力资源管理核心活动。

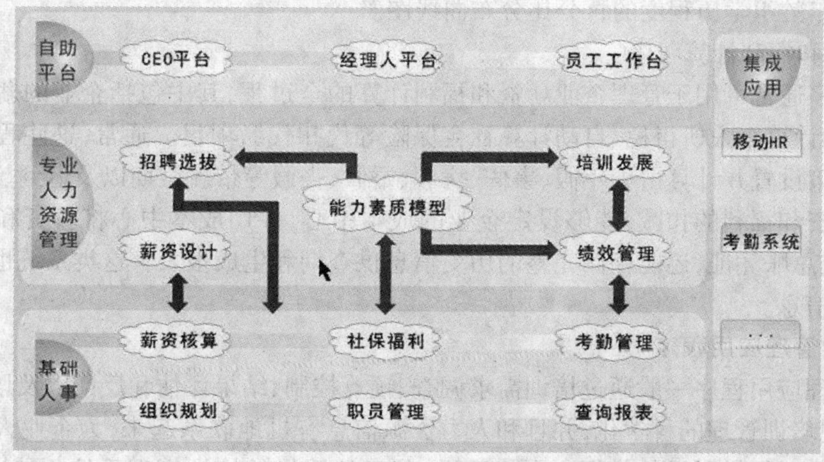

图 12-1 HRMIS 结构图

12.2.2 人力资源管理系统中的应用程序

近几年来，国内外与人力资源管理有关的软件系统和应用程序发展迅速，众多软件不断涌现。这些软件尽管各有特点，但从功能上来分析，大致可分为如下六种。

1. 人力资源信息统计程序

科学的人力资源管理，首先需要了解掌握的是组织中人力资源的有关信息。因此，在HRMIS中，首先必须应用人力资源信息统计程序登记人力资源信息。现有的人力资源统计信息系统主要由组织成员个体登记信息和组织人员整体结构信息两大部分组成。

组织成员个体登记信息部分主要汇集工作人员以下几方面的信息：①自然状况，包括性别、出生日期、健康状况、民族、婚姻状况等；②受教育状况，包括学历、学位、专业以及其他证书；③技能状况，如文书能力、操作技能、管理能力、专长以及相应的资格证书；④工作经历，包括以往的供职单位、担任的职务、奖惩情况、所受评价等；⑤工作态度，包括工作效率、工作质量、出勤记录、抱怨情况、工作建议等；⑥工作状况，包括岗位调动情况、现工作岗位或职务及所属部门、工作实绩、工作适应性、考核成绩；⑦培训状况，包括培训次数、培训种类、培训内容、培训成绩等；⑧工资收入情况，包括工资类别及等级、奖金、津贴、提薪记录等。除了这8类信息之外，还可收集其他一些信息，如家庭背景、社团资格、外文水平、工作事故、上级评价等。这一部分信息可以通过由工作人员自己填表登记方式和由人力资源部门查阅人事档案材料的方式汇总。

组织人员整体结构信息部分主要是对现有人力资源结构形态的描述。整体结构信息在个体登记信息的基础上形成。工作人员个体登记信息汇总之后，通过综合性的统计分析，就可以绘制出组织现有人力资源的各种结构分布图表：①年龄结构分布图，确定若干年龄组，统计出各年龄组的比例；②学历结构图，按初中、高中、中专、大专、本科、研究生等层次，统计出各文化程度层次人员的比例；③专业结构比例图，先把工作划分为管理人员和专业技术人员两大类，统计出两大类人员的比例，然后再把两大类人员按需要细分为几种专业，并统计出各种专业人员的比例；④职务结构比例图，按若干职务层级分别统计出各层级职务人员的比例。此外，还可以按其他结构类型进行统计。每一种结构统计的数据要求都可以用单元结构分布图表来表示。各种结构还可以综合起来进行统计分析。例如，可把年龄结构与学历结构进行综合统计，并绘制出各年龄组学历程度的百分比分布曲线图。

2. 薪资和福利计算程序

这类程序通常可用于管理企业薪资和福利计算的全过程，其中包括企业的薪资和福利政策设定、自动计算个人所得税、自动计算社会保险等代扣代缴项目。通常，这些程序还可以根据公司的政策设置并计算由于年假、事假、病假、婚假、丧假等带薪假期以及迟到、早退、旷工等形成的对薪资和福利的扣减，能够设定企业的成本中心，并用成本中心将薪资和总账连接起来，直接生成总账凭证，还能存储完整的历史信息供查询和生成报表。这类系统也可处理部分简单的人事信息。

3. 培训管理应用程序

培训管理应用程序一般通过培训需求调查、预算控制、结果评估和反馈以及培训结果记载等手段，实现培训管理的科学化，并且和人力资源信息有机地联系起来，为企业人力资源的配备和员工的升迁提供科学的依据。严格地讲，基于计算机的培训管理系统不能归于HRMIS，但由于学员可以不受时间、地点和教员讲课水平的限制，自学后通过联机考试，其结果也可以记入HRMIS中，因而受到很多公司的青睐。不少公司甚至自己组织力量投资开发专用的培训软件。现在，“线上学习”(e-learning)如同Internet一样，正在风靡全球，它不仅可以节约可观的训练费用和人力投资，而且正在给传统的培训业造成一定的冲击。有人甚至断言，“线上学习”将成为未来的主要学习途径。

4. 考勤管理应用程序

为了有效地记载员工的出勤情况，很多企业购置了打卡机、考勤机等设备。考勤管理程序一般都与这些设备相接，根据事先编排的班次信息，过滤错误的数据，生成较为清晰的员工出勤报告，并可转入薪资和福利程序中，使考勤数据与薪资计算直接挂钩。其生成的文档还可作为历史信息保存，用于分析、统计和查询。

5. 集成化的 HRMIS

集成化的 HRMIS 是 HRMIS 的较理想情况，它从科学的人力资源管理角度出发，从企业的人力资源规划开始，一般包括招聘、岗位描述、培训、技能、绩效评估、个人信息、薪资和福利、各种假期、到离职等与员工个人相关的信息，并以一种相容的、一致的、共享的、易访问的方式储存到集中的数据库中，从而将企业内员工的信息统一地管理起来。其灵活的报表生成功能和分析功能使得人力资源管理人员可以从繁琐的日常工作中解脱出来，将精力放到更富有挑战性和创造性的人力资源分析、规划、员工激励和战略等工作中去。完整的历史信息记载了员工从面试开始到离职整个周期的薪资、福利、岗位变迁、绩效等信息。同时由于这类系统可管理较全面的人力资源和薪资数据，因而还可以生成许多综合性的报表供企业决策人员参考，如生成按岗位的平均历史薪资图表，员工配备情况的分析图表，个人绩效与学历、技能、工作经验、接受过的培训等关系的分析等等。

6. E 化人力资源系统

Internet/Intranet 不仅冲击了传统的市场、供应、销售和服务等领域，也给人力资源管理带来了新的挑战和机遇，于是产生了 e-HR 人力资源软件系统。e-HR 实际上是一种基于 Internet/Intranet 的 HRMIS。关于 e-HR 的相关知识，后面进行详细介绍。

12.2.3 典型 HRMIS 产品的模块组成及其主要功能

本节介绍 HRMIS 软件的模块组成及其主要功能。考虑到对各开发厂商的公正性，此处不具体说哪一品牌的软件产品，而是一种总体上的粗略描述。

1. HRMIS 软件的模块组成

如图 12－2 所示为一个典型的 HRMIS 软件产品的模块结构组成图。

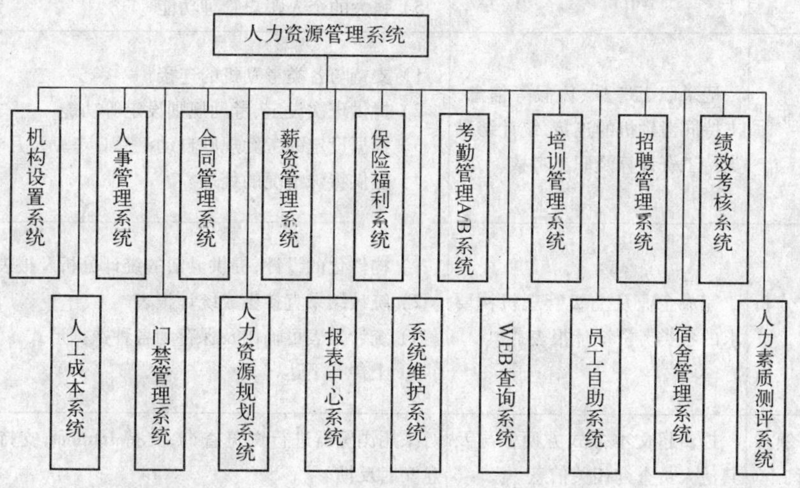

图 12－2　HRMIS 的模块结构组成图

2. HRMIS 软件的主要功能

表 12－1 描述了一个典型的 HRMIS 软件产品的基本功能。

表 12－1 典型的 HRMIS 软件产品的基本功能

序号	系统名称	基本功能	性能特点
一、人力资源基础业务			
1	机构管理系统	机构设置及变动维护部门机构功能；人员统计分析	1）树形目录直观显示 2）鼠标拖动部门变动 3）部门机构、部门人数统计
2	人事管理系统	建立人员信息档案，管理各类人员基本信息及变动信息，完成人员管理台账	1）人事代码可采用国家标准和自定义两种选择 2）自由增加人事信息子集自由设定数据库指标项 3）根据用户需要设定人员类别、建立相关信息档案库 4）指标项的自动计算，各类提示信息的自由设置 5）人员变动信息的自动保存 6）灵活的查询与统计工具；打印各项人事管理台账
3	合同管理系统	劳动合同订立、变更、续订、解除等各项功能，完成各种劳动合同管理台账	1）详细记录劳动合同管理的相关信息 2）警戒线设置：试用期到期、劳动合同到期、医疗期限、其他专项协议到期等 3）完成各类劳动合同台账
4	工资管理系统	完成各类人员工资的计算与发放及相关工资统计台账	1）针对不同的人员类别设定不同的工资账套 2）根据设定工资标准自动核定各类人员的基本工资 3）根据工资制度设定工资计算公式，公式提供函数功能 4）将人员、保险、考勤及各类相关信息纳入工资计算 5）灵活生成各类工资统计台账
5	保险福利系统	养老保险、医疗保险、失业保险、工伤保险等保险福利的自动计算、缴纳（支持工资扣除）、个人账户管理，输出统计台账	1）根据工资总额自动生成养老保险缴费基数 2）根据工资总额自动生成住房公积金缴费基数 3）根据工资总额自动生成其他保险金缴费基数 4）自由设定保险缴费计算公式 5）强大的个人账户管理功能
6	考勤管理系统	记录职工考勤、休假等信息，支持同考勤机的连接，统计结果支持工资计算及职工考核	1）支持与各类考勤机的连接 2）提供班次设定、考勤规则设定等功能 3）根据设定的考勤规则自动汇总日考勤及月考勤数据 4）提供特殊情况的处理
7	查询分析系统	完成企业及上级管理机构要求的各类劳资统计报表	1）构件化的设计，提供灵活的统计分析及报表设计工具 2）统计结果直接生成统计报表 3）统计报表可输出及保存为各种数据形式 4）上传与下达
8	员工领导自助查询	提供超文本方式方便领导及其他人员查询相关信息	采用浏览器进行浏览查询，支持 Intranet，支持远程查询各类信息实时反馈
9	报表中心	用户可以自由地设计所需要的报表	

（续）

序号	系统名称	基本功能	性能特点
10	系统维护	1）代码维护：维护部门代码及人事指标代码 2）权限管理：设置用户使用权限 3）数据接口：数据转入及转出 4）数据重构：建立及维护数据库结构 5）备份与恢复：保证系统数据的安全性 6）系统日志管理：记录用户登录及使用信息	
		二、人力资源发展业务	
1	人力资源规划	1）组织结构管理 2）岗位规划 3）职位规划	
2	招聘管理系统	1）对不同部门所需要的人才进行调研，并收集需要的人才信息，再根据部门编制与岗位编制，计划和预测可以提供需要招聘的职位 2）在相关职位的信息中可以查询到相关职位 求职者的资质要求 3）人力资源系统可以进行招聘信息发布，收集应聘信息，筛选、提供职位，对面试过程进行全程跟踪，并计算出面试率、应聘率、录取率等	
3	人力测评系统	企业对人才的评定	
4	培训管理系统	1）培训发展与绩效管理、招聘、解雇等人事活动结合起来。培训与发展流程一般遵循以下的五步流程：培训需求分析；培训设计；确认；实施；评估和跟进 2）通过绩效管理来定义所有组织结构和岗位层次上现有的技能和知识与期望值的差距；定义适当的培训活动来提升技能和知识来弥补差距，并确认培训费用 3）综合需要的培训活动来生成培训课程，并定义设施、内部/外部培训机构、培训老师、学员、培训费用、时间等；综合考虑各种资源情况，确认培训的设置；然后是培训实施，包括制订培训时间表，预约各种资源，申请培训经费 4）最后是培训的评估和跟进，包括管理课程考勤和进度，评估员工掌握的知识，评估综合的培训效果，实际费用与预算费用的比较等	
5	绩效管理系统	1）目标管理主要是对目标制定、目标审核、目标调整、目标跟踪、完成结果评定，员工绩效考核是人力资源管理的重要手段 2）绩效考核的理论和方法很多，比如平衡计分考核法、主基二元考核法、KPI 考核法等，都是对指标进行考核，系统可以对不同的人员选择不同的考核体系，分项打分、评语、强制分布、目标管理、360 度反馈等等 3）可对不同考核指标设置不同权重与考核标准	
6	计件管理系统	1）物料代码维护 2）班组计件 3）个人计件 4）流程卡计件	
7	二代身份证识别	1）识别二代身份证真与假 2）身份证信息直接读取到系统，省去录入功能 3）自动更新功能，原先用第一代身份证登记的信息与第二代身份证有所不同，可以直接更新 4）身份证上个人照片可保存。	
		三、行政管理	
1	宿舍管理	1）宿舍基本情况 2）宿舍财产登记 3）入住情况、员工宿舍调换 4）水电费用、个人宿舍费用的分摊 5）相关报表	
2	就餐管理	1）消费金额限制、消费类别限制、消费时段限制 2）消费金额统计与分析	
3	门禁管理	1）黑白名单管理 2）进出明细 3）权限管理	

12.3 人力资源管理信息系统的实施

HRMIS的实施能够为企业带来巨大的经济效益,但必须要满足一定的条件,并注意一些相关事项,否则不仅不能获益,反而会造成人力、财力、物力和时间的巨大浪费。

12.3.1 HRMIS实施的基本条件

1. 管理基础要坚实

HRMIS应建立在科学管理的基础上。可以认为,HRMIS的实施就是管理思想和管理方法的变革过程。只有在合理的管理体制、完善的规章制度、稳定的工作秩序以及科学的管理方法的基础上,完善人力资源管理运作体系,实现人力资源管理工作的规范化、系统化,系统的实施才能得以顺利实现,HRMIS的功能才有可能得到充分发挥。

2. 必须要有领导重视

HRMIS开发是一项复杂的系统工程,涉及统一的数据编码、统一表格形式等多项协调工作,不能仅依靠专门技术人员单独实现。在某种程度上,领导的重视程度可以直接决定HRMIS的应用效果,因为在HRMIS开发与应用的各个时期,对于资源投入、总体规划等全局性的重大问题,需要领导决策。领导要了解HRMIS的优势,熟悉计算机基础知识和系统操作,重视并积极参与到系统的开发工作中去。

3. 相关人员积极参与

要明确规定系统开发相关人员(包括企业高层中的主管领导、人力资源部门领导以及主要人力资源业务管理人员、信息技术部门有关人员,以及软件开发/购买单位的技术、实施、服务、培训人员等)的职责,协调相互之间的关系,充分发挥系统开发人员的作用。

4. 紧密结合企业实际

进行HRMIS的开发要做客观而充分的评估,了解人力资源管理的现状,做出系统的预算,决定是否需要引入管理咨询,确定实施系统的范围和边界。既考虑满足当前人力资源管理的需求,又设法确保系统为人力资源管理层的提升带来帮助。

5. 高水平的技术团队

HRMIS的开发和运行必须有一支具备合理结构的专业技术人员的队伍。队伍的组成包括系统分析员、系统设计员、数据员、程序员、业务操作人员、数据输入人员等等。

12.3.2 HRMIS实施的常见误区

1. 缺乏长远的战略眼光

有些企业领导人在人力资源管理中缺乏长远的战略眼光,认识不到采用和实施人力资源管理系统的重要性。他们或者只顾眼前利益,认为人力资源管理系统是一种“锦上添花”的项目,没有紧迫感;或者对人力资源管理系统缺乏认识,自以为自己也已采用了人力资源管理系统,殊不知他们实质上只是采用了带有部分人事数据的简单薪资处理软件(这类系统大部分甚至还未达到20世纪70年代末的水平);还有些企业在选取人力资源管理系统时,只考虑满足当前的需求,而且考虑价格因素多于系统功能,这样选取的系统会后患无穷,不仅现在缺乏指导价值,将来随着企业的发展和管理水平的提高,也会阻碍企业的进步,届时要想改换其他的系统会非常困难。

2. 认为 HRMIS 是一个拿来即用的软件

由于缺乏对系统实施工作的重要性和艰巨性的认识,将人力资源管理系统混同于一个普通的软件,没有统一的规划和项目组织,边用边开发,使系统的实施处于一种混乱的状态。其结果,不仅会使整个系统的开发缺乏坚实的基础,造成数据的重复、不相容和不全面;同时会造成相关人员和部门在数据采集和确认中进行重复劳动,增加了工作量,使他们产生怨言。如果数据更新不及时或不能有效地更新数据,还会使得以前的劳动前功尽弃,严重挫伤实施人员的工作积极性。而数据采集得不够全面,在领导需要某些分析报告时不能及时提供,也会让领导对项目的成效和实施人员的工作产生怀疑,对整个项目产生不利的影响。

3. 不顾实力,盲目自行开发 HRMIS

有些企业出于种种考虑,不顾自己的实力,组织一些人自己开发所谓的人力资源管理软件。要想使自己开发的软件投入实际运行,便于人力资源部门人员的使用,并在以后能根据实际需要不断更新,其用于维护、文档编写、调试和排错等所花费的人力、物力、财力姑且不论(肯定会远远超过购买商品化软件所需的成本),问题是在于如何将现代人力资源管理的理念和计算机技术有效地集合起来,从长远、系统和发展的眼光来进行全面的系统分析和设计,这并不是一件轻而易举的事。基础打得不好,会给将来的工作留下祸根,而且很有可能会导致整个项目的失败。

4. 盲目依靠销售商的实施顾问

现在几乎所有人力资源管理软件的销售商都提供实施顾问。诚然,由他们提供必要的培训和咨询是有益的,但过分依赖他们是不可取的。除了费用和响应时间方面的因素之外,企业的相关设置不可能一成不变,而销售商的实施顾问不可能花长时间地熟悉某个企业人力资源管理系统的详细设置。企业应该立足于自己,建立包括计算机人员和人力资源管理人员在内的项目核心小组,只有他们才是企业可以依靠的对象。

12.3.3 HRMIS 实施中的注意事项

由于 HRMIS 管理的是所有与人相关的数据,信息量大,变化频繁,内部关联性较弱,而且其管理的信息与员工的切身利益密切相关,特别是工资计算不能有任何错误。因此,实施工作尤为繁琐和困难,其难度和工作量远远超过一般人的预计。为了最大限度地提高企业的人力资源管理水平,成功地实施 HRMIS,需要特别注意以下七点:

1. 决策层领导的理解与支持

人力资源管理系统的实施不只是人事部门或计算机部门的事。为了保证数据的完整、准确和及时,需要企业内各个部门和全体员工的积极配合。同时,采用人力资源管理软件,需要在充分回顾企业政策的基础上,根据先进的人力资源管理理念,从程序到操作进行全面改进。所有这些工作,如没有企业决策层的参与是很难实现的。

2. 加强系统相关知识的培训

要想使人力资源管理系统真正地发挥应有的效用,必须通过培训转变人们特别是中高层领导的思维方式和行为方式。要让他们学会并习惯于通过系统来进行科学的管理,而不是决策凭感觉,分析凭经验。培训不光要使中高层领导明白采用人力资源管理系统的好处,更重要的是使他们了解系统的功能和系统的运行方式,学习软件系统中蕴涵的先进理念,主动积极地反思现行的体系，探讨改进的方案。

3. 改进企业的相关制度和信息结构

由于历史原因和条件局限，很多企业现行的相关制度、人事相关信息的组成和报表不尽合理和科学。而实施人力资源管理系统正是一个非常好的契机来回顾本企业不合理、不科学或不符合国家相关法律和规章的地方，重新合理地组织人事相关信息和报表，从而减少企业运行的潜在风险，将人力资源部员工的工作放在刀刃上。因此，实施人力资源软件不应只是单纯地将现行的制度和报表电子化，而是应该充分地回顾本企业的相关政策和信息组成，去掉不合理的成分，将改进的建议报告给企业的决策领导并争取付诸实施。

4. 明确项目的实施目标

在项目的初期，就应该明确整个项目的实施计划和目标，需要采集的数据，需要保留的历史信息，现有数据如何规范化，以及项目实施的时间和进度安排等等。

5. 组织精干的项目实施小组

项目实施小组人员的组成应包括企业管理人员和人事、薪资、计算机专业人员，他们将负责整个项目的组织协调、进度控制、数据分析和数据有效性的检查，提供相关建议，培训其他人员，建立系统和检查各部门的运行程序。项目实施小组应明确每个小组成员的工作职责。他们也将是该企业运行人力资源管理系统的主要骨干和技术支持。

6. 测试软件功能

项目实施小组在明确实施目标和进度后，一项重要的任务就是根据实施目标全面测试购买的软件系统，争取在短时间内将软件的大部分错误解决掉。由于HRMIS需处理的信息关系非常复杂，各企业的需求也不尽相同，再加上HRMIS的商品化程度还不是很好，存在的错误较多。如果不在项目实施的初期解决这些问题，随着问题的不断暴露，不仅会浪费大量的人力，更严重的是会使他人失去信心，严重影响工作的进展。

7. 建立科学的程序性文件

人事相关信息的特点是信息量大，变化频繁，采集和确认困难，而且无内联关系。采用计算机系统来管理人事信息要求数据的采集、更新能够完整、准确和及时。这两者之间的矛盾会因为新系统的投入运行而变得越来越突出。新系统在运行后无疑会迫使一部分员工改变已经熟悉了的工作方法和习惯，学习包括计算机知识在内的新知识、新方法、新程序，一部分人的利益也许会受到影响。在系统的实施过程中，很多企业由于有关人员素质较低、工作责任心不强，加上某些管理人员的随意指挥，会造成系统的实施和运行事倍功半，而且降低了系统的功效。所以，除加强培训外，建立必要的科学的程序性文件，做到有章可循，减少和杜绝各种特例情形，才能为HRMIS的实施和正常运行提供有效的保证。

12.4 信息化人力资源管理(e－HR)

在当今网络经济时代，基于Internet和Web技术的信息化人力资源管理(e-HR)，已经成为许多企业人力资源信息化建设的目标。本节简要介绍e-HR的含义、内容和管理优势。

12.4.1 信息化人力资源管理的含义

信息化人力资源管理(简称为e-HR)，是指基于互联网的、高度自动化的人力资源管理工作，它囊括了人力资源工作的核心流程，如招聘管理、薪酬管理、培训管理、绩效管理等，它可以起到降低成本、提高效率、改进员工服务模式的目的。为了将人力资源管理人员从繁重琐碎的日常事务性工作中解脱出来，e-HR 强调员工的自助服务，如果员工的个人信息发生了变化，他本人就可以去更新自己的信息，经过一定的批准程序即可生效。同样，对于培训、假期申请、报销等日常的行政事务也可作类似处理。这样不仅减轻了人力资源管理人员用于数据采集、确认和更新的工作量，也较好地保证了数据的质量和数据更新的速度。而且由于 Internet 不受时间和地理位置的限制，即使经理远在国外，也可以及时地处理其员工的各种申请，不会因为人不在公司而影响工作。同时，公司的各种政策、制度、通知和培训资料也可通过这种渠道来发布，有效地改善了公司内部沟通途径。

e-HR 的引入可优化人力资源管理流程，改善人力资源管理部门的服务质量，提供人事决策支持，帮助实现战略性人力资源管理职能。目前市场上也出现了多种多样的 e-HR 管理平台，如招聘软件、人才测评系统、猎头管理软件等。网络技术的发展对人类生活的影响无处不在，并且逐渐延伸到人们思想的深处。"e"代表着时尚与前沿，已经不仅是一件漂亮的外衣，而且更是开启管理智慧、变革管理思想和提升管理水平的"精灵"。

阅读材料

e-HR 的几个应用场景

在思科公司，有一种叫 Telestaff 的远程职工。这些人不用每日在某一固定办公室办公。他们在相互不见面，而是只靠电脑和互联网联系的虚拟组织（Virtual Organization）里工作。公司因此为员工提供了一个非常有弹性的工作环境，员工无论在北京，还是在成都工作没多大区别。这样一个令人羡慕的工作环境，除了得益于公司文化之外，主要依靠其先进的人力资源管理信息系统。

除此之外，思科还充分利用互联网完成其他人力资源管理和发展的相关工作。例如，进行网上培训，思科有一个培训网站，有一个完整的职业发展计划图，从刚刚加入公司时的培训，到要上什么样的产品课、什么样的销售课，就像一个组织树一样，全部标识在里面。

互联网的出现，的确使我们的工作和生活发生了天翻地覆的变化。一位身处上海的人力资源经理李先生在谈起销售人员的招聘工作时，很高兴地给我们演示了如何通过网上进行远程面试。远在大连的应聘者能清晰地出现在李先生的电脑屏幕上，与他进行交谈。事实上，越来越多的现代企业正在运用这种先进、高效的电子化人力资源管理手段进行人员管理和开发，它们当中有通用电气、IBM 等著名跨国公司。

12.4.2 信息化人力资源管理的内容

e-HR 的应用目前已经非常普遍，它能够渗透到人力资源管理工作流程的各个环节，可以完成传统人力资源管理手段无法完成的许多工作。

（1）电子化员工档案管理。这是信息化人力资源管理的最常用功能。例如在普华永道，通过电子化员工档案数据库，公司资源经理可迅速查到某一项目所必需的专家，从而令公司快速反应，大大增加项目的中标率和成功率。这是传统员工档案管理无法完成的。

（2）员工自助服务。员工通过网上门户，可以及时更新自己的档案资料，了解自己的住房公积金、假期等福利情况，甚至可以在线申请休假、进行福利项目自我设计等。

(3) 网上招聘。企业可以通过相关网站公布所要招聘的岗位,然后通过应聘者在线回答相关问题进行初步人才测评,较合适的人选将被送到企业人力资源部进行面试。

(4) 电子化薪酬管理。以前企业参加年度薪酬调查最多也只能拿到一份报告,但现在薪酬管理咨询公司开始为企业提供网上查询服务,企业可以得到实时的薪酬市场数据。

(5) 电子化员工业绩管理。这也是信息化人力资源管理的一个重要贡献,它使360度评估真正成为现实。

另外,在e-HR模式下,越来越多的企业正在网上对其员工进行培训和职业发展规划。

总之,e-HR能完成许多通过传统人力资源管理方法无法完成的任务,而且随着电子化人力资源普及率的逐步提高,人们还在不断开拓其应用范围。

阅读材料

e-HR的日常功能

随着Internet和Intranet技术的出现,HR管理体系随着信息流的延伸而突破了封闭模式,延伸到企业内外的各个角落,使得企业各级管理者及普通员工也能参与到HR的管理活动中来,并与企业外部建立起各种联系,这就是所谓的网络自助服务(Self-Service)概念。HRMIS与网络自助服务一起,就形成了e-HR的完整解决方案。e-HR对人力资源管理日常事务的支持能力主要体现在以下几个方面:

(1) 允许员工在线查看企业规章制度、组织结构、重要人员信息、内部招聘信息、个人当月薪资及薪资历史情况、个人福利累计情况、个人考勤休假情况,注册内部培训课程、提交请假和休假申请,更改个人数据,并能够与HR部门进行电子方式的沟通。

(2) 允许直线经理在授权范围内在线查看所有下属员工的人事信息,更改员工考勤信息,审批员工的培训、请假、休假等申请,并能在线对员工进行绩效管理。

(3) 总经理可在线查看公司人力资源配置情况、人力资源成本变动情况、组织绩效和员工绩效等各种与人力资源相关的重要信息。

(4) 其他智能功能。例如:自动邮件服务——系统的自动邮件功能可直接批量通过E-mail发送信息给相关人员(如通知被录用人员、发放员工加密工资单等),降低管理人员的行政事务工作强度;自动提醒功能——系统的自动提醒功能方便用户定时操作(如员工合同到期、员工生日等),使得HR管理变被动为主动,能有效地提高员工对HR工作的满意度。

12.4.3 信息化人力资源管理的优势

显而易见,相对传统手工操作的人力资源管理,e-HR有许多优势。这主要表现为:

(1) e-HR大大提高了人员管理的工作效率,降低了管理成本。2000年初,爱立信公司实施了员工自主服务系统,第一年就节省了超过100万美元的开支。爱立信人力资源和员工福利主管Chris Gonser在亚太人力资源网表示:"我们并非仅仅在削减成本,我们已较以往更有效率、更快捷、更具组织性;我们的优异服务有助于吸引和招募人才;我们提供的信息更加精确,各方的赞誉不绝于耳。"

(2) 通过e-HR,加强了人力资源管理工作的透明度和客观性,人力资源管理重心也因此可以往下移动。由于信息化人力资源管理通常是集中数据管理、分布式应用,通过采用全面的网络工作模式,实现信息的全面共享。这样一来,它使得人力资源管理可以跨时间、跨地域进行,公司的人力资源管理也因此保持了统一性和连贯性。

(3) 通过 e-HR,信息化人力资源管理能更快地对市场需求的变化做出反应,使人力资源管理更好地配合企业战略,从宏观上推动企业人力资源的规划和管理。通过将一些日常的人力资源管理工作下放到部门经理和员工身上,人力资源部门可以将更多的时间放在组织发展、人力资源策略和员工职业发展规划等更为关键的任务上。

(4) e-HR 能够推动人力资源管理的变革。首先,通过 e-HR,人力资源管理的行政事务工作被自动化的管理流程所取代,使人力资源管理工作者真正从繁琐的行政事务中分离出来,工作效率得到明显提高,人力资源部门从而可以侧重于提供咨询、培训等服务。其次,e-HR 使一线的业务经理可以通过网络及时得到最新的企业人力资源管理政策、流程、市场数据,并经过授权,可以进行包括奖惩在内的人员管理。最后,e-HR 让企业的每一个员工都参与了人力资源管理工作,使人力资源管理变成了他们自己的责任之一。

12.5 案例与讨论

12.5.1 微软的人力资源管理 E 化

微软:E 化道路的"领航者"

"你的企业 E 化了吗"这已成为时下许多人力资源经理关心的问题。在软件业中称霸一方的微软,启用现代化手段进行人力资源管理已有一段时间了,这种手段为企业节省了人力,提高了效率,并使人力资源部完全从传统的事务性工作中解脱出来。

微软凭借拥有一批优秀软件人才的优势,开发出了一套适用于内部人力资源管理的系统软件。从此,微软的人力资源部不再用繁杂的纸张、厚重的材料,员工的培训发展、福利休假、薪酬、业绩考核等事务全部由互联网及系统软件代替,全球员工查找信息,只要输入自己独有的密码,各种信息一览无余。

在这一领域,微软可谓是走 E 化道路的"领航者",它在引领着一种新的潮流。

微软的人力资源管理是如何 E 化的

1. 招聘员工网上找

在网上发布招聘信息并不是什么稀奇的事,不过微软的招聘信息不仅对外,同时也对内,并且是全球各个国家有哪个职位空缺,都发布在网上,微软的职员可以跨国申请。据了解,如果你对哪个国家的职位感兴趣,并愿意长期移居过去,可以发一封申请信(E-mail),那个国家的人力资源部会对你的技能、业绩做一番调查,然后在网上进行测评,如果认为你可以胜任,那么你就很幸运地成为那个国家微软公司的员工了,你的一切关系(包括保险、薪酬、福利等)都随转过去。到目前为止。微软已有不少员工通过这种方式到自己向往的国家和职位去工作了。

2. 培训课程网上寻

员工的职业发展及技能提高可是大事,在微软的网站上,发布了各种培训课程,员工可根据自己的需求,找寻相应的课程。同时,网站也成为员工与人力资源部之间的桥梁,消息的更新、员工的意见,都能及时地反映出来。

3. 休假、报销网上批

哪位员工想休假了,可到网上申请,系统上有每位员工可休天数、已休天数、未休天数等休假信息,获得批准后,数据就会自动更新。报销也摆脱了以往琐碎的票据,可直接到网上申请,省时省力。

4. 个人绩效网上评

微软的绩效考核半年进行一次,先由员工自己为这半年来的业绩做评估打一个分数,然后放到网上,等待部门经理签字、打分,没有经过部门经理打分、评估的信息呈红色。经理打完分后,如果员工认为经理的评价比较符合事实,再进行最后的确认,确认后信息变为绿色。此外,部门经理打分的同时还要为每位员工制定下个半年的目标,这是业绩评估的整个过程。如果员工对经理的评价存有异议,可以拒绝确认,更高层经理及人力资源部的人员看到后,会与员工沟通,直至查到员工拒签的原因。

5. 个人信息网上查

每位员工只要输入自己所持有的密码,就可以查到全方位的信息,包括职位、录用信息、升迁及调动信息、薪资福利状况等等。不仅可以看到自己的,还能看到别人的,当然这是有访问权限约束的,也就是说,你仅可以看到比自己级别低的员工的信息。部门经理可以看到自己部门所有员工的个人信息,这样有助于对本部门的管理。

案例讨论

1. 从上面对微软公司人力资源管理 E 化内容的介绍,你有什么感受?
2. 你认为人力资源管理 E 化是大势所趋吗?其实质何在?为什么?
3. 本例中的微软公司是一家 IT 企业,你认为非 IT 企业人力资源管理 E 化会有什么不同?

12.5.2 e-HR 为南孚电池“充电”

1. 南孚公司基本情况概述

南孚电池有限公司(以下简称南孚)是我国一家重要的电池生产企业,其历史可以追溯到 1958 年,当时工厂已经在福州制造电池。1965 年,电池厂搬迁至福建南平。20 世纪 80 年代末,南平电池厂与香港百孚公司合资,从两家名称中各取一字,于是便有了赫赫有名的“南孚”品牌。经过半个世纪的奋斗,今天的南孚已经成为家喻户晓的领军企业。尽管很多人其实并不清楚南孚电池位于福建南平这样一个偏远小城,但这无碍南孚的营销部门将品牌打遍大江南北,产品占据国内市场半壁江山,公司的科技力量、设备水平上也已经在业内首屈一指。伴随着企业的高速发展,怎样进一步提升企业管理水平与战略实施能力,这一问题摆在了南孚高层管理人员的面前。最终,南孚选择了信息化道路,成功启动了 ERP 等软件系统,并在 2007 年,正式将人力资源管理并入信息化建设这一轨道。

2. 人力资源管理出现的难题

“我 1981 年刚来的时候,厂子里总共才 200 多人,大多数是手工生产。”回忆起当年的南孚,总经理丁曦明说。但如今,南孚员工已达到 2000 多名,产值也已经超过 15 个亿。南孚的人力资源管理在早期和大多数国有企业一样,按照劳动和组织人事两条线进行,合资之后,两部分的人力资源功能逐渐统一,由总部进行支持,人力资源管理人员也逐渐增加到6人。然而,与此同时,南孚的业务量却在以更高的速度增长,从2003年至今,营业额翻了一番,人员也在不断增加,仅一线车间员工人数就几乎增长了3倍。

这6名HR需要为南孚数千名员工提供培训、考勤、薪酬、福利、档案管理等工作,工作量很大。尤其在公司业务不断发展的情况下,仅仅处理各种审批、申报的事务性工作,就已经能给相关领导和人力资源部同事带来相当大的压力。发工资时,薪资专员和各车间统计员要把每个员工的工资条裁剪出来发到员工手中;考勤审批时,考勤专员要从考勤机系统输出记录,整理后给车间统计员,统计员再根据员工打卡记录来核对员工的考勤情况。实际管理中,人力资源部的工作很大程度上依赖于分布在各个车间的统计员,他们具体负责所属车间的加班登记、考勤记录、工资和奖金发放等事务,而这批统计员并不在人力资源部的编制之下。这样一来,由于管理关系的复杂、沟通成本的提高,人力资源部的决策和行动不时出现滞后现象。比如有的车间员工提交的请假单走了两个星期的流程还没有得到最后批复,在最后的考核中就面临着一个尴尬的问题:员工的缺勤是算旷工,还是算请假?基层新进一名员工,或者对员工进行了岗位调换,如果车间没有及时记录和上报,人力资源部也就不能及时掌握情况,而如果连基本的信息都无法及时获取,其他管理手段无疑形同空中楼阁。另外,南孚内部的频繁调岗也给人力资源管理带来了难题。南孚在排班上的灵活性较强,工作时间调整、班组人员调整以及不同车间人员借调等情况不时出现,人员灵活调岗的做法曾给公司带来了许多超常规的优势,但这种频繁换岗在业务量增加、人力资源部门资源有限的情况下,也使得诸多后台管理无法控制并及时做出反应。例如车间之间的人员借调,经常出现借调之后回不来,或者借调后退回却无车间认领。

此外,在绩效管理方面,公司在后勤、行政、技术研发等部门仍然没有找到合适的考核方式。由于软性因素较多,与生产、销售部门相比,后勤、行政、研发等职位工作业绩难以量化,只是通过年底总结谈话的形式进行绩效管理。同时,南孚人力资源部领导也开始认识到,在有效的绩效管理手段缺失的情况下,对技术研发人员的管理也面临困难,如果不挂靠某种行政职务,技术研发人员也较难证明个人的能力并得到薪酬增长和职业发展。在此情况下,一些年轻员工开始感到南孚的工作氛围温和有余、激情不足。

3. 公司e-HR变革策略与产品选型

面对上述挑战,丁曦明提出“发展中出现的问题,就用发展的办法来解决”。于是,高管、人力资源部和各个部门开始不断地思考各种不同的处理方法。最终,在仔细分析之下,南孚决定通过人力资源管理的信息化来解决这些问题。之所以决定用信息化的办法,与南孚此前的经验有关。“信息化”对南孚员工来说早已不是新概念,早在2001年,南孚就已经使用了用友的U8财务软件;2006年,南孚正式上线了ERP项目,并且取得显著成效,经销商管理、销售渠道、商务会计等职能都得到了规范,效率大幅提高,也正是有了ERP的经验,南孚上上下下对信息化“心里有底”。不过,南孚在人力资源管理信息化上也走过一段弯路。2005年南孚曾采购过一家国内企业的e-HR系统,然而上线之后效果不甚理想。回忆当初,该公司人力资源部领导认为一方面是由于该软件供应商本身规模较小、支持能力有限,在上线后产生问题时不能进行有效的二次开发;另一方面,当时e-HR项目的不成功也与一些部门支持配合不够及一些员工对这套系统的应用能力不足等有关。

走过一次弯路，南孚的人力资源和信息化部门都意识到，要推行 e－HR，首先要得到领导的支持与授权，取得公司上下的认同，另外在产品上也有必要选择规模较大、技术实力较强的服务商。考虑到与 ERP 的低成本对接和公司上下对用友的一定认可，南孚最终决定仍然选择用友作为 e－HR 项目的服务商。

高层管理人员的重视是 e－HR 项目成功的第一保障。在 e－HR 项目启动会上，从公司总经理、分管领导，到部门经理，甚至包括所有可能涉及项目运行的操作人员都一一到场。丁总在会上当场任命项目人员，宣布项目组权限："任何设置阻碍、不进行配合的部门，项目组都有权让他换一个岗位！"

打破心理隔阂是变革的前提。在项目开始之前，人力资源部和信息化项目组在公司里组织了大量的研讨会、动员会，开展各种培训和电话咨询，让"e-HR"成了南孚员工人尽皆知的词汇；在大量的宣传铺垫下，南孚上上下下对 e-HR 项目和人力资源信息化的好处有了一定的了解，e-HR 具备了上路的条件。

由于经历过此前 ERP 推行时的不易，项目组对 e-HR 系统实施初期的困难也有足够的心理预期。一开始，的确有一线经理会对人力资源管理的信息化操作并不积极，针对这种情况，项目组也没有用强硬推行的办法，而是想方设法提供更多的培训机会，"我们跟他们讲项目的远景，包括目的和意义等。有的人觉得自己技术上、操作上差一点，我们就通过培训的方式让他们学会，一次不够，还有两次、三次，项目经理也在一起配合培训。"经过培训，一线经理都充分认识到了 e-HR 是南孚提升未来竞争力的必经之路。

4. e-HR 的实施策略与工作成效

(1) 两步推进，试点先行

经过与用友的协商，e-HR 项目组设计了两阶段的推进方案。从 2007 年 8 月到 2008 年 3 月为第一阶段，主要关注考勤管理、销售人员绩效管理，以及全员薪酬管理。这几个模块是南孚人力资源管理目前急需改进、也完全能够通过 e-HR 得到提升的部分，容易让南孚上下员工对 e-HR 产生积极的认可。第一阶段结束后，南孚将用一段时间进行总结、反馈与调整，充分收集各个部门意见。预计在 2009 年年初启动第二阶段，针对前期问题和建议进行二次开发，与原有的 ERP 对接，同时上线数据挖掘和人力资源规划等模块。

另外，考虑到南孚的生产系统共有 8 个车间，人员众多，流程复杂。为了保证 e-HR 在生产系统的顺利上线，项目组决定先选择其中一个车间作为试点，先行"探路"。由于试点的目的在于调研问题，项目组干脆选择了 8 个车间里最复杂的包装车间，这一个车间就有 700 多名员工。结果，在整个试点运行的过程中的确问题不少，但也正是有了这样一个试点，项目运行中遇到的问题基本都得到了预先的分析和处理，其他车间上线后出现的问题，几乎都已经在项目组的掌握之中，有力地保证了系统铺开的速度。

(2) 初见成效，赢得认可

信息的共享给不同的部门都带来了便利。在系统上线之前，假如有一名员工离职，人力资源部要做一个报告提交给工会和相关部门；而生产系统也需要不定期地了解人员的流动情况，人力资源部又需要协助他们进行统计；如果高层领导希望了解情况，人力资源部也要重新整理一次。而 e-HR 提供了一个共享的平台，将所有部门在相关事务上的重复工作量降到最少，所有人都可以根据自己的权限在平台上实时更新和查看统计信息。

“现在上了 e-HR，必须要准确。”人力资源部项目负责人廖江辉说。e-HR 建立了公司各部门信息的共享平台后，彻底改变了原先的工作方式，由于所有客户端都是开放的，任何一方的信息有误、延迟，相关人员都能随时看到，无形中营造了一种压力。比如说，过去车间新进一名员工，他的信息记录如果滞后几天，除了影响管理准确性之外，对实际工作几乎没有任何影响，因此部门也没有动力改善类似现象。但 e-HR 上线后，这种怠慢一去不复返。不录入信息，新员工上班打卡就不能完成，工资也不能计算，有了这种压力，部门的管理意识很快发生了变化，也改善了公司的流程管理。

经过第一阶段的运行，公司上下对 e-HR 的优势刮目相看，许多员工的态度也发生了转变。“现在大家都看到了成效，离不开这个系统了。”在廖江辉看来，最根本的原因并不在于 e-HR 强制性地向各部门推行了某种工具，而是这套系统实现了各部门长久以来的真实需求——在信息化之前，许多部门尽管在人力资源管理上遇到了问题，但并没有想到问题能够得以解决，而 e-HR 让他们欣喜地发现，虽然工作方式要做出改变，但改变之后，原来的问题得到了解决，管理工作更为便捷。

“做 e-HR 是好事，能够有效地管理各个生产单元人的资源，对员工行为、技能的评估、出勤和工时管理等实现精细化的管理。可以根据工时计划确定哪些人、多少人和生产计划相匹配”，生产管理部负责人感触良多。

“我们车间主要负责南孚的内销包装，这是最机动的班组，不同的品相包装工序复杂。需要按照不同的工序和人员技能进行调度。每个工序人员分档，每个人同时掌握两三种技能。需要提前评估技能以合理安排岗位和培训。2007～2008 年间，车间从 400 人增加到了 700 人，管理难度增大。一方面改进设备，提高自动化水平，另外一方面，就是改进人员管理。用友 e-HR 人力资源管理系统中，员工的基本信息包含了岗位技能的记录，车间之间的调配信息可以共用。如果有人员出现空档，可以查看人员技能进行补充，支持灵活生产。”南孚包装车间的谢主任在谈到 e-HR 为生产管理带来的效益时介绍说。“人员膨胀速度过快，出现迟到、早退现象，人工比对，工作量特别大，而且无法将实际情况和考勤落实一致，滞后性严重。实施系统后，可以管控到每个人。”

除生产外，销售的绩效考核是南孚人力资源管理的又一关键。合同制、第三方派遣以及经销商处的直销员、促销员等就近 1000 人，分布在全国各地。对销售人员除按照销量进行考核外，还要评估渠道达成情况、促销执行、分销覆盖率等 6 项 5 档指标，同时对销售人员进行“4＋1”能力考核。南孚将销售人员绩效管理模式融入 e-HR 系统，实时监控被考核人的绩效情况，保障绩效考核方案的实施、有效。

“我觉得每个企业都是很重视人的，只是有些企业想做但没去做，我们想做，而且做到了。”人力资源部经理林建生认为，南孚 e－HR 项目能取得阶段性成功，关键在于两点：第一，选择的产品本身是成熟的，系统较为完善；第二，人力资源管理信息化的需求是明确的、得到认可的。在上线之前，从人力资源部到各个业务部门，其实都有推行信息化的潜在需求，因此只要有了合理的解决方案便不难得到认同。

“从管理干部到管理人员，从柔性管理到定量化、智能化的管理”。丁曦明总经理在提到 e-HR 系统时说。e-HR 第一阶段的成功运行触发了南孚的变革意识，让南孚的人力资源管理开始了一种质的变化,也使得公司高管、人力资源部、信息化项目组和各个部门对 e-HR 下一阶段的深入实施充满了信心与期许。在第二阶段,南孚人力资源部希望将绩效管理全面融入 e-HR 系统中,增加人力资源规划等更突出战略特点的模块。此外,更让大家欣喜的是,各个部门也各自提出了富有建设性的需求。他们已经逐步从“要我用”到“我要用”,正是这种转变,真实地体现了 e-HR 和人力资源管理为南孚带来的价值。

(本实例改编自区乐廷. e-HR 人力资源系统为南孚充电. 硅谷动力(www. enet. com. cn):2008-07-14)

案例讨论

1. 你从上述南孚实施 e-HR 成功的案例,受到了哪些启发?
2. 你觉得我国企业目前实施 e-HR 的时机怎样?如何才能保障 e-HR 的实施成功?
3. 请自己了解一下我国 e-HR 的现状,并与上述企业的情况进行对比。

12.6 本章小结

人力资源管理信息系统(HRMIS),是指为人力资源规划和其他人力资源管理环节的决策提供数据资料的信息库,它以提供人力资源信息服务为主要目的,利用计算机硬件和软件进行人力资源信息的分析、计划、控制和决策。本章首先介绍了 HRMIS 的含义以及发展阶段,并说明了 HRMIS 的作用——对各种涉及人力资源的信息源进行整合,通过综合信息库快速实现人力资源信息的查询,有利于体现公平性原则,留住企业的优秀人才,有利于改善和提高管理水平,确保信息的安全;然后介绍 HRMIS 的功能结构、应用程序,典型产品的各模块组成及其基本功能,并就 HRMIS 实施的基本条件、常见误区、注意事项进行了介绍;最后本章介绍了信息化人力资源管理(e-HR)的含义、内容和管理优势。

总之,通过本章学习,读者应熟悉 HRMIS 的含义、作用、内部结构、模块组成以及实施成功的决定因素,同时要了解人力资源管理信息化(e-HR)的含义、内容和优势。

12.7 思考与实践

一、思考题

1. 什么是人力资源管理信息系统?它有什么重要作用?
2. 人力资源管理信息系统的发展过程经历了哪几个阶段?
3. 在人力资源管理信息系统中,都有哪些主要应用程序?
4. 人力资源管理信息系统通常都包括哪些功能模块?
5. 人力资源管理信息系统的实施需要满足哪些基本条件?
6. 人力资源管理信息系统的实施中需要注意哪些主要事项?
7. 什么是信息化人力资源管理?它有哪些主要的功能优势?
8. 你认为信息化人力资源管理对企业人力资源管理工作会带来什么变化?

二、实践环节

1. 社会调研题

自己通过相关关系，联系两三家企业的人力资源管理部门，了解计算机、网络以及其他信息技术、人力资源管理信息系统在他们日常工作中的应用情况，并做出评判。

2. 操作实践题

自己想办法找一个人力资源管理系统软件（HRMIS），通过操作掌握其主要功能。

3. 信息搜索题

（1）通过上网搜索，或者查看相关的专业报纸、杂志，了解当前国内外人力资源管理软件都有哪些主要品牌，并撰写一个简单的国内外人力资源管理软件现状的调查报告。

（2）以“信息化人力资源管理”和“e-HR”以及相关词汇为关键词，利用搜索引擎到互联网上检索，或者直接登陆相关期刊网，查询信息化人力资源管理方面的相关资料。撰写一篇3000字左右的小论文，建议题目为“论信息化人力资源管理的现状与未来”。

附　录

附录 A　引例索引

所属章	引例名称	所在页码
第 1 章	宝安集团的人才引进、培养和使用	1
第 2 章	职责描述不清引发的“工作真空”	13
第 3 章	上海通用汽车(SGM)招聘录用的“九大门坎”	41
第 4 章	培训,为何老是“吃力不讨好”?	84
第 5 章	赛达商场采购部人员的绩效考评	111
第 6 章	天津 TD 集团的薪酬管理	140
第 7 章	某单位管理不当引发的员工频繁辞职	166
第 8 章	周志善几次工作转换带来的困惑	185
第 9 章	诺基亚建设优秀团队的做法	210
第 10 章	一家中日合资企业的跨文化管理难题	235
第 11 章	公司这样扣款是否妥当?	259
第 12 章	资生堂人力资源管理信息系统解析	276

附录 B　阅读材料索引

所属章	阅读材料名称	所在页码
第 2 章	亨利·福特一世对 T 型轿车制造的工序分派	18
	天津 XX 网络服务公司人力资源部对网络维护员王中飞的访谈记录	28
第 3 章	索尼公司的“内部招聘制”	47
	宝洁公司的校园招聘	49
	方正集团借助“网才”软件进行招聘工作管理	51
	WXP 管理咨询(天津)有限公司招聘简章	52
	某公司市场营销人员结构化面试题目	58
	一个压力式面试的实例	60
	某公司总经理招聘面试的 20 个真实题目	61
	STAR 式提问法	63
	成功商数分析测试	67
	角色扮演法的一个操作案例	71

（续）

所属章	阅读材料名称	所在页码
第5章	通用电气（中国）公司的“四张表格评优劣”	116
	缺乏“绩效沟通”，造成销售骨干愤而离职	135
第6章	百事可乐的灵活福利	160
第7章	西门子公司欲裁员1.7万	172
	公司裁员最先盯上的五种人	173
	销售额大增，为何IT公司售后服务人员却集体跳槽	175
	“回聘”使他死心踏地	179
	竞业限制合同（样本）	181
第8章	一个创造力测试问卷	195
	威廉·乔治的职业设计	197
	HR管理者的职业生涯规划	199
	3M公司的职业生涯管理体系	203
	一套个人成就欲望测试问卷	205
第9章	优秀团队必备的四类人才	215
	某公司组织的一个团队创建活动方案	217
	几个著名企业领导对团队建设的重视	219
	联想：创建学习型组织的典范	226
	上海复星高科技集团有限公司对团队学习的重视	227
	M公司创建“学习型销售团队”的一种具体做法	229
第10章	麦当劳企业文化中的核心价值观	240
第11章	厂务公开要把好“六关”	268
	SQ汽车股份有限公司工会组织在企业劳动关系中的协调作用	270
第12章	e-HR的几个应用场景	289
	e-HR的日常功能	290

参考文献

[1] 于秀芝.人力资源管理[M].3版.北京:中国社会科学出版社,2006.

[2] 廖泉文.人力资源管理[M].北京:高等教育出版社,2003.

[3] 张小林.人力资源管理[M].杭州:浙江大学出版社,2005.

[4] 钱斌,等.人力资源管理理论与实务[M].上海:华东师范大学出版社,2006.

[5] [美]加里·德斯勒.人力资源管理[M].6版.北京:人民大学出版社,1999.

[6] 余凯成.人力资源管理[M].大连:大连理工大学出版社,1999.

[7] 赵曙明.人力资源管理[M].北京:中央广播电视大学出版社,2001.

[8] 张德.人力资源开发与管理[M].2版.北京:清华大学出版社,2001.

[9] 萧鸣政.人力资源开发与管理[M].2版.北京:清华大学出版社,2001.

[10] 张再生.职业生涯开发与管理[M].天津:南开大学出版社,2003.

[11] 葛玉辉.人力资源管理[M].北京:清华大学出版社,2006.

[12] 余凯成.人力资源开发与管理[M].北京:企业管理出版社,1997.

[13] 董克用.人力资源管理概论[M].2版.北京:中国人民大学出版社,2007.

[14] 王丹.人力资源管理实务[M].北京:清华大学出版社,2006.

[15] 刘桂萍.人力资源管理[M].北京:经济科学出版社,2006.

[16] 戴昌钧.人力资源管理[M].2版.天津:南开大学出版社,2008.

[17] 李蔚田,傅航.人力资源管理[M].北京:中国林业出版社,2008.

[18] 何娟.人力资源管理[M].修订版.天津:天津大学出版社,2007.

[19] 谢晋宇.人力资源开发概论[M].北京,清华大学出版社,2005.

[20] 张一弛.人力资源管理教程[M].北京:北京大学出版社,1999.

[21] 刘伟,刘国宁.人力资源[M].北京:中国言实出版社,2005.

[22] 中国人力资源网 http://www.hr.com.cn/

[23] 中国人力资源开发网 http://www.chinahrd.net

[24] 中国人力资源管理网 http://www.chinahrm.net/

[25] 中华人力资源网 http://www.sino-hr.cn/

[26] 人力资源开发管理网 http://www.hrdm.net

[27] 新人资(中国人力资源管理)http://www.sinohrm.com/

[28] 人力资源开发管理网 http://www.hrdm.net/

[29] 劳动法世界 http://www.laboroot.com/

[30] 中国企业人才网 http://www.job100.com/